Monika Maria Martin

Bibel in der Zahlensprache Band 1

Schöpfungsgeschichte

novum pro

Dieses Buch ist auch als
e-book
erhältlich.

w w w . n o v u m v e r l a g . c o m

Bibliografische Information
der Deutschen Nationalbibliothek:

Die Deutsche Nationalbibliothek
verzeichnet diese Publikation in
der Deutschen Nationalbibliografie.
Detaillierte bibliografische Daten
sind im Internet über
http://www.d-nb.de abrufbar.

Alle Rechte der Verbreitung,
auch durch Film, Funk und Fernsehen,
fotomechanische Wiedergabe,
Tonträger, elektronische Datenträger
und auszugsweisen Nachdruck,
sind vorbehalten

Gedruckt in der Europäischen Union
auf umweltfreundlichem, chlor- und
säurefrei gebleichtem Papier.

© 2023 novum Verlag

ISBN 978-3-99131-668-8
Lektorat: Melanie Dutzler
Umschlagabbildung:
Monika Maria Martin
Umschlaggestaltung, Layout & Satz:
novum Verlag

www.novumverlag.com

Climate neutral
Print product
ClimatePartner.com/16547-2201-1002

Bibel in der Zahlensprache Band 1

Schöpfungsgeschichte

Grundsätzliches zur Bibel

Die Bibel ist die Heilige Schrift des Christentums. Ihr Name leitet sich vom altgriechischen Begriff „biblia" = Bücher ab.

Sie gilt als das bekannteste schriftliche Werk der Welt, wurde in fast alle Sprachen übersetzt und so oft gedruckt und publiziert wie kein anderes Schriftstück. Die Bibel, auch „Buch der Bücher" genannt, ist eine Zusammenfassung alter Manuskripte und unterteilt in 2 Abschnitte, das Alte und das Neue Testament.

Das Neue Testament ist eine Sammlung von Schriften des Urchristentums in griechischer Sprache. Ihr Inhalt fokussiert sich auf das Leben von Jesus Christus, der als Sohn Gottes einen neuen Bund zwischen Gott und den Menschen begründet. Der griechische Begriff „Neuer Bund" lautet in der lateinischen Übersetzung „Novum Testamentum" und gibt diesem Teil der Bibel den Namen. Die Texte des Neuen Testaments nehmen wiederholt Bezug zum Alten Testament.

Das Alte Testament wurzelt in den Heiligen Schriften des Judentums und besteht aus Erzählungen, die über einen langen Zeitraum mündlich überliefert wurden. Erst allmählich ging man dazu über, Niederschriften zu verfassen, und bediente sich dafür hebräischer Schriftzeichen.

Der Beginn dieser Aufzeichnungen reicht fast 5000 Jahre zurück, sie zählen zu den ältesten Dokumenten in der Geschichte der Menschheit.

Diese Überlieferungen sind die Grundlage der jüdischen Glaubenslehre. Als hebräisches Pendant zur Bibel trägt diese Schriftensammlung die Bezeichnung „Tanach" und gliedert sich in 3 Abschnitte.

Sie wurde vom Christentum übernommen, anders geordnet und als Altes Testament dem Neuen Testament vorangestellt.

Wichtigster und ältester Teil des Tanach ist die „Tora" (auch Thora, Torah). „Tora" bedeutet „Gesetz"; der Inhalt der Tora wird auch als „Gesetz des Moses" bezeichnet, besteht aus fünf Büchern und ist im Wesentlichen identisch mit den „Fünf Büchern Mose" im christlichen Alten Testament. Der griechische Begriff „Pentateuch" meint die Tora ebenso wie die 5 Bücher Mose.

Der Koran wurzelt ebenfalls in der Tora; die Weltreligionen Judentum, Christentum und Islam haben darin ihren gemeinsamen Ursprung.

Drei große Glaubensgemeinschaften basieren auf demselben alten Wissen, das in ihren Heiligen Schriften als Wort Gottes verehrt wird. Dieses Wissen ist verpackt in Erzählungen, Bildern, Gleichnissen, Wortformeln und Weisungen, die zunehmend an Verständlichkeit verloren haben.

Dem modernen Menschen ist ihre Bildersprache fremd, den jeweiligen Religionen bieten die Texte breiten Interpretationsspielraum.

Über die hebräische Sprache, in der diese Urweisheit die Jahrtausende überdauerte und in der ihre ersten Aufzeichnungen wurzeln, erschließt sich der eigentliche und verborgene Sinn. Das Missverständliche der Worte wird überbrückt durch den Doppelcharakter des Hebräischen, das jedem Buchstaben eine Zahl zuordnet.

Die Schriftzeichen des Hebräischen beschreiben als Buchstaben eine sichtbare Welt und als Zahlen einen Bereich, der formlos ist. Das Formlose äußert sich durch Prinzipien und Abläufe, die kaum in Worte zu fassen und für menschliche Sinne weitgehend unzugänglich sind.

Durch ihren Doppelcharakter markieren hebräische Schriftzeichen die Schnittstelle zwischen der Materie und dem Bereich, aus dem Materie hervorgeht. In ihrer Kombination als Wort und Zahl geben sie Auskunft darüber, wie Formloses in die Form kommt, wie beides zusammenhängt und ineinander wirkt. Zahlen sind Informationsträger für einen Prozess, der Sicht- und Wahrnehmbares entstehen lässt. Sie geben auch Einblick in den Sinn dieses Geschehens und letztlich in den Sinn menschlicher Existenz. Diese Tatsache in all ihren Konsequenzen zu berücksichtigen, öffnet den Zugang zur Erfassung des transportierten Inhalts.

Das Buch „Zahlensprache" macht mit den wesentlichen Grundzügen dieser hebräischen Schriftzeichen vertraut und informiert ausführlich über die qualitative Aussagekraft von Zahlen. Sich mit dieser Zahlensprache vertraut zu machen, bildet die Voraussetzung für einen Blick auf die Bibel aus einer völlig unkonventionellen Perspektive.

Die Beschäftigung mit religiösen Inhalten auf der Grundlage von Zahlen ist ungewohnt, ungewöhnlich und für viele undenkbar. Das traditionelle Verständnis wird dabei mit Schlussfolgerungen konfrontiert, die auch Widerstand und Ablehnung hervorrufen mögen. Die bekannte Lesart der Bibel berücksichtigt nur den Bereich der Buchstaben und Worte und die religiöse Weltanschauung ist von diesen Erzählungen durchdrungen.

Zahlen passen nicht in dieses herkömmliche Bild von Gott und der Welt. Sie ermöglichen allerdings Zugang zu den eigentlichen Informationen, die den Erzählungen zugrunde liegen und die von ihnen transportiert werden. Gemeinsam mit den Worten schaffen Zahlen Raum für eine Sichtweise, die bereits Bekanntes neu wahrnehmen lässt. Eine Synthese von religiösem Empfinden und wachem Denken, die ausgewogen ist und beiden Seiten gerecht wird, lässt wesentliche Zusammenhänge verstehen.

Das menschliche Erfassungsvermögen ist dabei vor eine ähnliche Herausforderung gestellt, wie sie die philosophische Auseinandersetzung mit dem Leben in der physischen Welt mit sich bringt.

Dem Menschen ist das Wort Gottes ebenso wie die gesamte Schöpfung als vollendete Tatsache vor Augen gestellt und es ist seinem Verstand ein Bedürfnis, sich mit ihnen zu beschäftigen, sie zu ergründen und ihren Sinn zu erfassen.

Zunehmende Denkfähigkeit und intensive Auseinandersetzung ermöglichen ihm das. Sowohl die Welt der Materie als auch die Heiligen Schriften wurden im Laufe der Zeit erforscht, geordnet und eingeteilt. In beiden Bereichen war und ist der Mensch bestrebt, die Gesamtheit in übersichtliche Bereiche aufzugliedern und Zusammenhänge zu erkennen.

In beiden Bereichen hat diese Ordnung nur vordergründig den Anschein, vom Menschen festgelegt zu werden. Eigentlich ist jede Ordnung bereits von vornherein vorhanden und wird vom Menschen nur entdeckt. Das gilt für die belebte und unbelebte Natur ebenso wie für die Bibeltexte.

Der Mensch kann nichts er-finden, was auf einer abstrakten Ebene nicht schon da ist. Er kann nur ent-decken, was für sein Bewusstsein bisher zugedeckt und damit unauffindbar war.

Die Er-findungen in Technik und Wissenschaft sind das Finden von Vorgesehenem und prinzipiell Vorhandenem, wenn die Zeit dafür reif ist. Durch Kreationen und Ent-deckungen einzelner Individuen bringt sich ein alles umfassendes Gesamtkonzept zum Ausdruck.

In diesem Sinn ist auch die Einteilung der Bibel in Kapitel und die fortlaufende Nummerierung der Sätze zu verstehen; sie folgen einer Ordnung. Die ursprünglichen Texte auf den Schriftrollen der Tora waren weder durch Satzzeichen noch durch Absätze gegliedert, sie bildeten in ihrem Schriftbild eine ungeteilte Gesamtheit. Dieser Gesamtheit gab der menschliche Geist eine Struktur, indem er die Worte in Gruppen und Kapitel teilte. Das erleichterte ihm das Erfassen des Inhalts.

Diese Struktur ist Teil der Information, nicht zufällig im Sinne von willkürlich und kein Konstrukt, das den Stempel menschlicher Unzulänglichkeit trägt. Eine über die Begrenzung des Materiellen hinausgehende Weltsicht erkennt das als Tatsache. Ihr leuchtet ein, dass der Weg vorgegeben ist, der gegangen werden soll, sowohl für die gesamte Welt als auch für jeden einzelnen Menschen. Es bleibt spannend, diesen Weg zu gehen, auch wenn man das weiß.

Dieser Umstand ist vergleichbar mit einem Roman, der eine komplexe Geschichte erzählt. Bis ins kleinste Detail sind Charaktere konzipiert und ebenso wie Schauplätze und Handlungen fertig im Buch verpackt; auf den letzten Seiten steht geschrieben, wie die Geschichte endet.

Für den Leser ist es selbstverständlich, dass jede Einzelheit und auch der Schluss bereits im Text enthalten sind; er könnte den Roman sonst gar nicht lesen. Trotzdem bleibt es für ihn interessant, den Inhalt des Buches Zeile für Zeile zu erfassen und sich Kapitel für Kapitel vorzuarbeiten. Ebenso spannend ist und bleibt es für den Menschen, Seite für Seite im Buch seines Lebens ‚umzublättern‘ und zu ‚lesen‘, was für ihn ‚geschrieben‘ steht, indem er es erlebt.

Wiederholt wird in den Überlieferungen des alten hebräischen Wissens betont, dass sie synonym verstanden werden wollen mit der sichtbaren Welt, dass sie nichts anderes sind als eine Entsprechung für alles Geschaffene, um es zu beschreiben und seine Grundlagen zu erklären.

Ihr voller Wert und Inhalt erschließt sich durch eine tiefergehende Auseinandersetzung mit dem Er-zählten, die nur auf Basis der

Zahlen möglich ist. Die Welt der Materie als Pendant zur Bibel lässt sich ebenfalls nur mit Hilfe von Zahlen ergründen; Physik und Mathematik bedienen sich komplexer Zahlengebilde, um die Materie in ihrer Beschaffenheit zu verstehen und sie in Grundzügen definieren zu können.

Gemäß den Überlieferungen sind Bibel und Welt synonyme Kreationen, die derselben Quelle entstammen, und Gottes Wort erklärt Gottes Schöpfung.

Es entspricht daher einer gewissen Logik, dass in beiden Bereichen ähnliche Kriterien für deren Verständnis gelten. Bei der Erforschung der Materie und auch in der Annäherung an das Immaterielle ist ein Erfassen von Hintergründen nur auf der Basis von Zahlen möglich.

Zahlen bilden die Schnittstelle zwischen Abstraktem und Erscheinendem, sie transportieren Information und sind selbst Information. In Physik und Mathematik ist ein Einblick in die Grundlagen der physischen Realität nur durch die Einbeziehung einer fiktiven Realitätsebene möglich; erst eine Kombination beider Bereiche lässt Antworten auf Fragen finden, die sonst unlösbar wären.

Was für die Wissenschaft gilt, ist auch auf das Leben generell und die Bibel anwendbar. Die Zahlenwerte der hebräischen Schriftzeichen sind der Schlüssel, um den Sinn der Bibel zu erfassen und somit auch den Sinn der Schöpfung und den Sinn menschlicher Existenz. Die Kombination von Abstraktem und Wahrnehmbarem, von Gott und der Welt, von Zahl und Wort gibt auch hier Antworten auf sonst unlösbare Fragen.

Zahlen bilden in ihrer qualitativen Aussagekraft auf einfache und treffende Weise komplexe Zusammenhänge ab, die sich nur unzureichend und kompliziert in Worte fassen lassen. Auf diese Weise geben Zahlen eine grundlegende Struktur in den Texten der Bibel zu erkennen, die wie der fraktale Aufbau der belebten Natur aus sich wiederholenden Mustern besteht.

Diese Zahlenmuster sind nicht geradlinig konzipiert, sondern weisen unerwartete Wendungen auf, die man als ‚spiralig' bezeichnen könnte. Die Spirale als Grundmuster durchzieht die fraktale Geometrie der belebten Natur vom Kleinsten bis hin zu spiralförmigen Galaxien. Diese selbstähnliche Systematik ist wohl das Grundprinzip alles Lebendigen, denn das sichtbare Leben und auch seine Beschreibung durch die Texte der Bibel sind danach geformt.

Die Bibel auf diese Weise zu betrachten und sie in direkten Zusammenhang mit der belebten Natur zu bringen, muss kein Widerspruch zum religiösen Empfinden sein. Glaube und logisches Denken sind nicht einander widersprechende Fähigkeiten. Sie sind charakteristische Merkmale des Menschen und unterscheiden ihn vom Tier. Grundsätzlich ist der Mensch also zu beidem fähig, meint aber, nicht beides vereinbaren zu können.

Im Bereich der Wissenschaft hat der Mensch gelernt, dass Gegensätze einander nicht ausschließen. In der Physik gilt es heute als Tatsache, dass Licht sowohl Welle als auch Teilchen ist. Ob es als Materie oder als Schwingung wahrgenommen wird, hängt von der Art der Beobachtung ab. Sie bestimmt die aktuelle Wirklichkeit und geht vom Wissen aus, dass die gegenteilige Beobachtung genauso real ist.

Licht ist die Basis für organisches Leben und damit ein grundlegendes physikalisches Phänomen. Sein Doppelcharakter erschließt eine neue Perspektive auf die mess- und sichtbare Welt der Materie und stellt die bisher geltende Sichtweise infrage. Dass Materie ausschließlich Materie ist und dass Gegensätze einander ausschließen, entspricht zwar der Wahrnehmung durch die Sinne des Menschen. Diese Annahme verliert aber aus wissenschaftlicher Sicht ihre absolute Gültigkeit und aus dem Entweder-Oder wird ein Entweder-Und-Oder.

Auf dieselbe Weise lassen sich auch religiöses Empfinden und logisches Denken zu einem Entweder-Und-Oder verbinden. Bibel und tägliches Leben in der Welt der Materie widersprechen einander nicht, wenn man die zugrundeliegende Gemeinsamkeit erkennt und auch anerkennt. Sie liegt darin, Materie als Ausdruck eines Immateriellen, konkrete physische Wahrnehmung als Äußerung einer abstrakten Instanz zu akzeptieren.

Diese Instanz ist der ‚Wellencharakter' dessen, was sich als Heilige Schrift, als Natur und als körperlicher Mensch in Teilchenform zeigt. Für die Wahrnehmung der Sinne tritt der ‚Teilchencharakter' in den Vordergrund, das religiöse Empfinden beobachtet den ‚Wellencharakter'. Das Wissen, dass beides gleich gültig und gleich real ist, kombiniert Welle und Teilchen zu einem zusammengehörenden Ganzen.

Inhalt des vorliegenden Buches ist es, anhand konkreter Bibeltexte den Menschen als religiöses und denkendes Wesen gleichermaßen anzusprechen und nachvollziehbar zu belegen, dass auch für ihn das Grundkonzept von ‚Welle- und Teilchencharakter' gilt.

Die dabei verwendeten Bibelzitate entstammen der Elberfelder Bibel in der Ausgabe von 1905. Diese Heilige Schrift ist in der Übersetzung aus dem Hebräischen relativ wortgetreu und an die deutsche Satzstellung angepasst, was ihre verbale Verständlichkeit erleichtert.

Zusätzlich wird eine direkte Übersetzung aus dem Hebräischen zitiert, und zwar „Das Alte Testament, Interlinear Hebräisch-Deutsch" von Rita Maria Steurer, erschienen im SCM R. Brockhaus-Verlag, 4. Auflage 2018. Dieses Buch enthält auch die folgenden wichtigen Hinweise:

„Die Neigung, unser grammatikalisches Zeitsystem Vergangenheit, Gegenwart und Zukunft auch auf das Hebräische anzuwenden, ist verständlich, aber nicht adäquat, und es öffnet schweren

Missverständnissen Tür und Tor... das Hebräische kennt an sich keine Verbalform, die die Zeit eines Geschehens anzeigen würde."

Diese Feststellung ist von gravierender Bedeutung, denn sie belegt, dass die Aussagen der Bibel nicht historisch zu sehen, sondern zeitlos und jederzeit gültig sind. Das eigentlich Zeitlose wird erst durch das Zeitverständnis des Menschen zu einem historischen Bericht. Er kennt aus der Wahrnehmung seiner Sinne nur diese linear fließende Zeit mit Vergangenheit, Gegenwart und Zukunft. Auf Basis dieser Lebenserfahrung kann sein Bewusstsein das eigentlich Zeitlose nicht nachvollziehbar erfassen. Es als geschichtliches Ereignis zu interpretieren und damit eigentlich zu verfälschen, liegt also in der Natur des Menschen.

Durch Interpretation missverständlich werden auch manche Begriffe in den Texten der Bibel. Hebräische Zeichen tragen primäre Informationen in den Zahlen und bilden miteinander Kombinationen für eine gemeinsame Aussage. Zahlenkombinationen werden im Text zu Worten. Um derartige Zahlengebilde in einen lesbaren Zusammenhang zu bringen, werden manche von ihnen mit einer Reihe von Bedeutungen belegt und sie werden daher auch unterschiedlich übersetzt. Ein Spektrum an Worten für ein und dieselbe Zeichenfolge bietet Raum für Differenzen in der Auslegung und damit auch für Irrtum.

Darauf weist die Autorin Rita Maria Steurer hin, wenn sie unterstreicht: „Im Verständnishorizont eines Laien bedeuten die oft sehr verschieden ausfallenden Übersetzungen eine weitere Schwierigkeit. Bei der Sinnfülle gebündelter Ausdrücke ist im Normalfall der Kontext für eine betreffende Wortwahl entscheidend ...

In anderen Fällen lässt sich des öfteren notgedrungen eine Auswahl treffen, die meist nur einen Aspekt der Sinnfülle aufzeigt. Als Beispiel sei auf das Verbum ‚schabat/sabat' hingewiesen, dessen Sinnfülle gebündelt ‚aufhören, stocken, ruhen, feiern, eratmen' beinhaltet. In einem Satzgefüge kann nur eine dieser

Möglichkeiten integriert werden, obwohl dies dann meist eine Reduzierung des ursprünglichen Sinns bedeutet. Unter dem Gesichtspunkt der wöchentlichen Arbeit bedeutet ‚sabat' ‚ruhen' (nicht sinnverwandt mit ‚Nichts tun'). Es bedeutet aber zugleich ein Ruhen der Kritik, der Nörgelei …"

Die Verfälschung des eigentlichen Sinns ist offenbar unvermeidbar für ein Denken, das sich an den Worten orientiert. Eine Wahrnehmung und Weltsicht, die auf Zeit und Raum begrenzt ist, kann das Zeitlose nicht wirklich erfassen. Der Interpretationsspielraum im Verbalen ist vielfältig und das Verstehen der eigentlichen Aussage wird erst auf Basis von Zahlen eindeutig.

Die Wortwahl in der Übersetzung hängt auch von der jeweiligen Zeitepoche ab, der sie entstammt. Das gilt ebenso für die Schreibweise von Namen, die unterschiedlich sein kann; b oder w, ch oder k, p oder f, s oder sch, t oder z sind Varianten in der Aussprache ein und desselben hebräischen Schriftzeichens und th ist eine Version von t, die zu einer gewissen Zeit in der deutschen Sprache gebräuchlich war.

Diese Unterschiede sind nicht wirklich relevant, denn auch biblische Namen tragen ihre primäre Information in den Zahlen. In den folgenden Ausführungen werden Namen daher in der Form genannt, die gebräuchlicher, einfacher oder aussagekräftiger ist. Ihre Verwendung orientiert sich eher an der direkten Übersetzung.

DAS BUCH GENESIS –
die Schöpfungsgeschichte

Das 1. Buch des jüdischen Tanach ist gleichzeitig das 1. der 5 Bücher Mose im Christentum. Seine griechische Bezeichnung „Genesis" bedeutet „Geburt, Ursprung, Entstehung". Die Schöpfungsgeschichte erzählt in 50 Kapiteln über den Sinn der Erschaffung von Welt und Mensch, erläutert, welchen Ursprung der Mensch hat und welche Entwicklung er nimmt.

Aus Sicht der Zahlen bildet das Buch Genesis mit den übrigen 4 Büchern Mose das 1-4-Prinzip ab. Es erzählt über die Entstehung von 2 aus 1, über Prinzipien, Lebensbedingungen und Zielsetzung in der Welt der 2.

Die Schöpfungsgeschichte berichtet über die prinzipiellen Grundlagen jeder materiellen Existenz. Sie kleidet die Prinzipien in Erzählungen und stellt sie als Geschehen in einer zeitlich linearen Abfolge dar. Diese Erzählform hat symbolischen Charakter. Sie klingt aber wie ein historischer Bericht und kommt so dem Erfassungsvermögen des Bewusstseins in Zeit und Raum entgegen.

Die Worte beschreiben symbolhaft Szenen des äußeren Lebens; die Zahlen als ‚Rückseite' der Worte informieren über die Aussage dieser Szenen. Der andersartige Blick, der sich auf Basis von Zahlen ergibt, stellt das traditionelle Denken vor eine kontinuierliche Herausforderung. Ihm wird abverlangt, den Inhalt der Genesis als Leitbild oder Grundmuster zu verstehen und nicht als ein historisches Geschehen am Beginn der Menschheit.

Die 50 Kapitel der Genesis informieren über Veranlagungen, denen das menschliche Leben folgt; die Zahl 50 steht für deren Bewusstwerdung.

Was die Genesis in 50 Kapiteln ausführlich erklärt, ist sehr kompakt in den Schriftzeichen des hebräischen Alphabets als Information angelegt. Auf fraktale Weise ist das Mitzuteilende in sich verschachtelt. Die qualitativen Aussagen der Konsonanten decken sich mit dem, was sie in ihrer Gesamtheit als biblischer Text ausdrücken. Die Genesis ist ebenso wie die gesamte Bibel als komplexes Ganzes in ihrer Struktur vergleichbar mit den Gebilden in der belebten Natur. „Wort Gottes" und „Schöpfung Gottes" bestehen aus selbstähnlichen Bausteinen, die sich auf kreative Weise zusammenfügen. Das große Ganze und seine Bestandteile bestätigen sich gegenseitig.

Die hebräischen Schriftzeichen 1 bis 20 und die Kapitel 1 bis 20 der Genesis lassen eine klare gegenseitige Zuordnung erkennen. Inhalt von Genesis 1 ist eine ausführliche Erläuterung dessen, was das Schriftbild der Aleph als komprimiertes Kürzel darstellt. Die qualitative Aussage der Zahl 1 ist Inhalt des gesamten 1. Kapitels der Genesis.

Was die Aleph zu einem kompakten Kürzel stilisiert, entfaltet sich in Genesis 1 zu einer umfassenden Erläuterung grundlegender Prinzipien.

Beides wird dem gerecht, wofür die Zahl 1 steht. 1 ist die Zahl der Einheit, in der jede Information für die erfahrbare Welt der 2 schon enthalten ist. Das Prinzip 2 ist in der 1 fertig konzipiert, zeigt sich aber noch nicht physisch. Um es sichtbar zu machen und in die Umsetzung zu bringen, zieht sich die 1 zurück.

Sie gibt ihre Existenz in dem Sinn auf, dass sie über die 2 lebendig werden und sich entfalten lässt, was an Möglichkeiten in der 1 dafür vorgesehen ist. Die Informationen der 1 werden freigesetzt und zeigen sich als 2 physisch. Mit dem Leben in der Dualität wird das abstrakte Potenzial nach außen transportiert und damit praktisch erfahrbar.

Ein Bild aus der Natur macht dieses Geschehen deutlich: Im Samen einer Eiche ist die komplette Information für den fertigen Baum enthalten, aber noch nicht sichtbar. Um den Baum entstehen zu lassen und die Informationen freizusetzen, gibt der Same seine Existenz als Same auf. Die Kraft des Keimlings bricht aus ihm heraus und bringt das im Samen angelegte Erbgut zur Umsetzung.

Die 1 = Aleph enthält in sich wie ein Samenkorn das Leben des Menschen in der Dualität. Das Schriftbild deutet stark reduziert den Inhalt an. Genesis 1 beschreibt das Potenzial dieses Samenkorns näher und macht nachvollziehbar, was die Aleph in ihrem Schriftbild als 2-fache 10 in Kombination mit 6 verkürzt darstellt. Aufgeteilt auf 6 Schöpfungstage hält das 1. Kapitel der Genesis fest, was die 1 an Prinzipien für das Leben als 2-fache 10 vorsieht.

Genesis 1 bis 10 erläutern bis ins Detail, was Aleph als Kürzel zeigt und Genesis 1 an Prinzipien enthält. Insgesamt berichten die ersten 10 Kapitel der hebräischen Tora und der christlichen Bibel über die Basis menschlichen Lebens. Sie erzählen ausführlich, welchen Kriterien der Mensch unbewusst folgt, um sich schließlich bewusst als 10 wahrzunehmen. 10 Kapitel erzählen über Veranlagung und Zielsetzung der 10.

Technisch gesprochen entspricht die 1 generell der Planung und die 2 der tatsächlichen Konstruktion. Genesis 2 bis 10 informieren über den vorgesehenen Ablauf dieser Konstruktion und die anschließenden Kapitel über die vorgesehene praktische Umsetzung des Konstruktionsplanes im menschlichen Bewusstsein. Genesis 11 bildet eine Schnittstelle.

Genesis 12 und die folgenden Kapitel haben zum Inhalt, wie die vorerst unbewusste Entfaltung der abstrakten Potenziale im Menschen abläuft, zur Wahrnehmung kommt und erlebt wird.

BUCH GENESIS
Kapitel 1 – Genesis 1 (Die Erschaffung der Welt)

„1 Im Anfang schuf Gott die Himmel und die Erde. 2 Und die Erde war wüst und leer, und Finsternis war über der Fläche der Tiefe; und der Geist Gottes schwebte über der Fläche der Wasser.

3 Und Gott sprach: Es werde Licht! Und es ward Licht. 4 Und Gott sah das Licht, dass es gut war; und Gott schied das Licht von der Finsternis. 5 Und Gott nannte das Licht Tag, und die Finsternis nannte er Nacht. Und es ward Abend, und es ward Morgen: erster Tag.

6 Und Gott sprach: Es werde eine Ausdehnung inmitten der Wasser, und sie scheide die Wasser von den Wassern! 7 Und Gott machte die Ausdehnung und schied die Wasser, welche unterhalb der Ausdehnung, von den Wassern, die oberhalb der Ausdehnung sind. Und es ward also. 8 Und Gott nannte die Ausdehnung Himmel. Und es ward Abend und es ward Morgen: zweiter Tag.

9 Gott sprach: Es sammeln sich die Wasser unterhalb des Himmels an einen Ort, und es werde sichtbar das Trockene! Und es ward also. 10 Und Gott nannte das Trockene Erde, und die Sammlung der Wasser nannte er Meere. Und Gott sah, dass es gut war.

11 Und Gott sprach: Die Erde lasse Gras hervorsprossen, Kraut, das Samen hervorbringe, Fruchtbäume, die Frucht tragen nach ihrer Art, in welcher ihr Same sei auf der Erde! Und es ward also.

12 Und die Erde brachte Gras hervor, Kraut, das Samen hervorbringt nach seiner Art, und Bäume, die Frucht tragen, in welcher ihr Same ist nach ihrer Art. Und Gott sah, dass es gut war.

13 Und es ward Abend, und es ward Morgen: dritter Tag.

14 Und Gott sprach: Es werden Lichter an der Ausdehnung des Himmels, um den Tag von der Nacht zu scheiden, und sie seien zu Zeichen und zur Bestimmung von Zeiten und Tagen und Jahren; 15 und sie seien zu Lichtern an der Ausdehnung des Himmels, um auf die Erde zu leuchten! Und es ward also. 16 Und Gott machte die zwei großen Lichter: das große Licht zur Beherrschung des Tages und das kleine Licht zur Beherrschung der Nacht, und die Sterne. 17 Und Gott setzte sie an die Ausdehnung des Himmels, um auf die Erde zu leuchten 18 und um zu herrschen über den Tag und über die Nacht und das Licht von der Finsternis zu scheiden. Und Gott sah, dass es gut war. 19 Und es ward Abend, und es ward Morgen: vierter Tag.

20 Und Gott sprach: Es wimmeln die Wasser vom Gewimmel lebendiger Wesen, und Gevögel fliege über der Erde angesichts der Ausdehnung des Himmels! 21 Und Gott schuf die großen Seeungeheuer und jedes sich regende lebendige Wesen, wovon die Wasser wimmeln, nach ihrer Art, und alles geflügelte Gevögel nach seiner Art. Und Gott sah, dass es gut war.

22 Und Gott segnete sie und sprach: Seid fruchtbar und mehret euch, und füllet die Wasser in den Meeren, und das Gevögel mehre sich auf der Erde! 23 Und es ward Abend, und es ward Morgen: fünfter Tag.

24 Und Gott sprach: Die Erde bringe hervor lebendige Wesen nach ihrer Art: Vieh und sich Regendes und Getier der Erde nach seiner Art! Und es ward also. 25 Und Gott machte das Getier der Erde nach seiner Art und das Vieh nach seiner Art und alles, was sich auf dem Erdboden regt, nach seiner Art. Und Gott sah, dass es gut war.

26 Und Gott sprach: Lasset uns Menschen machen in unserem Bilde, nach unserem Gleichnis; und sie sollen herrschen über

die Fische des Meeres und über das Gevögel des Himmels und über das Vieh und über die ganze Erde und über alles, das sich auf der Erde regt! 27 Und Gott schuf den Menschen in seinem Bild, im Bilde Gottes schuf er ihn; Mann und Weib schuf er sie.

28 Und Gott segnete sie, und Gott sprach zu ihnen: Seid fruchtbar und mehret euch und füllet die Erde, und macht sie untertan; und herrschet über die Fische des Meeres und über das Gevögel des Himmels und über alles Getier, das sich auf der Erde regt!

29 Und Gott sprach: Siehe, ich habe euch gegeben alles samenbringende Kraut, das auf der Fläche der ganzen Erde ist, und jeden Baum, an welchem samenbringende Baumfrucht ist: es soll euch zur Speise sein; 30 und allem Getier der Erde und allem Gevögel des Himmels und allem, was sich auf der Erde regt, in welchem eine lebendige Seele ist, habe ich alles grüne Kraut zur Speise gegeben. Und es ward also. 31 Und Gott sah alles, was er gemacht hatte, und siehe, es war sehr gut. Und es ward Abend, und es ward Morgen: der sechste Tag."

Genesis 1 schildert die Gestaltung prinzipieller Voraussetzungen, die der physischen Entstehung der Welt zugrunde liegen. Der Text erzählt gemeinsam mit der qualitativen Aussage der Zahlen, wie die Einheit in sich selbst die Welt der Dualität kreiert und wie dadurch das Prinzip der 2 als Theorie zustande kommt.

Schöpfungstage und Schöpfungsworte sind Gestaltungselemente, die eine Struktur aufbauen und gleichzeitig als Informationsträger fungieren.

Schöpfungstage:

Die 6 Schöpfungstage, von denen Genesis 1 geprägt ist, sind nicht als zeitliche Abfolge, sondern als Symbole für die Prinzipien 1 bis 6 und damit für die qualitative Aussagekraft dieser Zahlen zu verstehen. Mit dem Bild dieser 6 Tage wird beschrieben, auf welcher Basis der 7. Tag und damit die Welt der 7 für den Menschen in Zeit und Raum erlebbar wird.

Tag 1 = Prinzip der 1:

„1 Im Anfang schuf Gott die Himmel und die Erde. 2 Und die Erde war wüst und leer, und Finsternis war über der Fläche der Tiefe; und der Geist Gottes schwebte über der Fläche der Wasser. 3 Und Gott sprach: Es werde Licht! Und es ward Licht. 4 Und Gott sah das Licht, dass es gut war; und Gott schied das Licht von der Finsternis. 5 Und Gott nannte das Licht Tag, und die Finsternis nannte er Nacht. Und es ward Abend, und es ward Morgen: erster Tag."

Die primäre Aktivität der 1 besteht darin, Gegensätzliches zu kreieren: Himmel und Erde, Licht und Finsternis, Tag und Nacht. Damit wird die Basis für eine Polarität gelegt, die der physischen Welt überhaupt erst ihre Existenz ermöglicht und sie gestaltet. Im realen Erleben von Raum und Zeit sind Hell und Dunkel sowohl Phasen eines irdischen Tages als auch Phasen des Bewusstseins.

Der 1. Schöpfungstag und damit die Erläuterung des Prinzips 1 besteht aus 5 Sätzen, denen gemäß ihrer Reihenfolge Zahlen vorangestellt sind. Auch sie haben eine Bedeutung. Alles in der materiellen Welt Existente entspricht einer göttlichen Ordnung, auch wenn es zufällig erscheinen mag. Demgemäß ist auch jede Zahl in der Heiligen Schrift nicht willkürlich gesetzt, sondern hat ihre Berechtigung und Aussage. Das gilt auch für die Reihenfolge der Sätze und die Gliederung des Textes.

Der 1. Satz „Im Anfang schuf Gott die Himmel und die Erde" ist ähnlich wie die Aleph eine Kurzfassung des Prinzips 1.

Das hebräische Wort für „erschaffen" lautet „bara" 2-200-1 und zeigt mit seinem Zahlenaufbau, wozu der Mensch erschaffen ist: Als 2 soll er die Erfahrung von 10x10 machen und dadurch der 1 begegnen.

Die ersten 3 Worte der Genesis und damit der gesamten Bibel sind: „Im Anfang schuf", hebräisch „bereschith bara". Ihre Zahlenfolge 2-200-1 300-10-400 2-200-1 zeigt in stark komprimierter Form die Kernaussage des Schöpfungsgedankens. 2-200-1 ist darin als Absicht und als Ziel sichtbar und spiegelt sich über eine Projektionsfläche. „Bereschith bara" ist hinsichtlich Aufbau und Aussage ein Synonym zur Aleph. In der Aleph ist 6 die Projektionsfläche zwischen 10 + 10 und trennt oder verbindet auf diese Weise Absicht und Ziel. Hier sind es die Zahlen 300-10-400. Die Qualität von 300 und 400 bewusst zu leben als 10, verbindet Himmel = 300 und Erde = 400 und entspricht der 20, die 10+10 kombiniert und auch im Schriftbild von Aleph und Eleph sichtbar ist.

Der 1. Satz erzählt, dass die 1 in ihrer alles umfassenden Gesamtheit jede Gestaltung aus sich heraus kreiert. Denn das hebräische „elohim", das mit „Gott" übersetzt wird, ist eine Pluralform und steht für eine gebündelte Komplexität an Schöpfungsmacht.

Aus ihr gehen Himmel und Erde hervor; der Text bestätigt seinerseits die Aussage der Zahlen 300 und 400.

Dass „elohim" alles umfasst und aus sich heraus entstehen lässt, kommt auch mit dem kleinen Wort „et" 1-400 zum Ausdruck. Im Originaltext steht es zwischen „Gott" und „die Himmel", wird nicht übersetzt und stellt mit seiner Zahlenfolge verkürzt dar, was beide charakterisiert. Dieses „et" kommt im 1. Satz noch einmal vor; es bildet gemeinsam mit der ersten „waw" im Text der Bibel das Wort „und" 6-1-400 im Satzteil „die Himmel und die Erde". Damit definiert schon der 1. Satz der Schöpfungsgeschichte in Zahl und Wort die Funktion der 6; es ist ihre Aufgabe, den Himmel, der Gott und Erde verbindet, bewusst zu machen.

Der 2. Satz beschreibt die Erde und damit das Leben in der Dualität: „Und die Erde war wüst und leer, und Finsternis war über der Fläche der Tiefe; und der Geist Gottes schwebte über der Fläche der Wasser."

Er besteht aus 3 Satzteilen und beinhaltet insgesamt 3 „und". Jedes dieser 3 „und" ist im hebräischen Text eine „waw". Nachdem die Aufgabe der 6 im 1. Satz definiert ist, kommt sie nun als einzelnes Zeichen ihrer verbindenden Funktion im Sinne der 3 nach. Die Bedeutung dieser Aufgabe unterstreicht Genesis 1, indem dieses „und" jedem Satz vorangestellt wird. Auch der 9. Satz, bei dem das „und" in der Übersetzung fehlt, beginnt im Originaltext mit einer „waw".

Insgesamt summiert dieser 2. Satz seine „und" zu 666 und beschreibt damit, worauf die Existenz in der 2 hinausläuft.

3 Satzteile und 3 „und" weisen auf die doppelte Funktion der Zahl 3 in der Dualität hin. Die 6 aus 2 x 3 ist der antreibende Aspekt und ausgerichtet auf die 6 aus 3 + 3. Die Zielsetzung von 2 x 3 liegt damit in jener 6, die Antrieb und Ziel in sich kombiniert. Die 6 zielt auf Ver-3-fachung ab, was die Zahl 666 zum Ausdruck bringt.

Im Text drücken die Begriffe „wüst und leer" aus, wie dieses Irdische vom Menschen immer wieder erfahren wird. „Tohu wabohu", wofür im Deutschen „wüst und leer" steht, hat auch die Bedeutung von „chaotisch".

„Tohu wabohu" 400-5-6 6-2-5-6 besteht aus 2 getrennten Zahlengruppen und charakterisiert damit die geschaffene 2 als chaotisch und zusammenhanglos. Die 3 durchschaut das Chaos und sieht Zusammenhänge. Sie verbindet 2 ungleiche Teile und erfasst eine gemeinsame Aussage. 400-5-6 6-2-5-6 wird zu 6+6+6, 5+5 sowie 400 + 2. Solange 400 und 2 im Bewusstsein dominiert, bleibt der Sinn unerkannt. Getrennt stellen die Äußeren Werte 411 und 19 der beiden Wortteile ein Ungleichgewicht dar, miteinander verbunden bilden sie den Wert 430. 400 + 30 wird erst über die Qualität der 19 möglich, die auch in 411 die 400 + 11 erkennt.

Solange der Grund seines Daseins für den Menschen aber im Dunkeln liegt, herrscht in seinem Bewusstsein „Finsternis über der Oberfläche der Urtiefe", wie es die direkte Übersetzung formuliert. Er kann die Verbindung zwischen seinem eigenen tiefsten ursprünglichen Sein und einem über allem schwebenden zeitlosen Geistigen nicht sehen. Das Leben auf der Oberfläche der Erde wirkt trennend.

Was mit „Fläche" oder „Oberfläche" übersetzt wird, zeigt in seinem Zahlenaufbau 70-30 80-50-10 eine 2-Teilung und gibt auch darüber Auskunft, was getrennt ist, um verbunden zu werden. Auf der einen Seite sind es 70 und 30, die gemeinsam 100 ergeben. Auf der anderen Seite sind es 80 + 50 + 10 = 140, die in der Wahrnehmung noch getrennt sind. 40 ist das Gemeinsame der Äußeren Werte 140 und 100; Zeit ermöglicht der menschlichen 10 die allmähliche Annäherung von Getrenntem, von 1 und 4, wie 140 betont. Diese 10 erkennt sich gemäß dem Äußeren Wert 100 selbst als 10 und erfasst gleichzeitig, dass der Sinn zyklischer Zeit darin besteht, bestehende Verbindungen zu erkennen: 100 + 140 = 240 = 6 x 40.

Das Licht dieser Erkenntnis ist Motiv der 3 und Inhalt des 3. Satzes, der sich selbst aus 3 kurzen eigenständigen Sätzen zusammenfügt: „Und Gott sprach: Es werde Licht! Und es ward Licht."

Im hebräischen Originaltext besteht er aus 3 x 2 = 6 Zeichen-komplexen. Die ersten 4 sind eigenständige Wörter. Die beiden letzten, die übersetzt werden mit „und es ward Licht", bilden eigentlich 1 Wort, das aus 2 Hälften besteht. So stellen sie dar, was dieses Licht ist und was es erkennen lässt.

„Licht" 1-6-200 formt sich aus 3 Zahlen; eine zentrale 6 kombiniert 1 mit 200. Physisches Licht entspricht im Bewusstsein dem Licht der Erkenntnis, das die 2 über die Erfahrung von 10 x 10 mit der 1 in Kontakt bringt. Der gesamte 3. Satz macht die Ergänzung von 1 + 2 zu 3 durch seinen Inhalt und die Reihenfolge der Satzteile anschaulich.

„Elohim" spricht in der Schöpfungsgeschichte erstmals im 3. Satz und macht 2 fast gleich lautende Aussagen. Er steht für die absolute 1, die sich in 2 beinahe deckungsgleiche und doch andersartige Hälften teilt. Gleichzeitig mit dieser Teilung erfolgt die Mitteilung, dass die Finsternis der 2 erhellt wird. Der 2. Abschnitt dieses 3. Satzes definiert die 2 als Phase, in der es „Licht werde". Der 3. Abschnitt definiert die 3 als Phase, in der es „Licht ward". Er zeigt auch, wie das geschieht, nämlich durch die Verbindung von 2 Hälften zu einem Ganzen.

„Es werde Licht" besteht aus denselben Zeichen wie „Es ward Licht", der Unterschied zwischen beiden ist lediglich das „und", das im 2. Abschnitt fehlt und den 3. Abschnitt charakterisiert, der Getrenntes verbindet. Der 3. Satz definiert die 3 insgesamt als etwas, das beide Phasen umfasst, das „werde" ebenso wie das „ward" und das beide als Äußerungen der 1 in der 2 sieht.

„Und Gott sah das Licht, dass es gut war; und Gott schied das Licht von der Finsternis", darüber informiert der 4. Satz.

Licht ist gut in der Welt der 4, es ermöglicht im Irdischen 2-fach Orientierung, im äußeren Leben genauso wie im Inneren. In beiden Bereichen gibt es auch Finsternis, denn die Welt der 2x2 ist geprägt von Kontrasten.

„Licht" 1-6-200 und „gut" 9-6-2 haben die verbindende 6 in ihrer Mitte und die Äußeren Werte 207 und 17 lassen 190 als das eigentlich Gemeinsame erkennen. Es ist „gut" 9-6-2, als individuelle 6 die 2 mit 9 zu verbinden, weil die erkennende 9 erhellt, was im Bewusstsein der 2 im Dunkeln liegt. Auf diese Einsicht läuft die Welt der 4 hinaus und der 5. Satz berichtet darüber:

Der 5. Satz schließt den 1. Tag ab: „Und Gott nannte das Licht Tag, und die Finsternis nannte er Nacht. Und es ward Abend, und es ward Morgen: erster Tag."

Licht entspricht dem Tag, Finsternis der Nacht und beide bilden trotz dieses Widerspruchs gemeinsam eine in sich abgeschlossene Gesamtheit. Diese Gesamtheit wird ebenfalls als Tag bezeichnet und ist damit auch wieder identisch mit dem Licht. Finsternis ist Teil des Tages und damit Teil des Lichtes; sie dient als Kontrast, um Licht wahrnehmbar zu machen.

Der 5. Satz macht das Prinzip der 5 aus 4 + 1 bildhaft. Tag und Licht werden einander gleichgestellt und symbolisieren die 1; die Finsternis ordnet Satz 4 der 2x2 zu. Das Licht der 1 stellt sich selbst die Nacht der 4 gegenüber, um sich über diese 4 wahrnehmbar zu machen. Die Nacht als Teil des Tages weist gleichzeitig darauf hin, dass Finsternis Teil des Lichtes und 4 Teil der 1 ist.

Der Tag in der Welt der 2x2 besteht aus Licht und Finsternis und ist gleichzeitig identisch mit Licht. Das Einsehen, dass 4 eine Äußerung der 1 und mit ihr gleichzusetzen ist, erfasst die Gegensätze der 2x2 als Ausdruck der Einheit und kombiniert 4 + 1 zu 5.

Diese 5 setzt sich auch aus 2 + 3 zusammen und ordnet der Finsternis die Phase des „werde" zu, die zum „ward" des Lichtes wechselt und als Tag eine Einheit bildet.

Satz 5 erklärt es zum Grundprinzip, dass Nacht + Tageslicht den Tag als Gesamtheit ausmachen; 2 + 3 oder 4 + 1 ergänzen sich in diesem Sinn zu einer 5, die der 5. Satz gleichsetzt mit dem Tag.

Damit legt er fest, dass das tägliche Leben von einem Wechsel bestimmt ist, der äußerlich und auch im Bewusstsein gilt. Auch wenn nach langer Nacht mit 4 + 1 zum ersten Mal Tageslicht wahrgenommen wird, bleibt es im Denken nicht ständig hell. Im Alltag wechseln sich weiterhin 2 und 2+1 ab, auch die 4 wird nicht ständig in Verbindung mit der 1 gesehen.

„Tag" 10-6-40 zeigt 6 als zentrales Element menschlicher Existenz im Zeitlichen.

„Licht" 1-6-200 wiederholt 6 als zentrales Element. Der Text setzt „Tag" und „Licht" einander gleich und bestätigt, worauf 5 x 40 = 200 hinweisen. 10-6-40 bildet ab, dass der 10 gegeben ist, 1 + 4 zu kombinieren und 10 x 10 einzusehen. 5 x 40 = 200 zeigen, dass das für die 2 im Laufe der Zeit vorgesehen ist. 10-6 und 1-6 demonstrieren, dass sich dadurch die Verbindung von 1 und 10 erhellt. Jeder Tag birgt das Potenzial, über 1 + 4 die Erfahrung von 2 x 100 zu machen und zu erkennen, dass das Zeitlose im Zeitlichen präsent ist. „Tag" und „Licht" kombinieren sich zum hellen Tageslicht dieser Erkenntnis. In der „Finsternis" der „Nacht" fehlt diese wache Bewusstheit und wartet darauf, geweckt zu werden.

Den Übergang zwischen den konträren Hälften des Tages bilden „Abend" 70-200-2 und „Morgen" 2-100-200. Der Abend leitet die Phase der Nacht ein und wird zuerst erwähnt. Der darauffolgende Morgen bringt Licht. Beide Begriffe haben die Zahlen 2 und 200 gemeinsam und teilen diese auch mit „Licht" und „gut". Gemeinsam sagen sie aus: Es ist gut, dass sich nach der finsteren Phase der 2 im Bewusstsein über die Erfahrung von 2 x 10x10 das Licht durchsetzt und klar sehen lässt. Dieses Licht erhellt, dass Tageslicht und Nacht, Abend und Morgen 4 Aspekte 1 ganzen Tages sind.

Den Abend unterscheidet die 70 von der 100 des Morgens; beide leiten über in Phasen, die sich gegenseitig ergänzen und einander abrunden. Die Äußeren Werte 272 von „Abend" und 302 von „Morgen" erklären mit ihrer Differenz 30, dass für die 10 x 3 eine Finsternis zu Ende geht, in der weder 10 noch 3 zu sehen sind.

Dass 10 x 3 auch in der Phase der 2 für die 10 immer schon vorhanden ist, demonstriert „Nacht" 30-10-30-5 und verweist auf die 5, die das Fenster zu dieser Sichtweise öffnet.

Der 1. Tag endet mit der Zahlenkombination 10-6-40 1-8-4, direkt übersetzt mit „Tag, einer". „Einer" mit dem Äußeren Wert 13 weist darauf hin, dass sich die Einheit des Tages in ihrer umfassenden und grundlegenden Bedeutung über die Qualität der 13 erschließt.

Tag 1 betont in 5 Sätzen die verbindende Qualität der 6 als Grundlage für den Durchbruch der 3 im Bewusstsein und erklärt damit die Aussage von 5 x 6 = 30. Im Satzbau und in den Zahlenkombinationen wesentlicher Begriffe demonstriert die 6 ihre Funktion.

In „Licht", „gut" und „Tag" steht die 6 jeweils in einem spezifischen Zusammenhang. Über die Art, wie die 6 ihre Fähigkeit umsetzt, machen die Zahlen dieser 3 Begriffe eine gemeinsame Aussage, die auch einen Bezug zu „tohu wabohu" zeigt:

Tohu	wabohu		Licht	$1 - 6 - 200$	$= 207$
$400 - 5 - 6$	$6 - 2 - 5 - 6$		gut	$9 - 6 - 2$	$= 17$
411	19		Tag	$10 - 6 - 40$	$= 56$

$$6 - 6 - 6 = 6 - 6 - 6$$
$$5 - 5 = 10 = 1 + 9$$
$$400 = 200 \times 2 = 40 \times 10$$
$$(411+19)\ 430 = 280\ (207+17+56) + 150\ (50\times3)$$

150 steht für eine menschliche 3, die sich gleichzeitig als 50 erfährt und der es möglich ist, diese Zusammenhänge nachzuvollziehen. Für sie ist auch die 190 als Gemeinsamkeit von „Licht" und „gut" klar, die 207 − 17 zeigen. Sie lebt 190 selbst, indem sie als 10 sieht, was „wabohu" 19 erkennen lässt und es mit „tohu" 411 zu einem Leben als 30 in der Welt der 400 ergänzt. 411 beschreibt mit 3 x die Primzahl 137 = 13x10 + 7 die Persönlichkeit des Menschen, der 400 + 10+1 praktiziert.

Als 3 und auch als 5x10 weiß er, dass der Tag aus 2 Hälften besteht, die nur für die 2 unvereinbar sind. Er sieht dessen Äußeren Wert 56 bereits 2-fach als 5-6 und 5-6 in „tohu wabohu" angelegt.

Mit 7 x 8 weist der Tag darauf hin, dass er die Qualitäten von 7 und 8 kombiniert, wobei 8 für die 3 eine andere Qualität hat als für die 2.

Tag 2 = Prinzip der 2:

„6 Und Gott sprach: Es werde eine Ausdehnung inmitten der Wasser, und sie scheide die Wasser von den Wassern! 7 Und Gott machte die Ausdehnung und schied die Wasser, welche unterhalb der Ausdehnung, von den Wassern, die oberhalb der Ausdehnung sind. Und es ward also. 8 Und Gott nannte die Ausdehnung Himmel. Und es ward Abend und es ward Morgen: zweiter Tag."

Der 2. Schöpfungstag demonstriert das Trennen von Gleichartigem, das Schaffen von Entsprechungen dies- und jenseits. Eine Unterscheidung etabliert sich, trennt das Wasser unten vom Wasser oben. Es ist nicht mehr zu erkennen, dass es sich eigentlich um ein und dasselbe Wasser handelt. Auf beiden Seiten symbolisiert es Leben. In Form von Regen kommt es von oben und bildet in 2-fachem Sinn die Grundlage für alles körperliche Leben auf der Erde.

Regen wird in den Überlieferungen als Symbol für das „Wort Gottes" verstanden und ist in diesem Sinn Lebensbasis für die 1 im Menschen.

Das Prinzip 2 vollzieht eine Teilung von Gleichartigem und schafft einander Gegenüberliegendes, dessen Zusammengehörigkeit nicht mehr sichtbar ist. Die erwähnte Ausdehnung hat trennende Funktion; die 6 zeigt sie im Schriftbild der Aleph und fordert zum „und" auf.

Satz 6 beinhaltet die qualitative Aussage der Zahl 6, nämlich die Verbindung von Gleichartigem, das getrennt erfahren wird.

Die Ausdehnung inmitten der Wasser liegt direkt übersetzt „zwischen" 2-400-6-20 den Wassern. Ein eingefügtes „zwischen" 2-10-50 betont auch die Scheidung der Wasser von den Wassern. Mit 2x „zwischen" charakterisiert Satz 6, wie die 2 wirkt. Die Äußeren Werte 428 + 62 neutralisieren die trennende Wirkung in Summe mit 490 = 400 + 90.

Satz 7 beschreibt die Welt der 7, die Trennung als gegeben wahrnimmt.

Satz 8 nennt die trennende Ausdehnung Himmel. Nach dem Prinzip 2 ist der Himmel ein Bereich, der das Leben auf der Erde von einem ewigen Leben separiert. Die menschliche 2 ordnet den Himmel einem Absoluten zu, das ihr selbst gegenübersteht und für sie unerreichbar ist. Ihr polares Verständnis von Himmel wirft die 2 immer wieder zurück auf sich selbst und damit auf die Erfahrung von Materie und Dualität.

Die verbindende Funktion dieser Ausdehnung zieht sich in der 2 zurück ins Unbewusste und kommt zum Vorschein, wenn Trennung und damit einhergehende Spiegelung als solche gesehen werden. Über die Qualität der 6 wird die Ausdehnung ihrer Bezeichnung als Himmel gerecht, der oben und unten, dies- und jenseits vereint.

Die „Wasser" 40-10-40 demonstrieren mit dem Zahlenaufbau die Trennung, von der im Text die Rede ist, und verweisen auch mit ihrem Äußeren Wert 90 auf die 10, die sich und die Spiegelung von 40 zu 40 erkennt.

Die Unterscheidung zwischen „den Wassern" 5-40-10-40 unterhalb und oberhalb der Ausdehnung ist nur äußerlich, ihr Zahlenaufbau stimmt überein und enthält die ‚5 oben' und die ‚5 unten', die gemeinsam die bewusste 10 bilden.

„Himmel" 300-40-10-40 ist eine Kombination der Wasser 40-10-40 mit 3 x 10x10. Damit ist der Mensch beschrieben, der den Himmel als Synthese von zeitlichem und zeitlosem Leben erkennt und erfährt.

Mit seinem Äußeren Wert 390 = 3 x 13 x 10 ordnet der Himmel diese Erfahrung einer 10 zu, die als 10+3 in Kontakt mit der absoluten 3 ist.

Die direkte Übersetzung nennt die Ausdehnung „Feste" 200-100-10-70. Dieses Wort kommt in der Beschreibung des 2. Tages 5x vor und weist mit 5 x 2 auf die Selbsterkenntnis als 10 hin.

„Feste" 380 und „Himmel" 390 setzt Satz 8 einander gleich, und auch gemeinsam sagen sie mit 380 + 10 = 390 aus, dass die Selbsterkenntnis als 10 die Perspektive grundlegend verändert. Diese 10 durchschaut die Spiegelung der 2 und erkennt auch in 380 die 2 x 190.

Satz 8 definiert diesen Tag als „zweiter" 300-50-10 mit dem Äußeren Wert 360. Als letztes Wort im hebräischen Originaltext ist „zweiter" ein Hinweis darauf, dass die 2 von 360 begrenzt ist. Das Leben in der Welt der 2 ist geprägt vom Runden und von Kreisläufen, die kein Ende erkennen lassen, vor allem auch kein Ende der Trennung.

Die 8 aus 2 x 4 zwingt zur Erde und zur Wahrnehmung von Trennung. Die 8 aus 4 + 4 kombiniert die Projektion mit dem Original zu einem Himmel und umfasst beides. 8 aus 2 x 2 x 2 überblickt die Funktion der 2 aus einer Position der Übersicht, diese 8 schaut vom Himmel auf die Erde und sieht die irdische 8 als Basis für das Erleben des Himmels.

Die 3 weiß von allen 3 Aspekten der 8, sie erkennt die Grenzen von 360 und sieht darin die Möglichkeit zu 4 x 90. Die trennende 380 nutzt sie zu 2 x 10 x 19, zur Selbsterkenntnis der 2 als 10. Diese 20 ist das Verbindende zwischen „Feste" 380 und „zweiter" 360. Die Unterscheidung durch Verbindung aufzulösen, ist das Wesen der 3 x 10, die den Himmel erlebt: „zweiter" 360 + 30 = „Himmel" 390.

3 ist das Prinzip der Wiedervereinigung von Getrenntem zu einer neuen Ganzheit. Diese 3 ist Thema von Tag 3.

Tag 3 = Prinzip der 3:

„9 Gott sprach: Es sammeln sich die Wasser unterhalb des Himmels an einen Ort, und es werde sichtbar das Trockene! Und es ward also. 10 Und Gott nannte das Trockene Erde, und die Sammlung der Wasser nannte er Meere. Und Gott sah, dass es gut war. 11 Und Gott sprach: Die Erde lasse Gras hervorsprossen, Kraut, das Samen hervorbringe, Fruchtbäume, die Frucht tragen nach ihrer Art, in welcher ihr Same sei auf der Erde! Und es ward also. 12 Und die Erde brachte Gras hervor, Kraut, das Samen hervorbringt nach seiner Art, und Bäume, die Frucht tragen, in welcher ihr Same ist nach ihrer Art. Und Gott sah, dass es gut war. 13 Und es ward Abend, und es ward Morgen: dritter Tag."

Tag 3 berichtet über eine Trennung von Wasser und Land. Die Erde wird als das Trockene bezeichnet, auf ihr sollen Pflanzen wachsen. Pflanzen können an Land aber nur wachsen, Frucht bringen und Samen bilden, wenn ihnen Wasser zur Verfügung steht. Die trockene Erde allein bringt kein Wachstum hervor. Die Trennung darf also nicht total sein, denn Leben auf der Erde ist nur mit Wasser möglich. Feuchtigkeit in der Erde und Grundwasser unter der Erdoberfläche ermöglichen pflanzliches Leben auf ihr; was oberflächlich getrennt scheint, bleibt ungesehen und hintergründig verbunden.

Die Funktionsweise der belebten Natur spiegelt das Wesen des Menschen. Es ist das Prinzip der 3, dass Getrenntes nur miteinander neues Leben hervorbringt; Tag 3 erläutert dieses Bewusstseins-Prinzip mit dem Bild einer Dreiheit von Pflanze, Frucht und Same.

Die erforderliche Kombination von Erde und Wasser ist nicht aus dem Text ersichtlich, sondern ergibt sich aus der menschlichen Lebenserfahrung. Das Prinzip der 3 ist ausgerichtet auf die Lebenserfahrung als Mensch. Es definiert sich auf diese Weise selbst als Samen. Das Prinzip der 3 ist in allem Geschaffenen und im Wort Gottes angelegt und bereit, umgesetzt zu werden. Es wartet darauf, dass der Keimling die Schale des Samens aufbricht und im menschlichen Geist wie eine Pflanze wächst, Frucht bringt und wieder Samen bildet.

Der ursprüngliche Same ist auf Samenbildung ausgerichtet. Das in ihm gespeicherte Erbgut setzt von selbst einen Wachstumsprozess in Gang, sobald es mit feuchter Erde in Kontakt kommt. Die Orientierung des Keimlings hin zum Licht ist in ihm angelegt, er folgt ihr unwillkürlich und durchstößt mit dieser Kraft die Erdkruste. Der Keimling entfaltet das gesamte Potenzial, das der Same ihm zur Verfügung stellt, entwickelt sich als Pflanze, bildet Blätter, Blüten und schließlich Samen. Die gesamte Lebensspanne der Pflanze zielt auf Samenbildung ab.

Mit diesem Bild erklärt sich das Prinzip 3; diesem Prinzip folgt der ‚Keimling‘ Mensch. In ihm ist angelegt, im Laufe der Zeit durch das ‚Dunkel des Irdischen‘ hindurch zu wachsen und es in seiner Bewegung hin zum Licht schließlich zu durchbrechen. Eine Pflanze wächst dem Sonnenlicht entgegen, der Mensch dem Licht der Erkenntnis. Die gesamte Lebenserfahrung zielt darauf ab, sich als menschliche 3 zu erkennen, die einer absoluten 3 entstammt.

3 x 3 = 9 erzählt über dieses Erkennen und bringt zum Ausdruck, dass so das Prinzip Same und seine Umsetzung durch eine menschliche 3 aufeinandertreffen. In jeder menschlichen 3 kommt individuell „je nach ihrer Art" das Prinzip 3 zur Entfaltung. Die gesamte Lebensspanne des Menschen zielt darauf ab, sich als Samen zu erkennen.

Der 9. Satz erwähnt Wasser, Himmel und Trockenes als 3 getrennte Begriffe; die 9 befähigt dazu, ihre Zusammengehörigkeit zu erfassen.

„Das Trockene" 30-10-2-300-5 wird im 10. Satz mit „Erde" 1-200-90 gleichgesetzt, die Äußeren Werte 347 – 291 haben den Äußeren Wert 56 von Tag gemeinsam. Tag steht für ein Ganzes, das auch sein Gegenteil integriert, und spricht dieselbe Eigenschaft trockener Erde zu.

Die Ansammlung der Wasser nennt Satz 10 „Meere" 10-40-10-40 mit dem Äußeren Wert 100. Das Leben der 10 im Meer unendlich scheinender Zeit steuert auf der Basis von 1 + 4 der Erfahrung von 10x10 zu.

Diese Art der Trennung prägt das menschliche Bewusstsein und ist „gut" 9-6-2 mit dem Äußeren Wert 17; sie setzt sich individuell um. Ebenso individuell sind ungesehene Verbindungen erfassbar von einer 10 als 3, wie 347 – 17 = 330 = 3 x 110 sowie 56 – 17 = 39 = 3 x 13 aufzeigen.

Die Zahl 11, die 10+1 kombiniert, steht für den Beginn einer neuen Lebenserfahrung. Die 10 beobachtet und weiß, dass alles im Irdischen von der 1 ausgeht und sich innerhalb der Gesetzmäßigkeiten der 12 so umsetzt, wie es von der 1 beabsichtigt ist. Satz 12 bestätigt daher den Inhalt des 11. Satzes.

Die Kombination von 11 + 12 zu 23 erfasst das Wirken eines Formlosen; diese Beobachtung ist einer 10+10 + 3 möglich.

Die direkte Übersetzung der Sätze 11 und 12 verdeutlicht Prinzipien dieses Wirkens und zeigt auf, wie es sich für die 3 erfahrbar macht:

„11 Weiter sprach Gott: Es grüne die Erde Grün, Pflanzenwuchs samend Samen, Holz, Frucht machend, Frucht, je nach seiner Art, wie sein Same in ihm, auf der Erde! Und es geschah so. 12 Als brachte hervor die Erde Grün, Pflanzenwuchs samend Samen, je nach seiner Art und Holz machend Frucht, wie sein Same in ihm, je nach seiner Art, da sah Gott, dass gut."

Satz 11 und 12 demonstrieren mit der Anordnung der genannten Begriffe, dass das Wirken des Formlosen unabhängig ist von linearen Abfolgen und sich damit exakter Berechenbarkeit entzieht.

„Grün" und „Frucht" machen 2 + 1 anschaulich und „Pflanzenwuchs samend Samen" sowie „wie sein Same in ihm" eine exakte Projektion.

„Holz, Frucht machend" verdeutlicht mit „Holz machend Frucht", dass das Achten auf Kleinigkeiten eine Sichtumkehr begleitet und den Unterschied zwischen Trennung und Verbindung ausmacht.

„Je nach seiner Art" betont die Individualität jeder menschlichen 3, die als 2 das Wirken der 1 erfasst.

Die 4 Begriffe „grün", „Erde", „Frucht", „je nach seiner Art" kommen in den 2 Sätzen insgesamt 3x vor und symbolisieren, dass jede irdische 3 ganz nach ihrer Art ‚grünt' und Frucht von

2x2 ist; fruchtmachendes Holz und samenbildender Pflanzenwuchs werden 2x genannt. Der Wortstamm „Samen" wiederholt sich 6x und verweist auf die alles verbindende 6, die es der
10 ermöglicht, sich als 3 wahrzunehmen.

6 Begriffe sind es auch, mit denen Satz 11 und 12 diese 3 beschreiben: „Grün" 4-300-1 und „Pflanzenwuchs" 70-300-2 zeigen
eine 3 x 10x10, die außen 4 mit 1 verbindet und 2 mit 70 lebt.
In „Samen" 7-200-70 hat 200 eine ähnliche Funktion, ebenso
in „Frucht" 80-200-10, das wie „Holz" 70-90 die 90 betont. „Je
nach seiner Art" 30-40-10-50-6 in Satz 11 ist 2x in Satz 12 mit
einer zusätzlichen 5 zu 30-40-10-50-5-6 erweitert.

Satz 13 definiert diesen Tag als „dritten" 300-30-10-300-10 und
betont die Bedeutung der Zahlen 1, 3 und 0 für die Erfahrung
der 10 als 3.

Die Informationen, die mit 1. Tag, 2. Tag und 3. Tag gegeben werden, entsprechen den Zeichen Aleph, Beth und Gimmel: 1 beinhaltet das Gegensätzliche, 2 bringt es in die Umsetzung, 3 verbindet
Getrenntes und bringt dadurch Frucht. Die ersten 3 Schöpfungstage sind Ausdruck der fraktalen Struktur 1-2-3. Die physische Natur, ihre Wahrnehmung durch den Menschen und auch ihre Beschreibung durch das Wort Gottes zeigen diese Selbstähnlichkeit.

Die Tage 4, 5 und 6 wiederholen und bestätigen diese Prinzipien
und richten sie auf ein Leben in Zeit und Raum aus. Der Zyklus
4-5-6 ist eine Konkretisierung des Zyklus 1-2-3 im Sinne der 2,
indem er dessen wesentliche Elemente wiederholt. 1 – 4, 2 – 5
und 3 – 6 sind einander zugeordnet und jeweils durch 3 verbunden; die fundamentale Bedeutung der 3 zeigt sich auch auf diese
Weise und ist Ausdruck einer alles durchdringenden Präsenz des
Absoluten. Tag 1 und 4 beschäftigen sich mit Licht, Tag 2 und
5 mit Wasser. Der 3-teilige Lebenszyklus als Inhalt des 3. Tages
erfährt am 6. Tag eine 3-fache Ausformulierung durch die Definition von tierischem, menschlichem und pflanzlichem Leben.

Tag 4 = Prinzip der 4:

„14 Und Gott sprach: Es werden Lichter an der Ausdehnung des Himmels, um den Tag von der Nacht zu scheiden, und sie seien zu Zeichen und zur Bestimmung von Zeiten und Tagen und Jahren; 15 und sie seien zu Lichtern an der Ausdehnung des Himmels, um auf die Erde zu leuchten! Und es ward also. 16 Und Gott machte die zwei großen Lichter: das große Licht zur Beherrschung des Tages und das kleine Licht zur Beherrschung der Nacht, und die Sterne. 17 Und Gott setzte sie an die Ausdehnung des Himmels, um auf die Erde zu leuchten 18 und um zu herrschen über den Tag und über die Nacht und das Licht von der Finsternis zu scheiden. Und Gott sah, dass es gut war. 19 Und es ward Abend, und es ward Morgen: vierter Tag."

Licht und Finsternis werden am 1. Tag prinzipiell getrennt, am 4. Tag wird das Licht ausgestaltet. Satz 14 leitet mit 4 Gruppen von Zeichen diese Ausgestaltung ein: „Es sei(en)" 10-5-10 „Leuchten" 40-1-200-400 „am Firmament" 2-200-100-10-70 „der Himmel" 5-300-40-10-40.

„Es seien Leuchten" addiert die Äußeren Werte 25 + 641 zu 666,

„am Firmament der Himmel" die Äußeren Werte 382 + 395 zu 777,

und gemeinsam lassen 777 – 666 mit 111 wissen, wozu sie dienen.

Den leuchtenden Himmelskörpern werden nach dem 1-4-Prinzip auch 4 Funktionen zugeordnet. Sie dienen dem Menschen

> Zur Unterscheidung von Tag und Nacht,
> als Zeichen,
> zum Messen irdischer Zeit und
> zur Beleuchtung der Erde.

Die primäre Funktion, Tag und Nacht zu unterscheiden, entspricht dem Prinzip der 1, die eine Teilung in sich birgt.

Die sekundäre Aufgabe, Zeichen zu sein, hat Bezug zum Prinzip 2, denn genau an der Schnittstelle zwischen Wasser oben und Wasser unten sind die Leuchten positioniert.

Den sekundären Aspekt scheint vordergründig die Astrologie abzudecken. Sie beschäftigt sich mit der Deutung von astronomischen Ereignissen, der Konstellation von Gestirnen und deren Zusammenhang mit irdischem Geschehen schon seit Jahrtausenden in allen Kulturkreisen. Dabei ist sie aber auf das Leben im Jahreszyklus der 12 Monate fokussiert und bewegt sich innerhalb deren Gesetzmäßigkeit, was auch in der Anzahl der 12 Tierkreiszeichen zum Ausdruck kommt.

Der menschlichen 3 werden die „Leuchten am Firmament der Himmel zu Zeichen" für etwas darüber Hinausgehendes:

„Zu Zeichen" 30-1-400-400 hat den Äußeren Wert 831 = 3 x 277;
„Leuchten" 641 und „zu Zeichen" 831 haben die Zahl 190 gemeinsam,
„am Firmament der Himmel" 777 − 277 = 500.

Die Zeitmessung als dritte Funktion ist vordergründig eine trennende und zerteilende, aber die Qualität der Zahlen sagt das Gegenteil aus: „Und zu Zeiten" 6-30-40-6-70-4-10-40 „und zu Tagen" 6-30-10-40-10-40 „und Jahren" 6-300-50-10-40 stellt 3 Begriffen 3x „und" voran und nimmt so Bezug zur Aussage der 3-fachen 6 von „es seien Leuchten".

Mit ihren Äußeren Werten bestätigen „und zu Zeiten" 206 = 200 + 6, „und zu Tagen" 136 = 130 + 6 sowie „und Jahren" 406 = 400 + 6 die 3-fache 6 und lassen als Gemeinsamkeit 200, 70 und 270 erkennen. Sie skizzieren mit 200 + 70 = 270 die Ganzheit, die es im Laufe der Zeit zu erkennen gilt und mit 3x3x3 x 10, worauf messbare Zeit abzielt.

Die vierte Funktion als Lichtquelle für die Erde weist darauf hin, dass Licht Orientierung und Lebensgrundlage für irdisches Leben ist. Die Welt der 4 orientiert sich am Licht und das Leben in ihr ist davon abhängig; durch diese Tatsache äußert sich, was auch für menschliches Bewusstsein gilt: Es soll einsehen, dass es in der 4 nicht unabhängig von der 1 existiert.

Eine Sichtweise, die über linear Zeitliches und Gesetzmäßiges hinausgeht, setzt die Himmelskörper in Bezug zum menschlichen Bewusstsein und befasst sich mit einer tiefergehenden Symbolik.

Die Sonne ist das große Licht des Tages. Die direkte Übersetzung nennt sie „die Leuchte" 1-400 5-40-1-6-200 „die große" 5-3-4-30. Ihr Äußerer Wert 695 aus 653 + 42 bildet mit seinen Zahlen ab und erklärt mit 5 x die Primzahl 139, die 13x10 + 9 kombiniert, was von ihr erhellt wird.

Die Sonne symbolisiert mit ihrer starken Leuchtkraft die 1 und wurde durch Jahrtausende in alten Kulturen als lebensspendender Aspekt des Göttlichen verehrt. Auch die moderne Wissenschaft akzeptiert das Licht der Sonne als Basis allen Lebens.

Direkt in die Sonne zu blicken, ist für die Augen unerträglich, die Intensität ist zu stark. Physische Sinnesorgane können die Sonne nicht unmittelbar betrachten, sondern nur im Umweg über das Sehen all dessen, was durch sie lebensfähig ist. Die 1 macht sich indirekt über die 4 wahrnehmbar. Dem menschlichen Bewusstsein ist es vorbehalten, diesen Zusammenhang zu erkennen, der auch für die eigene Existenz gilt.

Dem Wesen Mensch erhellt sich im Licht des Erkennens allmählich seine körperliche Existenz als Äußerung des Absoluten. Sein innerer Blick gewöhnt sich daran, dass ihm Zusammenhänge zunehmend einleuchten. Wenn er sich schließlich als 10 akzeptiert, schaut er innerlich direkt ‚in die Sonne'; er schaut durch die 4 hindurch direkt auf die 1 in sich.

Die Ein(s)sicht, selbst Partikel der 1 zu sein, reflektiert den Lichtstrahl. Das Licht der Erkenntnis und das Licht der 1 entsprechen und spiegeln einander. Das Ein-Sehen der 1 in sich selbst bringt die 10 in ‚Blickkontakt' mit der 1 auf einer Ebene, die nicht physisch ist.

Ein Lichtband bleibt für einige Zeit in der Wahrnehmung aufrecht und der Mensch ‚sieht' im Licht der ‚inneren Sonne' seinen direkten Bezug zu Gott. Innere 1 und absolute 1 sehen sich. Die physische Sonne ist Sinnbild für diese Erfahrung. Sie ermöglicht, dass physisches Leben entsteht und macht es sichtbar. Die 1 ermöglicht alles Leben und macht im Licht der Erkenntnis sichtbar, was allem Leben zugrunde liegt.

Die Sonne scheint am Tag, ist aber auch während der Nacht anwesend und zeigt ihre Präsenz indirekt über den Mond, der ihr Licht reflektiert. Der Mond ist das kleine der 2 großen Lichter. Im Hebräischen deutet das vorangestellte und integrierte „und" ihre Verbindung an: „und die Leuchte" 6-1-400 5-40-1-6-200 „die kleine" 5-100-9-50 summiert 659 + 164 zum Äußeren Wert 823 und hat mit dem Äußeren Wert 695 der großen Leuchte die Zahl 128 gemeinsam.

128 ist 2 hoch 7 und drückt aus, dass diese 2 Leuchten die polare Welt der 7, die Welt des 7. Tages prägen. Ihr Miteinander ist im irdischen Alltag unauflöslich. Auch ein Denken, das höhere Bewusstseinskompetenz hat als die dreidimensionale, bleibt mit seiner Wahrnehmung in dieses Wirkungsfeld eingebunden.

Der Mond leuchtet nicht aus sich heraus, sondern spiegelt Sonnenlicht. Er ist kleiner, schwächer und in seiner Leuchtkraft von der

Stellung zur Sonne abhängig. Sein Bezug zu ihr ist nicht direkt beobachtbar, sondern nur indirekt am Grad seiner Helligkeit abzulesen.

Obwohl es den Anschein hat, dass der Mond selbst leuchtet, tut er es nicht wirklich. Der Mond ist Symbol für die Spiegelwelt des Irdischen. Auch sie hat den Anschein, selbst zu ‚leuchten‘ und aus sich heraus autonom zu existieren. Diese Täuschung prägt das Bewusstsein, solange es sich am Offensichtlichen orientiert und darauf fokussiert bleibt.

Mit zunehmendem Interesse an den Hintergründen des Offensichtlichen lassen sich allmählich Bezüge erkennen und machen sich auch erfahrbar. Der Mond verblasst, wenn die Sonne am Himmel erscheint; das Aufgehen der ‚inneren Sonne‘ nimmt der Materie ihre Strahlkraft. Das erkennende Bewusstsein durchschaut die Spiegelung, die Illusion einer von Gott unabhängigen oder getrennten Existenz verblasst.

Zahlen in ihrer qualitativen Aussage zeigen das Verhältnis zwischen Sonne und Mond über die Relation zwischen dem Sonnenjahr mit 365 Tagen und dem Mondzyklus, der durchschnittlich 29,53 Tage dauert.

Der Mond als Symbol für das Irdische ist auf das Gesetzmäßige der 12 und den Kreislauf der 360 ausgerichtet. Innerhalb eines Sonnenjahres, das sich aus 360 + 5 summiert, wiederholt sich dieser Mondzyklus genau 12,360 mal, denn 365 : 29,53 = 12,360.

Ein Bewusstsein, das in der Welt der 4 das unmittelbare Wirken der 1 erfährt und anerkennt, durchbricht die von 12 und 360 geprägten Zyklen und ergänzt sie. Ein Denken, das sich an der 1 orientiert, ergänzt 360 mit 4+1 zu 365; auf diese Option weist das Sonnenjahr hin.

Die 10 als Partikel der 1 ist im Verhältnis zur Größe und Leuchtkraft der Sonne ein Lichtfunke. Die Menschheit, die Gesamtheit aller 10, ist eine Ansammlung unzähliger solcher Funken und stellt im Bild der Himmelskörper einen Zusammenhang zur unüberschaubaren Zahl funkelnder Sterne am Nachthimmel her.

Was auf immaterieller Ebene ungesehen und verborgen jede einzelne 10 in sich trägt, wirft der ‚Hohlspiegel' einer dreidimensionalen Welt nach außen auf einen Sternenhimmel mit unzähligen funkelnden Lichtern. Das gesamte Universum ist Abbild dessen, was auf immaterieller Ebene vom Absoluten an Tiefe, Weite, Vielfalt und Komplexität kreiert wird.

„Die Sterne" 5-20-6-20-2-10-40 haben als Äußeren Wert die Primzahl 103 und definieren sich als lauter 10 im Bewusstsein der 3, die 1 mit 3 über 0 verbinden und sich mit 10x10 als 3 erfahren.

Sterne sind nur im Dunkel der Nacht sichtbar. Besonders wenn andere Lichtquellen fehlen, Erde und Himmel schwarz sind und die Sicht klar ist, zeigen sie sich in ihrer ganzen Pracht. Nun blitzen auch Lichtpunkte auf, die sonst nicht zu sehen sind.

Auch dieser Umstand hat seine Bedeutung für das menschliche Bewusstsein. Das Dunkel der Nacht symbolisiert eine Dunkelheit, in der das Licht des Absoluten, das Licht einer ‚inneren Sonne', das Licht der Erkenntnis fehlen. Tiefe Schwärze färbt das Gemüt in Lebensphasen, in denen sich Finsternis ausbreitet in Form von Schmerz, Trauer, Angst, Einsamkeit, Depression, Ohnmacht oder Verzweiflung.

In solchen Situationen wenden sich die Sinne ab vom Lauten, Grellen, Bunten, von dem das Leben gerne ‚künstlich beleuchtet' wird. Der Fokus der Aufmerksamkeit richtet sich auf die eigenen Gefühle und Gedanken und erfasst Subtiles, das sich innerlich wahrnehmbar macht. Ein Ahnen und Spüren, ein Sehnen und Hoffen mag das sein, vielleicht sogar die Gewissheit: Da gibt es noch etwas anderes. Gedanken von Einsicht, Zuversicht oder Trost flackern auf wie Funken eines weit entfernten, großen Lichts.

Der nächtliche Sternenhimmel spiegelt dem Menschen etwas, mit dem er innerlich in Resonanz geht. Freude ist mit der Betrachtung von Sternen verbunden, ein Gefühl der Großartigkeit, des Geheimnisvollen und doch Vertrauten. Unbewusst und unerkannt sieht der Mensch sein eigenes Geheimnis in dieser nächtlichen Weite.

Kulturen in allen Zeitaltern orientierten sich am Lauf der Sterne. Seit jeher begleitet den Menschen die Ahnung, dass sich in den Sternen ein höheres Wirken ausdrückt, von dem sein Schicksal gelenkt wird.

Der nüchtern denkende, auf Materie und Wissenschaft ausgerichtete Mensch sieht die Himmelskörper generell nicht so sehr als Übermittler von Zeichen. Er befasst sich mit den übrigen Funktionen, die für ihn unbestritten sind und das irdische Leben in Zeit und Raum prägen. Aber auch in ihrer Funktion zur Bestimmung von Zeiten und Tagen und Jahren demonstrieren die Lichter am Himmel ihren Bezug zum Ewigen.

Die Zahlen der irdischen Zeitmaße basieren auf der 3, vor allem 3 x 4 = 12 und Vielfache davon bestimmen die Zeitmessung. Das Jahr hat 12 Monate, ein Tag hat 2x12 Stunden zu je 5x12 Minuten, wieder unterteilt in 5x12 Sekunden. Die 12 als Kombination von 3 mit 4 sagt aus, dass es die „Bestimmung von Zeiten und Tagen und Jahren" ist, im Irdischen die Erfahrung der 3 zu ermöglichen.

In diesem Sinn lässt auch das Kreismaß von 360 Grad die Ausrichtung auf 3 x 10 x 12 erkennen. Zugleich ist und bleibt die Zahl 360 das Maß irdischer Kreisläufe und der optischen Wahrnehmung einer runden Welt.

Der vom Sonnenlauf fixierte Jahreszyklus von 365 Tagen geht über die Gesetzmäßigkeit von 12 und 360 hinaus. Das Sonnenjahr lässt sich nicht in 12 gleich lange Monate teilen, und erst die Verbindung von 360 mit der 5 aus 4 + 1 macht das Jahr voll.

Die von der Sonne symbolisierte 1 zeigt sich auch in diesem Fall als etwas, das nicht dem Gesetzmäßigen, Linearen, Berechenbaren folgt, sondern es durchbricht und ergänzt. Der Zyklus von 360 wird mit 4 + 1 zu etwas Ganzem, abgebildet durch ein ganzes Jahr.

Das lineare Zeitliche macht sich in Kreisläufen erlebbar und trägt in sich eine Ordnung, die sich in Zahlen klar zum Ausdruck bringt. Diese Zahlen markieren Fixpunkte im irdischen Erleben von Zeit. Gleichzeitig betonen sie über ihre qualitative Aussagekraft die Zielsetzung dieses Lebens in Zeit und Raum. Beide Aspekte gemeinsam ermöglichen eine neue Sichtweise, in der äußere zeitliche Zyklen mit Zyklen des Menschseins kompatibel sind.

Aus dem Stand der Sonne ergeben sich Kalenderdaten, die das Jahr in 4 Abschnitte unterteilen. Die Zahlen dieser Daten haben eine qualitative Aussage: 21.3., 21.6., 23.9. und 21.12. markieren den Beginn von Frühling, Sommer, Herbst und Winter. Am 21.3. und 23.9. sind Tag und Nacht gleich lang, am 21.6. ist der Tag am längsten, am 21.12. die Nacht.

4 wiederkehrende Phasen prägen den zeitlichen Ablauf innerhalb der 12 Monate des Jahres. Die Zahlen dieser Daten haben einen starken Bezug zur 3 und weisen auch auf ‚Jahreszeiten‘ im Leben des Menschen hin:

21.3. zeigt sich als Variante von 2+1 = 3 und damit als ‚Frühling‘, aus dem heraus neues Leben entsteht. Die Version 2+1 +3 = 6 verweist auf die nächste Jahreszeit:

21.6. markiert als Mittsommer auch die ver-mittelnde Funktion der 6. Im vollen Licht der ‚Sommersonne‘ sieht das menschliche Bewusstsein Verbindungen, die es bisher nicht sehen konnte. 6 und 9 gemeinsam befähigen zur Kombination von 2 + 1, wie 2+1 +6 = 9 erzählen.

Am 23.9. sind Tag und Nacht gleich lang, es ist eine Ausgewogenheit da, die keine Seite bevorzugt. Eine gewisse Reife zeigt sich darin. Der ‚Herbst' des Lebens ist die Zeit der Ernte. Die 9 erkennt die 23 als Frucht des Wachsens und Reifens. 23 ist im hebräischen Alphabet die erste nicht diesseitige Zahl und symbolisiert durch ihre Ziffernsumme 5 das Miteinander von 1 und 4, auch als 2+3 +9 = 14.

21.12. als ‚Wintersonnenwende' markiert einen Endpunkt im Zyklus der 12, eine Phase maximaler Dunkelheit mit anschließender Wende hin zu mehr Licht. 21 und 12 spiegeln sich und bilden aus jeweils 3 + 3 die Ziffernsumme 6.

3 zyklische Daten verweisen auf die 6: 21.6. zeigt 6 offen, 21.3. und 21.12. als Ziffernsumme; eine 3-fache 6 = 666 definiert die Aufgabe der 6 im Dreidimensionalen, sie lässt mit 9 die formlose 23 erkennen.

Der 21.12. markiert einen Tag maximaler Dunkelheit, aus dem heraus das Licht der Sonne wieder ‚neu geboren' wird. Mit dem Heiligen Abend des 24.12., 3 Tage nach dem 21.12., beginnt im Christentum Weihnachten, das Fest der Geburt Christi. Die Heilige Nacht von 24. auf 25.12. ist symbolischer Moment der Menschwerdung Gottes in Gestalt seines Sohnes. Die Geburt des Gottessohnes wird am 25. und 26.12. gefeiert; 25 macht als 5 x 5 eine ebenso klare qualitative Aussage wie 26 als 2 x 13 und als Äußerer Wert von 10-5-6-5.

Auch das Datum 24.12. ist qualitativ eine Besonderheit: Es verdoppelt die 2+1 = 3 des 21. zu 2+4 = 6 und erklärt den Sinn dieses Festes damit, dass sich die absolute 3 im Irdischen als 2 x 3 manifestiert.

Der 24.12. spiegelt die 12 von der rechten = ‚anderen' Seite doppelt in der 24 auf der linken = irdischen Seite; die 2, die sich als diese Projektion erkennt, wird als 3 ‚neu geboren'. Damit endet für sie die mentale Begrenzung auf die Zyklen der 12, während ihre physische Existenz in der Welt der 7 bestehen bleibt; am 24.12. dauert der 12. Monat noch 7 Tage, nach dem 31.12. beginnt am 1.1. ein neues Jahr.

Weihnachten ist mit Ostern und Pfingsten eines der 3 Hauptfeste des Christentums und wird seit dem Jahr 336 an den 3 Tagen 24., 25. und 26.12. begangen.

Der vierte Aspekt des Lichtes, nämlich die Beleuchtung der Erde, hat ebenfalls mit dem Erhellen von einleuchtenden Zusammenhängen zu tun; Lichtkörper stehen am Himmel im 2-fachen Sinn. Einerseits ermöglicht ihr Licht körperliches Leben auf der Erde und andererseits stehen sie symbolisch für lichtvolle Momente, die den Sinn des irdischen Lebens mental erhellen. Das Licht der 1 zeigt sich am äußeren und inneren Himmel in einer Dreiheit von Sonne, Mond und Sternen.

Die Begriffe „Licht/Lichter" werden direkt auch mit „Leuchte/Leuchten" übersetzt und gemeinsam mit dem Verb „leuchten" insgesamt 8x am 4. Tag erwähnt. Im hebräischen Text bestehen sie aus unterschiedlichen Kombinationen, die einander ähneln, aber kaum identisch sind; es gibt nur 2 Zeichen, die in all diesen Varianten vorkommen, das sind 1 und 200. Mit ihrer Summe 201 demonstrieren sie die Verbindung von 2 + 1 über 0 als das Wesentliche, das erhellt werden soll.

Satz 17 und 18 legen 3 Aufgaben fest, die diese Lichtkörper erfüllen: „zu leuchten" 30-5-1-10-200 „und zu beherrschen" 6-30-40-300-30 „und zu scheiden" 6-30-5-2-4-10-30 mit den Äußeren Werten 246, 406 und 87. Dem Sinn der Worte entsprechend addieren sich die Werte nicht, sondern 87 bringt den scheidenden Aspekt durch Subtraktion zum Ausdruck.

246 + 406 − 87 = 565 fasst zusammen, dass der 10 die bestehende Verbindung von 5 zu 5 einleuchten soll, die 10-5-6-5 zeigt.

Fähig dazu ist eine 10+3 mit der Erfahrung von 10x10, denn 565 = 5 x 113.

Zu scheiden haben die Lichter „zwischen" 2-10-50 „dem Licht" 5-1-6-200 „und zwischen" 6-2-10-50 „der Finsternis" 5-8-300-20.

„Zwischen" 62 „und zwischen" 68 summieren sich zu 130 und bestätigen als Synonym die Aussage von 113. Der Äußere Wert „der Finsternis" 333 macht deutlich, was erst von der 3 gesehen werden kann, und zwar mit „dem Licht" 212 der Erkenntnis: 333 + 212 = 545. Wie 212 und 545 erzählen, macht dieses Licht die 1 inmitten von 2x2 sichtbar und zeigt die 4 als Projektionsfläche von 5 ‚oben' und 5 ‚unten'.

545 und 565 haben 20 gemeinsam und ergänzen sich zu 1110. 2 x 10 ist der physische Mensch, der mental als 10 x 111 dem Vollen Wert der 1 entspricht, indem ihm Zusammenhänge einleuchten zwischen außen und innen, dies- und jenseits, ‚oben' und ‚unten', Zeitlichem und Ewigem, Natur und Gott.

Satz 19 definiert diesen Tag als „vierter" 200-2-10-70-10, der mit dem Äußeren Wert 292 die Spiegelung der 2 und folglich auch die Spiegelung von 4 = 2 x 2 erkennen lässt.

Mit „dem Licht" 212 dieses Erkennens verändern sich „vierter" 292 Tag und irdische 8 in ihrer Wahrnehmung, 292 – 212 = 80 weisen darauf hin. 2 x 4 wird zu 4 + 4, diese 8 komplettiert 292 zu 300 und entspricht der Wahrnehmung einer 3 mit der Erfahrung von 10 x 10.

Tag 5 = Prinzip der 5:

„20 Und Gott sprach: Es wimmeln die Wasser vom Gewimmel lebendiger Wesen, und Gevögel fliege über der Erde angesichts der Ausdehnung des Himmels! 21 Und Gott schuf die großen

Seeungeheuer und jedes sich regende lebendige Wesen, wovon die Wasser wimmeln, nach ihrer Art, und alles geflügelte Gevögel nach seiner Art. Und Gott sah, dass es gut war. 22 Und Gott segnete sie und sprach: Seid fruchtbar und mehret euch, und füllet die Wasser in den Meeren, und das Gevögel mehre sich auf der Erde! 23 Und es ward Abend, und es ward Morgen: fünfter Tag."

Tag 5 der Schöpfung entspricht dem Prinzip 5, seine Bilder beschreiben die ‚5 oben' und ‚5 unten' in 10-5-6-5.

Das Geschehen des 2. Tages, die Teilung von Gleichartigem in oben und unten, gestaltet sich weiter aus. Das Gewimmel im Wasser als das Leben in der Zeit, und das Gefiederte, das über der Erde die Luft mit Leben erfüllt, werden einander in Satz 20 gegenübergestellt. Luft ist Symbol für zeitloses Geistiges, Wasser für Zeitliches.

Das Bild des Lebens im Wasser und in der Luft hat seine Entsprechung in der Tierwelt der physischen Natur. Fische und Vögel existieren als lebendige körperliche Organismen und sind gleichzeitig bildhafte Vergleiche für das menschliche Bewusstsein.

Während des körperlichen Lebens im Zeitlichen macht der Mensch Wahrnehmungen, die zum Teil allgemeiner Natur und zum Teil sehr persönlich sind. Die Erfahrungswelt sowie die Vorstellungen, Wünsche und Ideen der einzelnen Individuen bilden in ihrer Gesamtheit eine bunte Vielfalt. Das körperliche Leben in der Zeit mit seiner Unmenge an persönlichen Facetten entspricht als ‚5 unten' diesem „Gewimmel".

Vögel symbolisieren die Vielfalt an Vorstellungen über eine geistige, jenseitige Welt. Die Bilder und Auffassungen sind auch im Bereich der ‚5 oben' außerordentlich vielfältig; sämtliche Naturreligionen, die großen Weltreligionen, schamanische oder magische Praktiken sowie das breite Spektrum der modernen Esoterik ‚bevölkern' mit ihren Bildern, Regeln und Praktiken eine

‚überirdische' Sphäre. Diese Überzeugungen sind einerseits allgemein gültig in Form großer Glaubensgemeinschaften und andererseits sehr individuell im persönlichen Erleben und Erahnen.

Für beide Bereiche betont Satz 21 die Individualität auf dieselbe Art wie am 3. Tag mit „je nach seiner Art" 30-40-10-50-5-6, wobei sich für das Gevögel die Zahlenkombination mit dem Äußeren Wert 141 von Satz 12 wiederholt. Die Wesen im Wasser „je nach ihrer Art" 30-40-10-50-5-40 zeigen im Zahlenaufbau anstelle der 6 die 40, was den Äußeren Wert 175 ergibt.

Körperliches Leben im Zeitlichen mit mentalem Erfassen einer rein geistigen Existenz zu verbinden, ist eine sehr persönliche Erfahrung. $175 - 141 = 34$ sprechen mit $34 = 2 \times 17 = 30 + 4$ die Fähigkeit dazu jeder einzelnen 2 zu, die damit zur irdischen 3×10 wird.

Es wird festgestellt, dass dieses „Gevögel über der Erde angesichts der Ausdehnung des Himmels fliege", direkt übersetzt mit „Gefiedertes soll fliegen über der Erde, auf der Fläche des Firmaments der Himmel". Die Interpretationen weichen also im Text etwas voneinander ab. Sie haben aber gemeinsam, dass eine trennende Linie zwar Orientierung ist, aber nicht überschritten wird. Das Gevögel soll sich in Erdnähe bewegen und Satz 22 erklärt, dass es „sich auf der Erde mehre".

Vögel symbolisieren den Blick auf das zeitlose Geistige. Sie bewegen sich in der Luft, haben ihre Lebensbasis aber auf der Erde, wo sie Nester bauen, sich vermehren und zum Teil auch ihre Nahrung finden. Vögel sind an die Erde gebunden und genauso ist der Blick auf das zeitlose Geistige an das Irdische gebunden. Die Vorstellung von einer geistigen Welt hat ihre Grundlagen im Leben auf der Erde.

Das menschliche Bewusstsein kann dieses Geistige nur in Bildern seines Daseins in Zeit und Raum erfassen. Der jenseitigen

Welt menschliche Attribute zuzusprechen und sich das Göttliche als Person vorzustellen, basiert auf dieser Voraussetzung, ebenso die Verehrung menschlicher Wesen als verkörperte Gottheiten in vielen alten Kulturen.

Der Mensch bewegt sich in seinen Vorstellungen von einer geistigen Dimension innerhalb der Grenze des Irdischen. Er projiziert seine weltliche Erfahrung in diesen Bereich. Sein Leben auf der Erde ist geprägt durch die 2 und damit durch das Gegensätzliche.

Diese Erfahrung überträgt er in eine von ihm erdachte geistige Welt. In beiden steht bedingt durch die Polarität der 2 das Trennende im Vordergrund. Solange das Gemeinsame nicht erkannt wird, herrscht sowohl ‚unten‘ als auch ‚oben‘ der Kampf Gut gegen Böse und trägt auf beiden Ebenen sehr menschliche Züge.

Sowohl ‚unten‘ als auch ‚oben‘ gilt das Prinzip der 5 aus 4 + 1.

Wahrnehmbar im Physischen ist vorläufig nur die 4, und die wirkende 1 wird mental abgetrennt in einen Bereich jenseits davon. Vorerst kennt die materielle Welt nur die 4 und überträgt diese Perspektive auch auf den Bereich, den sie der 1 zuschreibt. Der 4 im Materiellen stellt der Mensch eine Glaubenswelt gegenüber, die eigentlich eine Projektion der irdischen 4 ist. Diese projizierte 4 überlagert die 1 im Bewusstsein so lange, bis das Wirken der 1 im Alltag der 4 direkt beobachtet wird.

Vorerst liegen das Absolute, die eigentliche 1, und das Relative, die 4, einander unerreichbar gegenüber; im eigenen Denken und Wahrnehmen bildet sich dazwischen eine Trennlinie. Sie scheidet die Wasser oben und unten so lange in zwei getrennte Welten, bis eingesehen wird, dass eine Wechselwirkung da ist.

Genauso wie die 1 das Physische in die Erscheinung bringt, wird die 1 durch die physische 4 auch erfahrbar. Das Absolute als 1 kommt nur in die Wahrnehmung und damit gewissermaßen in die Existenz durch eine 10, ein irdisches menschliches Bewusstsein, das in einem Körper in Zeit und Raum lebt. Beide bedingen sich gegenseitig.

Ein Mensch, der in seinem persönlichen Alltag Erfahrungen macht, die nur durch direktes Wirken der 1 erklärbar sind, nähert die 4 der 1 an. Er lernt zunehmend, die Präsenz der 1 im Leben der 4 intuitiv zu erfassen und auch mental zu akzeptieren.

Parallel dazu erkennt er, dass die bisherige Sicht auf das Jenseitige nicht seiner aktuellen Erfahrung entspricht. Der Blick wurde begrenzt durch eine Trennlinie, die das Denken und Wahrnehmen an das Irdische bindet. Nun ist einzusehen, dass diese Vorstellung von der 1 eine sehr irdische war und somit einer Spiegelung dieser irdischen 4 entspricht.

Mit dieser Einsicht löst sich die Begrenzung auf das Irdische und die Trennlinie wird zur Verbindungslinie, die ihrer Bezeichnung als Himmel gerecht wird. 4 + 1 verbinden sich sowohl ‚unten' als auch ‚oben' zu 5 und verändern die Sicht auf das Dies- und auf das Jenseits.

Die Wasser oben und unten werden wieder zum ungeteilten einen Wasser, das es ursprünglich war, nun aber bewusst erfasst durch den Menschen, der 5 + 5 in Kontakt bringt.

Satz 20 und 21 erwähnen 2x „lebende" 8-10-5 „Wesen" 50-80-300, die im Wasser wimmeln und sich über ihre Äußeren Werte 23 und 430 definieren. Satz 21 erweitert die Definition, indem er den Wortstamm von „lebende" um 5 erweitert. Mit 20+3 und 400+30 sind „lebende Wesen" beschrieben, denen mit 4 + 1 = 5 bewusst wird, dass sich ihre Lebendigkeit nicht auf das Zeitliche beschränkt.

3x „Wimmeln" mit dem Wortstamm 300-200-90 und dem Äußeren Wert 590 unterstreichen, wie grundlegend das Erkennen der 5 durch die 10 ist.

„Gevögel", auch übersetzt als „Gefiedertes" oder „Vogel", mit dem Wortstamm 70-6-80 und dem Äußeren Wert 156 kommt 3x in 3 Sätzen vor und erklärt mit 10+2 x 10+3 ein gleichzeitiges Zuhause-Sein dieser 10 in 2 Sphären, sobald die Trennlinie zur Kontaktebene wird. 70-6-80 bildet synonym ab, dass diese 10 den 7. mit dem 8. Tag verbindet.

Die „großen Seeungeheuer" in Satz 21, direkt übersetzt als „die Wale" 1-400 5-400-50-10-50-40 „die großen" 5-3-4-30-10-40, addieren 956 + 92 zum Äußeren Wert 1048. Er kombiniert 10 mit 4 x 12 und zeigt so das Dasein des Menschen in Raum und Zeit, das ungesehen auf 1000 abzielt.

Die materielle Existenz des Menschen in der Zeit trägt etwas in sich, das sein innerstes Wesen hinunterzieht und zu verschlingen droht. Der Mensch fühlt sich im Meer der Zeit verloren und dem Tod ausgeliefert.

Große Seeungeheuer machen dieses bedrohliche Gefühl bildhaft.

Die Erzählung von Jonas, der ins Meer geworfen wird und sich 3 Tage und 3 Nächte im Wal befindet, berichtet später in der Bibel davon.

Der Wal darf den Menschen nicht verschlingen, sondern muss ihn wieder ausspucken. Durch 10x10x10 in Kombination mit 4 x 12 erlebt der Mensch dieses ‚Ausspucken' als eine Art ‚Neugeburt' oder ‚Auferstehung'.

„Je nach seiner/ihrer Art" wird am 5. Tag 2x erwähnt, mit den 3x des 3. Tages insgesamt 5x; der Zusammenhang zwischen 3 und 5 sowie die Individualität dieser Erfahrung wird dadurch betont.

Diese Formulierung gibt mit ihrem Wortstamm und Varianten in der Zusammensetzung näheren Einblick in ihre Aussage.

3. Tag/11. Satz	30-40-10-50 -6
3. Tag/12. Satz (pflanzliches Leben)	30-40-10-50 -5 -6
3. Tag/12. Satz (pflanzliches Leben)	30-40-10-50 -5 -6
5. Tag/21. Satz (Leben im Wasser)	30-40-10-50 -5 -40
5. Tag/21. Satz (Leben in der Luft)	30-40-10-50 -5 -6

Der Wortstamm 30-40-10-50 hat den Äußeren Wert 130 = 13 x 10.

Der 11. Satz bildet mit den restlichen 4 Sätzen das 1-4-Prinzip ab, und die 6 des 11. Satzes bildet mit der 20 aus 5+5+5+5 die Summe 26.

Satz 11 formuliert eine Absicht, die übrigen 4 Sätze beschreiben ein Geschehen. 5+5+5+5 = 20 definiert mit 2 x 10, wer das beabsichtigte Geschehen zur Umsetzung bringt. Die 5+5 des 12. Satzes werden durch pflanzliches Leben als unbewusst symbolisiert, die 5+5 des 21. Satzes ergänzen die unbewusste 10 zur bewussten 20, die „je nach ihrer Art" auf absolute Impulse reagiert.

Die 5 Sätze beschreiben die allgemein gültige Systematik dieser Reaktion auf absolute Impulse:

Die 6 des 11. Satzes steht für einen Impuls, der 2x im 12. Satz mit 6+6/2x6/6x6 umgesetzt wird und vom 21. Satz zu 666 ergänzt wird. Die dazwischen liegende 40 erzählt, dass das im Laufe der Zeit geschieht.

Die Sätze 12+12+21+21 bestätigen mit ihrer Summe 66, dass sie zur Umsetzung bringen, was Satz 11 mit 6 vorgibt und erzählen, dass 666 aus Impuls und Reaktion besteht. Mit 11 + 66 = 77 = 7 x 11 geben die Sätze den 7. Tag als Schauplatz dieses Geschehens an.

3x 3. Tag und 2x 5. Tag verweisen mit 3x3 + 2x5 = 19 auf den Prozess des Erkennens, der „je nach seiner/ihrer Art" individuell abläuft.

Satz 22 beginnt in der direkten Übersetzung mit „Und es segnete sie Gott sprechend: Seid fruchtbar und mehret euch". Diese Formulierung lässt erkennen, dass der Segen in den Worten „Seid fruchtbar" 80-200-6 „und mehret euch" 6-200-2-6 mit dem Äußeren Wert 500 besteht.

Satz 23 definiert den Tag als „fünfter" 8-40-10-300-10; diese Zahlen demonstrieren, worauf das Prinzip 5 abzielt und wie die Begegnung von Irdischem und Formlosem vor sich geht: 300 kombiniert 8-40-10 auf der linken Seite (= eine 10 in Zeit = 40 und Raum = 2x2x2) mit einer 10 auf der rechten = ‚anderen' Seite. Die Verbindung kommt durch eine 3 mit der Erfahrung von 10 x 10 zustande.

„Fünfter" 368 zeigt das Prinzip 5 als Variante, indem er das irdische Jahr von 365 Tagen mit 3 absoluten ‚Tagen' ergänzt. Tag meint das Sehen dessen, was in der Nacht unsichtbar und doch immer anwesend ist.

Tag 6 = Prinzip der 6

„24 Und Gott sprach: Die Erde bringe hervor lebendige Wesen nach ihrer Art: Vieh und sich Regendes und Getier der Erde nach seiner Art! Und es ward also. 25 Und Gott machte das Getier der Erde nach seiner Art und das Vieh nach seiner Art und alles, was sich auf dem Erdboden regt, nach seiner Art. Und Gott sah, dass es gut war.

26 Und Gott sprach: Lasset uns Menschen machen in unserem Bilde, nach unserem Gleichnis; und sie sollen herrschen über die Fische des Meeres und über das Gevögel des Himmels und über das Vieh und über die ganze Erde und über alles, das sich auf der Erde regt! 27 Und Gott schuf den Menschen in seinem Bild, im Bilde Gottes schuf er ihn; Mann und Weib schuf er sie.

28 Und Gott segnete sie, und Gott sprach zu ihnen: Seid fruchtbar und mehret euch und füllet die Erde, und macht sie untertan; und herrschet über die Fische des Meeres und über das Gevögel des Himmels und über alles Getier, das sich auf der Erde regt!

29 Und Gott sprach: Siehe, ich habe euch gegeben alles samenbringende Kraut, das auf der Fläche der ganzen Erde ist, und jeden Baum, an welchem samenbringende Baumfrucht ist: es soll euch zur Speise sein; 30 und allem Getier der Erde und allem Gevögel des Himmels und allem, was sich auf der Erde regt, in welchem eine lebendige Seele ist, habe ich alles grüne Kraut zur Speise gegeben. Und es ward also.

31 Und Gott sah alles, was er gemacht hatte, und siehe, es war sehr gut. Und es ward Abend, und es ward Morgen: der sechste Tag."

Nach Satz 20 und 21 erwähnt Satz 24 zum 3. Mal „lebendige Wesen" und beschreibt sie mit den 3 Begriffen „Vieh und sich Regendes und Getier der Erde".

„Vieh" 2-5-40-5, „Kriechgetier" 200-40-300 und „Wild" 8-10-400 nennt die direkte Übersetzung die 3 Arten von tierischem Leben. Sie werden 2x in unterschiedlicher Reihenfolge erwähnt. Ihre Äußeren Werte 52 + 540 + 418 summieren sich zu 1010, einer Variante von 10+10 oder 10x10.

Wenn die 6 als das Verbindende im Bewusstsein des Menschen die 5 auf beiden Ebenen wahrnimmt und auf diese Weise miteinander koppelt, wird auch die 10-10 als Schöpfungsabsicht in 10-5-6-5 erkannt.

Tag 6 erläutert das Prinzip 6 als die Ver-2-fachung des Prinzips 3, das sich als Veranlagung im Menschen in Form von Antrieb und Ziel 2-fach erfahrbar macht; die Qualität der 2 x 3 = 6 liegt darin, beides zu kombinieren. Der Tierkörper bildet die Basis für die Umsetzung dieser Veranlagung, denn der Organismus eines Säugetieres ist physischer Träger für die menschliche Persönlichkeit.

Der Mensch wird in 2-fachem Sinn beschrieben, einmal in seiner körperlichen Ausformung, symbolisiert durch tierisches Leben unter Betonung der Individualität. Der andere menschliche Aspekt ist die Existenz im Bild und Gleichnis Gottes, die für alle gleich ist. Sie soll über alles Körperliche herrschen. Die Teilung im Sinne der 2 zielt darauf ab, verbunden und von der menschlichen 3 als Einheit gesehen zu werden.

„Nach seiner/ihrer Art" wird in Satz 24 und 25 wieder 5x erwähnt, und zwar 4x in der Variante 30-40-10-50-5 und 1x als 30-40-10-50-5-6. Die Endzahlen 4x 5 und 1x 6 ergeben in Summe 26 = 2x13. Alle Ergänzungen des Wortstammes mit dem Äußeren Wert 130 addieren 5+5+5+5+5+6 zu 31 und zeigen gemeinsam mit ihm als 13x10+31 eine verkehrte Spiegelung über die 10. Das individuelle Leben als 10 ist geprägt von der Option, sich als Bild und Gleichnis Gottes von 1 zu 1 und von 3 zu 3 zu sehen.

Die beiden Sätze 24 + 25 = 49 beschreiben irdisches körperliches Leben in der Welt der 7x7. Es bildet mit 40 + 9 die Basis zum Erkennen der 1 und für 5 x 10. Nach Wasser und Luft ist die Erde der 3. Lebensbereich und der eigentliche für die menschlichen 3; in ihm werden 3 Arten von tierischem Leben 2x genannt.

Satz 26 (= 2 x 13 = Äußerer Wert 26 von „JHWH") enthält die zentrale Aussage der Schöpfungsgeschichte:

„Machen wollen wir" 50-70-300-5 „(einen)Menschen" 1-4-40 „in unserem Ebenbild" 2-90-30-40-50-6 „nach unserem Gleichnis" 20-4-40-6-400-50-6.

Die Äußeren Werte „Machen wollen wir" 425 + „(einen)Menschen" 45 + „in unserem Ebenbild" 218 + „nach unserem Gleichnis"

526 addieren sich zu 1214 und ergeben mit „Gott = Elohim" 86 die Summe 1300.

10+3 x 10x10 und 1000 + 300 definieren den Menschen, der erkannt hat, dass sein eigentliches Wesen Bild und Gleichnis eines Absoluten ist.

Was diesen Menschen von jenem unterscheidet, der sich auf eine rein körperliche Existenz reduziert, zeigen die Zahlenwerte auf kreative Weise:

Einmal ist es die Kombinationsgabe der 6: „Vieh" 52 um 6 ergänzt ergibt den Äußeren Wert 526 von „nach unserem Gleichnis".

Weiters ist es das Wissen um die Verdoppelung der 1 in 2 und die Erfahrung von 10x10 innerhalb der Dualität: „Kriechgetier" 540 : 2 = 270 + 200 = 470, der Äußere Wert von „lasset uns Menschen machen".

Die Erfahrung von 2 x 10x10 tritt an die Stelle der 400 und macht auch den Unterschied zwischen „Wild" 418 und „in unserem Ebenbild" 218 aus.

Das Wissen über die Funktion der 2 und über das wahre Wesen als Mensch im Bild und Gleichnis Gottes erschließt sich über die Fähigkeit zur Erkenntnis, über 9x10. Darauf weisen „nach unserem Gleichnis" 526 und „in unserem Ebenbild" 218 hin: 526 – 2x218 = 90 = 2x „Adam/Mensch" 45.

Satz 26 berichtet, dass dieser Mensch herrschen soll über die Tiere im Wasser, in der Luft und am Boden sowie über die ganze Erde.

Die Herrschaft über „Wild" 418 wird dem Menschen nicht aufgetragen und damit auch nicht gegeben. Das Wild lebt in Freiheit und symbolisiert einen Kompetenzbereich, der nicht dem Einfluss des Menschen untersteht. 418 = 400 + 6+6+6 steht für das Miteinander von konträren Denkweisen innerhalb ein und desselben Bewusstseins, die in einer natürlichen und freien Fluktuation wechseln. Diese Art ‚Wildwechsel' kann der Mensch nicht beeinflussen.

„Redu" 200-4-6 ist das hebräische Wort, das mit „herrschen" übersetzt wird; es hat den Äußeren Wert 210 und bedeutet „unter sich haben".

Der Mensch herrscht über den tierischen Aspekt seiner Existenz, indem er eine Sichtweise entwickelt, die über ein rein körperliches Selbstverständnis hinausgeht. Als 3 hat er die 2 unter sich, als 21 die 12, beides ist und bleibt Teil von ihm, aber er reduziert sich nicht mehr darauf.

666 steht für die 3-fache und damit maximale Kombinationsgabe der 6. 666 meint die Fähigkeit, das Leben in Zeit (Wasser) und Raum (Erde) mit einem absoluten Leben (Luft) zu verbinden und die Zusammengehörigkeit aller 3 Aspekte zu erfassen. Diese 3-fach verbindende 6 ist Veranlagung jedes einzelnen Menschen. Sein Bewusstsein ist zur Übersicht über alle 3 Bereiche fähig, es kann das rein Physische aus einer übergeordneten Warte betrachten und auf diese Weise „unter sich haben".

In diesem Zusammenhang ist erwähnenswert, dass die direkte Übersetzung anstelle von „die Fische des Meeres" von „die Fischbrut des Meeres" spricht. Der Fisch ist Symbol für das Schriftzeichen „Nun" = die Zahl 50 und damit für den Menschen, der als 10 die Verbindung von 4+1 zu 5 erkennt und lebt. Als 50 ist er über das rein körperliche und damit tierische Leben hinausgewachsen und hat es „unter sich".

„Über die Fischbrut" 2-4-3-400 mit dem Äußeren Wert 409 kommt mit 40 und 9 die Vorbereitung auf 50 zum Ausdruck und „des Meeres" 5-10-40 deutet mit seinem Äußeren Wert 55 die Vorbereitung auf 5-5 an.

Am 3. Tag zeigt der Begriff „Meere" mit 10-40-10-40 und dem Äußerem Wert 100 = 2 x 50, zu welcher Art von Fisch die Fischbrut heranwächst.

Satz 27 berichtet über die Umsetzung des Vorhabens und stellt 3x fest, dass Gott den Menschen „schuf" 2-200-1. Der Zahlenaufbau erzählt, dass 2 und 1 über die Erfahrung von 2 x 10x10 zueinander finden, der Äußere Wert 203 zeigt 0 als Übergang von 2 zu 3 und 200 + 3 als Absicht.

Satz 27 demonstriert mit diesen 3 Aspekten die Aussage von 3x3x3 = 27:

Ein 3-faches „schuf" betont, dass die 3 eine 3 schuf – 3 ist Basis; das 3-fache Zueinander-finden von 2 + 1 über 200 zeigt 3 als Weg; das 3-fache 2 x 10x10 + 3 zeigt einen Wechsel von 2 zu 3 als Ziel.

Der Wechsel ist die Absicht des Schöpfungsgedankens nach dem Prinzip 3 und nicht ein stagnierendes Erleben von 3 x 10. Die menschliche 2 hört mit dem erstmaligen Wechsel von 2 zu 3 nicht auf zu existieren, sie macht über 10x10 immer wieder die Erfahrung von 3 möglich.

Die Erfahrung von 3 läuft auch wiederholt über 5 x 10 ab.

Darauf weisen „in seinem Ebenbild" 2-90-30-40-6 in Satz 27 und „in unserem Ebenbild" 218 in Satz 26 mit 218 – 168 = 50 hin.

„Und Gott schuf den Menschen in seinem Bilde; im Bilde Gottes schuf er ihn" verdoppelt die Aussage, betont sie so und spiegelt sie ungleich. Inhalt und Form zeigen damit ein Prinzip der Schöpfung, das sich auch anschließend ausdrückt und bestätigt mit „Mann und Weib schuf er sie".

Satz 27 verdeutlicht die Grundaussage im Schriftbild der Aleph und zeigt sie als Spiegelung, die bei der Verdoppelung verfälscht wird.

Der zentrale Wortlaut „in seinem Bilde, im Bilde", direkt über-setzt „in seinem Ebenbild, im Ebenbild" 2-90-30-40-6 2-90-30-40, zeigt in Zahlen diese Art der Projektion noch exakter. Die vermittelnde 6 ist einer Seite zugeordnet und bewirkt dadurch eine Ungleichheit.

Der Äußere Wert 330 = 3 x 110 dieser Zahlengruppe weist darauf hin, dass dies der Weg der 1 ist, um als und von 3 wahrgenommen zu werden.

„Männlich" 7-20-200 „und weiblich" 6-50-100-2-5 mit dem Äußeren Wert 390 verweisen gemeinsam mit 330 auf 6 x 10 als verbindenden Faktor. 390 und 330 charakterisieren diese 10 mit 3x13 und 3x11.

Satz 28 wiederholt „Seid fruchtbar und mehret euch" 500 von Satz 22; 22 + 6 = 28 bestätigt die Funktion der Zahl 6. Sie ist Unterschied und Verbindung zwischen dem rein körperlichen Menschen und jenem im Bild und Gleichnis Gottes. Die 6 demonstriert ihre Qualität, indem sie den Äußeren Wert 500 in Satz 22 mit den 500 in Satz 28 zu 1000 verbindet.

„Und füllet" 6-40-30-1-6 „die Erde" 1-400 5-1-200-90 mit dem Äußeren Wert 780 entspricht 2 x dem Äußeren Wert 390 von „Mann und Weib"; 390 definiert mit 10 x 3 x 13 jede 10, die als 10+3 die weibliche 2 und die männliche 1 zu 3 verbindet. 390 macht mit 10x3 x 10+3 die Selbsterkenntnis als 10 und als 3 deutlich; 2 x 390 bedeutet, die irdische Dualität mit diesem Bewusstsein zu füllen.

„Und unterwerfet sie" 6-20-2-300-5 bildet den Äußeren Wert 333, der als 3-fache 3 und als 3 x der Volle Wert 111 von Aleph und Eleph klar zeigt, worauf die verbale Aufforderung abzielt.

In Summe zeigen 780 + 333 mit 1113 eine synonyme Kombination von 111 und 3 und bekräftigen gemeinsam ihre jeweilige Aussage.

Satz 29 erklärt, auf welche Weise diese Aufgabe zu erfüllen ist: Alles Samenbringende, wie es Satz 11 und 12 des 3. Tages beschreiben, speist den Menschen im Ebenbild Gottes, d. h. seine Selbstwahrnehmung als 3. Das Lebensprinzip der Pflanzen, wie es am 3. Tag geschildert wird, ist Grundlage für den Prozess menschlicher Selbst-Erkenntnis.

Über 11 + 12 = 23 und 23 + 6 = 29 macht Satz 29 deutlich, dass diese 6 der Mensch selbst ist. Satz 11 + 12 = 23 beschreiben eine subtile Art von Nahrung, die den formlosen Aspekt des Menschen speist. Indem der Mensch subtile Wahrnehmungen mit seiner konkreten irdischen Existenz verbindet, ist er zum Erfassen von 1 und 3 fähig: 29 + 1 = 3 x 10

Satz 30 informiert über die Nahrung für das tierische = körperliche Leben, „in welchem eine lebendige Seele ist".

„Lebendige Seele" wird direkt übersetzt mit „Wesen lebende" und ist in Wort und Zahl identisch mit „Wesen" „lebende" in Satz 20, 21 und 24 mit dem Äußeren Wert 430 aus 50-80-300 sowie 23 aus 8-10-5.

4x wiederholt sich der Begriff „nephesch = Seele" 430 und wird 2x mit Bezug zum Wasser und 1x mit Bezug zur Erde mit „Wesen" übersetzt. Die körperliche Existenz, das „tierische Wesen", ist Voraussetzung, um sich als „Seele" zu erfassen. Satz 30 spricht vom Tierischen, das in sich eine „Seele" hat; mit 3x10 in der Welt der 400 und der Erfahrung der 23 erfährt sich der körperliche Mensch als „lebendige Seele".

Das körperliche Leben speist „jeglicher grüne" 1-400 20-30 10-200-100 „Pflanzenwuchs" 70-300-2, der 761 + 372 zum Äußeren Wert 1133 addiert und optisch deutlich macht, welche Art zu denken von ihm genährt wird.

Satz 31 nennt diesen Tag „der sechste" 5-300-300-10. Diese 4 Zeichen beenden Genesis 1, sie bilden den Schlusspunkt für das Konzept der 2 innerhalb der 1. Auf sehr komprimierte Weise fasst diese Zahlenformel wesentliche Grundsätze zusammen, die bereit sind, umgesetzt und später erkannt zu werden:

300 zeigt sich in 5-300-300-10 gespiegelt und von 5 und 10 flankiert:
Damit wird kurz und prägnant ausgesagt, dass die Selbsterkenntnis von 300 zu 300 auf 4+1 = 5 und 5+5 = 10 basiert. Der Äußere Wert 615 kommt über ein 3-faches „+" zustande und betont so die besondere Bedeutung der 3-fachen 6. Die 6 aus 3 + 3 ist Grundgedanke der Schöpfungsabsicht und verbindet über 10x10 mit der 10-5 aus 10-5-6-5; 615 macht mit 6 x 10x10 + 15 auch diese Aussage.

Satz 13 und 31, die 3. und 6. Tag abschließen, haben zueinander Bezug.

Ein Impuls der absoluten 1-3 spricht die Intuition der 10 an und führt sie zu 10+3 oder 3x10. 31 zeigt mit 30+1, dass die 10 den Impuls der 1 erfasst und darauf reagiert. 31 ist die Antwort auf 13.

300-10 = 31x10 ist die Übereinstimmung von „dritter" 300-30-10-300-10 in Satz 13 und von „der sechste" 5-300-300-10 in Satz 31.

Die Umsetzung von konzipierter 300-10 durch die praktische 300-30-10 ist Schöpfungsabsicht einer absoluten 3; diese Zahlenkombination setzt den Schlusspunkt hinter den 3. Tag.

„Zweiter" 300-50-10 zeigt 5 x 10 als Vermittler zwischen 300 und 10; „der sechste" 5-300-300-10 zeigt die 5 außen; 6 erfüllt die Aufgabe, die bewusste Wahrnehmung dafür zu öffnen.

„Fünfter" 8-40-10-300-10 gibt Auskunft darüber, wie das geschieht.

Die 2-fache 10 im Schriftbild der Aleph zeigt die 2 als Basis für die Erfahrung der 3, die einer 3-fachen 10 entspricht; die Eleph 10x10x10 und die Aleph 1 teilen sich dasselbe Schriftzeichen, sind identisch.

Die gesamte Schöpfung, die Gestaltung der Materie = 4 durch die 1 erfolgt mit der Absicht, sich darin selbst in Form einer menschlichen 10 erkennend zu begegnen; 1+2+3+4 = 10. 3x „+" = 3x „6" als vermittelnder Aspekt in diesem Prozess entspricht der Absicht der 3: 1+2+3 = 6

Die Ausrichtung der Materie = 4 auf die menschliche 10 kommt über das Bild der 6 Schöpfungstage zum Ausdruck. Aus der Begrenzung der 2 auf sich selbst, aus 2 x 2 entsteht 4 als Prinzip der irdischen Existenz.

6 Tage erläutern das Konzept dieser irdischen Existenz, das am 6. Tag mit der Erschaffung der menschlichen 3 als Abbild einer absoluten 3 endet. Die 6 aus 3 + 3 ist das Prinzip absoluter Kombinationsfähigkeit und definiert den Menschen als bewusstes Wesen, das aus 6 + 4 besteht und damit zur Selbsterkenntnis als 10 fähig ist.

Schöpfungsworte:

Schöpfungsworte sind direkte Äußerungen der 1 und bringen in Genesis 1 zum Ausdruck, was die 1 in sich kreiert und aus sich heraus nach außen bringt.

Die Heilige Schrift ist als „Wort Gottes" die Äußerung des Absoluten im weitesten Sinn. Die Bibel beschreibt jede Äußerung der 1 und ist zugleich selbst Äußerung der 1, sie informiert über das Konzept alles Geschaffenen und ist dabei selbst etwas Geschaffenes. Die Bibel enthält und demonstriert die Prinzipien, auf denen die Schöpfung basiert und die ihr auch selbst zugrunde liegen.

Später in der Bibel bestätigt das Johannes-Evangelium: „Im Anfang war das Wort und das Wort war bei Gott, und das Wort war Gott."

Genesis 1 erläutert diesen Anfang. Mit 8+3 Schöpfungsworten wird an 6 Schöpfungstagen der komplette ‚Konstruktions- und Funktionsplan' für das Leben auf der Erde gezeichnet. Die nachfolgenden Abschnitte der Bibel halten sich streng an diesen ‚Entwurf'. Sie sind für die Welt der Materie eine Art ‚Produktbeschreibung' und zugleich für das Leben in ihr ‚Gebrauchsanleitung' und ‚Garantieschein'. Lesbar werden diese Informationen, wenn auch die Zahlen mit einbezogen werden.

Denn das Wort, von dem die Bibel spricht und das sie ist, bedient sich einer Sprache, die gleichzeitig Buchstabe und Zahl ist. Direkt im Text sowie in der Struktur vorkommende Zahlen ergänzen und bestätigen einander in ihrer qualitativen Information. Zahlen sind exakte Aussagen eines kreativen Absoluten und unabhängig vom Linearen, Gesetzmäßigen. Sie lassen sich nur von einem logischen Denken erfassen, das auch die Intuition mit einbezieht.

Genesis 1 betont mit Zahlen in Text und Struktur das Wirken der 3 und ihrer Vielfachen für eine sicht- und erlebbare Welt der Materie.

Die Welt der 2 x 4 = 8 ist Ausdruck einer absoluten Kreativität und darauf ausgerichtet, vom Menschen als 4 + 4 = 8 erfasst zu werden.

Das Absolute äußert sich durch diese Welt und ist selbst diese Welt. Die Bibel als Wort Gottes ist Teil dieser Welt und gleichzeitig ihre Beschreibung.

Die Schöpfung basiert auf einer präzisen Systematik, die sich in der Welt der Dualität nicht direkt zeigt. Im Sinne der konträren 2 tritt Präzision als Chaos in Erscheinung und konkret Geplantes in Gestalt von Unvorhersehbarem und Unberechenbarem.

Das 1. Kapitel der Schöpfungsgeschichte macht mit seiner Struktur die absolute Präzision nachvollziehbar, nach der jedes irdische Geschehen abläuft. Genesis 1 erläutert in einer klaren Systematik, wie Absolutes aus und in sich selbst mit 4 + 4 Äußerungen die Welt der 8 kreiert und worauf diese Welt abzielt:

1. Schöpfungswort	= 3. Satz	am 1. Tag	Licht
2. Schöpfungswort	= 6. Satz	am 2. Tag	Wasser/Wasser
3. Schöpfungswort	= 9. Satz	am 3. Tag	Wasser + Trockenes
4. Schöpfungswort	= 11. Satz	am 3. Tag	Pflanzenwuchs
5. Schöpfungswort	= 14. Satz	am 4. Tag	Lichter
6. Schöpfungswort	= 20. Satz	am 5. Tag	Leben in Wasser + Luft
7. Schöpfungswort	= 24. Satz	am 6. Tag	Leben auf der Erde
8. Schöpfungswort	= 26. Satz	am 6. Tag	Menschen

3 weitere Äußerungen ergänzen diesen kreativen Prozess:

22. Satz   am 5. Tag   Segen für das Leben in Wasser + Luft
28. Satz   am 6. Tag   Segen für die Menschen
29. Satz   am 6. Tag   Speise für Menschen/Speise für Tiere

Die Struktur kombiniert 4 + 4 kreative + 3 ergänzende Äußerungen zur Primzahl 11. Die 3 ergänzenden Äußerungen zeigen in sich mit 2 x Segen + Speise die Struktur von 2 + 1 und über Speise wird der Charakter der 2 als geteilte 1 ersichtlich.

Die Zahl 11 definiert mit 10+1 die grundlegende Absicht der Schöpfung: Sie besteht im bewussten individuellen Kontakt zwischen 10 und 1.

Tag 1 ist geprägt von Licht, Tag 2 von Wasser, Tag 3 von sichtbarer Trennung und einem unsichtbaren Zusammenwirken, das Leben ermöglicht. 4 Schöpfungsworte an 3 Tagen gestalten den Rahmen für das Leben in Zeit und Raum, 3 x 4 = 12.

Die Systematik von 3 Tagen mit 4 Schöpfungsworten zeigt sich doppelt und definiert mit 3 x 4 die 12 und mit 2 x 12 das Zeitmaß des Tages. 24 enthält als Einheit des Tages eine dunkle und eine helle Phase, eine bewusste und eine unbewusste und definiert so das Wahrnehmungsvermögen des Menschen. Dieser Mensch tritt durch das 8. Schöpfungswort auf den Plan und bewegt sich innerhalb des Rahmens der 24, um bewusst zur 3 zu werden, denn 3 x 8 = 24.

Die Symmetrie von 1 2 3, 3 6 9, 1 2 3 zeigt Materie als Projektion eines Absoluten und wird als Prinzip von den ersten 3 Schöpfungsworten abgebildet und erläutert.

Das 4. Schöpfungswort unterbricht die Symmetrie. 9 + 2 = 11 und 2 x 3 zeigen die Dominanz der 2, sie bestimmt die Wahrnehmung der Materie.

Worte und Tage gemeinsam demonstrieren diese Ver-2-fachung der 3 zu 6: Am 3. Tag sind es 2, am 6. Tag 4 und in Summe 6 Worte.

Das 4. Schöpfungswort im 11. Satz am 3. Tag hat samenden Pflanzenwuchs zum Inhalt und definiert damit ein Wirken von $1 + 2 = 3$, das ungesehen abläuft. Der ungesehene Bereich der 4, ihr ‚Original' im Absoluten, ist in der Welt der 7 nicht sichtbar, aber dennoch vorhanden.

Satz 11 markiert die Schnittstelle zwischen $4 + 4$ Schöpfungsworten, deren Symmetrie von der absoluten 3 kreiert ($4 + 4 + 3 = 11$) und von der menschlichen 3 erkannt ($11 + 3 = 14$) wird.

Satz 14 hat das Licht des Erkennens zum Inhalt, ist am 4. Tag das 5. Schöpfungswort und verweist mit $5 + 4 = 9$, $5 \times 4 = 20$ und $20 - 14 = 6$ auf Prinzipien dieses Erkennens.

Satz 20, das 6. Schöpfungswort am 5. Tag, greift diese Prinzipien auf und verweist mit $5 + 6 = 11$, $5 \times 6 = 30$, $20 + 30 = 50$ und $30 - 20 = 10$ auf deren Absicht. Mit $3 + 6 + 11 = 20$, $9 + 11 = 20$ sowie $14 + 6 = 20$ betonen die Sätze ihr Zusammenspiel bei der Umsetzung dieser Absicht.

Satz 24 bestätigt mit 4×6 das Zusammenwirken von Prinzip 4 und 6 für die 10, auf die er gemeinsam mit Satz 14 durch $24 - 14 = 10$ verweist. Ob 4. Tag x 6. Tag, 4. x 6. Schöpfungswort oder 2. x 3. x 4., Satz 24 deutet ein kreatives und flexibles Zusammenspiel auf abstrakter Ebene an, das sich im Leben auf der Erde äußert.

Als 7. Schöpfungswort am 6. Tag zeigt $6 \times 7 = 42$ die 24 als verkehrte Spiegelung und verweist mit $7 + 6$ auf die 13, die das 8. Schöpfungswort aufgreift und in Satz $26 = 2 \times 13$ zum Inhalt hat.

Das 8. Wort am 6. Tag zeigt mit $6 \times 8 = 48 = 2 \times 24$ einen 2. Bezug zu Satz 24 und betont damit, dass mit der Erschaffung des Menschen in der Welt der 2 alles zur Umsetzung kommt, was seinem Leben auf der Erde an Prinzipien vorausgeht. Die Aussagen von Satz 24 + 26 summieren sich zu 50 und bringen damit in Wort und Zahl dasselbe zum Ausdruck.

8 Schöpfungsworte summieren 1+2+3+4+5+6+7+8 zu 36 = 3 x 12 = 30 + 6, die Sätze 3+6+9+11+14+20+24+26 = 113 verschmelzen 11 und 13 und die Tage 1+2+3+3+4+5+6+6 ergeben die Summe 30 = 3 x 10.

Mit Inhalt und Struktur lassen die Schöpfungsworte klar erkennen, dass sie auf 10 und 3 ausgerichtet sind.

Das Wesen der 2 zu erkennen und Querverbindungen herzustellen, ist der Weg dorthin. Die Satzstrukturen der weiteren 3 Äußerungen verweisen auf entsprechende Zusammenhänge zwischen dem Pflanzenwuchs in Satz 11 und dem Segen in Satz 22 (22 = 2 x 11), ebenso zwischen den Lichtern in Satz 14 und dem Segen in Satz 28 (28 = 2 x 14).

Satz 29 kombiniert Satz 26 + Satz 3, Satz 20 + Satz 9 und entspricht der Summe aus Satz 3, 6, 9 + 11 und somit allen Aussagen der ersten 4 Worte an den ersten 3 Tagen.

Satz 15 und Satz 30 nehmen eine Sonderstellung ein. Sie schließen die Aussagen ab, die in Satz 14 und 29 beginnen, und bleiben dabei im Hintergrund. 30 = 2 x 15 schließt den kreativen Prozess ab und bestätigt die Summe 30 der Tage; Worte und Tage betonen 3 x 10 als Zielsetzung.

Immer wieder aufs Neue äußert sich das ursprüngliche Prinzip 1-2-3 auf fraktale Weise in den Texten der Heiligen Schrift. Das große Ganze als 1-2-3 gestaltet sich im Wort Gottes aus selbstähnlichen Strukturen von 1-2-3, entweder direkt oder über 3-6-9. Der Text von Genesis 1 zeigt hintergründig diesen Aufbau aus Elementen der Dreiheit, die sowohl das Bewusstsein des Menschen als auch die belebte Natur bestimmend prägt.

Bereits die ersten 3 Schöpfungsworte betonen über ihre Reihenfolge im Text den gegenseitigen Bezug von 1-2-3 und 3-6-9; 1 x 3 = 3, 2 x 3 = 6 und 3 x 3 = 9 bilden in Genesis 1 hintergründige Schöpfungselemente:

1 x 3 = 3 sagt aus, dass 1 und 3 einander als grundlegende Prinzipien entsprechen; in der 3 existiert die 1 direkt als 1 und geteilt als 2; die 1 ist mit jedem Aspekt der 3 gleichzusetzen, ist qualitativ genauso 2 wie 1 oder 3.

In religiöser Terminologie ausgedrückt ist Gott 3-faltig und umfasst die Aspekte Vater = 1, Sohn = 2 und Heiliger Geist = 3.

2 x 3 = 6 steht für spannungsgeladenes Erleben der 3 in der Dualität. Im Miteinander von 3 mit 2 kommt das Potenzial der 3 zur Umsetzung, indem das konflikthafte Gegensätzliche von 2 erfahren und mit 1 zu einer Ganzheit kombiniert wird. Die 6 ist der irdische Aspekt der 3; religiös formuliert entspricht die 2 x 3 = 6 dem Menschen als Sohn, der mit 3 + 3 dem Vater begegnet.

3 x 3 = 9 bestätigt Selbsterkenntnis als grundlegendes Prinzip der 3. 6 + 3 = 9 zeigt die Verbindung des Gegensätzlichen von Dualität und Einheit ebenso wie 3 aus 2 + 1. Die 9 aus 3 x 3 ist das Erkennen der 3 durch sich selbst und entspricht in religiöser Terminologie dem Wirken des Heiligen Geistes.

Die Formulierung „und Gott sprach" wiederholt sich 8x als Auslöser für eine neue Kreation. Jedem der 8 Schöpfungsworte geht diese Einleitung voraus. Direkt übersetzt mit „und es sprach" 6-10-1-40-200 „Gott" 1-30-5-10-40 ergeben 257 + 86 gemeinsam den Äußeren Wert 343, der den Kontakt von 3 zu 3 über 4 als Absicht jeder Äußerung Gottes abbildet.

343 zeigt als Produkt aus 7x7x7, worauf der 7. Tag abzielt, der an 6 Tagen entworfen wird. Die Primzahl 257 verweist auf 5 x 5 am

7. Tag. 86 = 2 x 43 zeigt sich in 343 von der Ver-2-fachung befreit mit 3 in Kontakt. In der Variante 257 – 86 = 171 steht sich die 1 am 7. Tag in 10x10 und 1 gegenüber.

3 ergänzende Äußerungen kreieren nichts Zusätzliches mehr und bedienen sich anderer Einleitungen. Sie definieren Ausrichtung und Zielsetzung des Menschen, sind Willensäußerungen einer absoluten 3 und dienen der menschlichen 3 zur Orientierung.

Die einzelnen Schöpfungsworte verfeinern die vorgegebene Systematik:

Das *1. Schöpfungswort* in Genesis 1 ist der 3. Satz am 1. Tag mit der Aussage „Es werde" 10-5-10 „Licht" 1-6-200 und dem Äußeren Wert 232. Gemeinsam mit dem vorausgehenden „und es sprach Gott" 343 ergibt sich die Zahl 575.

Jeder dieser 3 Werte zeigt auf seine Weise eine Spiegelung, die im Licht der Erkenntnis für die 3 einsehbar wird.

Seine Hauptaussage macht das 1. Schöpfungswort mit 343 – 232 = 111. Primäre Schöpfungsabsicht ist die Ver-3-fachung der 1, darauf weisen die Zahlen auch indirekt hin: Genesis 1 – Wort 1 – Tag 1 – Satz 3.

Erreicht wird diese Absicht in Summe mit 1 + 1 + 1 + 3 = 6.

Das *2. Schöpfungswort* am 2. Tag ist der 6. Satz in Genesis 1: „Und Gott sprach: Es werde eine Ausdehnung inmitten der Wasser, und sie scheide die Wasser von den Wassern!"

Den ersten Teil der Aussage gibt die direkte Übersetzung wieder mit „es werde" 10-5-10 „(eine)Feste" 200-100-10-70 „zwischen" 2-400-6-20 „den Wassern" 5-40-10-40; die 4 Äußeren Werte 25 + 380 + 428 + 95 = 928 bilden mit 2 x 464 ab, dass die trennende Perspektive in der Welt der 4 auf Verbindung ausgerichtet ist.

Sobald Geteiltes im Licht der Erkenntnis als Spiegelung erkannt wird, verschwindet das trennende „inmitten" oder „zwischen" mit dem Äußeren Wert 428 aus dem Bewusstsein. 2 Wasser werden als 1 erfasst und ohne „inmitten" entsteht daraus „eine Ausdehnung der Wasser".

Ohne 428 bilden 25 + 380 + 95 den Äußeren Wert 500 und definieren so das Bewusstsein, das zu dieser Ein(s)sicht gelangt.

Den zweiten Teil der Aussage gibt die direkte Übersetzung wieder mit „und werde" 6-10-5-10 „scheidend" 40-2-4-10-30 „zwischen" 2-10-50 „Wassern" 40-10-40 „zu Wassern" 30-40-10-40. Die 5 Äußeren Werte 31 + 86 + 62 + 90 + 120 summieren sich zu 389.

„Scheidend" hat denselben Äußeren Wert 86 wie „Gott". Das Bewusstsein der 500 weiß, dass die Teilung von der 1 ausgeht, und bringt 389 mit 1 in Verbindung. Die Primzahl 389 wird dadurch zu 390 = 13 x 3 x 10.

In Summe betont das gesamte 2. Schöpfungswort, das aus 9 Gruppen von Zeichen besteht, dass diese Trennung nur über die Qualität von 13 und 17 zu erkennen ist, denn 928 + 389 = 1317.

Das vorausgehende „und Gott sprach" 343 ergänzt 1317 zu 1660 = 2 x 830 und zur Gesamtaussage, dass die Teilung in 2 auf ein Leben als 3x10 in der Welt der 8 abzielt.

Genesis 1 + Wort 2 + Tag 2 + Satz 6 = 11 bestätigen das 1-4-Prinzip und die Qualität der 6 als relevant für die Schöpfungsabsicht 10 + 1.

Das *3. Schöpfungswort* am 3. Tag als 9. Satz in Genesis 1 lautet: „Und Gott sprach: Es sammeln sich die Wasser unterhalb des Himmels an einen Ort, und es werde sichtbar das Trockene!"

Die direkte Übersetzung „Gesammelt werden" 10-100-6-6 „die Wasser" 5-40-10-40 „unter" 40-400-8-400 „den Himmeln" 5-300-40-10-40 bildet aus 122 + 95 + 848 + 395 den Äußeren Wert 1460;
„an Ort" 1-30 40-100-6-40 „einen" 1-8-4 summiert 217 + 13 zum Äußeren Wert 230.

Die Aussage dieser Zahlen ist komplex. „An Ort einen" definiert mit 217 = 7 x 31 und 13 die 10 im Bewusstsein der 3 als diesen Ort, den die Summe 230 mit 23 x 10 beschreibt. Diese 10 hat die Erfahrung von 10x10x10 gemacht und 2 + 1 als Äußerungen eines Formlosen erfasst: 1460 + 230 = 1000 + 2x230 + 230 = 1690 = 1660 + 30.

Diese 10 weiß von der Teilung des einen Wassers in 2 Wasser und ist der Ort, an dem sie sich sammeln; 1460 : 2 = 730, 730 − 230 = 500.

Sie bezieht die Aussage von 1460 + 230 auf sich persönlich und ergänzt 1690 + 10 zu 1700.

Die Fortsetzung „und es werde sichtbar gemacht" 6-400-200-1-5 „das Trockene" 5-10-2-300-5 summiert die Äußeren Werte 612 + 322 zu 934.

Der Wortstamm „Trockene" 10-2-300-5 hat als Äußeren Wert die Primzahl 317; 300 + 17 beschreiben die Ein(s)sicht der 17 mit der Zahl 300 und unterstreichen wie 1700 die Individualität der Erfahrung.

„Das Trockene" 322 = 317 + 5 betont die 5 aus 4 + 1 für das Sehen der 1 am 7. Tag. Das „Trockene" als 1 und „die Wasser" als 2 bilden eine Ganzheit, wenn die 5 erkannt ist, worauf „die Wasser" 95 hinweisen. Dass die 2 dadurch als 2 x 1 sichtbar gemacht wird für die 3 x 10x10, zeigen 2 x 317 = 634 + 300 = 934.

6 12 bildet ab, dass die 1 sichtbar wird mit 6, die 1 + 2 kombiniert. Mit 1x6 + 2x6 = 3x6 stellt 612 den Bezug her zur 3-fachen 6.

Die Version 612 − 322 = 290 betont die Funktion der 9 für den Inhalt des 9. Satzes.

Genesis 1 + Wort 3 + Tag 3 + Satz 9 = 16 = 4 x 4 = 10 + 6 = 9+1 + 3+3 bringen zum Ausdruck, wofür die Beschränkung der Materie auf sich selbst ungesehen die Basis bildet. Das gegenseitige Erkennen von 3 zu 3 ist die Hauptaussage von Satz 9, des 3. Wortes am 3. Tag.

„Und Gott sprach" 343 macht selbst diese Aussage, kombiniert sich mit 1690 zu 2033 und zeigt, dass sich 3x10 und 3 auf Basis von 2x 10x10x10 gegenüberstehen. Mit 934 bildet 2033 die Summe 2967, die sich mit 33 zu 3000 ergänzt. Satz 9 betont, dass er auf das Erkennen von 3 zu 3 abzielt; 3-3, 30 + 3 oder 3 x 10x10x10 sind Varianten, das zu zeigen.

Das *4. Schöpfungswort* ist der 11. Satz am 3. Tag von Genesis 1: „Und Gott sprach: Die Erde lasse Gras hervorsprossen, Kraut, das Samen hervorbringe, Fruchtbäume, die auf der Erde Frucht tragen nach ihrer Art, in welcher ihr Same sei auf der Erde!"

„Es grüne" 400-4-300-1 „die Erde" 5-1-200-90 „grün" 4-300-1 bildet aus 705 + 296 + 305 den Äußeren Wert 1306, „Pflanzenwuchs" 70-300-2 „samend" 40-7-200-10-70 „Samen" 7-200-70 aus den Äußeren Werte 372 + 327 + 277 die Summe 976.

Samenbringendes wird am 6. Tag zur Speise für den Menschen bestimmt, während das Grüne dem tierischen Körper als Nahrung dient. Den Unterschied und gleichzeitig das Verbindende zwischen beiden zeigen die Zahlen 1306 − 976, die sich aus jeweils 3 Äußeren Werten bilden, mit ihrer Differenz 330.

„Holz" 70-90 „Frucht" 80-200-10 „machend" 70-300-5 „Frucht" 80-200-10 summiert die 4 Äußeren Werte 160 + 290 + 375 + 290 zu 915. Diese Zahl kombiniert eine 3-fache 3 mit einer 3-fachen 5 und lässt geteilt durch 3 mit 305 ebenfalls wissen, was die „Frucht" 290 menschlicher Erkenntnis sein soll; 305 + 25 = 330 tun es als Variante.

Mit „Grün", „Samen" und „Frucht" ver-2-facht das 4. Schöpfungswort 3 Begriffe, die gemeinsam das Prinzip 3 symbolisieren.

Die Ergänzung „je nach seiner Art" 30-40-10-50-6 „wie" 1-300-200 „sein Same in ihm" 7-200-70-6 2-6 „auf der Erde" 70-30-5-1-200-90 beschreibt mit Wort und Zahl die Individualität dieses irdischen Geschehens:
4 Gruppen von Zeichen summieren 136 + 501 + 291 + 396 zum Äußeren Wert 1324 und zeigen 13 mit 24. Diese Kombination und 1324 : 4 = 331 sagen aus, dass die 10+3 innerhalb der 2x12 auf Impulse der 1 reagiert, die sie über die Materie erfasst. Die Primzahl 331 kombiniert 330 mit 1.

Die Schöpfungsworte 1, 2 und 3 zeigen durch ihre Reihenfolge im Text eine Ver-3-fachung zu 3, 6 und 9; das 4. Wort 2 Sätze später bildet mit den vorausgehenden 3 eine Einheit, die auf die 10 ausgerichtet ist, denn 1+2+3+4 = 10. Der Grundzyklus des Schöpfungsgeschehens zielt darauf ab, dass der Mensch sich als diese 10 erkennt, die alles im Leben mit der 1 verbindet; 10 +1 ist die Aussage des 11. Satzes und kommt synonym zum Ausdruck durch 330 + 1.

Genesis 1 + Wort 4 + Tag 3 + Satz 11 = 18 = 2 x 3 x 3 = 2 x 9 = 3 x 6 demonstrieren in kompakter Form ein Miteinander, das auf 2 x 3 basiert und zu 10 + 1 führt.

An den Tagen 4, 5 und 6 konkretisiert sich dieser Gestaltungsprozess. An diesen 3 Tagen wird wieder mit 4 Worten der Bezug zum Licht, zum Wasser und zum Prinzip des Lebens auf der Erde im Detail festgelegt.

Das *5. Schöpfungswort* am 4. Tag lautet: „14 Und Gott sprach: Es werden Lichter an der Ausdehnung des Himmels, um den Tag von der Nacht zu scheiden, und sie seien zu Zeichen und zur Bestimmung von Zeiten und Tagen und Jahren; 15 und sie seien zu Lichtern an der Ausdehnung des Himmels, um auf die Erde zu leuchten!"

Satz 14 verweist auf den Bezug zwischen 1 und 4: Das 1 Licht des 1. Tages zeigt am 4. Tag 4 Funktionen; der ergänzende Satz 15 lässt den Schluss auf die 10-5 zu, die der irdischen 5 in 10-5-6-5 ‚leuchtet'.

Die Kernaussage „Es werden Lichter" lautet in der direkten Übersetzung „es seien" 10-5-10 „Leuchten" 40-1-200-400 und bildet aus den Äußeren Werten 25 + 641 die Zahl 666;
„am Firmament" 2-200-100-10-70 „der Himmel" 5-300-40-10-40 summiert 382 + 355 zum gemeinsamen Äußeren Wert 777;
„um zu scheiden" 30-5-2-4-10-30 „zwischen" 2-10-50 „dem Tag" 5-10-6-40 „und zwischen" 6-2-10-50 „der Nacht" 5-30-10-30-5 addiert 5 Äußere Werte 81 + 62 + 61 + 68 + 80 zu 352; 2 trennende „zwischen" „und zwischen" teilen den Tag mit Tag und Nacht in 2 Hälften. Das Bewusstsein, das die Ganzheit hinter der Trennung erfasst, beschreiben „zwischen" 62 + „und zwischen" 68 mit 13 x 10.

Was sich in der Materie manifestiert, entstammt 1 zu 1 oder 4 zu 4 einer immateriellen Ebene und bewirkt das Erfassen der 8 als 4 + 4. Die Zahl 352 bildet als Produkt aus 8 x 44 diesen Umstand ab.

In Summe sagen 666 + 777 + 352 = 1795 aus, dass 17 in Kombination mit 9 die 5 aus 1+4 erfahrbar macht; 1795 + 5 = 1800 erklären, dass damit das Erkennen einer gegenüberliegenden 5 verbunden ist und mit ihr die Selbsterkenntnis der 2 als 10: 1800 = 9 x 2 x 10x10.

„Und sie sollen werden" 6-5-10-6 „zu Zeichen" 30-1-400-400 „und zu Zeiten" 6-30-40-6-70-4-10-40 „und zu Tagen" 6-30-10-40-10-40 „und Jahren" 6-300-50-10-40 legt mit 1 + 4 Satzteilen 4 Funktionen fest.

Dem einleitenden „und sie sollen werden zu Zeichen" folgen 3 Begriffe, die durch 3 „und" miteinander verbunden sind, so die 3-fache 6 von 666 und 18 x 100 bestätigen und demonstrieren, wie sie zu verstehen ist.

Schon im Text hebt sich „und Jahren" durch das fehlende „zu" ab und steht als letzte der 5 Gruppen den 4 vorausgehenden als 1 gegenüber. Die 4 summieren ihre Äußeren Werte 27 + 831 + 206 + 136 zu 1200; „und Jahren" fügt 6 + 400 hinzu. Diese 6 ist das „und" zwischen 1200 und der 400 von „Jahren".

1200 = 3 x 400 in Kombination mit 400 beschreiben ein Bewusstsein, das die 4 der Materie als Funktionen der 1 erfasst, für das 4 die Äußerung der 1 ist und das die 400 als 3 lebt. 1200 „und/6" 400 = 1600 erzählen von einem Leben, das 4 x 400 und zugleich 1000 + 2x 300 sein soll.

Satz 15 wiederholt mit „und sie sollen werden" 6-5-10-6 „zu Leuchten" 30-40-1-6-200-400 leicht verändert die Kernaussage von Satz 14;
„am Firmament der Himmel" wiederholt „am Firmament" „der Himmel" exakt und fasst 2 Sätze zu 1 zusammen. Die 3 Äußeren Werte 27, 677 und 777 deuten an, dass 1 + 2 = 3 am Ende des 7. Tages einleuchten sollen.

Die qualitative Veränderung von „es seien Leuchten" zu „und sie sollen werden zu Leuchten" zeigt der Zahlenaufbau mit 30 und 3-facher 6:

Satz 14	10-5-10	40-1-200-400
Satz 15	**6**-5-10-**6**	**30**-40-1-**6**-200-400

Satz 14 weist inhaltlich auf die 3-fache 6 hin, die 1 + 4 verbindet.

Satz 15 zeigt die erfolgte Verbindung ebenfalls mit einer 3-fachen 6 und einer zusätzlichen 30.

Gemeinsam bilden beide Sätze mit 10-5-10 und 5-10 ab, dass diese 30 über 5 + 5 und 2x10 + 10 zustande kommt. Sie erklären dabei, dass die Kombination von 4+1 zu 5 durch eine 10 die irdische Umsetzung dessen ist, wofür 10-5 in 10-5-6-5 steht; beide 10-5 gemeinsam bilden die 30.

Die Kernaussage von Satz 15 ist die 10-5, die von ‚oben' auf die Erde „leuchtet", damit die menschliche 10 sich in diesem Licht über 5 als Projektion erkennen kann. Der 30 aus 2 x 15 „leuchten" Zusammenhänge zwischen ‚oben' und ‚unten' ein.

777 − 677 = 100 weisen darauf hin, dass dafür die Erfahrung von 10x10 notwendig ist; 777 − 27 = 750 und 677 − 27 = 650 deuten mit 2 x 750 = 100 x 15 und 2 x 650 = 100 x 13 an, welche Veränderung im Bewusstsein der 2 damit verbunden ist.

Mit „um zu leuchten" 30-5-1-10-200 „auf die Erde" 70-30-5-1-200-90 bestätigt Satz 15 zum 3. Mal die Kernaussage; die 2 Äußeren Werte 246 + 396 = 642 zeigen 246 verkehrt und demonstrieren so, dass jedes einleuchtende Erkennen einen Lichtstrahl nach ‚oben' reflektiert.

396 − 246 betonen 150 = 30 x 5 = 15 x 10 als verbindendes Element. 150 steht auch mit 3 x 50 oder 300 : 2 = 6 x 5x5 für die 10, die sich über 5 als Projektion einer absoluten 10 sieht. Satz 15 endet mit der Umsetzung dessen, was „es seien" 25 am Beginn von Satz 14 vorbereitet.

Über Aspekte der Umsetzung informieren 3 einleitende Äußere Werte von Satz 14 gemeinsam mit den 3 abschließenden von Satz 15:

666	+ 11	677
777	+ 0	777
352	+ 290	642

290 = 10 x 14+15 stellt den Bezug zu Satz 9 her. Die gemeinsame Zahl 301 aus 11 + 290 bildet komprimiert den Inhalt von Satz 14 und 15 ab.

Genesis 1 + Wort 5 + Tag 4 + Satz 14 = 24,
Genesis 1 + Wort 5 + Tag 4 + Satz 15 = 25,
25 – 24 = 1 und 24 + 25 = 49, 49 + 1 = 5 x 10 fassen kompakt zusammen.

Das *6. Schöpfungswort* am 5. Tag ist Inhalt von Satz 20 in Genesis 1: „Und Gott sprach: Es wimmeln die Wasser vom Gewimmel lebendiger Wesen, und Gevögel fliege über der Erde angesichts der Ausdehnung des Himmels!"

Die Aussage von Satz 20 enthält nur ein einziges „und", das Leben im Wasser und Leben über der Erde stellvertretend für 10 + 10 verbindet.

Die 1. Satzhälfte bildet mit 5 Teilen „Wimmeln lassen" 10-300-200-90-6 „die Wasser" 5-40-10-40 „Gewimmel" 300-200-90 „Wesen" 50-80-300 „lebende" 8-10-5 aus 606 + 95 + 590 + 430 + 23 den Äußeren Wert 1744.

Die 2. Hälfte bildet mit 6 Satzteilen „und Gefiedertes" 6-70-6-80 „soll fliegen" 10-70-6-80-80 „über der Erde" 70-30 5-1-200-90 „auf der Fläche" 70-30 80-50-10 „des Firmaments" 200-100-10-70 „der Himmel" 5-300-40-10-40 aus 162 + 246 + 396 + 240 + 380 + 395 den gemeinsamen Äußeren Wert 1819.

1744 und 1819 bilden ab, dass 17, 18, 19 und 4-4 die Qualitäten sind, die zu 10 + 10 = 20 befähigen.

1819 – 1744 = 75 = 5x5 x 3 setzt die Erfahrung der 20 mit jener der 3 gleich und definiert mit 20 x 75 = 1500 das lebende Wesen Mensch, das über 5x5 zur 3 wird und mit 10x10 seine Verbindung zu 10-5 einsieht.

5 + 6 = 11 Teile summieren 1744 + 1819 zu 3563 und machen mit 35 neben 63 eine kompakte Aussage über die 10 + 1: Die Qualität der 9 am 7. Tag ermöglicht ihr, die 5 zu erfassen und sich selbst als 3 x 10.

Das 6. Schöpfungswort demonstriert die Qualität der 6, indem es eine einzige 6 in eine vermittelnde Position zwischen ‚unten‘ und ‚oben‘, zwischen Wasser und dem Bereich über der Erde setzt. Diese Position ist Schöpfungsprinzip.

Im Äußeren Wert 1819 ist diese 6 enthalten. 1819 – 6 = 1813 verweisen einerseits auf die 10+3, 1744 + 6 = 1750 andererseits auf die 5x10, die diese Funktion der 6 im Dreidimensionalen maximal – 666 – nutzt.

Das Licht des Erkennens hebt diese 10 über das Irdische hinaus, denn „soll fliegen" 246 „über der Erde" 396 hat dieselben Äußeren Werte wie „um zu leuchten" 246 „auf die Erde" 396 in Satz 15.

666 – 246 = 420 und 666 – 396 = 270 beschreiben diese 10 mit 2 x 3 x 7 und 9 x 3 und haben ebenfalls 150 als Differenz.

3 x 10 x 5 verbindet alle 3 Versionen und demonstriert ein komplexes Zusammenspiel von ‚oben‘ und ‚unten‘ mit einer synonymen Variante von 3 x 10 + 5.

Genesis 1 + Wort 6 + Tag 5 + Satz 20 = 32 = komprimiert mit 2 hoch 6 die Aussage des 6. Schöpfungswortes.

Das 7. *Schöpfungswort* am 6. Tag von Genesis 1 ist Inhalt von Satz 24: „Und Gott sprach: Die Erde bringe hervor lebendige Wesen nach ihrer Art: Vieh und sich Regendes und Getier der Erde nach seiner Art!"

Satz 24 beschreibt körperliches irdisches Leben in der Welt von 2x12.

Das 6. und 7. Schöpfungswort meinen mit „lebendigen Wesen" Menschen, der auf der Erde und gleichzeitig im „Wasser" des Zeitlichen leben.

Mit ihrer Summe 13 aus 6 + 7 deuten die beiden Schöpfungsworte an, wie diese Menschen mental konzipiert sind.

Das 7. Wort zeigt mit seinem Satzbau keine polare 2-Teilung, sondern seine 1. Hälfte wird durch seine 2. Hälfte näher definiert.

„Lebendige Wesen" werden mit 3 Arten von Tieren bildhaft gemacht, die durch 2 „und" miteinander verbunden sind.

Diese Konstellation ist ein Hinweis auf den Bezug zwischen 2 und 3 innerhalb der 10 im Bewusstsein der 3. Die 30 fühlt sich als „Wesen" 430 in der Welt der 400 „lebendig" 23, weil sie 2 im Wechsel mit 3 lebt. 2 Tiere und ein 3. Tier machen dieses Miteinander anschaulich.

Die 3. genannte Tierart, das „Getier", wird direkt übersetzt mit „und Wild" 6-8-10-400-6. Es hat denselben Äußeren Wert 430 wie „Wesen" 50-80-300, das an anderer Stelle auch als „Seele" bezeichnet wird.

Diese 3-fache 430 zeigt mit 1290 ein Miteinander von 3-werden (90) und 3-sein (3 x 30) innerhalb der Zyklen der 12, gelebt von einer 10+3, die 6. + 7. Wort kombiniert, in Andersartigem eine zugrunde liegende Gemeinsamkeit entdeckt und Zusammenhänge durchschaut. Diese 430 meint eine 10x3, die ihr eigentliches

Wesen kennt und wie „Wild" in freier Fluktuation zwischen den Bewusstseinszuständen 2 und 3 wechselt.

Betont wird die Individualität aller Arten „lebendiger Wesen" durch die Aussagen „nach ihrer Art" und „nach seiner Art", die 30-40-10-50-5 identisch zeigen und ihren Äußeren Wert 135 zu 270 ver-2-fachen. Diese 270 = 30 x 9, 3 x 90 = 3x3x3 x 10 verweist darauf, dass es einmalige und einzigartige Hinweise sind, die Querverbindungen erkennen lassen.

„Es bringe hervor" 400-6-90-1 „die Erde" 5-1-200-90 „Wesen" 50-80-300 „lebende" 8-10-5 „je nach ihrer Art" 30-40-10-50-5 addiert die Äußeren Werte 497 + 296 + 430 + 23 + 135 zur Primzahl 1381.

Wort und Zahl bringen zum Ausdruck, dass die Erde lebende Wesen hervorbringt, von denen jedes einzelne sich über 9 x 9 als 10+3 erkennt.

„Vieh" 2-5-40-5 „und Kriechgetier" 6-200-40-300 „und Wild der Erde" 6-8-10-400-6 1-200-90 „je nach seiner Art" 30-40-10-50-5 bilden aus 52 + 546 + 430 + 291 + 135 den gemeinsamen Äußeren Wert 1454.

Damit wird die 2 als Aspekt der 10+3 beschrieben, die das Wesen der 2 durchschaut und den 7. Tag als Projektion aus dem Absoluten erfasst: 1454 = 2 x 727.

Im Modus der 3 sieht diese 10 am 7. Tag hintergründige Zusammenhänge, das demonstrieren die beiden Satzhälften mit 1454 − 1381 = 7x10 + 3;
die 10, die sich am 7. Tag als 3 erfasst, sieht 400 als Spiegelung aus dem Absoluten: 73 + 727 = 800 = 2 x 400.

In Summe bilden 1381 + 1454 mit 2835 ab, dass in der Wahrnehmung des 7. Tages sich 4 und 5 abwechseln: 28 = 4x7, 35 = 5x7.

Genesis 1 + Wort 7 + Tag 6 + Satz 24 = 38 machen die komprimierte Aussage, dass Satz 24 von der 3 x 8 spricht, die 2 x 19 lebt.

Das *8. Schöpfungswort* am 6. Tag ist Inhalt von Satz 26 in Genesis 1: „Und Gott sprach: Lasset uns Menschen machen in unserem Bilde, nach unserem Gleichnis; und sie sollen herrschen über die Fische des Meeres und über das Gevögel des Himmels und über das Vieh und über die ganze Erde und über alles sich Regende, das sich auf der Erde regt!"

Satz 26 lässt erkennen, worauf der Mensch im Bild Gottes ausgelegt ist, denn 26 ist sowohl 2 x 13 als auch der Äußere Wert von 10-5-6-5.

„Machen wollen wir" 50-70-300-5 „(einen)Menschen" 1-4-40 „in unserem Ebenbild" 2-90-30-40-50-6 „nach unserem Gleichnis" 20-4-40-6-400-50-6 ist die direkte Übersetzung von 4 Zeichenfolgen mit den Äußeren Werten 425 + 45 + 218 + 526 und der Summe 1214, die 1000 mit dem Verborgenen Wert 214 von Elohim kombiniert;

„und sie sollen herrschen" 6-10-200-4-6 mit dem Äußeren Wert 226 = 200 + 26 ergänzt 1214 zu 1440.

Die Summe 1440 ist wie die Zahlenkombination 1-4-40 für „Mensch" eine Kurzformel für das 1-4-Prinzip in der 40, das durch jedes menschliche Wesen lebendig wird. 12 14 macht eine ähnliche Aussage, indem es die Zyklen der 12 mit 1-4 kombiniert. Der Tag hat 2 x 12 = 24 Stunden, das sind 1440 Minuten mit je 5 x 12 = 60 Sekunden. Die Zeit ist eine Vervielfachung der 12 und gibt damit dem menschlichen Erleben Zyklen vor, die von 12 geprägt sind. Diese Zyklen definieren und begrenzen mit 12 x 12 = 144 das Weltbild der 10 ebenso wie 2 x 2 = 4.

Das Leben innerhalb dieser Grenzen ist im Menschen mit 1-4-40 angelegt und gleichzeitig darauf ausgelegt, sie zu überwinden; im Äußeren Wert 45 zeigt sich mit 5 x 9 die Fähigkeit dazu.

Diese Kernaussage von Satz 26 = 2 x 13 und Schöpfungswort 8 (=2x2x2) erläutert die 2. Satzhälfte, indem sie erklärt, worüber Menschen im Bild und Gleichnis Gottes „herrschen sollen":

„Über die Fischbrut" 2-4-3-400 „des Meeres" 5-10-40 mit den Äußeren Werten 409 + 55 = 464; 464 + 226 von „und sie sollen herrschen" = 690. 690 = 10x3 x 23 sagt aus, dass die 10 im Bewusstsein der 3 ihre Begrenzung auf die lineare Zeit durchbricht und dem Formlosen begegnet. Sie „herrscht" über die Fischbrut, indem sie mit 5x10 zum Fisch wird.

„Und sie sollen herrschen" 226":
„und über das Gefiederte" 6-2-70-6-80 „der Himmel" 5-300-40-10-40 mit den Äußeren Werten 164 + 395 = 559;

164 + 226 = 390, der Äußere Wert von „Himmel = schamajim" betont mit „der Himmel" 395, dass diese Herrschaft über 5 zustande kommt.

390 = 10x3 x 13 definiert eine 10 im Bewusstsein der 3, die den Himmel als Kombination von Irdischem und Absolutem erlebt. Sie „herrscht" über bisherige Vorstellungen vom Himmel und von geistigen Wesen darin, indem sie diese Bilder hinter sich lässt.

559 + 1 = 660 steht für die 10, die sich direkt mit der 1 verbunden weiß und das Schöpfungsprinzip 6 mit ihrem eigenen Dasein bestätigt.

„Und sie sollen herrschen" 226:
„und über das Vieh" 6-2-2-5-40-5 „und über die ganze Erde" 6-2-20-30 5-1-200-90 mit den Äußeren Werten 60 + 354 = 414; 414 +

226 = 640. Diese 640 = 10 x 8 x 8 beschreibt eine 10, die mental über Körper und Materie „herrscht", weil sie 2x4 als 2x2x2 lebt.

Eine 8 aus 2x2x2 oder 4+4 ergänzt das rein Physische; „Vieh" mit dem Äußeren Wert 52 ergibt mit dieser 8 den Äußeren Wert 60 von „und über das Vieh". 60 ist eine 10 mit der Kombinationsfähigkeit von 6, die als 2 x 30 den Sinn von Materie und Dualität einsieht und das Physische = „Vieh" als Basis dafür sieht; 52 = 2 x 26 = 4 x 13.

Als 10+3 über die Materie zu „herrschen" ist dem Menschen als Weg vorgegeben; der Äußere Wert 354 von „und über die ganze Erde" ergibt mit 226 die Summe 580, das ist der Verborgene Wert 580 von Adam = Mensch.

„Und sie sollen herrschen" 226:
„und über alles Kriechgetier" 6-2-20-30 5-200-40-300 „das kriechend" 5-200-40-300 „auf der Erde" 70-30 5-1-200-90; die 3 Äußeren Werte 603 + 545 + 396 = 1544 ergeben mit 226 die Summe 1770.

Die Worte der direkten Übersetzung bringen eine starke Erdbindung zum Ausdruck. Eine 30 „herrscht" darüber, indem sie sich mit dem Erkennen von 5 davon löst: 59 x 30 = 1770.

Der Mensch, der dem 8. Schöpfungswort entspricht, spannt einen Bogen vom Irdischen zum Absoluten und erfasst sich selbst als dieser Bogen. Dass dies praktisch geschieht, indem Querbezüge erfasst werden, zeigen die Zahlen. In Kombination definieren sie Kriterien dieser Herrschaft:
1544 − 464 = 1080, 464 − 354 = 110, 559 − 464 = 90+5, 690 − 640 = 50, 1770 − 690 − 640 − 390 = 50, 690 − 390 = 300, 640 − 390 = 250, …

Genesis 1 + Wort 8 + Tag 6 + Satz 26 = 41 stellen die gesamte Aussage kompakt als Primzahl dar, die 40 unter der Herrschaft von 1 und 4+1 als menschliche Antwort auf das absolute Schöpfungsprinzip 1+4 zeigt.

Alle 8 Schöpfungsworte summieren ihre komprimierten Aussagen, die sie mit 6 + 11 + 16 + 18 sowie 49 + 32 + 38 + 41 machen, zur Primzahl 211 und sagen damit aus, dass sie über die Ver-2-fachung der 1 berichten.

Das Schöpfungsgeschehen an 6 Tagen ist immer wieder begleitet von der Bemerkung „und Gott sah, dass es gut war". Ohne diesen Kommentar, gut zu sein, bleibt die Teilung von Wasser oben und unten am 2. Tag.

Abschließend wird alles Geschaffene als „sehr gut" bezeichnet.

Grundsätzlich ist Schöpfung Kreativität und damit das Hervorbringen von etwas gänzlich Neuem oder die Umgestaltung von etwas Vorhandenem. Diese Definition trifft auf das 2. Schöpfungswort am 2. Tag nicht zu. Im Sinne von Kreativität ist es nicht „gut", etwas bereits Vorhandenes in 2 Teile zu trennen. Es hat seine Berechtigung, sonst würde die 1 diese Fähigkeit nicht vorsehen.

„Sehr gut" in Bezug auf Gestaltungsfähigkeit ist die Schaffung eines Gesamtkomplexes, der in sich stimmig, harmonisch und sinnvoll ist.

Gut „tob" 9-6-2 mit dem Äußeren Wert 17 zeigt in seinem Aufbau eine 6, die Dualität mit Erkenntnis verbindet. Das ist ein kreativer Prozess und wird von einer Primzahl vollzogen, die zwischen 13 und 19 steht. Der Mensch, der mit 13 das allgemein Bekannte hinter sich lässt, ist „gut" unterwegs zur 19, lässt sich als 17 von seiner Intuition leiten, akzeptiert seine Einzigartigkeit und ist damit offen für Unerwartetes und Neues. Seine kreative Kombinationsfähigkeit ist für den Menschen „gut", um über das

Prinzip 6 den Schöpfungswillen zu erfüllen. Das betonen die 6 Schöpfungsworte, die mit „gut" kommentiert werden.

Das Teilen, Mit-teilen und Wiederholen von bereits Bekanntem führt zu Stagnation. Die Welt der 4 ist geprägt davon und begegnet daher allem Unbekannten mit Skepsis und Ablehnung. Die 3 treibt die 4 immer wieder an die Grenze der 12, aber es fällt schwer, sie zu passieren. Eine Phase der Trägheit und der Widerstände ist immer und überall zu überwinden, bevor Neues Fuß fassen kann.

Das 2. Schöpfungswort, das Trennung schafft, setzt für dieses Denken den Anfang. Der Mensch, der mit dem 8. Schöpfungswort in die Existenz kommt, ist davon geprägt. Das 8. Wort schließt nicht mit demselben „gut" wie die anderen und nimmt wie das 2. eine Sonderstellung ein.

Diese Sonderstellung verbindet: $8 - 2 = 6$, und die gesamte Schöpfungsgeschichte betont die zentrale und alles verbindende Aufgabe der 6, indem sie an 6 Tagen insgesamt 6x als „gut" 9-6-2 bezeichnet, was die 1 an Prinzipien in sich vorbereitet. 17 verweist auf die individuelle Umsetzung dieser Prinzipien durch jede einzelne 10 am 7. Tag.

Der 6. Tag endet mit der Feststellung, dass alles „gut" 9-6-2 „sehr" 40-1-4 ist. Ein 7. „gut", gefolgt von „sehr", leitet über zum 7. Tag. Die Prinzipien $1 - 6$ sind bereit zur Umsetzung durch den Menschen; „sehr" hat denselben Äußeren Wert 45 wie „Mensch".

Alles ist fertig vorbereitet, damit jeder Einzelne im Fluss der Zeit seiner Zielsetzung zusteuern kann, nämlich die 1 als Zentrum seiner Existenz in Zeit und Raum zu erfassen und so $1 + 4$ zu 5 zu verbinden. Vorläufig steht dabei die 40 im Vordergrund. 1, 4 und 40 zeigen „sehr" und „Mensch" anders angeordnet. Der Mensch kann den Zusammenhang und eine Übereinstimmung seines Leben mit grundlegenden Prinzipien nicht gleich erkennen, sondern erst durch das Erfassen von Prinzip JHWH.

„Sehr gut" summiert seine Äußeren Werte 45 + 17 zu 62 und spiegelt 26. Die irdische Existenz als Projektion aus dem Absoluten erfasst ein Bewusstsein, das 2 x 13 und 2 x 31 als Impuls und Reaktion beobachtet.

Dass die Schöpfungsprinzipien darauf abzielen, erkannt zu werden, zeigt sich über die 6-malige Erwähnung von „gut" im Text:

an Tag:	1	in Satz:	4
	3		10
			12
	4		18
	5		21
	6		25

Die Tage bilden
die Summe 19, die Sätze die Summe 90.

„Und es sah Gott, dass gut" 6-10-200-1 1-30-5-10-40 20-10-9-6-2 bildet den Äußeren Wert 350 und wird 6x erwähnt: 350 x 6 = 2100.

Satz 4 summiert 350 mit dem Äußeren Wert 613 von „das Licht" 1-400 5-1-6-200 zu 963 = 3 x 321; im Licht der 9 zeigen sich grundlegende Zusammenhänge.

Satz 31 bildet aus 6 Teilen „Da besah" 6-10-200-1 „Gott" 1-30-5-10-40 „alles was" 1-400 20-30 1-300-200 „er gemacht" 70-300-5 „und siehe gut" 6-5-50-5 9-6-2 „sehr" 40-1-4 und ihren Äußeren Werten 217 + 86 + 952 + 375 + 78 + 45 die Primzahl 1753; die Individualität der 17 ermöglicht der 10 am 7. Tag 5 und 3.

Satz 31 und Satz 4 zeigen mit 31 − 4 = 27 = 3x3x3, was 1753 und 963 sowie deren Differenz 790 näher erläutern. 790 = 400 +

30x3 + 300 sind komprimierter Ausdruck eines Weltbildes, in dem alles „sehr gut" ist, so wie es ist. In dieser Welt der 4 ist die 30 auf die 1 ausgerichtet, wie 31 − 4 komprimiert abbilden. Sie erkennt im Alltag das Wirken von ‚oben' und in 4, 40 und 400 ein Gesamtkonzept, das in sich harmonisch und sinnvoll ist. 10 = 4 + 6 fassen zusammen, dass diese 10 in der Welt der 4 die Prinzipien der 6 Schöpfungstage beobachtet. Was 790 aussagt, bringt sie mit ihrem persönlichen Leben in Verbindung und versteht ihre eigene Existenz und jene der Materie als Projektion aus dem Absoluten: 790 + 10 = 800 = 4 x 10x10 + 4 x 10x10.

3 zusätzliche Aussagen begleiten und ergänzen den kreativen Prozess und bringen den Willen des Absoluten unmittelbar zum Ausdruck:

Die *1. Willensäußerung* ist Inhalt des 22. Satzes: „Und Gott segnete sie und sprach: Seid fruchtbar und mehret euch, und füllet die Wasser in den Meeren, und das Gevögel mehre sich auf der Erde!"

Die *2. Willensäußerung* ist Inhalt des 28. Satzes: „Und Gott segnete sie, und Gott sprach zu ihnen: Seid fruchtbar und mehret euch und füllet die Erde, und macht sie untertan; und herrschet über die Fische des Meeres und über das Gevögel des Himmels und über alles Getier, das sich auf der Erde regt!"

Die *3. Willensäußerung* ist Inhalt des 29. und 30. Satzes: „Und Gott sprach: Siehe, ich habe euch gegeben alles samenbringende Kraut, das auf der Fläche der ganzen Erde ist, und jeden Baum, an welchem samenbringende Baumfrucht ist: es soll euch zur Speise sein; 30 und allem Getier der Erde und allem Gevögel des Himmels und allem, was sich auf der Erde regt, in welchem eine lebendige Seele ist, habe ich alles grüne Kraut zur Speise gegeben."

„Und es segnete" 6-10-2-200-20 „sie" 1-400-40 „Gott" 1-30-5-10-40 ist in Satz 22 und Satz 28 identisch und bildet aus den Äußeren Werten 238 + 441 + 86 die Summe 765.

Satz 22 ergänzt mit „sprechend" 30-1-40-200 und dem Äußeren Wert 271; Satz 28 ergänzt mit „und es sprach" 6-10-1-40-200 „zu ihnen" 30-5-40 „Gott" 1-30-5-10-40 und dem Äußeren Werte 418 aus 257 + 75 + 86.

Inhaltlich stimmen beide Sätze überein. Mit 418 – 271 = 147 = 3 x 49 lassen sie wissen, worauf sie gemeinsam hinweisen: 14-7 als Variante von 2-1 sagt aus, dass der Mensch mit der Fähigkeit gesegnet ist, 2+1 zu verbinden, damit die Begrenzung auf 7x7 zu überwinden und sich in der 40 als 3 zu erkennen; die 3 ergänzt 147 zu 150.

Diese Aussage deckt sich mit jener des nachfolgenden „Seid fruchtbar und mehret Euch" 500, das in Satz 22 und 28 ebenfalls übereinstimmt.

Satz 22 = 2 x 11 verweist in Wort und Zahl auf die Umsetzung von 211 als Schöpfungsabsicht durch das Erkennen einer Spiegelung; Satz 28 = 2 x 14 verweist auf das 1-4-Prinzip; das Wissen um beide Prinzipien soll sich in der zeitlichen irdischen Existenz vermehren.

Die *1. Willensäußerung* in Satz 22 setzt fort mit:
„Und füllet" 6-40-30-1-6 „die Wasser" 1-400 5-40-10-40 „in den Meeren" 2-10-40-10-40 und den 3 Äußeren Werten 83 + 496 + 102 = 681;
„und das Gefiederte" 6-5-70-6-80 „soll sich mehren" 10-200-2 „über der Erde" 2-1-200-90 und den 3 Äußeren Werten 167 + 212 + 293 = 672.

Beide Satzteile formulieren mit 681 – 672 = 9 = 3x3 = 3+3+3 den Willen zum Erkennen einer Spiegelung und zu einer vermehrten Sicht auf das Zeitliche aus einer übergeordneten Perspektive.

In Summe bildet Satz 22 aus 765 + 271 + 500 + 681 + 672 die Zahl 2889, die mit 9 x 321 das Erkennen von 3=2+1 abbildet und 111 zu 3000 ergänzt. Der Volle Wert 111 der 1 ist als 3-fache 1 Synonym für 3 und bestätigt mit 3 x 1000, worauf die 1. Willensäußerung der 1 abzielt.

Die *2. Willensäußerung* in Satz 28 setzt fort mit:
„Und füllet die Erde und unterwerfet sie und herrschet über die Fischbrut des Meeres und über das Gefiederte des Himmels und über alles Getier, das kriechend auf der Erde." So lautet die direkte Übersetzung von 11 Gruppen hebräischer Schriftzeichen. Insgesamt besteht Satz 28 aus 19 Teilen, das Gesagte aus 13; diese Zahlen machen ebenso wie die Äußeren Werte klare Aussagen:
„Und füllet" 6-40-30-1-6 „die Erde" 1-400 5-1-200-90 bildet aus 83 + 697 den Äußeren Wert 780.

Wovon irdisches Leben erfüllt sein soll, womit es seinen Sinn erfüllt, zeigt 780 mit 2 x „Himmel" 390; für die 2, den physischen Menschen, soll der Himmel mit 10+3 x 10x3 irdische Erfahrung sein.

„Und unterwerfet sie" 6-20-2-300-5 mit dem Äußeren Wert 333 = 3 x 111 zeigt die Sichtweise, der sich alles Irdische unterwerfen soll.

„Und herrschet" 6-200-4-6 mit dem Äußeren Wert 216 unterscheidet sich von „und sie sollen herrschen" 226 in Satz 26 um 10 und bestätigt so, an wen sich die Aufforderung richtet.

216 = 6x6x6 definiert, welcher Art von Regentschaft sich das Fühlen, Wollen und Denken unterordnen soll. Die gesamte physische Existenz unterstellt sich dieser Führung, denn sie herrscht:
„Über die Fischbrut des Meeres" 464 wie in Satz 26; 464 + 216 = 680 = 40 x 17 betonen die Individualität der Herrschaft von 2x300 + 2x2x2x10 über das Zeitliche.

„Und über das Gefiederte" 164 wie in Satz 26; 164 + 216 = 380 zeigen mit 2 x 190 eine veränderte Sicht auf Irdisches und Geistiges, die mit 10 x 38 der komprimierten Aussage des 7. Schöpfungswortes entspricht.

Das Bewusstsein, das diese Herrschaft über Fischbrut und Gefiedertes ausübt, definieren 464 − 164 sowie 680 − 380 mit ihrer Differenz 300.

„Der Himmel" 395 entspricht ebenfalls Satz 26 und erläutert auch als Abfolge von 5, 9 und 3 sowie mit 5 + 190 + 200 oder 5 + 90 + 300 die Bedingungen, die ihn im Irdischen erfahrbar machen.

„Und über alles Getier" 6-2-20-30 8-10-5 bildet den Äußeren Wert 81, der als 9x9 eine Variante von 9+9 ist und als Umkehrung von 18 eine erkannte Spiegelung abbildet, die 81 + 216 = 297 = 9 x 33 bestätigen.

„Getier" 8-10-5 mit dem Äußeren Wert 23 steht für eine 3, die auch in den Aspekt der 2 wechselt und immer wieder durch die Wahrnehmung des Formlosen zur 3 wird. „Getier" unterscheidet sich von „Vieh" 2-5-40-5, „Kriechgetier" 200-40-300 und „Wild" 8-10-400, die im 7. und 8. Wort zum Teil missverständlich übersetzt sind.

„Das kriechend" 5-200-40-300-400 bildet mit dem Äußeren Wert 945 ab, dass 9 den Wechsel von 4 zu 5 ermöglicht und sich dadurch definiert, denn 9 = 4+5. Es ist damit ein Bewusstsein gemeint, das sich in seinem Erkennen der 1 am Irdischen orientiert und so immer wieder 4 mit 1 zu 5 ergänzt. Im Unterschied zu „das kriechend" 5-200-40-300 in Satz 26 ist 400 Teil dieses Bewusstseins. Satz 26 äußert eine Absicht, Satz 28 den Willen zur Umsetzung dieser Absicht.

Gemeinsam mit 55, dem Äußeren Wert von „des Meeres", definiert sich dieses Bewusstsein als eine 1000, die Zeit und Materie in ihre Wahrnehmung integriert und gleichzeitig darüber hinausgeht.

„Auf der Erde" 70-30 5-1-200-90 mit dem Äußeren Wert 396 zeigt optisch die 9 als Schnittstelle zwischen 6 und 3. Mit 2x9 x 2x11 verweist 396 auf das Miteinander von Erkennen und Erkanntem.

Ist dieses Bewusstsein auf die irdische 2 x 2 fokussiert, summiert es 396 + 4 zu 400. Nimmt es sich als 3 x 2 wahr, erlebt es den Himmel als irdische Erfahrung, denn 396 − 6 = 390. Gemeinsam definieren 390 und 400 eine 10, die zwischen beidem wechselt.

„Getier das kriechend auf der Erde" summiert die Äußeren Werte 23 + 945 + 396 zu 1364 und mit 216 von „und herrschet" zu 1580. Diese Zahl kombiniert den Verborgenen Wert 580 von Adam mit 1 oder 1000 und bringt gemeinsam mit dem Text zum Ausdruck, dass der Mensch in seiner Bewegung hin zur 1 oder 1000 an die Anziehungskraft der Erde gebunden ist. Die Erde bildet für ihn die Basis, um sich von der „kriechenden" Horizontale in die Vertikale zu erheben und sie auf diese Weise „unter sich" zu haben.

„Und über alles Getier das kriechend" ohne den Zusatz „auf der Erde" summiert die Äußeren Werte 81 + 945 zu 1026 und zeigt mit 1000 + 2x13 die überwundene Erdbindung. „Und herrschet" mit dem Äußeren Wert 216 ist Teil dieses Bewusstseins. 1026 − 216 = 810 definieren es als 10 mit der Qualität des Äußeren Wertes 81 von „und über alles Getier".

Die 3 Hauptaussagen von Satz 28 sind verbunden durch 3x „und/6" und stehen wie „und herrschet" 216 = 6x6x6 für ein Bewusstsein, das Überblick über Zusammenhänge hat. Die gemeinsame Aussage der folgenden 3 Satzteile demonstriert, wie es gelingt, das Wesentliche zu erfassen:

Satzteil 1 „Seid fruchtbar und vermehrt euch und füllet die Erde und machet sie euch untertan" summiert die Äußeren Werte 500 + 780 + 333 zu 1613;

Satzteil 2 „über die Fische des Meeres und über das Gevögel des Himmels" addiert die Äußeren Werte 464 + 164 + 395 zu 1023; Satzteil 3 „und über alles Getier, das sich auf der Erde regt" bildet aus den Äußeren Werten 81 + 945 + 396 die Zahl 1423.

Daraus ergeben sich folgende qualitative Aussagen dieser 3 Summen:

Variante 1:

1 6 1 3   Diese 3 x 4 Zahlen definieren die irdische 12, in der
1 0 2 3   3 x 3 = 9 und 3 x 1 = 3 eine hintergründige 12 bilden
1 4 2 3   und sich 2 + 2 + 1 zu 5 und 6 + 0 + 4 zu 10 verbinden.

Variante 2:

14 23 und 10 23 definieren die 5 aus 1+4 und die bewusste 10 aus 5+5, die das Formlose innerhalb der 1423 − 1023 = 400 wahrnimmt. Diese 10 erkennt die Spiegelung eines Formlosen und erfasst sich über 5 als 3: 1+4 + 2+3 + 2+3 = 3 x 5.
16 13 bildet die 10+3 ab, die 4x4 als eine Spiegelung von 8+8 sieht.

Variante 3:

Durch ihre Differenzen geben die 3 Summen Aufschluss darüber, dass das menschliche Bewusstsein als 10 x 40 so lange an das Irdische gebunden bleibt, bis sich die 10 mit der Qualität der 9 zu 19 kombiniert. Dann ist die 10 fähig, die Ausrichtung ihres irdischen Lebensweges auf das Absolute zu erkennen und bewusst zu leben:

1423 − 1023 = 400 = 10 x 40
1613 − 1423 = 190 = 10 x 19
1613 − 1023 = 590 = 10 + 580, Verborgener Wert von Adam

Eine 3-fache Absicht, ein 3-facher Auftrag, ein 3-faches Versprechen richtet sich mit der 2. Willensäußerung der 1 an die menschliche 2:

1) fruchtbar zu sein und sich zu vermehren,
2) die Erde zu füllen und sich untertan zu machen und
3) zu herrschen über alles Tierische.

Vordergründig wird diese 3-fache Aussage in Bezug auf die körperliche, physische Existenz verstanden, sie hat aber insgesamt 3 Ebenen.

Eine 2. Ebene ist die Denkfähigkeit des menschlichen Geistes:
1) nimmt sie zu, vermehrt sich und zeigt Früchte in allen Bereichen,
2) füllt sie damit die Erde, unterwirft diese und
3) alles Leben darauf einer Herrschaft der Logik und Gesetzmäßigkeit.

Eine 3. Ebene ist Erkenntnisfähigkeit:
1) vermehrt sie sich ebenfalls und ihre Frucht liegt darin, zunehmend Zusammenhänge einzusehen,
2) wird diesen Einsichten das bisherige Verständnis von Materie unterworfen und die Erde auf diese Weise damit erfüllt,
3) beherrscht das Einsehen einer bestehenden Ganzheit das Leben.

Die *3. Willensäußerung* am 6. Tag lautet: „29 Und Gott sprach: Siehe, ich habe euch gegeben alles samenbringende Kraut, das auf der Fläche der ganzen Erde ist, und jeden Baum, an welchem samenbringende Baumfrucht ist: es soll euch zur Speise sein; 30 und allem Getier der Erde und allem Gevögel des Himmels und allem, was sich auf der Erde regt, in welchem eine lebendige Seele ist, habe ich alles grüne Kraut zur Speise gegeben."

Satz 29 verweist darauf, dass der Weg zur 20 über 9 führt. Die 3 hält die unbewusste 10 in Bewegung und ‚speist' sie auf diese Weise, damit sie sich der 9 = 3 x 3 annähert.

Der 30. Satz nimmt über die Formulierung „lebendige Seele" Bezug zum 6. Wort am 5. Tag, das im 20. Satz dieselben Zahlen mit „lebendige Wesen" übersetzt. Synonym sagen 20 und 30, dass als 20 = 4x5 = 10+10 und 30 = 5x6 = 2x15 = 3x10 dem Menschen das Wesen seiner Seele bewusst und für ihn damit zur lebendigen Erfahrung wird.

Satz 29 beschreibt die Grundlage menschlichen Lebens mit dem Bild der samenbildenden Pflanze, bezieht sich damit auf den 3. Tag und auf das Trio Pflanze, Frucht und Same.

Grundsätzlich bilden alle Pflanzen Früchte, die völlig anders aussehen als die Pflanze selbst. Die Früchte enthalten Samen für neue Pflanzen, die von derselben Art sind wie die ursprüngliche Pflanze.

Früchte machen die Fähigkeit des Bewusstseins sichtbar, das in 1 + 2 Getrennte zu vereinen und etwas völlig Andersartiges, Unvorhersehbares entstehen zu lassen. Die unerwartete Frucht menschlicher Existenz in Zeit und Raum ist eine neue Art von Leben. Von außen betrachtet unterscheidet sich das neue Leben kaum vom ursprünglichen. Lebenserfahrung trägt ungesehen Früchte und birgt in sich von außen nicht erkennbaren Samen. Der Samen trägt das Potenzial in sich, das Artspezifische auf neue und individuelle Weise auszugestalten.

Die „samenbringende Baumfrucht" ist Allegorie für fruchtende Erkenntnis, die das Artspezifische des Menschen im Bild und Gleichnis Gottes nährt, seine Seele, die den physischen = tierischen Körper bewohnt.

Das rein tierische Leben nährt grünes Kraut, nicht Frucht oder Same. Eine auf den Körper bezogene Lebensausrichtung vermag nicht 2 mit 1 zu 3 zu verbinden, sie ist an Lebenserhaltung und Wachstum im Rahmen von 2 x 2 orientiert. Sie weiß nichts von der Zielsetzung dieses Lebens.

„Essen" = „achol" 1-20-30 hat auch die Bedeutung von „vollenden, vervollständigen" und kombiniert „alles" = „chol" 20-30 mit 1.

Sein Zahlenaufbau zeigt 1-2-3 in der Variante 1-20-30. Der Äußere Wert 51 = 10x5 + 1 verweist mit 3 x 17 darauf, dass es einzigartige Impulse der 1 sind, die über 5 das 3-Sein der 10 speisen.

„Alles" = „chol" an Erfahrungen, Gedanken und Gefühlen, das die 10 mit der 1 in Kontakt bringt, ist „Essen" in diesem Sinn.

Der Satzbau der 3. Willensäußerung zeigt 2 + 1, indem er 2 Teile von Satz 29 miteinander und mit Satz 30 jeweils durch ein „und" verbindet. 9 + 8 = 17 Teile von Satz 29 kombinieren sich mit den 13 von Satz 30 zu insgesamt 30 und betonen so die Kernaussage der 3. Willensäußerung.

Der 1. Teil von Satz 29 lautet direkt übersetzt „Siehe, ich gebe euch allen Pflanzenwuchs samend Samen, der auf der Oberfläche des ganzen Erdbodens" und besteht aus 3 x 3 Gruppen von Zeichen:
„Siehe" 5-50-5 „ich gebe" 50-400-400-10 „euch" 30-20-40 bildet aus den Äußeren Werten 60 + 860 + 90 die Summe 1010;
„allen Pflanzenwuchs" 1-400 20-30 70-300-2 „samend" 7-200-70 „Samen" 7-200-70 bildet aus den Äußeren Werten 823 + 277 + 277 die Summe 1377;
„allen Pflanzenwuchs" bildet aus 3 Teilen zu 2x2 und 1x3 Zeichen den Äußeren Wert 823 und mit „samend" 277 oder „Samen" 277 die Zahl 1100;
„der" 1-300-200 „auf der Oberfläche" 70-30-80-50-10 „des ganzen Erdbodens" 20-30-5-1-200-90 hat die Äußeren Werte 501 + 240 + 346 = 1087.

3 x 3 = 9 Gruppen von Zeichen erläutern die Selbsterkenntnis der 10; 1010 sowie 1100 sind markante Zahlen dafür.

2 x 3 = 6 Gruppen addieren 1010 + 1377 zu 2387, 3 Gruppen stellen 1087 gegenüber; das Verbindende zwischen beiden zeigt die Zahl 1300:

Über die Qualität der 13 und die Erfahrung von 10x10 wird sich die 10 ihrer selbst bewusst als 10x10x10 und als 3x10x10; 1000 und 300 sind Synonyme. Die 2 zeigt 2-fach mit 1000 + 300 diese irdische Erfahrung der Ver-3-fachung der 10 und sagt synonym dasselbe aus wie 1000+1000.

Der 2. Teil von Satz 29 lautet direkt übersetzt „und jeden Baum, der auf ihm (ein)Frucht-Baum samend Samen euch soll werden zur Speise" und besteht aus 3 + 2 + 3 Gruppen von Zeichen: „Und jeden Baum" 6-1-400 20-30 5-70-90 „der auf ihm" 1-300-200 2-6 „(ein)Frucht-Baum" 80-200-10 70-90 bildet aus den Äußeren Werten 622 + 509 + 450 die Summe 1581;
„und jeden Baum" besteht aus 3 Teilen zu 3 – 2 – 3 Zahlen, die beiden anderen Begriffe aus jeweils 2 Teilen mit 3 – 2 Zahlen.
„Samend" 277 „Samen" 277 ist identisch mit dem 1. Satzteil.
„Samend" 40-7-200-10-70 in Satz 11 und „samend" 7-200-70 in Satz 29 erzählen mit ihrem unterschiedlichen Aufbau, dass mit 40 + 10 = 50 das 4. Schöpfungswort praktisch zur Umsetzung kommt.
„Euch" 30-20-40 „soll werden" 10-5-10-5 „zur Speise" 30-1-20-30-5 summiert 90 + 30 + 86 zum gemeinsamen Äußeren Wert 206;
jede der 3 Zahlen 90 = 3x30, 30 und 86 als Äußerer Wert von Elohim betont, was genährt werden soll.

In Wort und Zahl ist die 2. Satzhälfte verwirrend und unverständlich. Sie demonstriert damit die Schwierigkeit, vor der die Sichtweise der 2 steht, wie verwirrend und undurchschaubar für sie das Leben ist.

In Verbindung mit der 9 gelingt der Durchblick. Was der Aufbau der 2. Satzhälfte erkennen lässt, ist eine Spiegelung von 3 – 2 – 3, für die „samend Samen" das Zentrum bildet. Was sich darin gegenübersteht, ist allerdings ungleich, weder der Text noch die Zahlenwerte lassen einen direkten Bezug erkennen.

Damit wird die Situation nachvollziehbar gemacht, vor der das Bewusstsein in dem Moment steht, in dem es sich einer direkten Projektion vom Absoluten ins Irdische gewahr wird. Die intuitive Wahrnehmung fordert und beschäftigt das Denken mit der Zuordnung.

Durch die Akzeptanz der Spiegelung wird „samend" 277 und „Samen" 277 jeweils einer Seite zugeordnet: 1581 + 277 = 1858, 206 + 277 = 483. Das Denken geht in die Tiefe und erfasst dadurch Zusammenhänge, was 1858 = 2 x 929 gemeinsam mit 483 = 3 x 161 abbildet und in Summe mit 929 + 161 = 1090 zum Ausdruck bringt.

Satz 29 betont in der 1. Hälfte die 9 und erklärt in der 2. Hälfte die intuitive und mentale Arbeit der 9. Beide Satzhälften erzählen mit der Differenz ihrer Äußeren Werte, dass die absolute 1=3 die Projektionen kreiert, damit sie von menschlichen 10+3 erkannt werden:

1. Satzhälfte 1010 + 1377 + 1087   3474
2. Satzhälfte 1858 + 483   − 2341   = 1133

Den 8 Schöpfungsworten und der 3. Willensäußerung ist 8 + 1 = 9x die Einleitung vorangestellt, dass „Gott sprach"; im Erkennen von 3 zu 3 äußert sich absoluter Wille.

„Dann sprach Gott" 343 hat mit 1133 die Zahl 790 gemeinsam und damit die Aussage, dass die gesamte Schöpfung darauf abzielt, am 7. Tag von der 10 über 9 als Spiegelung aus dem Absoluten erkannt zu werden.

Der 30. Satz lautet in der direkten Übersetzung: „und allem Getier der Erde und jedem Vogel der Himmel und allem Kriechenden auf dem Erdboden das in sich Wesen lebendes, jeglicher grüne Pflanzenwuchs zur Speise."

13 Gruppen von Zeichen teilt der Text inhaltlich in 2 x 2 und 3 x 3 und bringt damit zum Ausdruck, dass die 10+3 die 4 mit 9 kombiniert.

„Und allem Getier" 6-30-20-30 8-10-400 „der Erde" 5-1-200-90 bildet aus den 2 Äußeren Werten 504 + 296 die Summe 800; „und jedem Vogel" 6-30-20-30 70-6-80 „der Himmel" 5-300-40-10-40 summiert die 2 Äußeren Werte 242 + 395 zu 637.

Jede Seite von 2 x 2 besteht aus 2 + 1 = 3 Kombinationen von Zahlen.

800 zeigt mit 400+400 und 637 mit 13 x 7x7 die Veränderung von 2 zu 3.

„Und allem" 6-30-20-30 „Kriechendem" 200-6-40-300 „auf dem Erdboden" 70-30 5-1-200-90 addiert die 3 Äußeren Werten 86 + 546 + 396 zu 1028;
„das in sich" 1-300-200 2-6 „Wesen" 50-80-300 „lebendes" 8-10-5 summiert die 3 Äußeren Werte 509 + 430 + 23 zu 962.

3 + 3 Zahlenkomplexe, die für Körper + Seele stehen, summieren 1028 + 962 zu 1990. Eine Kombination von 10+9 mit 9x10 betont die Ausrichtung auf Selbsterkenntnis. Die 10, die sich selbst als 10 erkennt, ergänzt 1990 zu 2000.

„Jeglicher grüne" 1-400 20-30 10-200-100 „Pflanzenwuchs" 70-300-2 mit dem Äußeren Wert 1133 aus 761 + 372 wiederholt die Kernaussage des 29. Satzes. Das abschließende 13. Wort „zur Speise" 30-1-20-30-5 hat denselben Äußeren Wert 86 wie Elohim = Gott. Elohim als 1=3 speist den Prozess, der zu 10+3 führt; 1133 + 86 = 1219 beschreiben den Prozess als Kombination von 10+2 und 10+9.

„Alles grüne Kraut" = „jeglicher grüne Pflanzenwuchs" 1133 stellt der Text als Lebensbasis „allem Pflanzenwuchs samend" 1100 gegenüber.

Unterschied und Gemeinsamkeit zwischen dem, was das eigentliche Wesen Mensch oder seine physische Existenz nährt, liegt in der Erfahrung von 3 + 3, möglich durch 3 x 3; die Äußeren Werte 1133 – 1100 trennt 33.

Diese 33 ist das Verbindende zwischen dem Äußeren Wert 310 von „grün" 10-200-100 und „samend" 277.

„Grün" 310 zeigt 130 verkehrt gespiegelt. Die Umkehr der Zahl 13 zu 31 demonstriert den Zusammenhang von Impuls und Reaktion.

Auf eine 10+2 wirkt die motivierende 3, indem sie die Harmonie immer wieder stört, Spannungen erzeugt und so eine Reaktion provoziert. Der Prozess des Erkennens wird dadurch aktiviert, der Mensch stellt sich Fragen, was 12 – 3 = 9 zum Ausdruck bringen.

Die bewusste 10, die 2+1 zu 3 kombiniert, entnimmt den Begebenheiten des täglichen Lebens Anreize und beobachtet, wie das eigene Denken und Empfinden darauf reagiert. Sie erlebt ebenfalls keine stagnierende Harmonie und wird zu Bewegung und Aktion motiviert. Die 10+3 erfasst solche Impulse aber generell als von der 1 kommend und folgt ihnen entsprechend ihrer ganz persönlichen Intuition.

Damit ist die Wechselwirkung von 13 und 31 bewusster Teil des Alltags. Die 10+3 erfasst Impulse der 1, indem sie der 2 in einer Grundhaltung begegnet, die offen ist für das Erkennen von Projektionen. 2-9 bildet diese Haltung ab, die in Varianten mit 29, 2x9 oder 2+9 zum Ausdruck kommt. Die 10+3 erkennt mit 2-9 Impulse und reagiert intuitiv darauf: 13 + 2x9 = 31.

2-9, 30 und 31 oder auch „grün" und „samend" sind Ausdrucksformen für alternierende Prozesse im Denken der 10+3. Sie machen nachvollziehbar, dass Erkennen und Erkannt-haben einander bedingen. Im Alltag einer 10, die 3+3 verbindet und sich mit 10x6 und 10x3x2 definiert, ergänzen sich 29 und 31 gegenseitig.

29 + 30 + 31 = 90 bilden einen Zyklus ab, durch den sich die 10 immer wieder als solche erkennt.

Das „grüne" körperliche Dasein bringt „Samen" hervor.

Für eine 3x10, die 2 als 2x1 betrachtet, 3 als 3x1 oder 4 als 4x1, ist alles eine Willensäußerung der 1, des Absoluten.

Satz 30 summiert seine Äußeren Werte 800 + 637 + 1028 + 962 + 1219 zu 4646. Diese Zahl bildet 4 = 2x2 x 1 in der Version 4 x 23 ab und zeigt 2x23 als Spiegelung von 2x23.

Die tägliche Realität so zu sehen, ist Nahrung für das „lebende Wesen" Mensch. Seine Selbstauffassung, als „lebendige Seele" ein Ausdruck des Absoluten zu sein, wird von der 1 auf diese Weise genährt. 1-3 speist die Selbst-Wahrnehmung als 10+3.

3 verschiedene Begriffe der 3. Willensäußerung haben denselben Äußeren Wert 86 und verbinden sich zu einer Kernaussage, die diesen Umstand komprimiert zum Ausdruck bringt:

„Und allem" 6-30-20-30 „Gott" 1-30-5-10-40 „zur Speise" 30-1-20-30-5.

BUCH GENESIS
Kapitel 2 – Genesis 2 (Der Mensch im Garten Eden)

„1 So wurden vollendet der Himmel und die Erde und all ihr Heer. 2 Und Gott vollendete am siebenten Tag sein Werk, das er gemacht hatte; und er ruhte am siebenten Tage von all seinem Werk, das er gemacht hatte. 3 Und Gott segnete den siebenten Tag und heiligte ihn; denn an demselben ruhte er von all seinem Werk, das Gott geschaffen hatte, indem er es machte.

4 Dies sind die Erzeugungen des Himmels und der Erde, als sie geschaffen wurden, an dem Tage, da Jehova Gott Erde und Himmel machte, 5 und ehe alles Gesträuch des Feldes auf der Erde war, und ehe alles Kraut des Feldes sproßte; denn Jehova Gott hatte nicht regnen lassen auf die Erde, und kein Mensch war da, um den Erdboden zu bebauen. 6 Ein Dunst aber stieg auf von der Erde und befeuchtete die ganze Oberfläche des Erdbodens.

7 Und Jehova Gott bildete den Menschen, Staub von dem Erdboden, und hauchte in seine Nase Odem des Lebens; und der Mensch wurde eine lebendige Seele. 8 Und Jehova Gott pflanzte einen Garten in Eden gegen Osten, und er setzte dorthin den Menschen, den er gebildet hatte.

9 Und Jehova Gott ließ aus dem Erdboden allerlei Bäume wachsen, lieblich anzusehen und gut zur Speise; und den Baum des Lebens in der Mitte des Gartens, und den Baum der Erkenntnis des Guten und Bösen.

10 Und ein Strom ging aus von Eden, den Garten zu bewässern; und von dort aus teilte er sich und wurde zu vier Flüssen. 11 Der Name des ersten ist Pison; dieser ist es, der das ganze Land Hawila umfließt, wo das Gold ist; 12 und das Gold dieses Landes ist gut; daselbst ist das Bedolach-Harz und der Stein Onyx. 13

Und der Name des zweiten Flusses: Gihon; dieser ist es, der das ganze Land Kusch umfließt. 14 Und der Name des dritten Flusses: Hiddekel; dieser ist es, der vor Assyrien fließt. Und der vierte Fluss, das ist der Phrath.

15 Und Jehova Gott nahm den Menschen und setzte ihn in den Garten Eden, ihn zu bebauen und ihn zu bewahren. 16 Und Jehova Gott gebot dem Menschen und sprach: Von jedem Baume des Gartens darfst du nach Belieben essen; 17 aber vom Baume der Erkenntnis des Guten und Bösen, davon sollst du nicht essen; denn welches Tages du davon issest, wirst du gewißlich sterben!

18 Und Jehova Gott sprach: Es ist nicht gut, dass der Mensch allein sei; ich will ihm eine Hilfe machen, ihm entsprechend. 19 Und Jehova Gott bildete aus dem Erdboden alles Getier des Feldes und alles Gevögel des Himmels, und er brachte sie zu dem Menschen, um zu sehen, wie er sie nennen würde; und wie irgend der Mensch ein lebendiges Wesen nennen würde, so sollte sein Name sein. 20 Und der Mensch gab Namen allem Vieh und dem Gevögel des Himmels und allem Getier des Feldes. Aber für Adam fand er keine Hilfe, ihm entsprechend.

21 Und Jehova Gott ließ einen tiefen Schlaf auf den Menschen fallen, und er entschlief. Und er nahm eine von seinen Rippen und verschloss ihre Stelle mit Fleisch; 22 und Jehova Gott baute aus der Rippe, die er von dem Menschen genommen hatte, ein Weib, und er brachte sie zu dem Menschen. 23 Und der Mensch sprach: Diese ist einmal Gebein von meinen Gebeinen und Fleisch von meinem Fleische; diese soll Männin heißen, denn vom Manne ist diese genommen. 24 Darum wird ein Mann seinen Vater und seine Mutter verlassen und seinem Weibe anhangen, und sie werden zu einem Fleisch sein.

25 Und sie waren beide nackt, der Mensch und sein Weib, und sie schämten sich nicht."

Genesis 2 beginnt mit der Feststellung, dass die Schöpfung mit all ihrer Vielfalt vollendet ist. Es ist alles vorbereitet, was in die physische Erscheinung und gelebte Erfahrung kommen soll.

Nach den Tagen 1 – 6 als grundlegende Schöpfungsphasen beschreibt das 2. Kapitel der Genesis den beginnenden 7. Tag. Der 1 Schöpfergott hat die 2 im Konzept vorbereitet und ruht, während die Welt des 7. Tages ihren Lauf nimmt und darauf zusteuert, ihn als 3 zu erfassen.

3 einleitende Sätze gehen der Erzählung über die Welt der 2 voraus. Verbal betonen sie durch Wiederholungen ihre Aussagen. Nur über die Aussagekraft der Zahlen lässt sich nachvollziehen, welche Fülle an Informationen die 3 Sätze beinhalten, die mehrfach eine 3-heit zum Ausdruck bringen.

Satz 1 nennt mit Himmel, Erde und Heer 3 Faktoren als vollendet; in der 1 ist die Trinität fertig angelegt.

Satz 2 verdoppelt seine Aussage mit Varianten in der Formulierung und definiert die 2 als widersprüchliche Spiegelung, denn Gott vollendet sein Werk und ruht gleichzeitig davon.

Satz 3 enthält wiederholt eine 3, einmal als 3-fache Tätigkeit, denn Gott segnet den 7. Tag, heiligt ihn und ruht/feiert an ihm. Weiters wird zum 3. Mal der 7. Tag erwähnt, ist zum 3. Mal von „seinem Werk" die Rede und zum 3. und letzten Mal wird Gott „Elohim" genannt.

In der Folge „ruht" der Schöpfergott, tritt als 1 in den Hintergrund und unter dem Doppelnamen „JHWH Elohim" als 2x1 in Erscheinung.

Mit JHWH vollendet sich sein Werk. Davon berichtet Genesis 2 und erläutert damit, wie die Umsetzung der 2 prinzipiell angelegt ist.

Es gibt insgesamt 3 Begriffe, die 2x in allen 3 Sätzen vorkommen, und zwar „vollendet", „sein Werk, das er gemacht" und „ruhen/feiern". Die konzipierte 3 von Elohim ruht in der 2, bis eine menschliche 2 x 3 sein Werk, das er gemacht hat, als vollendet erkennt und feiert.

Damit beschreiben diese 3 Sätze an der Schnittstelle zwischen Genesis 1 und 2 genau diese Schnittstelle, an der das Konzept in die Umsetzung gelangt. 3 ist das Konzept von Elohim, das er als 3-faltige 1 in sich vorbereitet hat. Am 7. Tag, in der Welt der 7, wird dieses Konzept von 7 + 3 über die 10 lebendige Erfahrung. In 3 Sätzen komprimiert die 3 Absicht und Zielsetzung und gewährt damit Einblick in sich selbst.

Satz 1:

„So waren vollendet" 6-10-20-30-6	72	
„die Himmel" 5-300-40-10-40	395	
„und die Erde" 6-5-1-200-90	302	
„und all ihr Heer" 6-20-30 90-2-1-40	189	958

302 − 72 = 230 erzählen, dass alles vorbereitet ist, um als 10 x 23 die Erde in ihrer vollendeten Harmonie wahrzunehmen.

Die Schöpfung als vollendet zu betrachten, bedeutet, ihre makellose Perfektion und ihren Sinn anzuerkennen. 958 kombiniert 9 mit 2 x 29 und bildet ab, dass 2x2 darauf ausgelegt ist, als verfälschte absolute Spiegelung erkannt zu werden.

Der 4. Satzteil „und all ihr Heer" 189 zeigt 2x9-1x9 als Variante von 2-1 und definiert so die 3 und all ihre Aspekte als das „Heer", das unermüdlich um den Durchbruch von Erkenntnis im Bewusstsein kämpft.

Satz 2 trennt sich inhaltlich in 2 Hälften:

„und es hatte vollendet" 6-10-20-30	66
„Gott" 1-30-5-10-40	86
„am Tag" 2-10-6-40	58
„dem siebten" 5-300-2-10-70-10	397
„sein Werk" 40-30-1-20-400-6	497
„das" 1-300-200	501
„er gemacht" 70-300-5	375

1980

66 + 86 + 58 = 210, 397 + 497 + 501 + 375 = 1770 und die Summe 1980 erzählen über die 10 und ihr Verhältnis zum 7. Tag:

1770 zeigt mit 10+7 und 10x7 ein 2-faches Verhältnis von 10 und 7, das 210 = 3 x 7x10 zu einem 3-fachen ergänzt;

1980 beschreibt mit 20 x 3 x 33 oder 10 x 6 x 33 das vollendete Werk. „Und es hatte vollendet Gott" bestätigt 20 mit 86 − 66 und deutet an, dass mit 1980 + 20 = 2000 das Werk vollendet ist.

497 − 397 = 100 weisen auf die Erfahrung von 10x10 hin, die sein Werk und den 7. Tag zur Vollendung bringt.

Als Variante addieren sich 4 + 3 Wortgruppen zu den Primzahlen 607 + 1373, die auf die Individualität von 1980 hinweisen. 607 − 497 = 110 machen deutlich, dass „sein Werk" am 7. Tag darin besteht, den Weg der 1 vom Irdischen zum Absoluten zu gehen.

„Und er feierte/ruhte" 6-10-300-2-400	718	
„am Tag" 2-10-6-40	58	
„dem siebten" 5-300-2-10-70-10	397	
„infolge all seines Werkes"		
40-20-30 40-30-1-20-400-6	587	
„das" 1-300-200	501	
„er gemacht" 70-300-5	375	2636

„Und er feierte/ruhte" 718 bildet die Überleitung von der 1. zur 2. Hälfte und nimmt inhaltlich auch Bezug zum 1. Satz: 958 − 718 = 240; diese Verbindung zwischen 2 + 1 ruht am 7. Tag im Unbewussten.

718 betont mit 7 neben 2x9 und 2 x 359 die 9 am 7. Tag, die 5 und 3 erkennen lässt; 58 + 397 + 587 + 501 + 375 = 1918 tun das synonym.

1918 − 718 = 1200 erklären wie 240 aus 958 − 718, dass sich der von 3x4 = 12 geprägte 7. Tag auf die Selbsterkenntnis der 10 ausrichtet. 1918 − 958 = 960 und 587 − 397 = 190 bestätigen, dass Gott am 7. Tag ruht, indem er nicht direkt in die Wahrnehmung kommt, bis der von ihm kreierte 7. Tag als Folge all seines Werkes erkannt wird.

Mit ihren Summen demonstrieren Satz 1 + 2, wie 3 erkannt wird:

2636 = 2 x 1318 bildet die Qualitäten ab, die eine Spiegelung und eine direkte Beziehung zur 1 einsehen lassen. 1318 − 958 = 360 zeigt sowohl die Lebensumstände als auch die Zielsetzung des 7. Tages.

Umgekehrt beschreiben 958 x 2 = 1916 und 2636 mit ihrer gemeinsamen Zahl 720 = 2 x 360 das Bewusstsein, das Lebensumstände und Zielsetzung am 7. Tag in sich vereint und ihn als 10+10 lebt.

Die 2 Hälften des 2. Satzes bezeichnen es als „sehr gut", im Geteilten das Verbindende zu erkennen: 1980 − 1918 = 62, Äußerer Wert von „sehr gut", das den 6. Tag abschließt. Beide Hälften erzählen mit 10+9 10x8 und 10+9 10+8, dass das Wesen der 8 = 2x2x2 = 4+4 dadurch erkannt wird.

Satz 3 besteht aus 13 Teilen:

„Und es segnete" 6-10-2-200-20	238		
„Gott" 1-30-5-10-40	86		
„den Tag" 1-400 10-6-40	457		
„den siebten" 5-300-2-10-70-10	397	1178	
„und er heiligte" 6-10-100-4-300	420		
„ihn" 1-400-6	407	827	
„ja" 20-10	30		
„an ihm" 2-6	8		
„feierte/ruhte er" 300-2-400	702	740	
„infolge all seines Werkes"			
40-20-30 40-30-1-20-400-6	587		
„das er geschaffen" 1-300-200 2-200-1	704		
„Gott" 1-30-5-10-40	86		
„durch Wirken" 30-70-300-6-400	806	2183	4928

„Gott" 86 als 12. Satzteil gibt der 1 in der Welt der 12 den Namen;
„durch Wirken" 806 als 13. Wortgruppe wird auf die 10+3 verwiesen, die dieses Wirken direkt erfasst; 806 unterscheidet sich von 86 durch die zentrale 0, die der 10 das unmittelbare Wirken der 3 erfassbar macht.

„Und er heiligte ihn" 827 gilt für die absolute 1-3 und ebenso für die 10+3, die den 7. Tag heiligt, indem sie ihn als 3 lebt: $827 + 13 = 840 = 210 \times 4 = 40 \times 3 \times 7$.

Die Wortgruppen „Und er heiligte ihn" „infolge all seines Werkes" „den Tag" „den siebten" bringen über die Äußeren Werte zum Ausdruck, was sie damit meinen: $827 - 587 = 240$, $457 - 397 = 60$, $240 + 60 = 300$.

Eine 13 kann nachvollziehen, dass es die Kombination von 10 mit 3 ist, die das Absolute mit allem bewirken will:
„infolge all seines Werkes" $587 + 13 = 600 = 2 \times 300 = 20 \times 30$.

Für sie ist der 7. Tag damit gesegnet, an ihm den Sinn des Zeitlichen zu erkennen: 1178 − 238 = 940; 940 − 840 = 100; 940 − 740 = 2 x 100.

10x10 lässt das im 7. Tag ruhende Absolute erfassen und macht ihn zum „Feiertag": 840 − 740 = 100.

740 sagt aus, dass 10x10 die zeitliche 40 am 7. Tag als Kombination von 300 + 400 + 40 erlebbar macht, 840 beschreibt ihn mit 30 x 4 x 7.

Für die 13 vollendet sich damit in der Welt der 4 x 12 x 10 = 480 der ‚Himmel auf Erden': „so waren vollendet die Himmel" 72 + 395 = 467 in Satz 1 ergänzt die 13 zu 480.

Die Betrachtungsweise dieser 10+3 ist ungewöhnlich und hält sich nicht an die Strukturen, Ordnungen und Regelmäßigkeit, die das Zyklische der 12 vorgibt.

Satz 3 macht diese Art der Wahrnehmung und das kreative Erfassen von unerwarteten Zusammenhängen über seine 13 Teile nachvollziehbar:
„Und es segnete Gott den Tag den siebten" 1178 + „Gott" 86 + „durch Wirken" 806 = 2070 sagt mit 2x10 und 7x10 aus, dass der Segen Gottes für den 7. Tag in seinem Wirken besteht. Es ist darauf ausgerichtet, dass die 10 sich in der dualen Welt des 7. Tages selbst erkennt.

806 − 86 = 720 beschreiben das Ziel des Wirkens mit 7 x 10x10 + 10+10.

„Ja an ihm feierte/ruhte er" 740 in einem Miteinander von 440 + 300. „An ihm" 8 wird 2x4 zu 2x2x2 und 4+4.

„Durch Wirken" 806 + „das er geschaffen" 704 = 1510 kann die 10 das Wirken von 3 x 5 direkt beobachtet, weil es sich in Geschaffenem, in Materie unmittelbar zeigt.

„Und es segnete Gott den Tag den siebten" 1178 + „und er heiligte ihn" 827 = 2005 erklärt die 5 zur Basis dafür, den 7. Tag mit 2 x 1000 als heil(ig) und gesegnet zu erleben.

2005 betont wie 806 und 704 die zentrale Funktion der 0.

„Das er geschaffen" 704 + „Gott" 86 = 790 zeigt mit 9x10 + 7x 10x10, auf welche Weise eine 3-fache 10 das von Gott Geschaffene einsieht.

„Und er heiligte ihn" 827 − „infolge all seines Werkes" 587 = 240, damit mit 40 + 200 am 7. Tag alles als Wirken der 3 erlebt wird.

„Ja an ihm feierte/ruhte er" 740 − 240 = 500 definieren mit 5 x 10x10 den Zustand, der alle 3 Aspekte in sich vereint. Synonym ergänzen sich
740 + 240 = 980 mit 20 zu 1000.

1-3 ruht im Bewusstsein der 2 in der 400, bis sie als 2 x 3x10 sich selbst und 400 als absolute Projektion erfasst: 740 + 30+30 = 400+400.

Die bewusste 10 versteht sich als Kombination von 7 + 3 innerhalb der Welt der 400, sie lebt „den siebten" 397 + 3 und auch die 400 als 3; 400 x 3 = 1200 ist für sie 3 x 4 x 10x10 ebenso wie 1000 + 200.

In Summe bildet Satz 3 mit 4928 mit 7x7 7x4 die 3-fache 7 als Ziel des Lebens am 7. Tag in der Materie ab.

Auch gemeinsam geben die 3 einleitenden Sätze weitere Hinweise darauf, dass das Werk und Wirken Gottes am 7. Tag auf die 3 ausgerichtet ist:

3x kommt „den siebten" 397 im Text vor, 2x im 2. und 1x im 3. Satz, 3x 397 = 1191 ist ein klarer Hinweis auf das Erkennen von 2x1 + 1.

2x „am Tag" 58 im 2. Satz + „den Tag" 457 im 3. Satz ergibt die Zahl 573, die „den siebten" 397 zu 970 ergänzt. Auch 970 erklärt den 7. Tag zur Basis für Selbsterkenntnis der 10 als 3: 970 + 30 = 1000.

1178 + 740 in Satz 3 entspricht 1918 in Satz 2 und ist 2x die Summe 958 von Satz 1, um 2 ergänzt. Es wird damit angedeutet, dass es am 7. Tag an der 2 ist, das Werk zu vollenden:

„Und es segnete Gott den Tag, den siebten" 1178 + „ja, an ihm feierte/ruhte er" 740 = 2x „so waren vollendet die Himmel und die Erde und all ihr Heer" 958 + 2 = „am Tag dem siebten infolge all seines Werkes, das er gemacht" 1918.

In Summe machen die 3 Sätze eine gemeinsame komprimierte Aussage mit:
958 (Satz 1) + 1980 + 2636 (Satz 2) = 5574; 5574 − 4928 (Satz 3) = 646 = 2 x 323. 2x3 23 als gemeinsame Aussage deutet eine Spiegelung an und stellt den Bezug her zur Summe 4646 von Satz 30, Genesis 1.

Satz 4 leitet in 5 + 3 + 3 = 11 Teilen über in die Beschreibung, wie Prinzipien aus Genesis 1 eine Welt der 2 und 4 formen und darin sichtbar werden.

„Dies" 1-30-5	36	
„(sind)die Entstehungen"		
400-6-30-4-6-400	846	
„der Himmel" 5-300-40-10-40	395	
„und der Erde" 6-5-1-200-90	302	
„bei ihrem Geschaffenwerden"		
2-5-2-200-1-40	250	1829
„am Tag" 2-10-6-40	58	
„des Machens" 70-300-6-400	776	

„JHWH" 10-5-6-5	26	860
„Gott" 1-30-5-10-40	86	
„Erde" 1-200-90	291	
„und Himmel" 6-300-40-10-40	396	773

Die Entstehung von Himmel und Erde geschieht durch einen Gott, der nun den Doppelnamen „Jehova Gott" trägt, hebräisch „JHWH Elohim". Deutsche Bibelübersetzungen nennen ihn oft „Gott, der Herr"; „Gott" wird dabei Elohim zugeordnet, die Bezeichnung „Herr" gilt JHWH.

„Herrgott" ist eine traditionelle Ausdrucksweise im Alpenraum und meint eine höchste übergeordnete Instanz ebenso wie den gekreuzigten Christus, der als Mensch und Gott in sich beide Begriffe vereint.

In ihre materielle Existenz kommt die Welt der 2 also durch einen 2-fachen Gott. Die alles umfassende 1 des Absoluten hat in der 2 mit JHWH und Elohim 2 Ausdrucksformen.

Elohim ist 1 und zugleich 3, als diese Kombination ist er die absolute 1-3 und sendet Impulse aus, die von der menschlichen 10 erfasst werden können. Impulse einer absoluten 13 zielen auf die menschliche 13 ab, auf die 10 im Bewusstsein der 3. Die absolute Synthese von 1 + 3 will sich in der Welt der 4 als menschliche Synthese von 10 + 3 erfahren.

Elohim 1-30-5-10-40 zeigt diese Schöpfungsabsicht im Zahlenaufbau mit der Kombination 1-30 und erläutert mit 5-10-40, wie es dazu kommt: Die 10 setzt um, was das Prinzip „Adam" 1-4-40 anbietet, und verbindet 1-4 zu 5 und 5 mit 40.

Das eigentliche Grundprinzip des Absoluten ist 1 + 2 = 3, und Elohim ist diese 3 als Aspekt der 1; Elohim als 1 kreiert alle Prinzipien, die dazu dienen, das Prinzip 3 im Irdischen über 6 und 9 umzusetzen.

Die 1 geht über 3 in die 4, um sich darin über die 9 = 3 x 3 sowohl als 1+0 als auch als 3 selbst zu begegnen.

JHWH ist das Schöpfungsprinzip 10, er ist der Aspekt der 2 in der 1, der das Merkmal der Trennung mit 10-5-6-5 in sich trägt: die 10 als Aspekt der 1 und 5-6-5 als deren irdische Entsprechung. JHWH nimmt im Grundprinzip 1 + 2 = 3 die Rolle der 2 ein und charakterisiert die 2 durch die Teilung und unkenntliche Spiegelung von 10 in 5-6-5.

Die Synthese von 5 + 5 und von 10 + 10 erfolgt über 6 und 9, die das Prinzip Elohim vorgibt. Prinzip JHWH zeigt die praktische Umsetzung prinzipieller Vorgaben durch das menschliche Bewusstsein. JHWH ist das Prinzip der praktischen Umsetzung und des menschlichen Bewusstseins. Es definiert sich mit der 10, die über 9 und 0 die 1 in sich erkennt und sich selbst als 1+0, als lebenden Partikel der 1, wahrnimmt.

Auf diese Zusammenhänge weist Satz 4 hin.
Dem einleitenden „der Himmel" 395 + „und der Erde" 302 = 697 steht am Ende in einer verkehrten Spiegelung „Erde" 291 + „und Himmel" 396 = 687 gegenüber und verweist mit 697 − 687 = 10 auf das Prinzip JHWH.

Das Prinzip 10 wird von Elohim am 7. Tag kreiert: „Am Tag des Machens JHWH" 860 = 10 x „Elohim = Gott" 86.

Auf ähnliche Weise wie die vorausgehenden 3 Sätze bildet die Summe 1829 mit 2x9 neben 20+9 ab, dass die 2 geschaffen wird, um Zusammenhänge zu erkennen.

Warum „Gott Erde und Himmel" macht, lässt die Primzahl 773 erahnen.

Jede 2 als Kreation der 1 ist selbstähnlich, tritt aber so in Erscheinung, dass sie gleichzeitig widersprüchlich ist. Es ist das

Wesen der Dualität, sich konträr zu zeigen, und immer ist es eine Variante der 1, die sich in dieses Gegenteilige aufgespaltet darstellt.

Die 2 ist gekennzeichnet durch Gegensätze, und alles Offensichtliche trägt immer auch ungesehen das Nicht-Wahrnehmbare in sich. Diese Tatsache findet Ausdruck über die Zahlenwerte.

Auf Ebene der Zahlen machen Atbasch, Voller Wert und Verborgener Wert dieses Ungesehene nachvollziehbar und erklären ergänzend zum Äußeren Wert die verbalen Aussagen.

In Genesis 1 sowie in den 3 einleitenden Sätzen von Genesis 2 sind die Äußeren Werte Träger der Information. Sie erzählen, was sich in der Materie an göttlicher Absicht äußert, indem es in Erscheinung tritt. In der 1 ist alles klar strukturiert und die Äußeren Werte geben klare Auskunft.

In der Welt der 2 sind diese Klarheit und Struktur äußerlich nicht mehr sichtbar, denn das Äußere ist durch die 2 verfälscht. Die Absicht der 1 bleibt ungesehen unter der Oberfläche der 2x2 = 4 und über diesen Bereich geben die restlichen 3 Zahlenwerte ergänzende Auskunft.

Die Welt der 2 ist eine Kreation aus dem 1 Ursprung der 1, der sich teilt und gegensätzlich darstellt. Elohim kreiert sich mit JHWH einen Gegenpart im Sinne der 2:

Elohim

1-30-5-10-40	Äußerer Wert	86	:2 =	43
111-74-15-20-80	Voller Wert	300	:2 =	150
110-44-10-10-40	Verborgener Wert	214	:2 =	107
400-20-90-40-10	Atbasch	560	:2 =	280

JHWH

10-5-6-5	Äußerer Wert	26	:2 = 13
20-15-22-15	Voller Wert	72	:2 = 36
10-10-16-10	Verborgener Wert	46	:2 = 23
40-90-80-90	Atbasch	300	:2 = 150

Die Zahlenwerte der Namen Elohim und JHWH zeigen in verschiedenen Versionen das ergänzende Miteinander von 3 mit 10 und besonders deutlich in der Zahl 300 = 3 x 10x10.

JHWH hat den Äußeren Wert 26: In der Welt der Dualität äußert sich die absolute 1-3 von Elohim als 2 x 10+3. Der Atbasch 300 von JHWH stimmt überein mit dem Vollen Wert 300 von Elohim. Im Absoluten kennzeichnet 3 x 10x10 beide Prinzipien, im Absoluten sind JHWH und Elohim als 1 ein und dasselbe. Das Prinzip 3 von Elohim äußert sich im Irdischen als Prinzip 10 von JHWH.

Schnittstelle beider Prinzipien ist das Nadelöhr der 100: Die 10 erkennt sich selbst und zugleich das Prinzip 3; 10x10x10 und 10x10 x 3 sind Synonyme. Die 3-fache menschliche 10 ist 1000 und gleichzeitig 300, sie vereint Elohim und JHWH bewusst in sich. Der individuelle Mensch, der die Koexistenz von Dies- und Jenseits erkennt und lebt, erfüllt als 10x10 das Prinzip JHWH und gleichzeitig das Schöpfungsprinzip 3 von Elohim.

Die Äußeren Werte 26 = 2 x 13, 86 = 2 x 43(=30+13) und die Verborgenen Werte 214 + 46 = 260 = 20 x 13 enthalten ebenso wie 86 − 26 = 2 x 30 und 560 − 300 = 260 Hinweise auf die Gegenseitigkeit von 3 und 10 und eine gemeinsame Absicht.

Die wesentliche Aussage der 1 ist jeweils durch die 2 ‚verschleiert‘. Die Division durch 2 verdeutlicht darin versteckte Facetten und lässt so den Bezug zwischen Elohim und dem „Wesen" des Menschen erkennen:

„Wesen" oder „Seele" 430 = 10 x 43; 43 x 2 = „Elohim" 86.
„Elohim" summiert die halbierten Werte 43 + 150 + 107 + 280
zu 580, dem Verborgenen Wert von Adam.

43 − 23 = 20, 107 + 23 = 130, 23 − 13 = 10, 107 + 13 = 120 und
vor allem 300 + 130 machen deutlich, was das „Wesen" des Menschen mit JHWH zu tun hat. „JHWH" summiert die halbierten
Werte 13 + 36 + 23 + 150 zu 222, einer 3-fachen 2.

Die Ver-2-fachung der 1 zielt auf die Ver-3-fachung der 2 ab.

Dieser Prozess geht am 7. Tag über das Prinzip JHWH vor sich
und erklärt damit den 7. Tag zum „Tag des Herrn", der alle Zeit
der Welt, Vergangenheit, Zukunft und jeden gegenwärtigen
Moment, umfasst.

Nachdem an 6 Tagen von Elohim die Prinzipien vorbereitet wurden, sorgt am 7. Tag JHWH für deren Ausgestaltung über die 10
des menschlichen Bewusstseins.

Diese Ausgestaltung läuft nach den Regeln der 2 ab. Die klar ge-
ordnete Struktur von Genesis 1 kommt in Genesis 2 nicht mit
derselben Ordnung und Regelmäßigkeit zur Entfaltung, im Gegenteil. Dass die 2 weder eine Struktur noch Prinzipien der 1 erkennen lässt, wird durch die Art der Schilderung demonstriert:

Satz 5 besteht aus 6 + 4 + 6 + 4 = 20 Teilen, Satz 6 ergänzt auf 25:

„Da alles" 6-20-30	56	
„Gesträuch" 300-10-8	318	
„des Feldes" 5-300-4-5	314	
„noch nicht" 9-200-40	249	
„wurde" 10-5-10-5	30	
„auf der Erde" 2-1-200-90	293	1260
„und jegliche Art Pflanzenwuchs"		
6-20-30 70-300-2	428	
„des Feldes" 5-300-4-5	314	

„noch nicht" 9-200-40	249	
„sproßte" 10-90-40-8	148	1139
„weil" 20-10	30	
„nicht" 30-1	31	
„hatte regnen lassen" 5-40-9-10-200	264	
„JHWH" 10-5-6-5	26	
„Gott" 1-30-5-10-40	86	
„auf der Erde" 70-30 5-1-200-90	396	833
„und (ein) Mensch" 6-1-4-40	51	
„war nicht" 1-10-50	61	
„zu bestellen" 30-70-2-4	106	
„den Erdboden" 1-400 5-1-4-40-5	456	674

Satz 6:

„schon Nebel" 6-1-4	11	
„stieg auf" 10-70-30-5	115	
„von der Erde" 40-50 5-1-200-90	386	
„und tränkte" 6-5-300-100-5	416	
„die ganze Oberfläche des Erdbodens"		
1-400 20-30 80-50-10 5-1-4-40-5	646	1574

Die Worte zeichnen das Bild einer Erde, die nicht ‚von oben‘ mit der Grundlage für Leben versorgt wird. Die Erde bringt das Wasser aus sich selbst hervor, das Pflanzenwuchs auf ihrer Oberfläche ermöglicht. Das ist die Sicht der 2, die darauf fokussiert ist, was an der Oberfläche geschieht.

Die Zahlenwerte sprechen eine andere Sprache und weisen in Summe mit 1260, 1139 und 833 auf die 3 hin, die ungesehen unter der Oberfläche wirkt, um erkannt zu werden, wie 1574 – 674 = 900 betonen.

„Die ganze Oberfläche des Erdbodens" 646 ist der Ort, an dem zur Umsetzung kommt, was die Sätze 1, 2 und 3 zu 646 komprimieren.

Satz 7 besteht aus 6 + 4 + 4 = 14 Teilen:

„Und es bildete" 6-10-10-90-200	316	
„JHWH" 10-5-6-5	26	
„Gott" 1-30-5-10-50	86	
„den Menschen" 1-400 5-1-4-40	451	
„(aus)Staub" 70-80-200	350	
„von dem Erdboden" 40-50 5-1-4-40-5	145	1374
„und er blies" 6-10-80-8	104	
„in seine Nase" 2-1-80-10-6	99	
„Odem" 50-300-40-400	790	
„des Lebens" 8-10-10-40	68	1061
„So wurde" 6-10-5-10	31	
„der Mensch" 5-1-4-40	50	
„zu(einem)Wesen" 30-50-80-300	460	
„lebendigem" 8-10-5	23	564

Der Mensch wird als Wesen beschrieben, das der Erde entstammt und das lediglich vom Atem lebendig gemacht wird. Dass das Leben zu Ende ist, wenn der Mensch aufhört zu atmen, entspricht der Auffassung der 2.

Die Primzahl 1061 erklärt mit 10 6 1, dass Atem die Verbindung von 1 zu 10 symbolisiert; 1374 − 564 = 810 fordern die 10 auf, zu erkennen.

Mit 674 in Satz 5 und 1574 in Satz 6 weist 1374 darauf hin, dass das Leben am 7. Tag auf 4 basiert. 6, 15 und 13 in Kombination mit 10x10 und 3 x 74 deuten Ver-3-fachung als Zielsetzung an. 1574 − 1374 = 200 und 1374 − 674 = 700 bestätigen mit 900 = 10x10 x 3x3.

Satz 8 besteht aus 5 + 5 = 10 Teilen:

„Da pflanzte" 6-10-9-70	95
„JHWH" 10-5-6-5	26
„Gott" 1-30-5-10-40	86
„(einen)Garten in Eden" 3-50 2-70-4-50	179

"im Osten" 40-100-4-40	184	550	
"und er setzte" 6-10-300-40	356		
"ebendort" 300-40	340		
"den Menschen" 1-400 5-1-4-40	451		
"den" 1-300-200	501		
"er gebildet" 10-90-200	300	1948	2498

5 + 5 = 10 Satzteile bilden ebenso wie die Summe 550 ab, was der Grund für pflanzliches und menschliches Leben ist; 95 bestätigt.

86 – 26 = 60 erklären mit 2 x 30, wofür der „Garten in Eden im Osten" 179 + 184 = 363 die Ausgangsbasis bildet.

Diese Lebensbedingungen motivieren die 2-geteilte 10 zum Erkennen von 5 und 10: 1948 + 2 = 1950, 2498 + 2 = 2500.

Satz 9 besteht aus 5 + 3 x 4 = 17 Teilen:

"Und es ließ wachsen" 6-10-90-40-8	154		
"JHWH" 10-5-6-5	26		
"Gott" 1-30-5-10-40	86		
"aus dem Erdboden" 40-50 5-1-4-40-5	145		
"jeglichen Baum" 20-30 70-90	210	621	
"angenehm" 50-8-40-4	102		
"zum Beschauen" 30-40-200-1-5	276		
"und gut" 6-9-6-2	23		
"zum Essen" 30-40-1-20-30	121	522	1143
"und den Baum" 6-70-90	166		
"des Lebens" 5-8-10-10-40	73		
"inmitten" 2-400-6-20	428		
"des Gartens" 5-3-50	58	725	
"und den Baum" 6-70-90	166		
"des Erkennens" 5-4-70-400	479		
"Gutes" 9-6-2	17		
"und Böses" 6-200-70	276	938	1663

Der 3x erwähnte „Baum" 70-90 zeigt mit seinem Zahlenaufbau, was er für die 10 am 7. Tag symbolisiert. Der Äußere Wert 160 nennt mit 4 x 40 das Irdische als Basis. Ein stabiler Baum wurzelt tief in der Erde.

„Und es ließ wachsen" 154 „aus dem Erdboden" 145 bildet in Zahlen ab, warum die 1 ihn aus der 4 wachsen lässt, und 154 – 145 = 9 bestätigt seine Symbolik.

„Jeglicher Baum" 210 = 3 x 7 x 10 macht den Prozess bildhaft, der die 10 am 7. Tag zur 3 werden lässt. 210 zeigt ebenso wie „angenehm" 102 „zum Beschauen" 276 = 12 x 23 „und gut" 23 „zum Essen" 121, wie es dazu kommt. Jeder Baum stellt unübersehbar eine Entwicklung vor Augen, die mit Pflanze, Frucht, Same das menschliche Bewusstsein meint.

In Summe definieren 621 – 522 = 99 seine Symbolik mit 9 x 10+1.

Den Regeln der 2 entsprechend sind es 2 unterschiedliche Bäume, die gemeinsam dieser Symbolik gerecht werden. In Summe bilden 938 – 725 mit ihrer Differenz 213 ab, dass 2 + 1 = 3 sie verbindet.

Was für die 2 unvereinbar ist, erlebt die 3 in Kombination. Sie hebt die Trennung auf und sieht in 1 Baum 2 unterschiedliche Funktionen, einmal „des Lebens inmitten des Gartens" 73 + 428 + 58 = 559 und dann wieder „des Erkennens Gutes und Böses" 479 + 17 + 276 = 772.

2 Funktionen dienen 1 Zweck, nämlich Impulse von 1-3 zu erkennen und darauf zu reagieren: 559 + 772 = 1331.

Den Prozess „des Erkennens" 479 bilden 1331 + 479 mit 1810 ab.

Satz 9 weist mit seinen 17 Teilen wiederholt darauf hin, dass der Baum das Erkennen der 1 am 7. Tag bildhaft macht.

„Gutes" 17 „und Böses" 276 = 12 x 23 „und gut" 23 deuten in Zahlen an, worauf sie vorbereiten: 17 + 276 = 293 bilden ab, dass sie der 2 das Erkennen der 3 als Sinn „des Lebens" 73 anbieten; 73 ist Voller Wert von 3. Dass 2-Geteiltes dafür eine gute Basis ist, zeigen 17 + 23 = 40 und 73 – 23 = 50; 73 + 17 = 3x30 bestätigen 40 + 50.

„Und den Baum" 166 zu 1 macht die 30, die 2 durchschaut und darin das Absolute wahrnimmt:
166 : 2 = 83, 83 – 23 = 60 = 2 x 30 = „Elohim" 86 – „JHWH" 26.

1663 – 1143 = 520 = 40 x 13 lassen wissen, dass die 10+3 die 40 als absolut „Gutes" 17 „und gut" 23 erlebt; „und Böses" 276 = 12 x 23 dient „zum Beschauen" 276 des Formlosen innerhalb der Zyklen der 12.

522, 725 und 938 deuten 5 als Voraussetzung an, um sich am 7. Tag als 30 zu erfahren: 522 + 938 = 1460, 1460 : 2 = 730, 730 – 725 = 5.

Satz 10 setzt sich aus 3 + 2 + 2 + 3 = 10 Teilen zusammen:

„Und(ein)Strom" 6-50-5-200	261		
„(war)ausgehend" 10-90-1	101		
„von Eden" 40-70-4-50	164	526	
„zu bewässern" 30-5-300-100-6-400	841		
„den Garten" 1-400 5-3-50	459	1300	
„und von dort" 6-40-300-40	386		
„teilte er sich" 10-80-200-4	294	680	
„und wurde" 6-5-10-5	26		
„zu vier" 30-1-200-2-70-5	308		
„Hauptarmen" 200-1-300-10-40	551	885	3391

3 Satzteile beginnen mit 6 und lassen gemeinsam wissen, warum „(ein) Strom" 261 „sich teilte" 294 „und zu vier Hauptarmen wurde" 885:
261 + 294 = 555, 885 – 555 = 330.

Der „Strom" 50-5-200 zeigt mit 255 an, dass er in Richtung der 2 fließt, die 5+5 verbindet; mit 885 − 255 = 630 = 7 x 9 x 10 = 3 x 210 gibt er die ‚Fließrichtung' seiner 4 Hauptarme an.

„Von Eden" 164 „teilte er sich" 294, damit die 10 zur 3 werden kann: 294 − 164 = 130, was „zu bewässern den Garten" 1300 bestätigt.

„(Ein)Strom ausgehend von Eden" 526 „teilte sich" 294, damit die 10 in der Welt der Dualität 4 + 1 erfassen kann: 526 + 294 = 820 : 2 = 410.

Den Grund dafür, dass „er sich von dort teilte" 680 in 4, erklärt 680 : 4 = 170 mit dem Erkennen der 1 durch die 10 am 7. Tag.

In Summe fasst die Primzahl 3391 die Zielsetzung für das Geschilderte übersichtlich zusammen.

Satz 11 besteht aus 3 + 5 + 2 = 10 Teilen:

„Der Name" 300-40	340		
„des einen" 5-1-8-4	18		
„Pischon" 80-10-300-6-50	446	804	
„Es" 5-6-1	12		
„(ist)der umfließende" 5-60-2-2	69		
„das" 1-400	401		
„ganze Land" 20-30 1-200-90	341		
„Hawila" 5-8-6-10-30-5	64	887	
„wo ebendort" 1-300-200 300-40	841		
„das Gold" 5-7-5-2	19	860	2551

„Pischon" 446 = 2 x 223 lässt ein Miteinander von 2x2 und 23 erahnen und erklärt mit einer 3-fachen 2 die 3, die dieses Miteinander lebt.

„Hawila" 64 = 8 x 8 = 2 x 32 bildet die 3 ab, die eine Projektion von 2 zu 2 und von 8 zu 8 wahrnimmt.

Gemeinsam definieren „Pischon" 446 + „Hawila" 64 = 510 einen Bereich, in dem 5 und 10 sich etablieren können. „Das ganze Land" 341 „wo ebendort" 841 bestätigen mit ihrer Differenz 500.

„Das Gold" 19 als 11. Satzteil symbolisiert die Möglichkeit für 10+1. Sein wahrer Wert liegt darin, auf Basis der 2 am 7. Tag 5 und 5 als einander entsprechend zu erkennen. 5-7-5-2 und Äußerer Wert 19 weisen klar darauf hin.

Die Summen 804, 887 und 860 definieren die irdische 8 als den Bereich, von dem Satz 11 erzählt. Über 10x10 bilden darin 4, 87 = 29 x 3 und 60 = 2 x 30 ein Miteinander ab und die Primzahl 2551 macht bildhaft, dass sich über 5+5 2+1 begegnen.

887 − 804 = 83 und 887 − 860 = 27 erklären mit 83 + 27 = 110, dass sich auf diese Weise der Bogen von 1 zu 10 spannt.

Satz 10 und 11 erzählen in Summe mit 3391 − 2551 = 840, dass von einem Bewusstsein die Rede ist, das in Zeit, Raum und Materie den 7. Tag als 3 lebt: 840 = 10 x 3 x 7 x 4.

840 = 12 x 70 ist die Wahrnehmung von 10+2; 840 = 30 x 28 von 10x3, die 10+10 mit 8 kombiniert und mit 28 = 2 x 14 aussagt, dass auch die 10x3 immer wieder als 2 denkt und 1+4 dann neu zu kombinieren hat.

Satz 12 hat 4 + 4 = 8 Teile:

„Und das Gold" 6-7-5-2	20		
„des Landes" 5-1-200-90	296		
„desselben" 5-5-6-1	17		
„(ist)gut" 9-6-2	17	350	
„Dort(gibt's)" 300-40	340		
„Bedolachharz" 5-2-4-30-8	49		
„und -stein" 6-1-2-50	59		
„Schoham" 5-300-5-40	350	798	1148

Satz 13 hat 3 + 5 = 8 Teile:

„Und der Name des Stromes"

6-300-40 5-50-5-200	606	
„des zweiten" 5-300-50-10	365	
„Gihon" 3-10-8-6-50	77	1048
„Es(ist)" 5-6-1	12	
„der umfließende" 5-60-6-2-2	75	
„das" 1-400	401	
„ganze Land" 20-30 1-200-90	341	
„Kusch" 20-6-300	326	1155 2203

Satz 14 hat 3 x 4 = 12 Teile:

„Und der Name" 6-300-40	346	
„des Stromes" 5-50-5-200	260	
„des dritten" 5-300-30-10-300-10	655	
„Tigris" 8-4-100-30	142	1403
„Es" 5-6-1	12	
„(ist) der laufende" 5-5-30-20	60	
„östlich von" 100-4-40-400	544	
„Assur" 1-300-6-200	507	1123
„Und der Strom" 6-5-50-5-200	266	
„der vierte" 5-200-2-10-70-10	297	
„es" 5-6-1	12	
„(ist der) Eufrat" 80-200-400	680	1255 3781

Der Text nennt große Wasserläufe aus dem geografischen Bereich, dem er entstammt, und entspricht damit in seiner Symbolik dem realen Weltbild seiner Zeit.

Die ihn begleitenden Zahlen sprechen von einer Realität, die ungesehen existiert und sich im Strom der Zeit in die Erfahrung bringt.

Viele mögliche Kombinationen einzelner Zahlenwerte sind innerhalb der 4 Sätze 11 bis 14 möglich. Sie demonstrieren damit die zahlreichen Verflechtungen abstrakter Prinzipien innerhalb der Welt der Materie.

Die Summen der insgesamt 38 = 2 x 19 Satzteile fassen zusammen, was es für die 2 zu erkennen gibt:

Wofür „das Gold" 19 „gut" 17 ist, weiß 350 = 10 x 3 x 5 als Summe von 4 Teilen in Satz 12 und „Schoham" 350 beschreibt es zusätzlich mit seinem Aufbau 5-300-5-40.

Den Sprung von 12 zu 13 demonstrieren 1148 − 1048 = 10x10.

„Das ganze Land Kusch" 401 + 341 + 326 = 1068 „und der Name des zweiten Stromes Gihon" 1048 bestätigen mit ihrer Differenz 10+10.

1155 bildet ab, dass mit 5 x 3 eine Spiegelung erkannt wird, deren Zentrum in der eigenen Mitte liegt.

1403 macht optisch deutlich, dass 1-4 über 0 zu 3 führt; 1123, dass 2 als 1-1 gesehen wird und 1 + 2 = 3 ermöglicht.

2203 − 1403 = 800 deuten den veränderten Blick der 3 auf die 8 an.

1403 − 1123 = 280, 2203 − 1123 = 1080 bestätigen, 1255 − 1155 = 100 ergänzen.

Die Verbindung „des dritten" 655 mit dem vierten Strom, den die Summe 1255 auch optisch beschreibt, erklären 1255 − 655 mit 600 = 2 x 300.

Satz 14 − Satz 11 betonen zusammenfassend, dass die 3 das gemeinsame Thema aller 4 Sätze ist: 3781 − 2551 = 1230

Das Bild der 4 Ströme beschreibt, dass und wie das Prinzip 1 + 2 = 3 durch die 10 im Strom des Zeitlichen zur Umsetzung kommt.

Satz 10 ergänzt mit 3781 − 3391 = 390.

Satz 15 besteht aus 4 + 4 = 8 Teilen:

„Und es nahm" 6-10-100-8	124		
„JHWH" 10-5-6-5	26		
„Gott" 1-30-5-10-40	86		
„den Menschen" 1-400 5-1-4-40	451	687	
„und er setzte ihn" 6-10-50-8-5-6	85		
„in den Garten Eden" 2-3-50 70-4-50	179		
„zu bearbeiten ihn" 30-70-2-4-5	111		
„und zu hüten ihn" 6-30-300-40-200-5	581	956	1643

Satz 15 wiederholt sinngemäß die Aussage von Satz 8 und begründet sie:
„Zu bearbeiten ihn" 111 zeigt klar, was es zu bearbeiten gibt.
„Und zu hüten ihn" 581 = 7 x 83 bedeutet die Umsetzung der 2 Willensäußerungen aus Genesis 1:
„und füllet" 83 „die Wasser" 496 sowie „und füllet" 83 „die Erde" 697.

697 − 687 = 10 sowie 956 − 496 = 460 = 2 x 230 = 400 + 60 informieren über die Zielsetzung; 581 − 111 = 470 bestätigen 460 + 10 und nennen mit 400 + 70 die Rahmenbedingungen für die Umsetzung.

Warum der Mensch „in den Garten Eden" 179 gesetzt wird „zu bearbeiten ihn" 111 erklärt die Summe 290, „und zu hüten ihn" 581 + 179 = 760 mit einer Kombination von 7 x 10x10 + 60.

„Den Menschen" 451, der aufgefordert ist, „zu bearbeiten ihn" 111, beschreiben 451 − 111 mit 340 „und zu hüten ihn" 581 − 451 mit 130.

Zu Satz 13 und 14 stellt Satz 15 in Summe den Zusammenhang her über:
2203 − 1643 = 560, 1643 − 1403 = 240 und 1643 − 1123 = 520.

Satz 16 berichtet in 5 + 4 = 9 Teilen:

„Und es verordnete" 6-10-90-6	112		
„JHWH" 10-5-6-5	26		
„Gott" 1-30-5-10-40	86		
„über den Menschen" 70-30 5-1-4-40	150		
„sprechend" 30-1-40-200	271	645	
„Von jedem" 40-20-30	90		
„Baum des Gartens" 70-90 5-3-50	218		
„(ein)Essen" 1-20-30	51		
„magst du essen" 400-1-20-30	451	810	1455

Satz 17 ergänzt in 4 + 3 + 4 + 2 = 13 Teilen:

„aber vom Baum" 6-40-70-90	206		
„des Erkennens" 5-4-70-400	479		
„Gutes" 9-6-2	17		
„und Böses" 6-200-70	276	978	
„nicht" 30-1	31		
„wirst du essen" 400-1-20-30	451		
„von ihm" 40-40-50-6	136	618	
„denn" 20-10	30		
„am Tag" 2-10-6-40	58		
„deines Essens" 1-20-30-20	71		
„von ihm" 40-40-50-6	136	295	
„Tod" 40-6-400	446		
„wirst du sterben" 400-40-6-400	846	1292	3183

2 Sätze stellen inhaltlich den Bezug zu Satz 9 her.

Dass 2 + 1 erkannt werden soll, zeigt Satz 16 in Summe mit 2 x 645 = 1290 + 810 = 2100.
In Satz 17 demonstrieren 978 − 618 mit 360, was es zu erkennen gilt. 1455 − 295 = 1160, 978 + 1292 = 2270 und 2270 − 1160 = 1110 lassen wissen, was die 10 letztlich anstelle des Todes erwartet.

Satz 17 stellt mit seiner Summe 3183 über 1000 zu „infolge all seines Werkes, das er geschaffen Gott durch Wirken" 2183 in

Satz 3 den Bezug her. Während die 1 ruht, ist die 10 aktiv und erfüllt den Schöpfungsauftrag „und füllet" 83.

2183 + 1000 = 3183 stehen für die 3-fache 10, die auf Impulse von 1-3 reagiert und 2-1 verbindet. Sie tut etwas, das aus Perspektive der 2 „nicht" 31 erlaubt ist:

„Magst du essen" 451 und „wirst du essen" 451 versteht sie als Angebot der 1 an „den Menschen" 451. Die 3 soll Hinweise für die Anwesenheit der 1 in der Materie erkennen und in das eigene Denken so integrieren, dass es möglich wird, 4 mit 1 zu 5 zu verbinden.

451 zeigt mit 11 x 41 das Miteinander von 10 + 1 auf Basis von 4-1.

„Wirst du sterben" 846 – „Tod" 446 = 400 meint den Tod der Weltsicht, sobald die 1000 eine Spiegelung von 2 zu 2 erkennt, was 1292 abbildet.

Satz 15 und Satz 17 beschreiben mit 3183 – 1643 = 1540 den Menschen, der als 3 x 5 die 40 lebt.

Satz 16 ergänzt mit 1540 – 1455 = 85 = 17 x 5, dass es einzigartige und ganz individuelle Hinweise sind, die 5 real werden lassen.

Satz 18 besteht aus 3 + 4 + 3 = 10 Teilen:

„Darauf sprach" 6-10-1-40-200	257		
„JHWH" 10-5-6-5	26		
„Gott" 1-30-5-10-40	86	369	
„Nicht gut ist" 30-1 9-6-2	48		
„das Sein" 5-10-6-400	421		
„des Menschen" 5-1-4-40	50		
„für sich allein" 30-2-4-6	42	561	
„machen werde ich für ihn"			
1-70-300-5 30-6	412		
„(eine) Hilfe" 70-7-200	277		
„als sein Gegenüber" 20-50-3-4-6	83	772	1702

277 – 83 – 772 bilden ab, dass das Gegenüber dem Menschen helfen soll, den Schöpfungsauftrag zu erfüllen und eine Projektion zu erkennen.

369 + 561 = 930 und 561 + 772 = 1333 machen sichtbar, worauf die Ergänzung durch ein Gegenüber abzielt. Dass es erst als solches erkannt werden will, zeigen 48 + 42 = 90 und 421 – 412 = 9.

In Summe sagen 1702 : 2 = 851 = 400 + 451 aus, dass erst etwas Zweites als Gegenüber dazu verhilft, in der Welt der 400 der Aufforderung von 451 in Satz 17 zu entsprechen.

1702 – 1292 = 410 bestätigen mit 410 + 41 = 451 die Aussage von 451 auf 2-fache Weise. 41 x 10 + 41 bilden außerdem ab, dass Spiegelung im Gegenüber Selbsterkenntnis ermöglicht.

Satz 19 besteht aus 21 Teilen:

„Und es bildete" 6-10-90-200	306	
„JHWH" 10-5-6-5	26	
„Gott" 1-30-5-10-40	86	
„von der Erde" 40-50 5-1-4-40-5	145	
„jegliches Getier" 20-30 8-10-400	468	
„des Feldes" 5-300-4-5	314	
„und" 6-1-400	407	
„jeglichen Vogel" 20-30 70-6-80	206	
„der Himmel" 5-300-40-10-40	395	2353
„Die brachte er" 6-10-2-1	19	
„zu dem Menschen" 1-30 5-1-4-40	81	
„zu sehen" 30-200-1-6-400	637	
„was er rufe zu ihm"		
40-5 10-100-200-1 30-6	392	1129
„ja jedes" 6-20-30	56	
„wie" 1-300-200	501	
„rufen wird zu ihm"		
10-100-200-1 30-6	347	
„der Mensch" 5-1-4-40	50	

„(ein)Wesen" 50-80-300	430		
„lebendes" 8-10-5	23		
„es(ist)" 5-6-1	12		
„dessen Name" 300-40-6	346	1765	5247

Satz 20 besteht aus 13 Teilen:

„Es rief also" 6-10-100-200-1	317		
„der Mensch" 5-1-4-40	50		
„Namen" 300-40-6-400	746		
„für all das Vieh"			
30-20-30 5-2-5-40-5	137	1250	
„und für das Gefiederte" 6-30-70-6-80	192		
„der Himmel" 5-300-40-10-40	395		
„und für jedes" 6-30-20-30	86		
„Getier" 8-10-400	418		
„des Feldes" 5-300-4-5	314	1405	
„aber für den Menschen" 6-30-1-4-40	81		
„nicht fand er" 30-1 40-90-1	162		
„Hilfe" 70-7-200	277		
„als sein Gegenüber" 20-50-3-4-6	83	603	3258

2353 – 603 = 1750 = 10 x 5x5 x 3 bestätigen die Worte; im Tierischen = Körperlichen kann das eigentliche Wesen Mensch kein Gegenüber finden.

„Als sein Gegenüber" 83 nimmt er jene Instanz wahr, deren Schöpfungsauftrag er erfüllt, indem er als 10 über 5x5 zur 3 wird.

1765 – 1750 = 15 = benennen das lebendige Wesen Mensch mit 5 x 3.

Mit den dazugehörigen Worten weisen 1250 und 1765 – 1405 = 360 darauf hin, dass jede Benennung im äußeren, physischen Sinn einen verborgenen Sinn in sich trägt. Einsehbar wird dieser Sinn mit Hilfe der Zahlen: 1250 zeigt 12 als irdisches Maß, das „der

Mensch" 50 benennt und ist zugleich 10 x 5x5x5. Sinngemäß gilt dasselbe für 360 = 10 x 3 x 12 = 300 + 2x30.

„Gegenüber" 83 meint ein „Gegen"-Teil, „über" das sich der irdische Mensch selbst als 3 erfasst.

1405 bildet ab, auf welche Weise das geschieht. 1405 + 1765 = 3170 = 10 x „es rief also" 317 lassen erahnen, dass alles, dem der Mensch einen Namen gibt, ihn am 7. Tag die 1 erfassen und zur 3 werden lässt.

1129 bildet ab, dass jede Benennung der 2 dazu dient, über sie 1 zu 1 eine Projektion zu erkennen.

In Summe ergänzen sich Satz 18 und Satz 20 mit 1702 + 3258 = 4960 zu einer gemeinsamen Aussage, Satz 17 und Satz 19 mit 3183 + 5247 = 8430.

Satz 21 besteht aus 12 Teilen:

„Da ließ fallen" 6-10-80-30	126		
„JHWH" 10-5-6-5	26		
„Gott" 1-30-5-10-40	86		
„Tiefschlaf" 400-200-4-40-5	649		
„auf den Menschen" 70-30 5-1-4-40	150		
„und er schlief" 6-10-10-300-50	376	1413	
„Da nahm er" 6-10-100-8	124		
„eine" 1-8-400	409		
„von seinen Rippen" 40-90-30-70-400-10-6	646		
„und er verschloss" 6-10-60-3-200	279		
„(mit)Fleisch" 2-300-200	502		
„an ihrer Statt" 400-8-400-50-5	863	2823	4236

Der „Tiefschlaf" 649 ergänzt sich mit „Essen" 51 in Satz 16 zu 700 und sagt damit etwas aus, das „auf den Menschen" 150 zutrifft, der über 5 und 10x10 am 7. Tag zur 3 wird. Das Wissen um die 1 schläft so lange in der 10, bis sie über 5 genügend Hinweise auf ein direktes Wirken in ihr Denken integrieren und darauf reagieren kann.

„Tiefschlaf" 649 ergänzt sich in diesem Sinn mit „zum Essen" 121 in Satz 9 zu 770 und mit „deines Essens" 71 in Satz 17 zu 790.

„Magst du essen" 451 in Satz 16 und „wirst du essen" 451 in Satz 17 ergänzen „den Menschen" 451 in Satz 15 mit 649 zu 1100.

Er kann dann mental einen Ablauf nachvollziehen, das sich direkter Beobachtung lange Zeit entzieht.

„Tiefschlaf" 649 − „und er verschloss" 279 = 370 zeigen den Zugang zur 3 am 7. Tag für die 10 vorerst verschlossen.

„Eine von seinen Rippen" weist mit 409 + 646 = 1055 darauf hin, wie sich das ändert und was aus ihr einmal entsteht.

„Da nahm er" 124 + „von seinen Rippen" 646 = 770 = 7 x 110 entspricht der Summe aus „Tiefschlaf" 649 + „zum Essen" 121 und erklärt, dass für den Weg der 1 durch den 7. Tag dem Bewusstsein der 2 zuerst das Sehen einer Spiegelung genommen und dann der 3 gegeben wird; 649 = 646 + 3.

770 − 370 = 400 bestätigen, dass mit 10x10 die Dominanz der 4 endet.

Vorläufig demonstriert „Fleisch an ihrer Statt" mit 502 + 863 = 1365, dass die 10+3 über 5 erst einige Impulse der 1-3 in sich integrieren muss, um sich als solche zu erkennen: 1365 kombiniert 13 mit 5 x 13.

In Summe verweisen 2823 − 1413 = 1410 auf wiederholte Kombinationen von 1+4 und bilden mit 14 10+3 und 28 20+3 die 10 ab, die als 3 das Wesen der 2 erfasst: 2 x 1410 = 2820.

Satz 22 besteht aus 9 Teilen:

„Und es bildete" 6-10-2-50	68		
„JHWH" 10-5-6-5	26		
„Gott" 1-30-5-10-40	86	180	
„die Rippe" 1-400 5-90-30-70	596		
„welche er genommen"			
1-300-200 30-100-8	639		
„von dem Menschen" 40-50 5-1-4-40	140	1375	
„zu(einer)Frau" 30-1-300-5	336		
„und er brachte sie" 6-10-2-1-5	24		
„zu dem Menschen" 1-30 5-1-4-40	81	441	1996

68 – 26 – 86 bilden die Konstruktion des beschriebenen Gegenübers als Spiegelung über Prinzip JHWH ab.

Dass „die Rippe" 596 über das Prinzip JHWH „zu(einer)Frau" 336 wird, bestätigen auch 596 – 336 mit 260.

Dass Gott mit der Einsicht „welche er genommen" 639 „von dem Menschen" 140 ihn auch „zu dem Menschen" 81 ergänzt, der dieser Mensch im Bild und Gleichnis Gottes ist, bestätigen 639 + 140 + 81 = 860 mit 10 x 86.

Das Wissen um sein 1-Sein wird „von dem Menschen" 140 genommen und er mit 2 x 1 „zu(einer)Frau" 336 gemacht, bis 24 = 2 x 12 die 2 über 5 x 10x10 zur Einsicht bringen: 140 + 336 + „und er brachte sie" 24 = 500.

Satz 21 und Satz 22 erzählen gemeinsam, dass nach dem „Tiefschlaf" 649 der „auf den Menschen" 150 fällt, ihn Gott „die Rippe" 596, „welche er genommen" 639 „von dem Menschen" 140 als Bild für sein eigenes Wesen erkennen lässt: 649 – 639 = 10, 150 – 140 = 10, 1996 – 596 = 140 x 10.

In Summe beschreiben beide Sätze mit 4236 – 1996 = 2240 und 2240 + 860 = 3100 den Menschen im Bild und Gleichnis Gottes.

Er weiß, dass die Materie ihm dazu verholfen hat, sich als verkörperte 3-fache 10 zu erleben: 1996 + 4 = 2000, „die Rippe" 596 + 4 = 2 x 300.

Satz 23 besteht aus 14 Teilen:

„Und es sprach" 6-10-1-40-200	257			
„der Mensch" 5-1-4-40	50	307		
„Diese" 7-1-400	408			
„diesmal" 5-80-70-40	195			
„(ist)Bein" 70-90-40	200			
„von meinen Gebeinen"				
40-70-90-40-10	250	1053		
„und Fleisch" 6-2-300-200	508			
„von meinem Fleisch"				
40-2-300-200-10	552	1060		
„Zu dieser" 30-7-1-400	438			
„werde gerufen" 10-100-200-1	311			
„Männin" 1-300-5	306	1055		
„denn" 20-10	30			
„vom Mann" 40-1-10-300	351			
„genommen ist diese"				
30-100-8-5 7-1-400	551	932	4407	

„Männin" 306 unterscheidet sich „vom Mann" 351 um 45 = 9 x 5 und ist der Teil von ihm, der sein 3-Werden ermöglicht: 306 = 3 x 102.

Sie „werde gerufen" 311 „vom Mann" 351, und zwar im Laufe der 40 in jeder 10 während ihres Lebens in der Materie.

Sie „werde gerufen" 311 „Männin" 306, damit der „Mann" 311 in sich selbst ein Gegenüber hat, das ihm 1 + 4 = 5 ermöglicht.

Denn „vom Mann" 351 „genommen ist diese" 551, um ihn „diesmal" 195 die 5 erkennen und 2 x 10x10 erfahren zu lassen.

Mit 1 + 4 = 5 erkennt sich „der Mensch" 50 als „Bein" 200 = 5 x 4 x 10 „von meinen Gebeinen" 250 = 5 x 5 x 10 „und Fleisch" 508 + „von meinem Fleisch" 552 = 1060; 1060 − 1055 = 5. Die 10 aus 5+5 ist die Basis dafür, dass die 10 2x30 erlebt; „denn" 30 dafür wurde die 2 von der 1 genommen.

Das bestätigen „diese" 408 und „zu dieser" 438 mit ihrer Differenz 30 ebenso wie „Männin" 306 und „zu(einer)Frau" 336 in Satz 22.

„Denn vom Mann genommen ist diese" 932 stellt den direkten Bezug zu „dem Baum des Erkennens Gutes und Böses" 932 her; das Gegen-Teil ist Voraussetzung für die 2 x 1000, die den Zusammenhang zwischen diesen Aussagen und den Grundlagen „des Lebens" 68 in Satz 7 einsieht.

In Summe beschreiben 4407 − 307 = 4100 ein Bewusstsein, das mit 10x10 auf 1+4 reagiert.

4407 + 1413 in Satz 21 erzählen mit 5820 über die 2x10, die „am Tag" 58 des Erkennens in Satz 17 über 10x10 aus dem Tiefschlaf erwacht, und 307 + 1413 = 1720 weisen auf deren Individualität hin.

Satz 24 hat 9 Teile:

„Deshalb" 70-30 20-50	170		
„wird verlassen(ein)Mann"			
10-70-7-2 1-10-300	400		
„seinen Vater" 1-400 1-2-10-6	420		
„und seine Mutter" 6-1-400 1-40-6	454	1444	
„und wird anhangen" 6-4-2-100	112		
„seiner Frau" 2-1-300-400-6	709	821	
„und sie werden" 6-5-10-6	27		
„zu Fleisch" 30-2-300-200	532		
„einem" 1-8-4	13	572	2837

Was in Summe 4407 − 2837 = 1570 mit 3x5 x 10x10 + 7x10 begründen, zeigt „deshalb" 170 mit 7x10 + 10x10.

Die beschriebene zwischenmenschliche Praxis hat ihre Basis im Prinzip des Menschseins: Die 1 im Menschen verlässt die absolute 1, „seinen Vater" 420, geht in die 400, um 400 + 10+10 = 2 x 7 x 30 zu erleben.

Sie tut das mit dem Ziel, als 3-fache 10 in der 4 von ‚Mutter Erde' eine absolute Projektion zu erkennen; „und seine Mutter" 454 sowie 1000 + 444 informieren darüber.

„Männin" 306 in Satz 23 bestätigt gemeinsam mit „seiner Frau" 709, dass der weibliche Aspekt der 1 der Erfahrung der 3 in der 400 dient: 709 − 306 = 403.

„Und wird anhangen" 112 zeigt mit der Kombination von 1-1 und 2, wie 1 und 2 zusammenhängen. Die Primzahl 821 bildet das irdische Miteinander von 2-1 auch mit 700 + 121 ab.

„Und sie werden" 27 = 3x3x3 „zu Fleisch" 532 = 4 x 133 „einem" 13 erklären in Zahlen den Grund dafür, ebenso wie 572 = 500 + Voller Wert 72 von JHWH oder 2 x 286 = 2 x (200 + „Gott" 86)

Satz 25 besteht aus 7 Teilen:

„Und sie waren" 6-10-5-10-6	37		
„beide von ihnen" 300-50-10-5-40	405		
„nackte" 70-200-6-40-10-40	366	808	
„der Mensch" 5-1-4-40	50		
„und seine Frau" 6-1-300-400-6	713	763	
„und nicht" 6-30-1	37		
„schämten sie sich"			
10-400-2-300-300-6	1018	1055	2626

„Und sie waren" beschreibt im Zahlenaufbau den Menschen, wie er war: getrennt in 10 – 10 und darauf vorbereitet, über 5 die Spiegelung zu sehen und 10-10 zu verbinden.

„Und nicht" 6-30-1 zeigt, wozu er noch nicht bewusst fähig war: als 3x10 alles mit 1 zu verbinden.

Die Primzahl 37 = 30 + 7 = 20 + 17 betont, dass beide Voraussetzungen für jeden einzelnen Menschen gelten.

„Der Mensch" 50 hat grundsätzlich das Potenzial zu 5 x 10, „und seine Frau" 713 ist der Aspekt, der über 10x10 den 7. Tag als 10+3 erlebt.

Durch sie kombinieren sich Potenzial und Umsetzung. „Der Mensch" 50 wechselt zwischen „und sie waren"/„und nicht" 37 und beide Aspekte ergänzen 713 mit 37 zu 750 = 5x5 x 3x10 und 750 mit 50 zu 800.

„Und sie waren beide von ihnen nackte" 808 = 2 x 400+4, aber den irdischen 8. Tag mit 8 x 101 zu erleben, ist bereits als unerkannte Option vorbereitet.

„Beide von ihnen" 405 haben 400 mit 5 zu ergänzen, um als 10 beide Aspekte von „und sie waren"/„und nicht" 37 mit sich selbst und die „nackte" 366 Theorie mit der Materie in Verbindung bringen zu können: 37 x 10 = 366 + 4.

„Nackt" 366 zu sein, bedeutet, das nicht zu wissen, nur die 4 = 2x2 zu sehen und nicht ihre Verbindung zu absoluten Prinzipien.

Mit 3 x 122 bildet 366 ab, dass diese Nacktheit in sich das Potenzial zur 3 trägt, die 1 + 2x2 kombiniert, denn 366 birgt in sich 10x6x6+6. Mit 2 x 183 zeigt 366, was der 2 vorerst verwehrt bleibt: am 8. Tag den Zusammenhang von 1 und 3 zu erleben.

1018 − 808 = 210 = 3 x 70 und 1055 − 405 = 650 = 50 x 13 erklären, warum der Mensch nackt zur Welt kommt. Physische Nacktheit ist Abbild eines mentalen Zustandes. Solange beides als selbstverständlich angesehen wird, besteht kein Grund, sich dafür zu schämen. Dem Menschen ist seine Nacktheit nicht bewusst, deshalb schämt er sich nicht dafür.

Erst nach dem Verlassen der unbewussten Einheit hat er das Bedürfnis, diesen Zustand zu ändern, sowohl körperlich als auch mental.

„Schämten sie sich" 1018 zeigt die 10 mit 2 x 9 und meint damit das Bedürfnis, die mentale Blöße von wichtigen offenen Fragen mit klaren Antworten zu bedecken.

1055 − 808 + 763 = 1010 bilden den Zustand ab, wenn „der Mensch und seine Frau" 763 durch das Streben nach Erkenntnis die Phase von Nacktheit und Schämen hinter sich gebracht und 10 mit 10 kombiniert haben.

In Summe steht 2626 für den Menschen, der sich selbst als Projektion dessen sieht, wofür „JHWH" 26 und 2 x 13 stehen.

2626 − 1996 in Satz 22 machen mit ihrer Differenz 630 eine gemeinsame Aussage und bestätigen, dass die körperliche Existenz des Menschen die Erfahrung von 3 x 3x10 x 7 ermöglichen soll; 630 = 9 x 10 x 7 führt ihn dorthin.

Genesis 2 berichtet über die Entstehung der Welt auf eine Weise, die den Beginn menschlicher Wahrnehmung erahnen lässt. Der Mensch erfährt sich hineingestellt in eine Welt der Materie. Diese Welt ist da, aber undurchschaubar. Die Gestaltung der Natur und die Vorgänge darin erlebt der Mensch als gegeben.

Er versteht sich nicht als ein Wesen im Bild und Gleichnis Gottes. Was ihn von toter Materie unterscheidet, ist der Atem, der ihn durchströmt und lebendig sein lässt.

Aus seiner Sicht ist es die Erde selbst, die Leben auf ihr ermöglicht, denn sie bringt Wasser hervor. Die Natur ist es, die dem Menschen die Lebensgrundlagen zur Verfügung stellt.

Die Natur ist für diesen Menschen wie ein Garten, der das körperliche Dasein sichert. 50 und 3 ruhen im Unbewussten, der Mensch weiß noch nichts davon und der „Garten" 3-50 zeigt es ihm auch nicht.

Es ruht auch noch im Unbewussten, dass die 70, die bunte Vielheit des Lebens in der dualen Welt der 4, auf diese 50 hinausläuft. Der Garten „Eden" 2-70-4-50 verbirgt das vor ihm und im Äußeren Wert 126 = 100 + 2x13 = 2 x 3 x 21 auch die 3.

„Pardes", ein hebräisches Wort für „Garten", ist Wortstamm für „Paradies".

Dieser Garten Eden liegt „im Osten" 40-100-4-40; der Äußere Wert 184 = 8 x 23 ergänzt „Eden" 126 zu 310, einer Kombination von 3 und 10.

Alle diese Begriffe und ihre Zahlen erzählen davon, dass pflanzliches Leben, die 3 von Pflanze, Frucht und Same, von vornherein Lebensbasis für den Menschen ist, aber vorerst nur unbewusst und nur physisch. Das körperliche Wesen Mensch erlebt sich in Einheit mit der ihn umgebenden Natur. Diese Einheit ist für ihn selbstverständlich und nicht bewusst nachvollziehbar. Von Schöpfungsworten, die pflanzliches Leben in einem umfassenderen Sinn betonen, weiß er nichts. Er gibt allem Physischen einen Namen und findet seine Ergänzung im anderen Geschlecht, mit dem er sich eins fühlt und sein Leben teilt.

Die Welt von Genesis 2 reduziert sich auf das Irdische. Darin ist von Wasser und von Erde die Rede, aber nicht mehr von Licht oder Himmel, es gibt auch keinen Regen von oben. Es ist die Welt der 4, in der die 1 nicht gesehen wird. Aber das

Prinzip der 5 aus 1 + 4 ist Basis und prägendes Muster für die materielle Welt:

Das hebräische Wort für „Nebel" oder „Dampf", der aufsteigt und die Erde befeuchtet, ist „ed" 1-4. Der Mensch, geformt aus dem Erdboden, „adama" 1-4-40-5, trägt die Bezeichnung „adam" 1-4-40.

Das 1-4-Prinzip wiederholt sich im erwähnten Strom mit seinen 4 Armen.

In Zeit und Materie wird pflanzliches Leben mit Wasser versorgt, kann wachsen, blühen und in reifen Früchten Samen bilden. Aber das ist für den Menschen aus seiner materiellen Sicht eine Selbstverständlichkeit.

Sein Interesse in der Welt der 4 richtet sich auf Land, auf Gold und andere materielle Werte. Sie stehen für ihn an erster Stelle, um sie kreist sein Leben im Fluss der Zeit, damit ist sein Denken ausführlich beschäftigt.

Der erstgenannte Fluss bringt symbolisch zum Ausdruck, was in der Welt der 4 an erster Stelle steht. Die übrigen 3 Flüsse werden nur genannt und örtlich definiert; das Interesse an der 3 ist begrenzt.

„Pischon" 446 und „Hawila" 64 definieren den Bereich, in dem sich das Denken im Zeitlichen in erster Linie bewegt. 446 und 64 betonen die 4 und symbolisieren eine Ausrichtung auf Materie und Materielles. Zugleich deuten sie über 2 x 6 die Verbindung von 2x4 + 1x4 an.

446 + 64 = 510 summieren sich zu 510 und bilden mit 5 und 10 ab, womit sich das Denken nach dieser Verbindung in erster Linie beschäftigt.

Im Bereich der Zahlen sind die 1 und die daraus resultierende 5 also sehr wohl vorhanden, im Bereich der Buchstaben aber nicht zu erkennen. Das gilt auch für die beiden Bäume in der Mitte des Garten Eden.

Der Baum des Lebens 70-90 5-8-10-10-40 hat den Äußeren Wert 233, der Baum der Erkenntnis von Gut und Böse 70-90 5-4-70-400 9-6-2 6-200-70 summiert sich zum Äußeren Wert 932.

Ihr Verhältnis zueinander entspricht dem 1-4-Prinzip: 4 x 233 = 932; der Baum des Lebens ist die 1, der Baum der Erkenntnis die 4.

Deshalb ist auch das Nehmen vom Baum der Erkenntnis eine Entscheidung gegen das Leben, gegen die 1 und für die Welt der 4 sowie den Tod.

Von vornherein sind in der Welt der 2 die Voraussetzungen für das Prinzip 1-4 gegeben, wenn auch nicht offensichtlich.

„Ed", „Adama", „Adam" ebenso wie der Strom, der sich in 4 Arme teilt, bringen mit dem Verhältnis der beiden Bäume das 1-4-Prinzip insgesamt 5x zum Ausdruck und zeigen damit auch gleich, worauf es abzielt.

Mit 25 = 5 x 5 Sätzen beschreibt Genesis 2 vordergründig die Welt der 2 und indirekt ihre Orientierung. In Satz 4 erklärt die 5. Gruppe von Zeichen „bei ihrem Geschaffenwerden" 250 die Ausrichtung der 4 auf 5.

Satz 7 lässt wissen, was am 7. Tag geschieht: Dem aus „Staub" 350 „vom Erdboden" 145 geformten Menschen fehlt in Summe mit 495 die 5 auf 500.

Der „Odem des Lebens" zeigt mit 790 + 68 = 858 eine Spiegelung der 8; die 5 macht sie für das „lebendige" 23 „Wesen" 430 Mensch sichtbar.

„Staub" 350 bildet 3 und 50 als vorbestimmt ab, summiert seinen Vollen Wert 725 und seinen Verborgenen Wert 375 zu 1100 und zeigt damit Weg und Ziel jeder 10 als ‚Staubkörnchen' der 1.

„Staub" 350 zeigt auch, dass die Wahrnehmung durch die ‚5 unten' als irdischem Aspekt des Menschen nur zur Hälfte die Realität des 7. Tages wiedergibt. Ganz werden Tag und Mensch mit 10x10: 7 x 100 = 2 x 350.

Die Welt der 2 ist eine halbe und eine doppelte zugleich, beide Arten der ‚Verschleierung' durch die 2 treten darin als Gegensätze auf.

Diese ‚Verschleierung' bewirkt, dass das 1-4-Prinzip zwar vorhanden, dem Menschen aber nicht einsehbar ist. Er erlebt sein körperliches Dasein in einer unbewussten Einheit mit allem, was ihn umgibt. Sein Fühlen, Denken und Handeln ist eingebunden in den Kreis der Natur und Teil davon. Die Selbstwahrnehmung als Mensch ist körper- und materieorientiert. Er hat in der unbewussten Einheit des Garten Eden keinen Sinn für eine darüber hinausgehende Sicht auf sich selbst. Eine Wahrnehmung von sich als Mensch im eigentlichen Sinn fehlt. Seine körperliche Existenz richtet sich auf Lebenserhaltung aus und unterscheidet sich in diesem Sinn nicht von tierischem Leben. Seine Erfahrungswelt ist definiert durch die 2 und reduziert sich darauf. Er ist sich aber auch dessen nicht bewusst.

Nackt zu sein, bedeutet zwar, nur den Körper zu sehen und damit die 2, aber dafür hat der Mensch in der unbewussten Einheit des Garten Eden noch keinen Sinn.

Langsam wird er auf ein Gegenüber vorbereitet, auf das Wahrnehmen der Dualität, die ihn aus der unbewussten Einheit herausführt. Denn das Alleinsein, das unbewusste All-eins-sein des Paradieses ist für den Menschen nicht gut, nicht „gut" 9-6-2. Ohne ein Gegenüber kann er die wesentliche Veranlagung seiner

Seele nicht umsetzen; der Atbasch 9-6-2 von „Seele" entspricht den Zahlen und dem Äußeren Wert 17 von „gut".

Vorerst ist es das Tierische und damit das rein Körperliche, das ihm zu diesem Entwicklungsschritt verhilft. Er lernt dadurch, außerhalb von sich selbst etwas anderes wahrzunehmen und zu benennen. Schließlich ist es die Männin, die als gleichwertiges Du dem Mann gegenübersteht. Der „Mann" 1-10-300 anerkennt die „Männin" 1-300-5 als seine Entsprechung. Auf körperlicher Ebene bereiten 311 − 306 = 5 vor, was später bewusst wird.

Der Moment der 5 ist das Erwachen des Bewusstseins aus dem Tiefschlaf.

Dass der geheimnisvolle Vorgang, wie die Männin aus dem Mann, wie die 2 aus der 1 entsteht, sich der Beobachtung entzieht, wird bildhaft gemacht durch den tief schlafenden Adam. Der Mensch weiß nicht, dass und wie aus 1 eine 2 entsteht, er kann die 2 nur wahrnehmen.

Erst mit der Einsicht von 4 + 1 = 5 kann er gedanklich nachvollziehen, dass sich die 1 mit 1-1 die 2 als Gegenüber kreiert hat. Er selbst als 2 nimmt in sich von 1 zu 1 ein Gegenüber wahr, das ihm entspricht und mit dem er sich in seinem tiefsten Wesen verbunden fühlt.

Der in Genesis 2 geschilderte Ablauf findet seinen Ausdruck in der Entwicklungspsychologie des Menschen. Das Neugeborene hat noch keine bewusste Wahrnehmung von sich und der Außenwelt. Aber bald verlässt das Kleinkind den unbewussten Einheitszustand und richtet seine Sinne zunehmend nach außen. Ein Du ist da, zu dem es Beziehung aufnimmt; Eltern, Geschwister, später auch andere Menschen und Tiere. Schließlich macht es die ganz besondere Erfahrung, sich im Spiegelbild selbst zu erkennen.

Mensch erkennt Mensch, zuerst im Du und dann im Ich. Das ganze Leben ist davon geprägt, in einem Du Beziehung und das

Erleben von Einheit zu suchen, und gipfelt in der unerwarteten Selbst-Erkenntnis durch eine beobachtete Spiegelung von 1 zu 1.

Die 2 ist abhängig von der 1, kann nicht von sich aus oder unabhängig davon existieren. 2 folgt immer nach der 1 und in diesem Sinn ist das Weibliche dem Männlichen nach- oder untergeordnet. Das hat nichts mit dem biologischen Geschlecht als Mann und Frau zu tun. Die 2 ist für jeden Mann und jede Frau der weibliche Part der 1, der sichtbar ist. Mit dieser sichtbaren weiblichen 2 möchte sich die unsichtbare 1 in jedem Menschen zu 3 ergänzen.

Das ist auch der Grund, warum der Mann Vater und Mutter verlässt und „seinem Weibe anhangt": Die 1 im Menschen bewegt sich mit der 2 und folgt ihr, um sich mit ihr zu vereinen und gemeinsam eine neue Ganzheit zu bilden. Der „Mann" als 1 ist Sohn von „Vater" und „Mutter" und daher zugleich eine 3 aus 1 + 2. Als 1 und als 3 ist er getrieben vom Bestreben, mit der 2 eine neue 3 zu bilden.

Was als innerster Beweggrund und als Zielsetzung seines Lebens jeden Menschen unbewusst antreibt und leitet, kommt auch auf körperlicher Ebene als starke Motivation zum Ausdruck.

Genesis 2 erzählt über die Entstehung der 2 auf sehr körperorientierte Weise. Es ist die Rede von Rippe, Gebein und Fleisch.

„Rippe" 90-30-70 hat im Hebräischen auch die Bedeutung von „Seite" oder „Aspekt". Die Gestaltung der 2 als Aspekt der 1 lässt dieses Bild leichter und umfassender verstehen.

„Rippe" 190 ist eigentlich jene Seite des Menschen im Bild und Gleichnis Gottes, dem seine weibliche = körperliche Existenz entstammt. Adam meint das Gesamtkonzept Mensch. Der menschliche Körper geht aus diesem Konzept hervor. 90-30-70 und Äußerer Wert 190 zeigen den Grund für die weibliche 2 = die körperliche Erscheinung des Menschen.

Dass das Weibliche in der materie-orientierten Sichtweise biologisch verstanden wird, entspricht dem Prinzip der 2.

Denn generell gilt in der Dualität die Selbst-Begrenzung auf die 2; eine auf Form und Körper ausgerichtete Sichtweise kann nur Form und Körper wahrnehmen. Absolutes wird zu Körperlichem. Dieser Umstand ist Grundprinzip der Schöpfung und Grundprinzip menschlicher Wahrnehmung.

BUCH GENESIS
Kapitel 3 – Genesis 3
(Die Vertreibung aus dem Paradies)

„1 Und die Schlange war listiger als alles Getier des Feldes, das Jehova Gott gemacht hatte; und sie sprach zu dem Weibe: Hat Gott wirklich gesagt: Ihr sollt nicht essen von jedem Baume des Gartens? 2 Und das Weib sprach zu der Schlange: Von der Frucht der Bäume des Gartens essen wir; 3 aber von der Frucht des Baumes, der in der Mitte des Gartens ist, hat Gott gesagt, davon sollt ihr nicht essen und sie nicht anrühren, auf dass ihr nicht sterbet. 4 Und die Schlange sprach zu dem Weibe: Mitnichten werdet ihr sterben! 5 Sondern Gott weiß, dass welches Tages ihr davon esst, eure Augen aufgetan werden und ihr sein werdet wie Gott, erkennend Gutes und Böses.

6 Und das Weib sah, dass der Baum gut zur Speise und dass er eine Lust für die Augen und dass der Baum begehrenswert wäre, um Einsicht zu geben; und sie nahm von seiner Frucht und aß, und sie gab auch ihrem Manne mit ihr, und er aß. 7 Da wurden ihrer beider Augen aufgetan, und sie erkannten, dass sie nackt waren; und sie hefteten Feigenblätter zusammen und machten sich Schürzen.

8 Und sie hörten die Stimme Jehovas Gottes, der im Garten wandelte bei der Kühle des Tages. Und der Mensch und sein Weib versteckten sich vor dem Angesicht Jehovas Gottes mitten unter die Bäume des Gartens. 9 Und Jehova Gott rief den Menschen und sprach zu ihm: Wo bist du? 10 Und er sprach: Ich hörte deine Stimme im Garten, und ich fürchtete mich, denn ich bin nackt, und ich versteckte mich.

11 Und er sprach: Wer hat dir kundgetan, dass du nackt bist? Hast du gegessen von dem Baume, von dem ich dir geboten habe, nicht davon zu essen? 12 Und der Mensch sprach: Das Weib, das du

mir beigegeben hast, sie gab mir von dem Baume, und ich aß. 13 Und Jehova Gott sprach zu dem Weibe: Was hast du da getan! Und das Weib sprach: Die Schlange betrog mich, und ich aß.

14 Und Jehova Gott sprach zur Schlange: Weil du dieses getan hast, sollst du verflucht sein unter allem Vieh und unter allem Getier des Feldes! Auf deinem Bauche sollst du kriechen und Staub fressen alle Tage deines Lebens! 15 Und ich werde Feindschaft setzen zwischen dir und dem Weibe und zwischen deinem Samen und ihrem Samen; er wird dir den Kopf zermalmen, und du, du wirst ihm die Ferse zermalmen.

16 Zu dem Weibe sprach er: Ich werde groß machen deine Mühsal und deine Schwangerschaft, mit Schmerzen sollst du Kinder gebären; und nach deinem Manne wird dein Verlangen sein, er aber wird über dich herrschen!

17 Und zu Adam sprach er: Weil du auf die Stimme deines Weibes gehört und gegessen hast von dem Baume, von dem ich dir geboten und gesprochen habe: Du sollst nicht davon essen –, so sei der Erdboden verflucht um deinetwillen: mit Mühsal sollst du davon essen alle Tage deines Lebens; 18 und Dornen und Disteln wird er dir sprossen lassen, und du wirst das Kraut des Feldes essen! 19 Im Schweiße deines Angesichts wirst du Brot essen, bis du zurückkehrst zum Erdboden, denn von ihm bist du genommen. Denn Staub bist du, und zum Staube wirst du zurückkehren!

20 Und der Mensch gab seinem Weibe den Namen Eva, denn sie war die Mutter aller Lebendigen. 21 Und Jehova Gott machte Adam und seinem Weibe Röcke von Fell und bekleidete sie.

22 Und Jehova Gott sprach: Siehe, der Mensch ist geworden wie unser einer, zu erkennen Gutes und Böses; und nun, dass er seine Hand nicht ausstrecke und nehme auch von dem Baum des Lebens nehme und esse und lebe ewiglich! 23 Und Jehova Gott schickte ihn aus dem Garten Eden hinaus, um den Erdboden zu

bebauen, davon er genommen war; 24 und er trieb den Menschen aus und ließ lagern gegen Osten vom Garten Eden die Cherubim und die Flamme des kreisenden Schwertes, um den Weg zum Baume des Lebens zu bewahren."

Solange ein unbewusstes Einheitsempfinden die Wahrnehmung bestimmt, ist die 2 ausschließlich an der 1 orientiert. Dieser paradiesische Zustand kann mit Schaffung der 2 nicht bestehen bleiben.

Mit der Kreation eines Du und damit von etwas Zweitem verliert die unbewusst gelebte Einheit ihren dominierenden Einfluss und muss letztlich verlassen werden, um die Dualität in die Existenz zu bringen.

Das Weibliche ist als der körperliche Aspekt von Adam gleichzeitig der Teil des Menschen, der dem Erleben der Dualität entspricht. In der Dualität hat diese vom Weiblichen dargestellte 2 gegensätzliche Pole. Die irdische Existenz ist geprägt durch diese Polarität, sie bestimmt die Wahrnehmung des Menschen als körperliches Wesen. Daher ist es unvermeidlich, dass sich in der Welt der 2 zur 1 ein Gegenpol kreiert.

Im Bild der Schlange kommt etwas in die Existenz, das als Tier einen Gegensatz zum rein Geistigen der 1 bildet und das der 1 widerspricht. Dieser Widerspruch ist in der Welt der Dualität unumgänglich. Die 1 schafft sich über die 2 ein Gegen-Teil. Jedes Gegen-Teil ist in der Welt der Dualität ebenso ein Aspekt der 1 wie die 1 selbst. Die 2 nimmt aber in der Dualität nur die 2 wahr. Sie weiß nichts von der 1, der sie eigentlich entstammt und die sich durch sie ausdrückt.

Die Schlange ist innerhalb der Dualität das Gegenteil von Gott. Der Mensch als 2 kann sich entweder der Schlange zuwenden oder Gott. Er sieht nur diese beiden Möglichkeiten, und für ihn ist die eine Seite böse und die andere gut.

Das Bild der Schlange ist darauf ausgelegt. Sie bringt den Menschen dazu, vom Baum des Erkennens von Gut und Böse zu essen, und zwingt ihn damit in ein Spannungsfeld.

Mit der Schlange erscheint etwas Drittes neben Adam und seiner Frau und ist Ausdruck der 3, die in der Welt der 2 durch eine bestehende Spannung zwischen den Polen für Bewegung sorgt. Als das Gegen-Teil von 1 ist sie jener Teil der 1, der in der Dualität nicht als Teil der 1 angesehen und erkannt wird. Die 2 nimmt nur Trennung wahr. Sie erfasst nur die Seite des Guten als 1 und trennt die Seite des Bösen davon ab.

Die Schlange symbolisiert in Genesis 3 den Gegenpol zu Gott und damit das Böse. Als dieser unerkannte Teil der 1 motiviert sie den Weg des Menschen in der Dualität. In der Dualität erkennt der Mensch nicht, dass sich die 1 in 2 Hälften teilt und aus beiden besteht; er trennt eine Hälfte ab und sieht Gott als Teil der Polarität und nicht als deren Hintergrund und Ursprung.

Die 3 erzeugt ein Spannungsfeld, indem sie zwischen 1-1 und 1 trennt. Trennung und Spannung sind 2-fach, einmal innerhalb von 1-1 und dann noch zwischen 1-1 = 2 und 1. Die absolute 1-3 definiert sich dadurch, dass sie als 1 eine 3 kreiert, die aus 1-1 und 1 besteht. Die 1 äußert sich damit auf 3-fache Weise, sie ist als 1 Ursache, als 2 Spannung und als 3 Ziel. Die 1 kreiert mit der 2 eine 2-fache Spannung, einmal innerhalb der 2 und zusätzlich gegenüber der 1. Die 1-3 als absolute 13 zeigt die in ihr liegende Spannung. Sie zielt damit auf sich selbst ab, hat sich selbst zum Ziel, denn sie will von der menschlichen 13, der 10+3, als Ganzheit erkannt zu werden.

Gott ist als 1 eine Einheit, die sich in der Dualität gegensätzlich darstellt und 2 Pole umfasst. Gott ist zugleich die menschliche 2, die diese Einheit nicht sieht und Gott nur einen der beiden Pole zuweist. Gott ist 1 und 2 zugleich und definiert mit seiner 3, die beides ist, die menschliche 3 in seinem Bild und Gleichnis.

Als Wesen im Bild und Gleichnis Gottes erlebt der Mensch auch selbst diese Trennung; er will das Verbindende und damit das Gute in und um sich fördern und das Trennende, Böse möglichst eliminieren. Erst mit der Einsicht, dass beide Pole Ausdruck der 1 sind, hört die ablehnende Kategorisierung auf. Die menschliche 3 akzeptiert, dass alle Aspekte der Polarität das Wirken der 1 ausdrücken. Dieses Denken sieht in der 2 eine geteilte 1 und verbindet 1/2 + 1/2 zu 1 und 2x1 + 1 zu 3.

Diese Art, die 1 zu sehen, diese Ein(s)sicht entspricht dem Baum des Lebens, und von diesem Baum darf der Mensch in seinem paradiesischen, unbewussten Einheitsempfinden nicht essen. Er muss zuerst den Weg in die Vielheit gehen, um die Einheit bewusst zu erkennen und gemeinsam mit der Dualität die Ganzheit der 3 zu erleben. Der Baum des Lebens bildet mit seinem Vollen Wert 777 ab, dass die Welt der 7 dazu voll und ganz durchlebt werden muss. Mit seiner Summe 1010 aus Äußerem Wert 233 und 777 gibt dieser Baum an, worauf das Leben abzielt.

Die 1 kreiert die 2 und damit Trennung. Diese Trennung verlangt nach gegenseitiger Ergänzung und bringt das Bedürfnis mit sich, die Halbheit zu überwinden. Mit der Trennung in Mann und Frau spürt der Mensch seine eigene Halbheit und sucht die andere Hälfte. Auf körperlicher und gefühlsmäßiger Ebene äußert sich so ein grundsätzliches Prinzip:

Das Absolute = Männliche in jedem Menschen bildet in der Welt der 2 einen Gegensatz zum Körperlichen = Weiblichen. Das eine gehört der Welt der 1 an, das andere der Welt der 2; die Unvereinbarkeit beider Pole erzeugt Spannung. Diese Spannung zwischen 1 und 2 wirkt als Antriebskraft in dem Sinn, dass die 2 dadurch gefordert ist, Energie in die Lösung von Problemen zu investieren. Die 3, die 2 mit 1 in Einklang bringt, ist sich dessen bewusst und beobachtet zusätzlich ein Kräftewirken aus der Fusion von 2 + 1, das ihre Lebensenergie erhöht.

Das Weibliche, die menschliche 2, hat auch selbst 2 Ausdrucksformen:

In erster Linie ist damit die körperliche Existenz gemeint. Biologisch entspricht diese Existenz dem Körper eines Säugetieres. Das Tier geht in der evolutionären Entwicklung dem Menschen voraus und erreicht mit dem Säugetier die höchste Stufe. Der tierische Körper ist biologische Basis für das physische Erscheinen des Menschen und hat nichts mit dem eigentlichen Wesen Mensch zu tun. Dieses tierische Körperliche ist zur Erde hin orientiert und als blinde, unbewusste Kraft auf die Vielheit ausgerichtet, weg von der 1 und hin zur 400.

In zweiter Linie sind mit dem Weiblichen auch die Sinneswerkzeuge, das Denk- und Wahrnehmungsvermögen des Menschen und somit die Ausrichtung seines Bewusstseins gemeint. Die Polarität bietet 2 entgegengesetzte Richtungen an, auf die sich dieser Aspekt des Weiblichen fokussieren kann. Entweder wendet es sich dem Bereich des Tierischen zu, das im weitesten Sinn als die von der Zahl 400 definierte, zur Materie hin orientierte Existenz zu verstehen ist. Oder es ist nach innen/oben zur 1 hin ausgerichtet, zum eigentlichen Wesen des Menschen. Der Fokus hin zum Wesentlichen ist die Gegenbewegung zum Tierischen, weg von der 400 und hin zur 1.

Das „Frau"-Prinzip umfasst den Körper und das Vermögen, Sinnesreize zu erfassen und zu verarbeiten. Es bildet die Kontaktebene nach beiden Richtungen, sowohl hin zum „Tier"- als auch hin zum „Mann"-Prinzip. „Frau" ist der sichtbare und zugleich sehende menschliche Aspekt.

Was „sie" äußerlich wahrnimmt und tut, wird innerlich vom „Mann" wahrgenommen und getan. „Er" ist die 1 im Menschen, das Unsichtbare und Absolute. „Sie" ist die 2, das Sichtbare und Irdische, das sich nach 2 Seiten wendet, entweder hin zur Materie oder hin zum Absoluten.

Es stellt eine Herausforderung dar, sich auf darauf einzustellen, was mit Männlichem, Weiblichem und Tierischem in den Texten der Heiligen Schrift gemeint ist. Das gewohnte Denken versteht diese Begriffe ganz selbstverständlich so, wie es sie aus dem Alltag kennt. Sie sind von Vorstellungen und Bildern geprägt, die dem Leben in Zeit und Raum entsprechen. Deshalb kommt es auch zur missverständlichen Auslegung ihrer Symbolik in allen Glaubensrichtungen.

Ein Denken, das sich mit der prinzipiellen Aussage dieser Begriffe beschäftigt, schweift ganz unwillkürlich immer wieder ab und hat die Tendenz, am gewohnten Verständnis hängen zu bleiben. Der Perspektivenwechsel ist mühsam und erfordert aufmerksames und wiederholtes Interesse, das letztlich damit belohnt wird, die Grundlagen des Lebens in dieser Welt zu verstehen. Männliches, Weibliches und Tierisches sind Prinzipien, die den Menschen archetypisch definieren.

Die Dreiheit, die Genesis 3 mit Mann, Frau und Schlange anschaulich macht, ist die treibende Kraft, die den Menschen generell in Bewegung setzt und hält. Die 3 als „Gimmel" = Kamel macht diesen Impuls zur Bewegung ebenso bildhaft wie die Schlange im 3. Kapitel der Genesis.

Die 3 als grundlegendes Ordnungsprinzip zu verstehen, das sich durch die 3 archetypischen Begriffe Mann, Frau und Tier äußert, öffnet den Zugang zum eigentlichen Verstehen von Genesis 3.

Die 3 Begriffe beleuchten 3 Aspekte, die das Wesen Mensch ausmachen. Unter diesem Gesichtspunkt lässt sich die Begegnung mit der Schlange und das Essen der verbotenen Frucht als Vorgang verstehen, der nichts mit Schuld und Erbsünde im traditionellen religiösen Sinn zu tun hat.

Die Schlange als tierischer Aspekt sorgt dafür, dass der Weg in die Vielheit begonnen wird. Nach dem Verlassen der paradiesischen Einheit ist das menschliche Denken, Fühlen, Wollen und

Handeln vordergründig nach außen gerichtet und hat als Ziel die Entwicklung hinein in die Vielheit der 400. Erst durch wiederholtes Erleben von End- und Wendepunkten richtet sich die Aufmerksamkeit zunehmend auch nach innen.

Schlange „nachasch" 50-8-300 und Messias „maschiach" 40-300-10-8 haben im Wortstamm denselben Äußeren Wert 358. Sie entsprechen einander auf gegensätzliche Weise, die Schlange treibt den Menschen bis zur Grenze von 400 und der Messias erlöst ihn davon. „Die Schlange" 5-50-8-300 in Genesis 3 zeigt 5 als Kontaktstelle an dieser Grenze.

Auch 60 = Samech trägt die Bezeichnung „Schlange" und steht für die Widrigkeiten des Lebens, die den Menschen zwingen, sich mit anstehenden Problemen und deren Lösung zu beschäftigen; auf diese Weise kommt und bleibt er in Bewegung auf seinem Weg hin zu 2 x 30.

Die Schlange erweitert die 2 von Mann und Frau aus Genesis 2 zur 3; die Szene mit der Schlange ist ein Bild dafür, dass sich die absolute 3 als Impuls auf den Menschen überträgt. Im Dialog zwischen Frau und Schlange ist daher nur von Gott = Elohim die Rede, seine absolute 3 allein ist der Hintergrund für dieses Geschehen. Das Prinzip 3, das Genesis 1 am 3. Tag mit seinen theoretischen Grundlagen skizziert, bekommt in Genesis 3 einen Bezug zum Leben des Menschen.

Im übrigen Text von Genesis 3 steht das Absolute ausnahmslos als JHWH Elohim mit dem Menschen als Mann und Frau im Dialog. „JHWH" 10-5-6-5 bringt die Trennung der 1 in 2 zum Ausdruck; eine 10 als Einheit teilt sich in gegensätzliche Hälften und präsentiert sich als 5-6-5. So wie 2 der duale Aspekt von 1 ist, ist 5-6-5 der duale Aspekt von 10.

Elohim kreiert sich mit JHWH eine irdische Entsprechung. Die 1 tritt als 2 in Erscheinung und definiert über JHWH diese Erscheinung mit 10. Diese 10 ist der Mensch im Bild und Gleichnis der 1; in der Phase von 10+2 dominiert die 2 die Wahrnehmung der 10.

Während dieser Phase von 5-6-5 ist nur die Trennung zu sehen. 5 und 5 als einander ergänzende Hälften der 10 zu erkennen, ist gleichbedeutend mit der Verbindung von 2 + 1 zu 3; das Trennende der 2 wird durch die Erkenntnis, dass sie konträrer Ausdruck der 1 ist, überwunden.

Es ist unausweichlich, dass der Mensch den Zustand der unbewussten, paradiesischen Einheit verliert und seinen Weg in die Vielheit der 400 beginnt. Verlieren „abed" 1-2-4 zeigt mit Zahlenaufbau und Äußerem Wert 7 diesen Gang am 7. Tag in eine Welt der 4. Das Wissen um die 1 verliert sich und die menschliche 1 verliert sich in der 4.

Ohne die bewusste Verbindung zur 1 fehlt dem Menschen etwas. Er spürt, ohne es benennen zu können, dass etwas Wesentliches nicht da ist. In diesem Sinn fühlt er sich verloren und auch nackt. Eigentlich ist es eine innere Nacktheit, die er nun glaubt, mit äußeren Mitteln bedecken zu können. Die Feigenblätter sind ein Symbol dafür.

Jetzt versucht der Mensch, sich mit Hilfe der Materie ein Paradies auf Erden zu schaffen. Er meint wirklich, wie Gott zu sein, über sein Leben bestimmen zu können und die Kontrolle darüber zu haben. Er glaubt auch zu wissen, was gut und was böse ist. Und er gibt sich dem Trugschluss hin, dass der eigene körperliche Tod nicht existiert, indem er jeden Gedanken an ihn verdrängt. Dass er sich vor Gott versteckt, zeigt sich dadurch, dass er ihn ignoriert oder ablehnt. Er lebt in einer Welt der Illusion und merkt nicht, dass er eigentlich immer noch nackt ist und sich im Grunde selbst überlistet.

Denn seine Ausrichtung auf ein gutes, bequemes Dasein bewirkt in der Welt der Dualität, dass er auch das Gegenteil erleben muss.

Gerade der abgelehnte Pol drängt sich auf. Was versucht wird, zu vermeiden, wird zur Realität. Der Mensch kämpft gegen innere und äußere Not, gegen Hunger, Depression, Krieg, Elend, Verzweiflung an. Er sieht sich einem übermächtigen Schicksal ausgeliefert, dem er sich fügen muss, wenn Tod oder Krankheit seine Pläne durchkreuzen. So verhindert die absolute 3, dass sich der Mensch in der Welt der 4 wirklich verliert.

Denn durch solche Erfahrungen verschiebt sich die Wertigkeit und was vorher im materiellen Sinn erstrebenswert war, verliert an Bedeutung. In Phasen der Not wird der dringende Ruf nach einem Gott laut, der helfen und das Unvermeidliche abwenden soll. In solchen Momenten geht die Aufmerksamkeit nach innen und ‚hört' das, was sonst vom Lärm des Außen überlagert ist.

Das sind Momente, in denen die „Frau" nach dem „Mann" verlangt, die 2 nach der 1; aber sie muss einsehen, dass der „Mann" über die „Frau" herrscht. Die 1 bestimmt, was geschieht, und die 2 hat sich dem Willen der 1 unterzuordnen.

Derartige Erfahrungen macht die „Frau" so lange, bis sie endgültig akzeptiert, selbst keinerlei Macht zu haben. Lange Zeit war sie der Meinung, sie habe die Entscheidungsgewalt. Die motivierende 3 im Bild der Schlange hat sie glauben lassen, sie könnte wählen, ob sie die Frucht vom Baum der Erkenntnis nimmt oder nicht. Im Nachhinein stellt sich das als List heraus, die sie auf einen not-wendigen Weg brachte. Am Ende des Weges weiß die 3, dass niemals die 2 es war, die wählte und entschied, sondern immer die 1 in und ‚über' ihr und sie fügt sich nun bewusst diesem Willen.

Satz 1 berichtet in 20 Teilen:

„Aber die Schlange"	6-5-50-8-300	369
„war"	5-10-5	20
„listig"	70-200-6-40	316
„mehr als jedes"	40-20-30	90

„Getier" 8-10-400	418		
„des Feldes" 5-300-4-5	314		
„das" 1-300-200	501		
„gemacht hatte" 70-300-5	375		
„JHWH" 10-5-6-5	26		
„Gott" 1-30-5-10-40	86	2515	
„und sie sagte" 6-10-1-40-200	257		
„zu der Frau" 1-30 5-1-300-5	342	599	
„Ob" 1-80	81		
„wirklich gesagt hat" 20-10 1-40-200	271		
„Gott" 1-30-5-10-40	86	438	
„Nicht" 30-1	31		
„sollt ihr essen" 400-1-20-30-6	457		
„von jedem" 40-20-30	90		
„Baum" 70-90	160		
„des Gartens" 5-3-50	58	796	1833

Die Schlange wird als listig beschrieben. „Listig" 70-200-6-40 wiederholt den Wortstamm 70-200-6-40 von „nackte" 70-200-6-40-10-40 am Ende von Genesis 2. In Genesis 3 hat „nackte" 70-10-200-40-40 später einen veränderten Aufbau, der erklärt, worin die List der Schlange besteht:

Sie ‚verschweigt', dass die Nacktheit mit 10-40 endet, verdoppelt die 40 und beschränkt sie so auf sich selbst. Sie eliminiert 6 und setzt 10 an eine andere Stelle, sodass weder Verbindung noch Symmetrie zu erkennen sind. Auf listige Weise wird die Qualität der ursprünglichen Nacktheit verfälscht.

Nackt zu sein, heißt, nur die 2 zu sehen, die Welt der Dualität mit all ihren Verlockungen zu Macht, Reichtum und einem bequemen, guten Leben. Die List der Schlange besteht darin, die Aufmerksamkeit auf 2, 4 und ihre Verlockungen zu richten. Ihre Einflüsterungen entsprechen dem Einfluss einer äußeren ‚lauten' Stimme, die im Alltag die leise innere Stimme übertönt. Auch damit wird Spannung zwischen 2 und 1 provoziert.

Im Uroboros, im Bild der sich in den Schwanz beißenden Kreis-
schlange, ist sie Symbol für eine kosmische Einheit, die alles um-
schließt und in sich vereint. Mit der 2 öffnet sich dieser Kreis, die
Schlange zeigt ihre gegensätzlichen Enden und wird zum Symbol für die Nacktheit, List und Erdgebundenheit im Sinne der 2.

Der Atbasch-Wert für „listig" ist 7-3-80-10, in Summe 100. Generell sagt der Atbasch aus, dass sich in der erscheinenden Welt
nur eine Hälfte zeigt und die andere, gegensätzliche Hälfte im
Geistigen liegt. Das „Nadelöhr" der 100 ist die andere Hälfte
von List in der Dualität.

Der Satzbau geht auf diese Art von List ein, die verfälscht und infrage stellt. Von 20 Teilen beschreiben 10 die Schlange. Sie treffen mit 2515 eine gemeinsame Aussage und definieren mit 5x5
5x3, wie die 10 konzipiert ist.
Dass die Schlange infrage stellt, was konzipiert ist, kommt in den
Worten der restlichen 10 Satzteile zum Ausdruck. Indem diese 10 Teile 3 Gruppen zu 2, 3 und 5 bilden, machen sie die 10
als solche unkenntlich und zeigen zugleich, worauf diese Täuschung hinausläuft. In Summe bildet 1833 ab, dass sie darauf abzielt, was 2x9 3-3 aussagen.

Satz 2 besteht aus 6 Teilen:

„Da sprach" 6-400-1-40-200	647		
„die Frau" 5-1-300-5	311		
„zu der Schlange" 1-30 5-50-8-300	394	1352	
„Von der Frucht" 40-80-200-10	330		
„des Baumgartens" 70-90 5-3-50	218		
„mögen wir essen" 50-1-20-30	101	649	2001

Satz 3 setzt fort in 13 Teilen:

„aber von der Frucht" 6-40-80-200-10	336
„des Baumes" 5-70-90	165
„der" 1-300-200	501

"in der Mitte des Gartens"

2-400-6-20 5-3-50	486	
"sprach" 1-40-200	241	
"Gott" 1-30-5-10-40	86	1815
"Nicht" 30-1	31	
"sollt ihr essen" 400-1-20-30-6	457	
"von ihm" 40-40-50-6	136	624
"ja nicht" 6-30-1	37	
"rühret" 400-3-70-6	479	
"an ihn" 2-6	8	524

"damit nicht ihr sterbet"

80-50 400-40-400-6-50	1026		3989

Die Sätze 2 + 3 machen eine umfassende Aussage mit 6 + 13 = 19 Teilen. Insgesamt bestätigen 2001 und die Primzahl 39 8 9, dass "von der Frucht" 330 = 10 x 33 "des Baumes" 165 = 5 x 33 und "des Baumgartens" 218 = 2 x 109 das Erkennen von Zusammenhängen genährt wird.

Satz 2 besteht aus 6 Teilen, Satz 3 aus 2 x 6 + 1; die Kombination von 1 mit der 3-fachen 6 von 18 zielt in Summe mit 5990 auf eine 10 ab, welche die Qualität der 6 maximal nutzt und sich selbst als 3-fache 10 versteht, was 6000 mit 6 x 10x10x10 zusammenfasst.

Die Worte "damit nicht ihr sterbet" 1026 stehen an 13. und insgesamt 19. Position. Sie verlieren ihren bedrohlichen Charakter für die 10, die sich als 2 x 13 erfasst. Der Zahlenaufbau macht die Aussage, dass diese 13x10 die 400 als Projektion im Zeitlichen und in Verbindung sieht mit dem Potenzial, das "der Mensch" 50 in Genesis 2 aufweist.

624 – 524 = 100 = 2 x 50, 624 + 1026 = 1650 sowie 524 + 1026 = 1550 zeigen, dass "der Mensch" 50 sein Potenzial umsetzt.

Dieser Mensch weiß, dass von der Frucht des Baumes in der Mitte des Gartens nur die ‚Gefahr' ausgeht, letztlich grundlegende

Prinzipien einzusehen und sich als menschliches Abbild Gottes zu erkennen:

1026 − 336 = 690, 336 + 624 = 960, 486 + 624 = 1110, 486 + 524 = 1010,

1026 − 486 = 540, 486 − 336 = 150, 336 + 524 = 860 = 10 x „Gott" 86

Er weiß, „Gott" 86 hat diesen Baum „in der Mitte des Gartens" 486 als Symbol benutzt, um den Menschen die Welt der 400 zu erklären.

1026 − 136 = 990, 524 + 136 = 660, 136 − 86 = 50 und 336 − 136 = 200 erzählen, dass „von ihm" 136 keine Gefahr droht, zu sterben, sondern dass er im Gegenteil den Beginn darstellt, um letztlich zu erkennen und zu erfahren, was den Menschen eigentlich lebendig macht.

Satz 4 besteht aus 5 Teilen:

„Da sprach" 6-10-1-40-200	257		
„die Schlange" 5-50-8-300	363		
„zu der Frau" 1-30 5-1-300-5	342	962	
„Keinen Tod" 30-1 40-6-400	477		
„werdet ihr sterben" 400-40-400-6-50	896	1373	2335

„Die Schlange" 363 bildet in Zahlen ihre Funktion ab und erklärt ergänzt mit „keinen Tod" 477 ihre Aussage: 363 + 477 = 840 = 3 x 7 x 40.

„Da sprach die Schlange" 257 + 363 = 620 begründet sich mit 20x31.

Eine Primzahl zeigt mit 13 7 3, was „keinen Tod werdet ihr sterben" 1373 bedeutet.

Der Satzbau weist mit 3 + 2 = 5 Teilen darauf hin, was in Summe 2335 mit 23 5x7 und 23 5+30 abbildet: 5 ist der Schnittpunkt, der anstelle des körperlichen Todes das formlose Leben erfahren lässt.

Satz 5 setzt fort in 14 Teilen:

„sondern" 20-10	30			
„wissend" 10-4-70	84			
„Gott" 1-30-5-10-40	86			
„gar wohl" 20-10	30	230		
„am Tag" 2-10-6-40	58			
„eures Essens" 1-20-30-20-40	111			
„von ihm" 40-40-50-6	136	474		
„und(dass)geöffnet werden" 6-50-80-100-8-6	250			
„eure Augen" 70-10-50-10-20-40	200	450		
„und ihr werdet sein" 6-5-10-10-400-40	471			
„wie Gott" 20-1-30-5-10-40	106	577		
„erkennend" 10-4-70-10	94			
„Gutes" 9-6-2	17			
„und Böses" 6-200-70	276	387	2118	

Im Grunde lügt die Schlange nicht. Was sie sagt, bekommt nur durch die Auslegung, zu der die 2 zwingt, eine andere Bedeutung.

„Sondern wissend Gott gar wohl" 230 macht insgesamt und mit 2 x 30 und 84 + 86 = 170 deutlich, was eigentlich gemeint ist.

„Am Tag eures Essens von ihm" 474 erhellt sich, was Materie ist: eine absolute Projektion, die am 7. Tag erlebt wird.

„Und dass geöffnet werden eure Augen" betont mit 250 + 200 = 450, dass an diesem „Tag" der „Mensch" 1-4-40 = 45 sich über 5 x 9 als solcher, als 10 und als „der Mensch" 50 sieht, von dem Genesis 2 spricht.

„Keinen Tod werdet ihr sterben" 1373 „und ihr werdet sein wie Gott" 577 bedeutet, sich als „der Mensch" 50 zu erkennen: 1373 + 577 = 1950

Dieser Mensch sieht sich auch als 10+3, darauf weisen „und ihr werdet sein wie Gott" 577 – „am Tag eures Essens von ihm" 474 = 103 hin.

Er erfasst sich als 2, die den Weg der 1 geht: 450 – 230 = 2 x 110

„Und ihr werdet sein wie Gott" 577 – „erkennend Gutes und Böses" 387 erklärt mit der Differenz 190 was damit gemeint ist.

Ihre Summe 964 – „am Tag des Essens von ihm" 474 = 490 definiert mit 400 + 90 das Ende des 7. Tages für die 10, die zu 500 wird.

2118 + „da sprach die Schlange zu der Frau" 962 = 3080 lassen wissen, dass die Schlange von der 10 spricht, die als 3 den 8. Tag lebt.

Insgesamt komprimiert 21 18 zu 3x7 2x9, wovon die Schlange redet, und zeigt es mit 2118 = 6 x 353 als erkannte Verbindung von 3 zu 3 über 5.

Satz 6 besteht aus 19 Teilen:

„Da sah" 6-400-200-1	607	
„die Frau" 5-1-300-5	311	918
„dass" 20-10	30	
„gut" 9-6-2	17	
„der Baum" 5-70-90	165	
„zum Essen" 30-40-1-20-30	121	333
„und weil" 6-20-10	36	
„Lust er" 400-1-6-5 5-6-1	424	
„für die Augen" 30-70-10-50-10-40	210	670
„und begehrenswert" 6-50-8-40-4	108	
„der Baum" 5-70-90	165	
„zum Klughandeln"		
30-5-300-20-10-30	395	668
„da nahm sie" 6-400-100-8	514	
„von seiner Frucht" 40-80-200-10-6	336	

„und sie aß" 6-400-1-20-30	457	1307
„und sie gab" 6-400-400-50	856	
„auch ihrem Mann"		
3-40 30-1-10-300-5	389	
„bei ihr" 70-40-5	115	1360
„und er aß" 6-10-1-20-30	67	4503

Satz 4, 5 und 6 fassen mit 4503 − 2118 − 2335 = 50 zusammen, worauf ihr Inhalt abzielt. 4 50 3 zeigt 50 als Bindeglied zwischen 4 und 3.

4503 = 3 x 1501 bildet mit 1 50 1 den Kontakt von 1000 − 1 oder 1 − 1 über 50 ab; die absolute 3 ist Auslöser dieses Geschehens.

918 zeigt mit 1x9 2x9, was „die Frau da sah", warum der Baum gut zum Essen, eine Lust für die Augen und begehrenswert zum Klughandeln ist: 333 = 3 x 111 = 212 + 121, 670 = 460 (2 x 230) + 210, 395 − 165 = 230, 918 − 668 = 250, 918 − 108 = 810

„Zum Klughandeln" 395 hat damit zu tun, was Genesis 1 und 2 als „der Himmel" 395 bezeichnen.

670 − 668 verweisen auf die 2 und lassen sie wissen, dass sie klug handelt, wenn sie die Qualität der 6 maximal nutzt: 2 + 666 = 668.

Das Ergebnis dieses klugen Handelns zeigen 333 + 1307 + 1360 = 3000.

„Und sie aß" 457 − „und er aß" 67 erzählen mit ihrer Differenz 390 = 13 x 30, warum sie es tun.

333 + 67 = 400 und 1307 − 67 = 1240 erklären, wohin das beide führt.

Die Zusage der Schlange „keinen Tod werdet ihr sterben" 1373 gilt für beide, ergänzt sich mit 457 zu 1830 und mit 67 zu 1440 mit folgender Zusage: Der Mensch = Adam 1-4-40 isst als „Mann" und „Frau" die Frucht vom Baum der Erkenntnis und wird über 2 x 9 zu 3 x 10.

1373 + 1307 = 2680 beschreiben in Wort und Zahl mit 26 = 2 x 13 die 10 am 8. Tag.

Satz 7 besteht aus 13 Teilen:
„Da wurden geöffnet"

6-400-80-100-8-50-5	649			
„die Augen" 70-10-50-10	140			
„von ihnen beiden" 300-50-10-5-40	405			
„und sie erkannten" 6-10-4-70-6	96	1290		
„dass" 20-10	30			
„nackte" 70-10-200-40-40	360			
„sie" 5-40	45	435		
„und sie flochten" 6-10-400-80-200-6	702			
„Laub" 70-30-5	105			
„des Feigenbaumes" 400-1-50-5	456	1263		
„und sie machten" 6-10-70-300-6	392			
„für sich" 30-5-40	75			
„Gürtel" 8-3-200-400	611	1078	4066	

Satz 7 demonstriert mit seinen 13 Teilen, dass Worte ausdrücken, was die 2 am 7. Tag sieht, während Zahlen zeigen, was die 10+3 erkennt.

Die 2 bewegt sich in ihrem Verständnis von „nackte" gedanklich innerhalb dessen, was von den Zyklen der 360 begrenzt ist. Sie weiß nichts von 360 = 40 x 9 oder 2 x 180. Die 3 erkennt, was in Summe 1290 und die einzelnen Zahlenwerte mit 30, 360 und 45 aussagen.

„Und sie flochten Laub des Feigenbaumes" 1263 versteht die 10+3 als Verbergen dessen, was sich in 12 3x21 codiert abbildet. Sie selbst kann als 13 + 50 mit der Erfahrung von 10x10 x 12 nachvollziehen, was in Summe 1263 auch mit 13 + 50 + 1200 in sich komprimiert.

Auf ähnliche Weise versteht die menschliche 3 den „Gürtel" 611 als etwas, das für „die Frau" 311 mental zudeckt, wofür 300 und 300 + 11 stehen. Ihr muss vorläufig verborgen bleiben, dass eine Existenz als 10 auf sie wartet, die 1078 mit 10 2x3x13 beschreibt.

Die 10+3 weiß, dass sich 1290 mit dieser 10 zu 1300 verändert und dass 4066 nur zunächst vor den Augen der 2 verbirgt, was 2 x 2033 mit 10+10 3-3 aussagt.

Satz 8 berichtet in 17 Teilen:

„Da hörten sie" 6-10-300-40-70-6	432		
„die Stimme" 1-400 100-6-30	537		
„(von)JHWH" 10-5-6-5	26		
„Gott" 1-30-5-10-40	86	1081	
„der sich ergehend(war)"			
40-400-5-30-20	495		
„im Garten" 2-3-50	55		
„beim Wind" 30-200-6-8	244		
„des Tages" 5-10-6-40	61	855	
„und es versteckte sich" 6-10-400-8-2-1	427		
„der Mensch" 5-1-4-40	50		
„und seine Frau" 6-1-300-400-6	713	1190	
„vor dem Angesicht von" 40-80-50-10	180		
„JHWH" 10-5-6-5	26		
„Gott" 1-30-5-10-40	86	292	
„inmitten" 2-400-6-20	428		
„(des)" 70-90	160		
„Baumgarten(s)" 5-3-50	58	646	4064

2 x 4 und 3 x 3 = 17 Satzteile bilden mit ihren Zahlen ab, welche Aussage sich in den Worten versteckt.

10 9x9 und die nachfolgenden Summen weisen auf Projektionen hin, die es zu erkennen gilt.

4066 – 4064 betonen, dass sich die Aufforderung dazu an die 2 richtet. 4066 + 4064 = 81 30 informieren, dass sie sich so als 3 x 10 erkennt.

„JHWH" 26 und „Gott" 86 verbindet 60 = 2 x 30 und „vor dem Angesicht von" 180 = 3 x 60 erklärt, von wem diese Verbindung gesehen wird.

Vorläufig weiß „der Mensch" 50 nichts davon „und es versteckte sich" 427 vor ihm „und seiner Frau" 713, was 427 mit 400 + 9x3, 713 mit 13 + 7 x 10x10 und in Summe 1140 mit 1100 + 40 oder 10+1 40 aussagen.

1290 – 1190 = 100 erklären, dass es sich so lange versteckt, bis die 2 sich mit 10x10 als 2 x „der Mensch" 50 sehen kann.

392 – 292 = 100 und 1078 + 292 = 1370 bestätigen, dass es die 10+3 am 7. Tag ist, die als 10 sieht, was bisher verdeckt war.

Satz 9 besteht aus 7 Teilen:

„Da rief" 6-10-100-200-1	317		
„JHWH" 10-5-6-5	26		
„Gott" 1-30-5-10-40	86		
„zu dem Menschen" 1-30 5-1-4-40	81	510	
„indem er sagte" 6-10-1-40-200	257		
„zu ihm" 30-6	36	293	
„Wo(bist)du?" 1-10-20-5	36		839

Die Satzstruktur gibt mit 4 + 1 und 2 + 1 Teilen Hilfestellung, um die Frage zu beantworten.

„Da rief" 317 – „indem er sagte" 257 = 60 rufen mit 5 x 3 x 4 = 2 x 30 ebenso ins Bewusstsein wie „Wo(bist)du?" 36 mit 3 x 3 x 4 = 6 + 30, worauf die Frage abzielt.

„Zu ihm" 30-6 hat gegenüber „wo(bist)du" 1-10-20-5 einen anderen Aufbau. 3x10 + 6 zeigt das Ergebnis des Kombinations-prozesses, zu dem die 1 mit 10+20 auf Basis von 5 auffordert.

2 Versionen von 36 demonstrieren, wie der Volle Wert 72 von JHWH zu verstehen ist und bilden ähnlich wie 10-5-6-5 mit 10 – 5-6-5 Ziel und Ausgangsbasis ab.

In Summe macht 5 10 deutlich, wozu 81 = 9x9 aufruft und die Primzahlen 317 + 293 ergänzen mit 6 10.

Die Primzahl 839 bietet mit 1 die Ergänzung zu 840 = 3x10 x 4 x 7 an.

Satz 10 hat 8 Teile:

„Und er sprach" 6-10-1-40-200		257	
„Deine Stimme" 1-400 100-30-20	551		
„habe ich gehört" 300-40-70-400-10	820		
„im Garten" 2-3-50	55	1426	
„und ich fürchtete mich" 6-1-10-200-1	218		
„weil nackt" 20-10 70-10-200-40	350		
„ich(bin)" 1-50-20-10	81		
„und ich verbarg mich" 6-1-8-2-1	18	667	2350

23 50 stellt kompakt vor Augen, was verborgen bleibt, solange das Verhalten des Menschen von der Nacktheit der 2 bestimmt wird und er sich vor 2 x 9 fürchtet.

2350 – 350 = zeigen mit 2 x 1000 einen Menschen, der sich nicht mehr fürchtet, „weil nackt" 350 er ist. Ihm bleiben 3 und 5x10 nicht mehr verborgen, denn er hat gehört, dass „deine Stimme" 551 „im Garten" 55 zu 5-5 aufgerufen hat, und lebt nun bewusst als 10 die 400, wie 667 – 257 = 410 und 820 : 2 = 410 ihm sagen.

Satz 11 besteht aus 13 Teilen:

„Darauf sagte er" 6-10-1-40-200		257	
„Wer" 40-10	50		
„hat mitgeteilt" 5-3-10-4	22		
„dir" 30-20	50		
„dass" 20-10	30		
„nackt" 70-10-200-40	320		
„du(bist)?" 1-400-5	406	878	
„Etwa von dem Baum"			
5-40-50 5-70-90	260		
„den" 1-300-200	501		
„ich dir befohlen habe"			
90-6-10-400-10-20	536		
„nicht zu" 30-2-30-400-10	472		
„essen von ihm" 1-20-30 40-40-50-6	187		
„hast du gegessen?" 1-20-30-400	451	2407	3542

Sich nackt zu fühlen, sich zu fürchten und zu verstecken, das Gefühl, schuldig und bedroht zu sein, schildern Satz 10 und 11 als Folgen des Nehmens vom Baum der Erkenntnis. Ein paradiesischer Gefühlszustand löst sich auf, schlägt um in sein Gegenteil und gerät in einen Zwiespalt.

„Darauf sagte er" 257 „und er sprach" 257 in Satz 10 definieren den Sprecher nicht eindeutig. Das Gesagte entspricht einem inneren Dialog im Menschen, wenn sein ‚schlechtes Gewissen‘ sich meldet.

„Etwa von dem Baum" 260 zu nehmen, bedeutet die Umsetzung des Prinzips 10 über das Prinzip JHWH in der Welt der 2; $260 = 2x\ 10x10 + 2x\ 30 = 13 \times 2 \times 10$ bilden die menschliche 3 als Ziel ab, auf die der Sprecher mit $257 + 3 = 260$ hinweist.

Die Frage „Wer hat mitgeteilt dir, dass nackt du bist" beantwortet 878 in Summe und ebenso jeder einzelne Teil mit Zahlenaufbau, Äußerem Wert und möglichen Kombinationen.

Mit 2407 − 257 = 2150, 2407 − 667 = 1740 und 878 − 218 = 660 ergänzen Satz 10 und 11 ihre gemeinsame Aussage.

3542 bildet mit 2 x 1771 ab, dass die 2 eine einzigartige Spiegelung wahrnimmt, darauf mental reagiert und dabei erlebt, was 1771 mit 7 x 11 x 23 zum Ausdruck bringt. Auf diese Weise und mit 35 42 in der Version 5x7 2x7x3 schildert Satz 11 sehr komprimiert, wie sich die Wahrnehmung von 2 zu 3 verändert und 257 auf 260 ergänzt.

„Essen von ihm" 187 ist die Voraussetzung für 3 und für 187 + 3 = 190. Es ermöglicht gemeinsam mit dem Gesagten, dass sich die 10 am 7. Tag als solche erkennt: 257 − 187 = 70.

70 + 260 = 330 erklären, dass das Essen vom Baum letztlich darauf hinausläuft, dass die 10 sich durch die Begegnung von 3 zu 3 nicht mehr „nackt" 320 fühlt.

Satz 12 besteht aus 10 Teilen:

„Und es sagte" 6-10-1-40-200	257		
„der Mensch" 5-1-4-40	50	307	
„Die Frau" 5-1-300-5	311		
„die" 1-300-200	501		
„du gegeben hast" 50-400-400-5	855		
„neben mich" 70-40-4-10	124	1791	
„sie" 5-6-1	12		
„sie gab mir" 50-400-50-5 30-10	545		
„von dem Baum" 40-50 5-70-90	255		
„und ich aß" 6-1-20-30	57	869	2967

Satz 12 definiert klar die 2 als ‚Urheber' allen ‚Übels' und fügt der Liste nicht paradiesischer Wesensmerkmale des Menschen Schuldzuweisung an andere hinzu.

Im Hintergrund geben die Zahlen ebenso klare Hinweise, worauf dieses vorübergehende ‚Übel' hinausläuft:

307 bildet es direkt ab als Kombination 3 + 7 über 0 und 300 + 7,
1791 zeigt es mit 3 x 597 und 597 + 3 = 600 = 2 x 300,
869 erklärt mit 11 x 79 und 11 + 79 = 90 den Grund für das
Verhalten.

2967 fasst mit 3 x 989 zusammen, dass die 3 das Wesen der 2
erkennt.

1791 + 869 = 2660 und 2967 − 257 = 2710 erklären ebenso wie
545 + 255, warum „sie gab mir von dem Baum" 800.

„Und es sagte" 257 „und ich aß" 57 machen in Wort und Zahl
deutlich, dass „Wort" und Handeln gemeinsam 2 x 10x10 ermöglichen und dass das Wissen um Zusammenhänge und die
menschliche Praxis einander ergänzen.

Satz 13 hat 11 Teile:

„Da sagte" 6-10-1-40-200	257		
„JHWH" 10-5-6-5	26		
„Gott" 1-30-5-10-40	86		
„zur Frau" 30-1-300-5	336	705	
„Was, dies" 40-5 7-1-400	453		
„hast du getan?" 70-300-10-400	780	1233	
„Und es sagte" 6-400-1-40-200	647		
„die Frau" 5-1-300-5	311	958	
„Die Schlange" 5-50-8-300	363		
„hat mich betört" 5-300-10-1-50-10	376		
„und ich aß" 6-1-20-30	57	796	3692

Schuldzuweisung und Schuldgefühl begründen sich mit der
tierischen Natur des Menschen. Die 2 kann nicht anders handeln. Sie folgt ihren Bedürfnissen, ohne zu fragen, was diese
verursacht.

369 2 bildet in Summe ab, dass „der Mensch" 50 als 2 nicht hin-
terfragt und einfach annimmt, wozu die Schlange ihn animiert:

Seine Aussage in Satz 10 „sie, sie gab mir von dem Baum und ich aß" 869 weist darauf hin und hat mit 369 die Zahl 500 gemeinsam.

Erst wenn er sich damit beschäftigt, was die Ursachen sein könnten für sein Verhalten und seine Existenz, kann „der Mensch" 50 mit 5 x 10x10 sie und seine wahre Natur erkennen.

Erst als 3 sieht er „die Schlange" 363 als Bindeglied von 3 zu 3, das Impulse zum Vorankommen gibt, was „und es sagte" 647 „die Schlange" 363 in Summe mit 1010 bestätigen.

Wie „die Frau" 311 „zur Frau" 336 wird, die das Gesagte so versteht, wie es „da sagte" 257 „und es sagte" 647 mit ihrer Differenz 390 = 3 x 10 x 13 begründen, erklären 336 − 311 = 25 mit 5 + 2x10.

„Was, dies hast du getan?" 1233 zeigt mit 3 x 311+100, was „die Frau" 311 getan hat, und „hast du getan" 780 erklärt es mit 10 x 6 x 13.

376 − 363 = 13 bestätigt, warum die Frau von der Schlange betört wird.

Satz 14 hat 19 Teile:

„Da sagte" 6-10-1-40-200	257	
„JHWH" 10-5-6-5	26	
„Gott" 1-30-5-10-40	86	
„zu der Schlange" 1-30 5-50-8-300	394	763
„Weil" 20-10	30	
„du getan hast" 70-300-10-400	780	
„dies" 7-1-400	408	1218
„verflucht" 1-200-6-200	407	
„du" 1-400-5	406	
„von all dem Vieh"		
40-20-30 5-2-5-40-5	147	960

„und von allem" 6-40-20-30	96		
„Getier" 8-10-400	418		
„des Feldes" 5-300-4-5	314	828	
„Auf deinem Bauche" 70-30 3-8-50-20	181		
„musst du kriechen" 400-30-20	450	631	
„und Staub" 6-70-80-200	356		
„musst du fressen" 400-1-20-30	451	807	
„alle Tage" 20-30 10-40-10	110		
„deines Lebens" 8-10-10-20	48	158	5365

Mit 19 Teilen weist Satz 14 darauf hin, dass es mit 1+4 für die 2 am 7. Tag Querverbindungen und Gemeinsamkeiten zu erkennen gilt, die das Formlose und 2 x 10 wahrnehmen lassen. Satz 12, 13, 14 demonstrieren es in Summe mit 3692 − 2967 = 725, 5365 − 725 = 4640 = 2 x 2320.

Weiters gilt es, zwischen Konträrem eine Verbindung herzustellen, wie von „JHWH" 26 „zu der Schlange" 394 und ebenso von „Gott" 86 „zu der Schlange" 394: 26 + 394 = 420 = 6 x 70, 86 + 394 = 480 = 6 x 80.

480 − 420 = 60 und 480 + 420 = 900 erklären, dass die 10 sich dadurch selbst erkennt und einsieht, diese Verbindung zu sein. „Verflucht du von all dem Vieh" 960 bestätigt, dass die Schlange dazu verflucht ist, zu einer Einsicht zu führen, die 6 x 10 und 9 x 10x10 beschreiben.

„Und von allem Getier des Feldes" 828 ist sie dazu bestimmt, mit 2x2x2 das Wesen der 2 einsehen zu lassen, und „weil du getan hast dies" 1218 das Erkennen von 3 x 10 zu ermöglichen: 1218 − 828 = 390.

„Weil du getan hast dies" 1218 bildet 2x6 3x6 ab und sagt damit aus, dass die Qualität der 6 zu nutzen und Zusammenhänge herzustellen den Wechsel von 2 zu 3 bewirkt; „du getan hast" 780 bestätigt mit 60 x 13.

„Dies" 408 „verflucht" 407 „du" 406 machen mit ihrer Differenz von 2 x 1 und in Summe mit 1221 deutlich, wozu die „Schlange" 363 verflucht ist. Sie wirkt so lange als motivierende 3 aus 1-2, bis die Qualität der 6 umgesetzt wird und sich die 2 mit 1 bewusst zu 3 verbindet.

Als diese 3 ergänzt der Mensch die 147 „von all dem Vieh" zu 150 und sieht mit 363 + 407 = 510 ein, dass die „Schlange" 363 eigentlich dazu „verflucht" 407 ist, ihn 5, 10 und sein 3-Sein realisieren zu lassen.

„Auf dem Bauche" 181 bildet die 1 in unmittelbarer Nähe zur irdischen 8 ab. Diese Nähe sucht die 1, damit die 2x2x2 mit 9x9 und 6+6+6 ihre Projektionen erkennen kann;

„musst du kriechen" 450 begründet mit 9 x 50 = 3 x 150 = 400 + 50 = „Adam" 45 x 10, warum die 3 der Schlange als Gegen-Teil zur absoluten 3 sich in unmittelbarer Erdnähe bewegt.

„Und Staub musst du fressen" 807, dazu „verflucht" 407 sich JHWH Gott als Schlange selbst, damit in der Welt der 400 die menschliche 10 am 7. Tag über 5 zur 3 werden kann: 807 + 763 = 1570.

„Alle Tage" 110 geht die 1 auf diese Weise über die 10 den Weg zu sich selbst. „Und von allem Getier des Feldes" 828 wird „alle Tage deines Lebens" 158 mit der Differenz 670 erzählt, dass im Alltag des 7. Tages für die 10 durch 6 und 10x10 die 3 erfahrbar ist: 700 − 600+70 = 30.

„Und Staub musst du fressen" 807 + „alle Tage deines Lebens" 158 = 965 begründet sich mit 5 x 193, dem Erkennen der Verbindung zwischen 1 und 3 über die 5.

Die Summe 5 36 5 definiert mit 36 = 6x6 innerhalb der getrennten 5 − 5 die Funktion der „Schlange" 363 damit, die Kombination von 5 + 5 anzuregen und so die Verbindung von 3 zu 3 herzustellen.

5365 = 5 x 1073 beschreiben synonym ihre Funktion mit der Motivation zu 5, um auf dieser Basis mit der 1000, die dem Vollen Wert 73 der 3 entspricht, ihre Aufgabe zu erfüllen.

Satz 15 hat 15 Teile:

„Und Feindschaft" 6-1-10-2-5	24			
„setze ich" 1-300-10-400	711			
„zwischen dich" 2-10-50-20	82			
„und" 6-2-10-50	68			
„die Frau" 5-1-300-5	311	1196		
„und zwischen" 6-2-10-50	68			
„deinen Samen" 7-200-70-20	297			
„und" 6-2-10-50	68			
„ihren Samen" 7-200-70-5	282	715		
„er" 5-6-1	12			
„er zermalmt dir" 10-300-6-80-20	416			
„das Haupt" 200-1-300	501	929		
„wenn du" 6-1-400-5	412			
„du schnappst ihm" 400-300-6-80-50-6	842			
„die Ferse" 70-100-2	172	1426	4266	

Die „Feindschaft" 1-10-2-5 erklärt sich im Zahlenaufbau mit einer 10, die 1 von 2 trennt; „und" 6 sowie 5 weisen auf Versöhnung hin.

„Zwischen dich" 82 „und" 68 machen dazu eine synonyme Aussage, indem sie 150 in 2 ungleiche Hälften teilen.

711 – 311 zeigen, dass „die Frau" 311 deshalb der 400 ausgesetzt wird.

Die Summe 1196 weist darauf hin, dass das Verständnis der 3 von 4 und 400 die Feindschaft beendet: 1196 + 4 = 1200 = 3 x 400

„Deinen Samen" 297 und „ihren Samen" 282 haben 15 als verbindendes Element, das in Summe mit 715 = 15 + 7 x 10x10 gelebt werden soll.

Das Schnappen nach der Ferse entspricht der motivierenden 3 aus 1 + 2 im Bild der Schlange, die auf unangenehme Weise zur Bewegung antreibt. Der Samen der Frau, die 3 aus 2 + 1, zermalmt dieser Schlange den Kopf durch die Vernichtung eines Denkens, das der „nackten" 2 entspricht. In einer finalen Konfrontation „zermalmt" die 3 die Weltsicht einer 2, die ohne 1 listig und nackt ist.

Die 3 aus 1 + 2 bewegt sich mental im Zeitlichen, was „und zwischen deinen Samen" 68 + 297 = 365 mit den 365 Tagen eines Jahres abbildet. „Und ihren Samen" fasst den gedanklichen Bewegungsspielraum der 3 aus 2 + 1 mit 26 + 282 zu 350 zusammen; 365 − 350 = 10+5 = 3x5 bestätigen, die 10 lebt innerhalb des Zeitlichen als 3 und wechselt mit 5 zwischen beiden Perspektiven.

Die Summe 929 bildet mit 3x3 2 3x3 ab, was die Worte beschreiben, und stellt auf 2-fache Weise den Bezug zur 3. Willensäußerung in Genesis 1 her; 9 29 weist auf das Erkennen eines Zusammenhangs mit Satz 29 hin: „und jeden Baum, der auf ihm (ein)Frucht-Baum samend" 1858 = 2 x 929.

Die spannungsgeladene Feindschaft zwischen 2 und 3, zwischen Frau und Schlange endet versöhnlich. Die 10 im Bewusstsein der 3 akzeptiert in sich Phasen der 2, denn sie weiß, wozu sie dienen. Was sich äußerlich „listig" 316 gibt, nützt sie als Potenzial zu 6x6x6 + 10x10. Die 3 aus 2 + 1 ‚überlistet' die 2 immer wieder durch eine Verbindung mit 1 und gibt „listig" 316 mit 216 + Atbasch 100 einen anderen Sinn.

„Wenn du du schnappst ihm die Ferse" 1426 stellt den Bezug her zu „Deine Stimme habe ich gehört im Garten" 1426 in Satz 10.

Beide Bilder drücken eine Motivation zur Bewegung aus. Die Schlange als äußerer Antrieb und die Stimme Gottes als inneres Rufen zielen darauf ab, was 1426 mit 1-4 2x13 oder 1000 + 400 + „JHWH" 26 aussagt.

„Er zermalmt dir" 416 „das Haupt" 501 summiert sich zu 917 und ergibt mit 1426 die Zahl 23 43, eine Kombination aus halbem Verborgenem Wert 46 von JHWH und halbem Äußerem Wert 86 von Elohim. Damit wird eine Sichtweise abgebildet, die das Wesen der 2 durchschaut und 2 Begriffe für 1 Absolutes miteinander verbindet. Das Miteinander von Elohim und JHWH benennt 23 43 auch mit 10+13 30+13 oder 20+3 40+3.

929 + 1426 = 2355 zeigen 5+5 oder 5x11 als Basis für ein friedliches Nebeneinander von 2 und 3. Die Zahl 23 steht für den irdischen Kontakt mit dem formlosen Absoluten und gilt für eine harmonische Koexistenz von 2 mit 3 in einer 10, die 2 x 10 + 3, eine 3 auf Basis von 2 ist.

1426 – 1196 = 230 bestätigen, dass das Konträre ihrer Worte nur die eine Seite, die Seite der 2 in einer 10 ist, die als 3 auch das Verbindende erfasst.

Diese 10 weiß um den Zusammenhang zwischen Zermalmen und Schnappen, sie erlebt beides im Wechsel. „Er zermalmt dir" 416 und „du schnappst ihm" 842 demonstrieren das mit 2 x 416 = 832 und 832 + 10 = 842.

In dieser 10 wechseln 1-4 und 2 x 7 mit 15 = 3 x 5; 2 Kernaussagen in Satz 14 und 15 bilden mit 2343 + 807 = 31 50 dieses Miteinander ab.

30+1 und 5x10 bilden das Reagieren auf Impulse der absoluten 1-3 ab, die mit 5 erfasst werden.

„Er zermalmt dir das Haupt, wenn du du schnappst ihm die Ferse" 2343 „und Staub musst du fressen" 807 symbolisieren einen Prozess, der insgesamt 31 50 zur Folge hat:

Die 3 aus 1+2 kreiert Situationen, die mental in Bewegung setzen, und bedient sich dabei irdischer Gegebenheiten. Sie „frisst

Staub" in dem Sinn, dass ihre Funktion davon ‚lebt', was Materie gerade anbietet. Die Möglichkeit zu 4 + 1 = 5 wird auf diese Weise geschaffen und führt dazu, dass mit 5 x 10 eine Reaktion auf den Impuls erfolgt, den die 1 über die 3 aus 1 + 2 zur Verfügung stellt. Die reagierende 3 aus 2 + 1 „zermalmt" der 3 aus 1 + 2 das „Haupt", indem das Denken in der 10 seine Richtung ändert.

Der Prozess des Erkennens läuft in einem Zyklus von 3 Etappen ab, den „Staub fressen", „schnappen" und „zermalmen" bildhaft machen und der wiederholt zum Erleben der 3 führt.

„Das Haupt" 501 und „die Ferse" 172 zeigen mit ihrer Differenz 329, dass sie das Erkennen der 3 verbindet; in Summe definieren sie mit 673 diese Verbindung als Kombination von 2x3 mit 3 über den 7. Tag.

2343 + „deinen Samen" 297 = 2640 = 2000 + 6x10x10 + 40 bilden den beschriebenen Prozess ab und meinen den Menschen, der seine Kombinationsfähigkeit nutzt und in der 40 bewusst das Prinzip „JHWH" 26 lebt.

Insgesamt komprimiert Satz 15 seine Aussage zu 4266. Diese Zahl bildet mit 42 66 ein getrenntes ‚feindliches' Nebeneinander von 7x6 11x6 ab. Die Versöhnung zu 7x6 66 kommt zustande, wenn sich die Qualität der 6 am 7. Tag maximal umsetzt.

Ohne die Feindschaft, die 1196 in Worten beschreibt, lebt die 10 den 7. Tag als 30, erklären 4266 − 1196 = 3070.

1196 + 715 = 1911 erzählen, dass die Feindschaft unumgänglich ist, um immer wieder den Charakter der 2 und das Miteinander von 1 und 1-1 zu erkennen.

Satz 14 und 15 betonen mit 5365 − 4266 = 1099 die Bedeutung der 9 für die Wechselwirkung, die sie gemeinsam zum Ausdruck bringen.

Satz 16 besteht aus 13 Teilen:

„Zu der Frau" 1-30 5-1-300-5	342		
„sagte er" 1-40-200	241	583	
„Mehrend" 5-200-2-5	212		
„werde ich vermehren" 1-200-2-5	208		
„deine Mühsal" 70-90-2-6-50-20	238		
„und deine Schwangerschaft"			
6-5-200-50-20	281	939	
„mit Schmerzen" 2-70-90-2	164		
„gebären wirst du" 400-30-4-10	444		
„Kinder" 2-50-10-40	102	710	2232
„und nach deinem Mann"			
6-1-30 1-10-300-20	368		
„(ist) dein Verlangen"			
400-300-6-100-400-20	1226	1594	
„aber er" 6-5-6-1	18		
„er wird herrschen über dich"			
10-40-300-30 2-20	402	420	2014

939 und 710 bilden ab, dass das Erkennen der 3 und die Geburt der 10 am 7. Tag gemeint sind. Die Schwangerschaft mit der 3 und die Geburt der 10 im eigenen Denken sind dazu bestimmt, mühsam und schmerzvoll zu sein. Die Geburt leiblicher Kinder ist Projektion dieses Prinzips.

22 3 2 stellt komprimiert vor Augen, wie aus der 2 die 3 geboren wird.

368 nimmt Bezug zu Tag „fünfter" 368 in Genesis 1 und lässt so wissen, dass mit dem Mann die 1 gemeint ist, die 2x2 zu 5 und 2 zu 3 macht.

1226 = 2 x 613 bezieht sich auf „das Licht" 613 in Genesis 1, von dem am 1. Schöpfungstag die Rede ist. Das Verlangen der 2 definiert sich damit, der 1 im hellen Licht des Bewusstseins zu begegnen.

1594 = 2 x 797 bilden ab, mit welcher Einsicht das der 2 gelingt.

420 = 2 x 210 zeigen mit 2x2 10 die Herrschaft von Bewusstsein über Materie. 18 und 402 erzählen, dass sie nachvollziehbar wird, wenn die 3-fache 6 eine Verbindung bewirkt, wie sie 2 x 201 darstellen.

2014 kombiniert das Herrschen der 2 x 10 und das Verlangen nach 1-4.

Insgesamt stellt Satz 16 mit 2232 − 2014 = 218 den Bezug zu „und ich fürchtete mich" 218 in Satz 10 her und erweitert Mühsal und Schmerzen um Furcht. Derartige Gefühle und Lebensumstände begleiten den Weg, den das Verlangen nach der 1 vorgibt. Sobald die Autorität über das eigene Leben bewusst an die 1 im eigenen Inneren übertragen und allem anderen entzogen wird, verlieren auch derartige Gefühle ihre Macht.

2232 + 2014 = 4246 demonstrieren mit 2 x 2123 das Miteinander von Mann und Frau sowie deren Kind: 2x2 + 1 = 2 + 3

Die „Kinder" 102 von 1 + 2 werden über 0 geboren, wenn die 1 im Denken vorherrscht: „er wird herrschen über dich" 402 − 102 = 300 = 10x10 x 3

Das Verhältnis, das „er aber" 18 „zu der Frau" 342 hat, definiert 360 mit 10x3 x 10+2.

Satz 16 lässt mit 2232 − 2014 = 218 = 2 x 109 und in Summe mit 4246 und 4266 aus Satz 15 wissen, dass die bedrohlichen Worte an die Frau auf die Selbstwahrnehmung der 2 als 10 ausgerichtet sind.

Satz 17 hat 22 Teile:

„Und zum Menschen" 6-30-1-4-40	81	
„sprach er" 1-40-200	241	322
„Weil" 20-10	30	
„du gehört hast" 300-40-70-400	810	
„auf die Stimme" 30-100-6-30	166	
„deiner Frau" 1-300-400-20	721	1727
„und du gegessen hast" 6-400-1-20-30	457	
„von dem Baum" 40-50 5-70-90	255	
„(von) dem" 1-300-200	501	
„ich dir geboten habe"		
90-6-10-400-10-20	536	
„sprechend" 30-1-40-200	271	2020
„Nicht" 30-1	31	
„wirst du essen" 400-1-20-30	451	
„von ihm" 40-40-50-6	136	618
„verflucht sei" 1-200-6-200-5	412	
„die Ackererde" 5-1-4-40-5	55	
„deinetwegen" 2-70-2-6-200-20	300	767
„in Mühsal" 2-70-90-2-6-50	220	
„sollst du essen davon"		
400-1-20-30-50-5	506	
„alle" 20-30	50	
„Tage" 10-40-10	60	
„deines Lebens" 8-10-10-20	48	884 6338

6338 – 618 = 5720 fassen mit 4 x 1430 zusammen, was die Worte von Satz 17 meinen. Sie schildern, unter welchen Bedingungen die 1 im Menschen die Welt der 4 erfährt, bis sie in Kombination mit 4 als 3 x 10 lebt. Vorläufig wird sie sich nicht als 1 erkennen, wird ihr der Baum der Erkenntnis unzugänglich sein, „wirst du nicht essen von ihm" 618.

„Und du gegessen hast von dem Baum (von) dem ich dir geboten habe sprechend" 2020 bildet mit 2 x 1010 die Selbsterkenntnis als 1+0 ab.

Im Detail zeigen „deinetwegen" 300 „die Ackererde" 55 „verflucht sei" 412 = 4 x 103 mit ihren Zahlen den Zusammenhang zur verbalen Aussage.

767 bildet ab, worauf die Lebensumstände am 7. Tag abzielen, und nennt mit „weil du gehört hast auf die Stimme deiner Frau" 1727 die Zahl 960 als gemeinsame Begründung.

„Und zum Menschen sprach er" 322 + „nicht wirst du essen von ihm" 618 = 940 bestätigt und ergänzt 960 zu 1900.

„Mehrend werde ich vermehren deine Mühsal und deine Schwangerschaft" 939 hat mit 940 die 1 gemeinsam. Sie zu erkennen bereitet viel Mühe.

„Sollst du essen davon" 506 – „wirst du essen" 451 = 55 begründen wie „die Ackererde" 55 die irdischen Lebensbedingungen damit, dass sie die Kombination von 5-5 nähren.

„In Mühsal sollst du essen davon alle Tage deines Lebens" 884 = bildet mit 4 x 221 ab, dass die Kombination von 2x2+1 nicht leicht ist und die 1 „in Mühsal" 220 = 2 x 110 ihren Weg durch die 2 geht; „alle" 50 „Tage" 60 „deines Lebens" 48 = 3x6 + 30 geben an, wohin er führt.

Diese Mühsal und jene der 2 in Satz 16 summieren 6338 + 2232 zu 8570; sie sind darauf ausgerichtet, dass die 10 über 5 den 7. mit dem 8. Tag kombiniert.

2232 – 322 = 1910 bilden mit 2232 den Prozess ab, der zum Wechsel von 2 zu 3 führt, und mit 322 die vorherrschende 3 im Denken. Synonym dazu beschreibt 1910 die 10, die sich als solche erkennt. Wer sich seines 3- und seines 10-Seins bewusst ist, weiß sich als Mann und als Frau, als 1 und als 2 gleichermaßen angesprochen und versteht, warum körperliches, irdisches Leben so ‚verflucht mühsam' sein muss.

„Zu der Frau sagte er" 583 + „verflucht sei die Ackererde deinetwegen" 767 = 1350 beschreiben ihn mit 10+3 5x10 oder 1000+300+50.

Satz 18 setzt in 7 Teilen fort:

„Ja Dorn" 6-100-6-90	202		
„und Distel" 6-4-200-4-200	414		
„wird sie wachsen lassen"			
400-90-40-10-8	548		
„dir" 30-20	50	1214	
„und du wirst essen" 6-1-20-30-400	457		
„den Pflanzenwuchs" 1-400 70-300-2	773		
„des Feldes" 5-300-4-5	314	1544	2758

Dorn und Distel symbolisieren Widrigkeiten; 202 + 414 = 616 erzählen einzeln und gemeinsam, worin sie bestehen und wozu sie auffordern.

1214 − 314 = 900 und 616 + 314 = 960 zeigen, wozu diese unerwünschten Gewächse „des Feldes" 314 dienen sollen.

Sie ergänzen sich mit nährenden, aufbauenden Ereignissen zu einem Miteinander, das 1544 + 616 mit 2160 = 6x6x6 x 10 und 1544 − 1214 mit 330 beschreiben.

„Und du wirst essen den Pflanzenwuchs" summiert 457 + 773 zu 1230 und bildet damit ab, was im Denken an Gewicht zunehmen soll.

6338 − 2758 = 3580; Satz 17 und 18 weisen mit 10 x „Schlange" 358 auf den Verursacher und mit 10 x „Messias" 358 auf den Erlöser von dieser Art des Lebens hin.

Satz 19 hat 14 Teile:

„Im Schweiße" 2-7-70-400	479		
„deines Antlitzes" 1-80-10-20	111		
„wirst du essen" 400-1-20-30	451		
„Brot" 30-8-40	78	1119	
„bis zu" 70-4	74		
„deiner Rückkehr" 300-6-2-20	328		
„zu der Erde" 1-30 5-1-4-40-5	86	488	
„denn" 20-10	30		
„von ihr" 40-40-50-5	135		
„wurdest du genommen" 30-100-8-400	538	703	2310
„denn Staub" 20-10 70-80-200	380		
„(bist)du" 1-400-5	406		
„und zum Staub" 6-1-30 70-80-200	387		
„wirst du zurückkehren" 400-300-6-2	708		1881

„Staub" 350 wird hier 2x in Zusammenhang mit dem Menschen erwähnt und 1x in Satz 14 in Zusammenhang mit der Schlange. Satz 14 und 19 zeigen auch über die Anzahl ihrer Satzteile den gegenseitigen Bezug.

Staub symbolisiert trockene Materie. Sie ist die Grundlage, auf der die Schlange, die motivierende 3, den Menschen zur Bewegung antreibt. „Und Staub musst du fressen" 807 entspricht dem Vollen Wert 807 von „Samen". Die motivierende 3 „frisst" so lange „Staub", bis sich die Prognose „wirst du zurückkehren" 708 erfüllt; 708 + 807 = 1515.

Der Mensch ist aus Staub geformt, wie Genesis 2 erzählt. Staub als Synonym für Materie entspricht dem Selbst-Verständnis des Menschen im Bewusstsein der 2. Für diesen Menschen gilt die Aussage der Worte. Er definiert sich mit seinem Körper, der nach dem Tod zu Asche verbrannt oder begraben wird und so zu Staub und Erde zurückkehrt.

Wie „Schlange" 363 macht „Staub" 350 mit seinen Zahlen eine gänzlich andere Aussage; gemeinsam verweisen beide mit 363 – 350 auf die 13. Der Äußere Wert 350 und die Summe 1100 aus Vollem 725 + Verborgenem Wert 375 zeigen die Zielsetzung jeder einzelnen 10, jedes einzelnen ‚Staubkörnchens' der 1.

Aus 3, 50, 100 und 11 besteht der Mensch, daraus ist er geformt, auf diesen Prinzipien basiert seine körperliche Existenz. Dazu soll der Mensch zurückkehren. Seine irdischen Lebensbedingungen zielen auf die Einsicht ab, dass er in diesen Prinzipien seinen Ursprung hat.

Auch 2310 zeigt in Summe die 10 in Kontakt mit dem Formlosen.

Auf diese Weise „zu der Erde" 86 zurückzukehren, setzen die Zahlen gleich mit der Rückkehr zu „Gott" 86; für die menschliche 2 gilt der Widerspruch der Worte, für die 3 die gemeinsame Aussage der Zahlen.

Zur Einsicht grundlegender Prinzipien kann das Denken nur gelangen, wenn es bereit ist, das Verbindende dem Trennenden vorzuziehen. Diese Art des Denkens stellt Querverbindungen her und sieht Zusammenhänge. Satz 19 zeigt die Arbeitsweise der 10+9 und definiert sie durch klare Aussagen relevanter Begriffe in Kombination miteinander:
„Wirst du zurückkehren" 708 – „wurdest du genommen" 538 = 170, 708 – „deiner Rückkehr" 328 = 380 = „denn Staub" 380 = 4 x 190, 538 – 328 = 210

„Denn Staub" 380 + (bist)du" 406 = 786 entspricht den Prinzipien, „und zum Staub" 387 + „wirst zu zurückkehren" 708 = 1095 entspricht dem Erkennen der Prinzipien durch die 10 über 95 = 19 x 5.

1095 – 786 = 309 = 3 x 103 zeigt mit 10x10 + 3 oder 10+3 die 10, die als ‚Staubkorn' der absoluten 1-3 zur Rückkehr fähig ist.

1095 + 786 = 1881 bildet eine erkannte Spiegelung ab, die über 2x9 9x9 oder 19 x 99 in die Wahrnehmung kommt. Die 3-fache 9 drückt maximale Erkenntnisfähigkeit im Dreidimensionalen aus. Sie lässt einsehen, dass 2 und 1 einander entsprechen.

1881 umfasst sowohl die Prinzipien als auch die Möglichkeit, sie zu erkennen, und demonstriert so, dass beides in Kombination generell als Option zur Verfügung steht. 1881 erklärt, was die Worte meinen, und ist selbst Prinzip, das erkannt werden soll. 1881 zielt auf die 19 ab, die 1881 zu 1900 ergänzt und mit 9+10 x 10x10 den Erkenntnisprozess zeigt.

Ähnlich wie 1881 bildet 488 mit 884 in Satz 17 eine Projektion ab und kombiniert „in Mühsal sollst du essen davon alle Tage deines Lebens" 884 „bis zu deiner Rückkehr zu der Erde" 488.

Diese Aussage bekommt eine ganz andere Bedeutung, wenn „Ackererde" 55 und „Brot" 78 = 13 x 6 in ihrer Symbolik verstanden werden, die über die Zahlen zum Ausdruck kommt.

884 = 4 x 221 bietet 2x2+1 an, 488 = 4 x 122 steht für die Annahme des Angebots. Von 221 zu 122 wechselt die 1 ihre Position, steht zuerst im Denken an letzter und dann an erster Stelle. 884 + 488 zeigen nicht nur, dass 4 und 8 Projektionen sind, sondern mit der Summe 1372 auch die 10+3, die dem Vollen Wert 72 von JHWH entspricht und mit 9 x 8 die Projektionen erkennt. 884 − 488 = 396 erklärt, dass 1x3 und 2x3 miteinander über 9, die selbst eine 3-fache 3 ist, in Beziehung kommen.

„Im Schweiße deines Antlitzes wirst du essen Brot" 1119 bildet ab, dass die beschriebenen Lebensumstände das Erkennen der 3-fachen 1 zum Ziel haben. „Denn Staub (bist)du und zum Staub wirst du zurückkehren" 1881 kombiniert sich damit zu 3000 und definiert den Menschen, der die Prinzipien durch sein eigenes Leben nachvollziehen und 3 x 10x10x10 bestätigen kann.

„Denn von ihr wurdest du genommen" 703 ergänzt sich mit 2 Teilen von Satz 17 zu einer gemeinsamen Aussage. 2 + 1 Satzteile kombinieren sich und beschreiben die 10 aus 7 + 0 + 3, die aus eigener Erfahrung nachvollziehen kann, was 7 x 10x10 + 3 ausdrücken:

„Weil du gehört hast auf die Stimme deiner Frau" 1727 + 703 = 2430,
„verflucht sei die Ackererde deinetwegen" 767 + 703 = 1470,
2430 + 1470 = 3900 = 3 x 10x10x10 x 13.

„Im Schweiße" 479 „deines Antlitzes" 111 lässt Satz 17 in Genesis 2 als Mühe „des Erkennens" 479 der 111 erahnen. 479 + 111 = 590 zeigen mit 400 + 190 und 90 + 5x10x10 den Prozess, den die Worte meinen.

„Wirst du essen" 451 kombiniert Satz 17 mit „von ihm" 136 zu 587;

Satz 18 kombiniert „und du wirst essen" 457 + „den Pflanzenwuchs" 773 zu 1230 und Satz 19 „wirst du essen" 451 + „Brot" 78 zu 529.

3 Arten zu essen, vom Baum der Erkenntnis über Pflanzenwuchs bis hin zum Brot, summieren 587 + 1230 + 529 zu 2346 und bilden mit 23 2x23 eine Version von 1 + 2 ab.

Das Bewusstsein wird vom Formlosen über die motivierende 3 aus 1 + 2 mit Erfahrungen genährt, die zu 5 aus 4 + 1 und zu 3 aus 2 + 1 führen. Diese 3 kann nach vollziehen, dass sich das Wort Gottes verschiedener Formulierungen bedient, um ein und dasselbe immer wieder zu betonen. Sie kennt das Verbindende von „Er zermalmt dir das Haupt, wenn du du schnappst ihm die Ferse" 2343 und 2346, ist selbst diese Verbindung.

Satz 20 hat 10 Teile:

„Und es nannte" 6-10-100-200-1	317		
„der Mensch" 5-1-4-40	50		
„den Namen" 300-40	340		
„seiner Frau" 1-300-400-6	707	1414	
„Eva" 8-6-5		19	
„weil" 20-10	30		
„sie" 5-6-1	12		
„wurde" 5-10-400-5	420		
„Mutter" 1-40	41		
„alles Lebendigen" 20-30 8-10	68	571	2004

„Eva" 19 ist die 10, die mit der Fähigkeit zur Erkenntnis ausgestattet ist. 1414 besteht aus 707 + 707 und stellt auf 3-fache Weise vor Augen, was es zu erkennen gilt.

571 ergänzt „Eva" 19 zu 590 und stellt den Bezug zu 590 in Satz 19 und zu 590 her, das in den Schöpfungsprinzipien von Genesis 1 wiederholt vorkommt. 590 fügt dem Verborgenen Wert 580 von „Adam" die 10 hinzu, die das theoretische Potenzial des Menschseins lebendig macht.

„Eva" 19 ist der Aspekt der menschlichen 2, der zu 2 x 10 aus 19 + 1 und letztlich zu einer irdischen Existenz als 2 x 10x10x10 + 4 führt, wie die Summe 2004 wissen lässt.

Satz 16 beschreibt mit „und nach deinem Mann(ist)dein Verlangen, aber er wird herrschen über dich" 2014 das Verhältnis zwischen 19 und 1 und betont gemeinsam mit 2004 die Selbsterkenntnis der 2 als 10.

Satz 21 hat 8 Teile:

„Und es machte" 6-10-70-300	386		
„JHWH" 10-5-6-5	26		
„Gott" 1-30-5-10-40	86		
„für den Menschen" 30-1-4-40	75		
„und für seine Frau" 6-30-1-300-400-6	743	1316	
„Leibröcke" 20-400-50-6-400	876		
„(von)Fell" 70-6-200	276		
„und er kleidete sie" 6-10-30-2-300-40	388	1540	2856

Das „Nackte" 360 des Menschen, von dem Satz 7 spricht, wird in Satz 21 = 3 x 7 bekleidet von dem, was 1540 zum Ausdruck bringt. 1540, die 3x5 im Zeitlichen, versteht die Worte über die Aussage der Zahlen. Was sie denkt, überlagert die „nackte" 360 Sichtweise der 2 und ergänzt sie zu einem Denken, das 360 + 1540 eine Kombination von 900 + 1000 nennen. Dieses Denken betrachtet Materie und die Zyklen der Zeit als Basis für Selbsterkenntnis: 360 = 4 x 90, 4 x 360 = 1440, 1540 − 1440 = 10.

386 − 26 = 360 und 386 − 86 = 300 erklären das „Nackte" 360 als von Gott gemacht, um es zu kleiden.
Die „Leibröcke" 876 „(von)Fell" 276 zeigen mit ihrer Differenz 600, dass sie 3x100 vor der 2 verbergen und ihre Sichtweise damit kleiden.
2 x 388 = 776 bestätigt mit 876 die 10x10 als Übergang von 2 zu 3.

„Für den Menschen" 75 „und für seine Frau" 743 gilt es zu erkennen, was in Summe 818 abbildet. Sich mit dieser Einsicht zu kleiden, heißt, als 30 die 400 zu leben: 818 − 388 = 430.

Satz 20 und 21 verbinden ihre 10 + 8 Teile in Summe mit 2004 + 2856 = 4860 zu einer gemeinsamen Aussage und beschreiben damit die 10, die sich „in der Mitte des Gartens" 486 aufhält.

Sie hat ihre Mitte gefunden und lebt 400 + „Gott" 86.

Satz 22 hat 21 Teile:

„Und es sprach" 6-10-1-40-200	257		
„JHWH" 10-5-6-5	26		
„Gott" 1-30-5-10-40	86	369	
„Siehe" 5-50	55		
„der Mensch" 5-1-4-40	50		
„ist geworden" 5-10-5	20		
„wie einer" 20-1-8-4	33		
„von uns" 40-40-50-6	136	294	
„im Erkennen" 30-4-70-400	504		
„Gutes" 9-6-2	17		
„und Böses" 6-200-70	276	797	1460
„Und nun" 6-70-400-5	481		
„dass nur nicht er ausstreckte" 80-50 10-300-30-8	478		
„seine Hand" 10-4-6	20	979	
„und nehme" 6-30-100-8	144		
„auch" 3-40	43		
„vom Baum" 40-70-90	200		
„des Lebens" 5-8-10-10-40	73	460	
„und esse" 6-1-20-30	57		
„und lebe" 6-8-10	24		
„für immer" 30-70-30-40	170	251	1690

Einzeln und in Kombinationen bilden die Summen eindeutig ab, worauf dem menschlichen Bewusstsein der unmittelbare Zugriff verwehrt wird:
369 + 251 = 620, 979 − 369 = 610, 620 − 610 = 10; 1460 − 460 = 1000;
979 + 251 = 1230; 1690 − 1460 = 230, 1460 + 1690 = 3150.

Unter anderem zeigen 294 + 251 = 545, 797 und 979 auf, wie das Nehmen vom Baum des Lebens gelingt, das 460 = 230 + 230 verkürzt darstellen.

Satz 23 hat 9 Teile:

„So schickte ihn"

6–10–300–30–8–5–6 ·	365		
„JHWH" 10–5–6–5	26		
„Gott" 1–30–5–10–40	86		

„aus dem Garten Eden"

40–3–50 70–4–50	217		
„zu bearbeiten" 30–70–2–4	106	800	
„die Erde" 1–400 5–1–4–40–5		456	
„der" 1–300–200	501		
„er genommen wurde" 30–100–8	138		
„von dort" 40–300–40	380	1019	2275

800 gibt 8 x 10x10 als Grund für das Verlassen eines paradiesischen Einheitsempfindens an.

„Die Erde" 456 „zu bearbeiten" 106 begründen 456 − 106 mit 350 und stellen den Bezug zum „Laub" 105 „des Feigenbaumes" 456 in Satz 7 her. Satz 7 + 23 beschreiben über diese Querverbindung die Denkweise der 30 und erklären mit 456 + 106 + 456 + 105 = 1123, dass das Verständnis der 3 insgesamt darin besteht, 2 als 1+1 zu betrachten.

„Die Erde zu bearbeiten" 562 heißt für die 3, in allem Irdischen die 1 entdecken zu lernen. Dass die Sicht auf die 1 mental zugedeckt ist, wird symbolisiert vom „Laub des Feigenbaumes" 561.

562 − 561 = 1 erklären die Worte und ihren Bezug zueinander.

„Die Erde" 456 = 57 x 8 greift mit „und esse" 57 darauf zurück, was die vorausgehenden Sätze über das Essen vom Baum, von der Ackererde, von Pflanzenwuchs und von Brot aussagen, und erklärt sich damit.

1019 bildet den Zweck irdischer Existenz mit dem Erkennen als 10 ab, 456 + 1019 = 1475 zeigen mit 1-4 5x5x3, wie es dazu kommt.

„Die Erde" 1-400 5-1-4-40-5 zeigt mit 400+1 und 55 wozu sie dient.

Die Entwicklung des Menschen = „Adam" 1-4-40 muss in die Vielheit der 400 und über 5-5 zurück zur 1 gehen.

Die menschliche 2 muss die 1 verlassen, sonst könnte sie selbst und die Welt der 4 in Zeit und Raum nicht existieren. Die Existenz als 2 darf sich nicht zu 1-2-1 reduzieren. Um sich als 1+0 wahrnehmen zu können, muss die 2 durch die Tür der 4 in die Welt der Vielheit gehen, um sich darin zu „verlieren" 1-2-4.

Satz 22 und 23 stimmen darin überein, dass „der Mensch" 50 erst auf dem ‚Umweg' über das Leben in der 4 „seine Hand" 20 ausstrecken und auch vom Baum des Lebens nehmen kann. 2x10, 5x10 und 2x5x10 = 10x10 bilden dieses Zugreifen ab, das nur durch die 4 möglich wird.

„Und nehme auch vom Baum des Lebens" 460 = „die Erde" 456 + 4.

In Summe betonen 2275 – 365 = 1910 wie 1019, dass der Mensch zur Selbsterkenntnis auf die Erde geschickt wurde.

Satz 24 hat 14 Teile:

„Er vertrieb" 6-10-3-200-300	519	
„den Menschen" 1-400 5-1-4-40	451	970
„und er ließ aufstellen"		
6-10-300-20-50	386	
„östlich" 40-100-4-40	184	
„des Gartens Eden" 30-3-50 70-4-50	207	777
„die Cherubim"		
1-400 5-20-200-2-10-40		678
„und die" 6-1-400	407	
„Flamme" 30-5-9	44	
„des Schwertes" 5-8-200-2	215	666

„des gezackten"

5-40-400-5-80-20-400		950	
„zu bewachen" 30-300-40-200		570	
„den Weg" 1-400 4-200-20		625	
„(zum)Baum" 70-90	160		
„des Lebens" 5-8-10-10-40	73	233	4499

Die 1 „vertrieb den Menschen" 970, um seine Rückkehr als 3-fache 10 zu ermöglichen: 970 + 30 = 1000.

Kapitel 3 der Genesis beschreibt in Form einer Erzählung, wie die 2 von der 3 motiviert wird, sich von der 1 zu lösen und sich auf den Weg zum Baum des Lebens auf dem ‚Umweg' über 2 x 4 = 8 zu machen.

Der 3 x 8 = 24. Satz beendet Genesis 3 mit der Feststellung, dass der Rückweg gesichert ist. Je nach Übersetzung wird der Weg, der in der Welt der 2x4 = 8 über 2x2x2 = 8 zur 3 führt, „bewacht" oder „bewahrt".

„Und er ließ aufstellen" 386 + „östlich" 184 = „zu bewachen" 570 erklärt sich mit 10 x „und esse" 57 und zeigt mit 570 + 30 = 600 = 2 x 10x10 x 3 die Rückkehr als 3 x 10 über 6 x 10x10.

Die 3-fache 7 von 777, die 3-fache 6 von 666 und die 5x5x5x5 von 625 bilden ab, was „den Weg" 625 so sicher macht:
777 definiert den Grenzbereich am 7. Tag „(zum)Baum des Lebens" 233. „(Zum)Baum des Lebens" 233 geht der Mensch, der das äußere Leben mit dem Absoluten verbindet und sich selbst als Projektion des Absoluten wahrnimmt: 233 + Voller Wert 777 von „Baum des Lebens" = 1010; 10x10 oder 10+10 entspricht einer 10, die auf Basis von 2 den Kontakt von 3 zu 3 erlebt, was 233 abbildet; jedes Geschehen am 7. Tag sieht sie als gottgewollt = 7 x 111 an.

„Und die" 407 + „Flamme" 44 + „des Schwertes" 215 zeigt mit der Summe 666 aus 3 Satzteilen, dass sich die 3 durch maximale und konsequente Kombinationsgabe der 2 finden lässt; „des gezackten" 950 ergänzt, dass 9 die Erfahrung von 5 x 10 sichert.

„Den Weg" 625 definieren 45 + 580, Äußerer Wert + Verborgener Wert von „Adam = Mensch" gemeinsam; dass er im Prinzip die menschliche 2 in der Welt der 12 zur 50 führt, lassen 2 x 625 = 1250 wissen, bestätigen die Aussage von 950 und nennen als übereinstimmendes Ziel 10x10 x 3.

Die Geschichte von der Vertreibung aus dem Garten Eden erzählt davon, dass der Mensch den direkten Bezug zur Einheit vorerst verlieren muss. Das Leben in der Dualität fokussiert sich auf das Physische, ist zur Materie hin ausgerichtet, denn der menschliche Körper ist Materie.

Der Mensch identifiziert sich mit dem Körper und lebt den tierischen Aspekt; er trägt ein Tierfell, um seine Nacktheit zu verbergen.

„Fell" = „or" 70-6-200 wird genauso ausgesprochen wie „or" 1-6-200, das „Licht" bedeutet. Die 1 des Lichtes wird im Tierfell ersetzt durch die 70, die bunte Vielfalt des Lebens am 7. Tag.

„Chaja" 8-10-5 ist das Wort für „Tier" 23.

Der Mensch erfährt sich als körperliches Wesen, dieses Körperliche mit Namen „Eva" 19 = „chawa" 8-6-5 bedeutet auch „Leben".

19 und 23 machen sichtbar, dass dieser Körper eigentlich ein formloses und erkenntnisfähiges Wesen in sich trägt. Die Opferung des Körpers, sein Heranbringen an die Grenzen des Erträglichen, bringt gleichzeitig in Kontakt mit dem eigentlichen Wesen des Menschen. Das Wesen(t)liche ist ein Wesen von „Licht"

1-6-200, gekleidet in „Fell" 70-6-200. Das Wesen Mensch erkennt sich im Licht des Erkennens selbst als Licht im Sinne des 1. Schöpfungswortes.

„Tier" = „chaja" bildet aus 60-40-90 den Atbasch 190. Der physische Körper eines Säugetieres ist die erscheinende Seite des Menschen und hat als gegensätzlichen Part die Fähigkeit zur Erkenntnis.

„Eva" = „chawa" bildet aus 60-80-90 den Atbasch 230. Das diesseitige körperliche Leben ist die eine Hälfte des Menschen, die andere besteht in seiner formlosen Existenz.

19x10 und 23x10 bedingen einander und sind Facetten ein und desselben Geschehens im Bewusstsein. 19 und 23 ergänzen und bestätigen sich über die Begriffe gegenseitig. „Chaja" und „chawa", „Tier" und „Eva" sind symbolhafte und aussagekräftige Bilder für tief im Menschen verborgene Veranlagungen. Sie sind aber nicht mit diesen Bildern gleichzusetzen. Das tatsächlich auf der Erde lebende Tier hat damit genauso wenig zu tun wie die biologische Frau mit ihrer archetypischen Bezeichnung Eva.

Diese Erzählungen als historische Berichte aufzufassen und womöglich sogar wörtlich zu nehmen, entspricht der Weltsicht der 400. Sie sind aber nicht in diesem Sinn angelegt und gehen darüber hinaus. In einer ganzheitlichen Betrachtung, die Worte und Zahlenwerte berücksichtigt, erschließt sich der eigentliche Sinn.

Diese Herangehensweise gilt generell für die alten Texte der Heiligen Schrift. Sie ist aber ungewohnt und immer wieder eine Herausforderung. Wiederholt will das Denken zurück zu alten Mustern und eingeprägten Vorstellungen. Die Bilder zu abstrahieren, um ihren Sinn zu erfassen, ist aber unumgänglich.

Das gilt auch für die letzten, etwas rätselhaften Formulierungen, mit denen Satz 24 Genesis 3 beendet.

Das Leben des Menschen ist am „Licht" 1-6-200 orientiert, physisch und mental. Der Zahlenaufbau macht deutlich, wozu es dient: Der 2 soll über 10x10 und die Qualität der 6 die Verbindung zur 1 einleuchten.

Die menschliche 3 hat diese Einsicht, sie ist den Weg zum Baum des Lebens zu Ende gegangen, den die 1 vorgegeben, bewahrt und bewacht hat. 12 Satzteile von Satz 24 berichten über diesen gesicherten Weg in der Welt der 12 und summieren sich zu 4499. Die 10+2 geht den Weg zur 1, ergänzt sich damit zu 13 und 4499 zu 4500.

40+4 wollen über 9-9 mit der 1 komplettiert werden zu 4500. Damit ist eine 10 gemeint, die durch das Erkennen von Prinzip 5 die 4 als 1000 lebt. 45 x 10x10 erzählt, dass dieses Bewusstsein das Potenzial des Menschseins, das „Adam" 45 verkörpert, im eigenen Leben erfährt.

1 ist für diese 10 mit der Erfahrung von 5 x 10 das Haupt-Sächliche im Leben; „das Haupt" 501 in Satz 15 ergänzt 4499 zu 5000 und bestätigt das Miteinander von 5 und 3 in einer 3-fachen 10.

Das Wissen über ein bestehendes Gesamtkonzept bestätigt sich für die 10 im Bewusstsein der 3 immer wieder auf unerwartete Weise in ihrem Alltag. Sie erlebt eine Koppelung von Ereignissen, die rein äußerlich betrachtet nichts miteinander zu tun haben. Eine 10, die sich als 3 definiert, erfasst ein hintergründiges Wirken. Die 1 macht sich in der Welt der 12 auf diese Weise erfahrbar.

„Die Cherubim" 678 sind ein Begriff, der diesem hintergründige Wirken der 1 einen Namen gibt; 678 ergänzt sich mit 12 zu 690 = 3 x 23 x 10. „Die Cherubim" kombinieren 401 + 277, sie dienen der 1 in der 400 als „Hilfe" 277, damit der „Samen" 277 sein Potential entfalten kann.

Satz 19 + 24 summieren 4499 + 1881 zu 6380 und zeigen 3x21 mit 8x10; 63 steht für eine 3, die immer wieder 2 mit 1 ergänzt; sie tut das als bewusste 10 am 8. Tag.

Satz 14 + 15 summieren 807 + 2343 zu 3150; 3150 x 2 = 6300 hat mit 6380 die 80 gemeinsam; das Bewusstsein der 10 am 8. Tag erfasst den Inhalt aller 4 Sätze als Gesamtkonzept, erkennt 6300 und 3150 als komplexe Varianten von 2 + 1 und deren Komponenten als Fraktale.

Selbstähnliche Grundstrukturen bilden miteinander Muster und bauen daraus eine Realität auf, die mit jedem Detail grundlegende Prinzipien äußert. Sie gelten für das große Ganze genauso wie für das Kleinste.

BUCH GENESIS
Kapitel 4 – Genesis 4
(Kain und Abel)

„1 Und der Mensch erkannte Eva, sein Weib und sie ward schwanger und gebar Kain; und sie sagte: Ich habe einen Mann erworben mit Jehova.

2 Und sie gebar ferner seinen Bruder, den Abel. Und Abel wurde ein Schafhirt, und Kain wurde ein Ackerbauer.

3 Und es geschah nach Verlauf einer Zeit, da brachte Kain dem Jehova eine Opfergabe von der Frucht des Erdbodens; 4 und Abel, auch er brachte von den Erstlingen seiner Herde und von ihrem Fett. Und Jehova blickte auf Abel und auf seine Opfergabe; 5 aber auf Kain und auf seine Opfergabe blickte er nicht. Und Kain ergrimmte sehr, und sein Antlitz senkte sich.

6 Und Jehova sprach zu Kain: Warum bist du ergrimmt, und warum hat sich dein Antlitz gesenkt? 7 Ist es nicht so, dass es sich erhebt, wenn du wohl tust? Und wenn du nicht wohl tust, so lagert der Fehltritt vor der Tür. Und nach dir wird sein Verlangen sein, du aber wirst über ihn herrschen.

8 Und Kain sprach zu seinem Bruder Abel; und es geschah, als sie auf dem Felde waren, da erhob sich Kain wider seinen Bruder Abel und erschlug ihn. 9 Und Jehova sprach zu Kain: Wo ist dein Bruder Abel? Und er sprach: Ich weiß nicht; bin ich meines Bruders Hüter?

10 Und er sprach: Was hast du getan! Horch! Das Blut deines Bruders schreit zu mir vom Erdboden her. 11 Und nun, verflucht seiest du von dem Erdboden hinweg, der seinen Mund aufgetan hat, das Blut deines Bruders von deiner Hand zu empfangen! 12

Wenn du den Erdboden bebaust, soll er dir hinfort seine Kraft nicht geben; unstet und flüchtig sollst du sein auf der Erde!

13 Und Kain sprach zu Jehova: Zu groß ist meine Strafe, um sie zu tragen. 14 Siehe, du hast mich heute von der Fläche des Erdbodens vertrieben, und ich werde verborgen sein vor deinem Angesicht, und werde unstet und flüchtig sein auf der Erde; und es wird geschehen: wer irgend mich findet, wird mich erschlagen.

15 Und Jehova sprach zu ihm: Darum, jeder, der Kain erschlägt – siebenfältig soll es gerächt werden! Und Jehova machte an Kain ein Zeichen, auf dass ihn nicht erschlüge, wer irgend ihn fände. 16 Und Kain ging weg von dem Angesicht Jehovas und wohnte im Lande Nod, östlich von Eden."

17 „Und Kain erkannte sein Weib, und sie ward schwanger und gebar Henoch. Und er baute eine Stadt und benannte die Stadt nach dem Namen seines Sohnes Henoch. 18 Und dem Henoch wurde Irad geboren; und Irad zeugte Mehujaël, und Mehujaël zeugte Metuschaël, und Metuschaël zeugte Lamech.

19 Und Lamech nahm sich zwei Weiber; der Name der einen war Ada und der Name der andern Zilla. 20 Und Ada gebar Jabal; dieser war der Vater derer, die in Zelten und unter Herden wohnen. 21 Und der Name seines Bruders war Jubal; dieser war der Vater all derer, die mit der Laute und der Flöte umgehen. 22 Und Zilla, auch sie gebar Tubal-Kain, einen Kämmerer von allerlei Schneidewerkzeug aus Erz und Eisen. Und die Schwester Tubal-Kains war Naama.

23 Und Lamech sprach zu seinen Weibern: Ada und Zilla, höret meine Stimme! Weiber Lamechs, horchet auf meine Rede! Fürwahr, einen Mann erschlug ich für meine Wunde und einen Jüngling für meine Strieme! 24 Wenn Kain siebenfältig gerächt wird, so Lamech siebenundsiebzigfältig.

25 Und Adam erkannte abermals sein Weib, und sie gebar einen Sohn und gab ihm den Namen Set; denn Gott hat mir einen anderen Samen gesetzt anstelle Abels, weil Kain ihn erschlagen hat. 26 Und dem Set, auch ihm wurde ein Sohn geboren, und er gab ihm den Namen Enosch. Damals fing man an, den Namen Jehovas anzurufen."

„Jehova" wird im Text 10x erwähnt, „Gott" 1x; Genesis 4 schildert die Etablierung der 10 im Irdischen als Aspekt der 1.

Mit dem Bild von Mann-Frau-Schlange in Genesis 3 wird die 3 als Impuls beschrieben, der darauf abzielt, dem Menschen die 3 bewusst zu machen. Genesis 2 und 3 erwähnen JHWH und Elohim in Kombination, in Genesis 4 liegt der Schwerpunkt auf JHWH. Die konträre Spiegelung von 10-5-6-5 beherrscht die Welt der 4 und Genesis 4 erläutert dieses Prinzip.

Satz 1:

„Und der Mensch" 6-5-1-4-40	56		
„erkannte" 10-4-70	84		
„Eva" 1-400 8-6-5	420		
„seine Frau" 1-300-400-6	706	1266	
„und sie empfing" 6-400-5-200		611	
„und sie gebar" 6-400-30-4	440		
„den Kain" 1-400 100-10-50	561	1001	
„und sie sagte" 6-400-1-40-200	647		
„Erworben hab ich"			
100-50-10-400-10	570		
„(einen)Mann" 1-10-300	311		
„mit JHWH" 1-400 10-5-6-5	427	1955	

Die Geburt von Kain wird mit 2 widersprüchlichen Aussagen erklärt. 1266 beschreibt ihn als Sohn von Mann und Frau, 1955 als einen Mann, der dem Prinzip JHWH entstammt. 1955 − 1266 = 689 zeigt mit 13 x 40+13 das Gemeinsame beider Versionen und mit 689 + 611 = 1300 = 1-3 x 100, dass er das ‚Kind' beider

Prinzipien ist. 19 5-5 und 1001 − 611 = 500 ergänzen, dass Kain empfangen und geboren wird, um sich dessen bewusst zu werden.

Kain entstammt direkt dem Prinzip JHWH. Sein Bewusstsein ist definiert durch den menschlichen Aspekt Eva und den absoluten Aspekt JHWH.

Eva ist das Prinzip des Weiblichen und damit des physischen Menschen, JHWH ist das Prinzip einer Teilung und gegensätzlichen Spiegelung.

Kain verkörpert archetypisch den Menschen, der dem Prinzip 2 und dem Prinzip 10-5-6-5 entstammt und dem sein 1-3-Sein nicht bewusst ist. Als „Mann" 311 ist er in diesem Sinn weiblich; in Genesis 3 ist es „die Frau", die denselben Äußeren Wert 311 hat.

Sie steht mit der motivierenden 3 im Symbol der Schlange in Dialog, die sie dazu bringt, zu „essen von ihm" 187, vom Baum der Erkenntnis. „Den Kain" 561 definiert mit 3 x 187 die Fortsetzung dieses Dialogs, der so lange dauert, bis die motivierende 3 ihr Ziel 1001 erreicht. 311 erklärt sich damit. Den „Mann" 311 und „die Frau" 311 erkennt die 3 als gegensätzliche Hälften einer 2, die 1-1 ist.

Die daraus resultierende menschliche 3 ist es, die „seine Frau" 706 „und der Mensch" 56 mit 650 = 5 x 10 x 13 gemeinsam haben und die 2 widersprüchliche Aussagen über die Geburt von Kain verbindet.

Die Zahlenwerte von JHWH, Eva und Kain zeigen den gegenseitigen Bezug:

„Kain" 100-10-50 trägt als ‚Kind' von Eva und JHWH beide ‚Elternteile' verborgen in sich; die Verborgenen Werte 426 von Eva und 46 von JHWH summieren sich in Kain zu 472.

Der Äußere Wert 160 von Kain, sein äußeres Erscheinen, und sein Voller Wert 312, sein Ursprung im Absoluten, bilden wieder die Summe 472.

Bei näherer Betrachtung ist es nicht verwunderlich, dass sich beide Male die gleiche Zahl 472 ergibt. Wenn auch unterschiedlich in der Bezeichnung, so summiert sich doch beide Male dasselbe, nämlich äußere Erscheinung und verursachendes Göttliches, was auch 400 + der Volle Wert 72 von JHWH bestätigen. Der Verborgene Wert 426 von Eva betont als Kombination von 400 + „JHWH" 26 die irdische Komponente.

426 – 46 = 380 erklären die Welt der 380 = 2 x 190 zum gemeinsamen Wirkungsbereich der Prinzipien 2 und 10-5-6-5; Kain ist jedes menschliche Wesen, das als 2 die Verbindung zwischen beiden unbewusst lebt.

Jeder einzelne Mensch ist Kain. Sein Weg durch die Welt der 380 und 400 ist der gemeinsame Weg von Eva und JHWH in der 2 x 10.

Satz 2:

„Und sie fuhr fort" 6-400-60-80	546			
„zu gebären" 30-30-4-400	464	1010		
„seinen Bruder" 1-400 1-8-10-6	426			
„den Abel" 1-400 5-2-30	438	864		
„Und es war Abel" 6-10-5-10 5-2-30	68			
„hütend" 200-70-5	275			
„(eine)Herde" 90-1-50	141	484		
„und Kain" 6-100-10-50	166			
„war" 5-10-5	20			
„bearbeitend" 70-2-4	76			
„den Ackerboden" 1-4-40-5	50	312	2670	

Abel erscheint als Bruder, ohne dass ein Bezug zu JHWH oder Evas Mann erwähnt wird. Nach Adam, dem ursprünglich 1 Mann, entstehen mit Kain und Abel 2 Männer, die mit ihm aber keine 3 bilden. Das Symbol „Mann", das Genesis 2 und 3 als menschlichen Aspekt der 1 darstellen, bekommt in Genesis 4 durch 10-5-6-5 einen gegensätzlichen Ausdruck.

Kain und Abel treten als 2 Männer, die jeweils einen Pol der Dualität und eine Seite der 10 verkörpern, an die Stelle von Adam als 1 Mann.

1010 bildet dieses Miteinander von 10-10 ab und die Zahlenwerte der Namen verstärken den Zusammenhang zwischen Adam und den Brüdern Kain und Abel. „Abel" 5-2-30 summiert sich zu 37 und hat mit „Kain" 160 die Zahl 123 gemeinsam.

„Bruder" 1-8-10-6 mit dem Äußeren Wert 25 verbindet ebenfalls beide und bringt eine Zusammengehörigkeit bei gleichzeitiger Verschiedenheit zum Ausdruck. „Bruder" hat eine ähnliche Funktion wie 6 in 10-5-6-5.

„Bruder" prägt Genesis 4 ebenso wie das Wort „Schlange" Genesis 3. „Bruder" 25 = 5 x 5 lässt erkennen, dass eine 5 der anderen begegnet, was den Bezug zu 10-5-6-5 betont. Kain entspricht im Prinzip JHWH der 5 ‚unten', Abel der 5 ‚oben'.

„Kain" 160 + „Abel" 37 + das verbindende „Bruder" 25 bilden die Summe 222; als Brüder sind Kain und Abel „Erstgeborene" 2-20-200 = 222 und stehen prinzipiell für die 2, die aus der 1 „geboren" ist. Aus 1 Mann Adam sind 2 Männer geworden, die jeweils als „Mann" dessen gegensätzliche Hälften personifizieren.

„Bruder" hat den Atbaschwert 400-60-40-80, in Summe 580. Der Atbasch ist die geistige, dem Äußeren gegenüberliegende Hälfte.

25 = 5 x 5 steht für eine Teilung und andersartige Spiegelung im Irdischen und hat im Absoluten 580 als Gegenüber.

580 ist Verborgener Wert von Adam und ‚Dauer' der Weltsicht der 400. Sie endet, sobald im Diesseits das Jenseitige bewusst erfahren wird. 580 meint den Weg des Menschen durch die Zeit bis zur Grenze der 400.

864 – 484 = 380 erklären, dass Abel mit Kain den gleichen Weg durch 400 und 380 geht.

Das Verbindende zwischen Kain als 2x1 und Abel als 1 zeigen 2 x 312 = 624 gemeinsam mit 864 und 484:
864 – 624 = 240, 624 – 484 = 140, 240 – 140 = 10x10

In Summe erzählt Satz 2 mit 2670 + 30 = 2700, dass ihr brüderliches Miteinander auf 3 x 10 über 9 x 10x10 x 3 abzielt.

„Den Kain" 561 und „den Abel" 438 als Teile ein und desselben Bewusstseins zu erfassen, ist Ausdruck maximaler Erkenntnis: 561 + 438 = 999

Die Arbeit dieses Bewusstsein beschreiben „hütend" 275 + „(eine) Herde" 141 = 416 und „bearbeitend" 75 + „den Ackerboden" 50 = 126 mit ihrer gemeinsamen Zahl 290.

Satz 3:

„Und es geschah" 6-10-5-10	31		
„am Ende" 40-100-90	230		
„von Tagen" 10-40-10-40	100	361	
„da brachte" 6-10-2-1	19		
„Kain" 100-10-50	160	179	
„von der Frucht" 40-80-200-10	330		
„des Ackerbodens" 5-1-4-40-5	55		
„(eine) Gabe" 40-50-8-5	103		
„für JHWH" 30-10-5-6-5	56	444	984

31, 230 und 100 weisen darauf hin, was am Ende mit Kain geschieht, und in Summe tun das 361 + 19 = 380 = 2x190 und 361 + 179 = 540 = 2x90x3.

330, 55, 103 und 30 + 26 erklären die Frucht des Ackerbodens ebenso wie es 444 mit einer 3-fachen 4 tut.

In Summe erzählen 984 – „und es war Abel hütend (eine) Herde" 484 = 500 und 984 – 444 = 540 über das Ergebnis der Arbeit beider Brüder.

Satz 4:

„Und Abel" 6-5-2-30	43			
„brachte" 5-2-10-1	18			
„auch er" 3-40 5-6-1	55	116		
„von den Erstlingen"				
40-2-20-200-6-400	668			
„seiner Herde" 90-1-50-6	147			
„und von ihrem Fett"				
6-40-8-30-2-5-50	141	956		
„und es achtete" 6-10-300-70	386			
„JHWH" 10-5-6-5	26			
„auf Abel" 1-30 5-2-30	68			
„und auf seine Gabe"				
6-1-30 40-50-8-400-6	541	1021	2093	

Abel als Hirte behütet und überwacht das Tierische, hat die Kontrolle über das körperliche Leben und schaut darauf, dass es im weitesten Sinn mit Nahrung und Wasser versorgt wird und dadurch lebendig bleibt. Abel ist die 1 im Menschen, die ungesehen die menschliche 2 begleitet, behütet und den Weg vorgibt.

Abel ist selbst archetypischer ‚Erstling' einer ‚Herde' von Menschen nach seinem Prinzip; „von den Erstlingen" 668 „seiner Herde" 147 ist jeder dazu bestimmt, was 668 + 147 in Summe mit 815 abbilden: den 8. Tag als 5 x 3 zu leben.

„Von den Erstlingen" 668 „auf Abel" 68 zu schließen, weist 600 einem Bewusstsein zu, das sich mit 30 x 20 definiert.

Kain als Ackerbauer ist der erdbezogene Aspekt des Menschen. Die Gabe von Kain besteht in den Früchten der Materie. Geben bedeutet für ihn, andere an diesen Früchten teilhaben zu lassen.

Beide „Brüder" 25 leisten ihren Beitrag zum Prinzip JHWH, verkörpern auf ihre Weise die 5 und ergänzen sich dabei gegenseitig. Kain trägt die 4 bei und Abel die 1, beide bringen JHWH in diesem Sinn ihre Gabe.

Kain bringt „von der Frucht des Ackerbodens(eine)Gabe für JHWH" 444 + Abel „von den Erstlingen seiner Herde und von ihrem Fett" 956 = 1400.

„Und von ihrem Fett" 141 erklärt, dass Abel als innere 1 die absolute 1 direkt über 4 erfahrbar macht; 541 − 141 = 400 zeigen, dass es ihm gegeben ist, in der 400 intuitiv zu 4 x 10x10 zu führen.

In Summe bilden 956 − 116 = 840 mit 40 x 21 ebenso wie 10 21 und 20 93 ab, wozu die 1 von Abel ihren Beitrag leistet.

Satz 5:

„Aber auf Kain" 6-1-30 100-10-50	197		
„und auf seine Gabe"			
6-1-30 40-50-8-400-6	541		
„nicht" 30-1	31		
„achtete er" 300-70-5	375	1144	
„Und es entbrannte" 6-10-8-200	224		
„in Kain" 30-100-10-50	190		
„sehr" 40-1-4	45	459	
„und es senkte sich" 6-10-80-30-6	132		
„sein Gesicht" 80-50-10-6	146	278	1881

Dass JHWH auf Kain und seine Gabe nicht achtet, wohl aber auf jene von Abel, bringt zum Ausdruck, dass 10-5-6-5 nicht umzusetzen ist, solange der Mensch sich nur an der Materie orientiert.

1144 zeigt, dass es JHWH auf die Kombination von 1 + 4 durch das Sehen einer Spiegelung ankommt.

„In Kain" 190 will die 1 erkannt werden und solange die 10 „nicht" 31 dazu fähig ist, wird sie von der 4 dazu aufgefordert: 459 + 31 = 490.

Der Blick von Kain richtet sich daher nach unten, hin zu Erde. Damit einher gehen Gefühle wie Wut, Zorn, Schmerz, Niedergeschlagenheit und Enttäuschung. Bedrückende Gefühle begleiten eine Sichtweise, die nur das materielle Leben in der Dualität kennt. Kain tut, was ihm möglich ist, und erfährt doch Zurückweisung und Ablehnung. Es entbrennt in ihm sehr der Wunsch, dass es nicht so ist: 459 + 31 = 490.

Es bleibt ihm aber nichts anderes übrig, als sich damit abzufinden und sich weiterhin der Materie zuzuwenden. Satz 5 + 2 beschreiben, wie der 7. Tag von Kain erlebt wird: „und es senkte sich sein Gesicht" 278 „und Kain war bearbeitend den Ackerboden" 312; 278 + 312 = 590 weisen darauf hin, dass seine Lebensumstände dem Erkennen der 5 dienen.

590 – 490 = 10x10 und 590 + 10 = 600 = 2 x 10x10 x 3 bestätigen ebenso wie in Summe 1881 mit 2x9 9x9, dass die empfundene Ungerechtigkeit zum Ziel hat, sich als 10 zu erkennen.

Satz 6:

„Da sagte" 6-10-1-40-200	257		
„JHWH" 10-5-6-5	26		
„zu Kain" 1-30 100-10-50	191	474	
„Warum" 30-40-5	75		
„entbrannte es" 8-200-5	213		

„in dir" 30-20	50	338	
„Und warum" 6-30-40-5	81		
„senkte sich" 50-80-30-6	166		
„dein Gesicht" 80-50-10-20	160	407	1269

In Summe beantworten 1269 + 31 = 1300 die Fragen damit, dass es Kain „nicht" 31 gelingt, sich über 10x10 als 10+3 zu sehen.

Satz 5 ergänzt 1269 mit 1881 zu 3150: Kain kann „nicht" 31 5x10 sein.

Satz 7:

„Ist's nicht so" 5-30-6-1	42		
„wenn gut du(handelst)"			
1-40 400-10-9-10-2	472		
„trage hoch" 300-1-400	701	1215	
„und wenn" 6-1-40	47		
„nicht" 30-1	31		
„gut du(handelst)" 400-10-9-10-2	431	509	
„am Eingang" 30-80-400-8	518		
„Fehltritt" 8-9-1-400	418		
„ist lauernd" 200-2-90	292	1228	
„und nach dir" 6-1-30-10-20	67		
„sein Verlangen" 400-300-6-100-400-6	1212	1279	
„du aber" 6-1-400-5	412		
„beherrschen sollst du ihn"			
400-40-300-30 2-6	778	1190	5421

„Trage hoch" 701 verweist am 7. Tag über 0 auf die 1, ergänzt 1269 in Satz 6 zu 1970 und macht damit eine ähnliche Aussage.

Das Leben am 7. Tag motiviert den Menschen zu einem Verhalten, das ihn von der hinabziehenden Schwerkraft des Irdischen löst. Trotz aller Widerstände und Rückschläge erlebt der menschliche Kain Situationen, die ihn aufrichten. Solche Momente tun gut. Sie fallen ihm zu, wenn er sich auf das Gute fokussiert und bemüht ist, sein Bestes zu geben. Sie lassen sich aber nicht mit Absicht herbeiführen oder gar erzwingen.

„Gut du" 400-10-9-10-2 hat 431 als Äußeren Wert und zugleich 431 als Atbasch aus 1-40-50-40-300. „Gut du" definiert sich als Zustand, bei dem äußere und absolute Hälfte übereinstimmen. Es ist damit ein Denken und Handeln gemeint, das sich stimmig anfühlt, weil es dem Absoluten entspricht. Dieses Tun wird als gut, erhebend, wohltuend und befreiend empfunden, sowohl für sich selbst als auch in der Wirkung für andere.

Die Motivation dafür liegt nicht im persönlichen Gewinn, Ansehen oder Erfolg, sondern im Nutzen für ein Du außerhalb des eigenen Ich. Dieses Du kann alles sein. Nicht nur Menschen, auch Tiere, Pflanzen, Natur, Arbeit oder Projekte kann dieses Du umfassen. Ein Tätigsein in Hingabe ist damit gemeint, das Freude macht und gut tut. Eine gebende anstelle einer nehmenden Haltung ist charakteristisch dafür.

Die Veranlagung von Kain ist das genaue Gegenteil davon; sein Name hat im Hebräischen die Bedeutung von „Erworbenes, Gewinn". Die ‚Erbschuld' der 2, die Tendenz zum Vielen, zum Haben-Wollen prägt ihn.

Auf dieser Basis, mit Blick zur 4, steht Kain als die ‚5 unten' vor einer Herausforderung. Er lebt äußerlich die 2 und wird von der 1 in sich auch immer wieder in die Gegenrichtung gedrängt. Die 2 will haben und die 1 will geben; die 2 tendiert zum Vielen, die 1 zum Ein-fachen.

Diese Spannung treibt den menschlichen Kain durch das Leben und stellt ihn wiederholt vor die Entscheidung zwischen 1 oder 2, zwischen innen und außen, zwischen der Meinung der Vielen und dem, was sich für ihn einfach richtig anfühlt. Entscheidungen, die von einem guten inneren Gefühl begleitet sind, fallen zugunsten der 1 aus.

Das Leben lehrt auf diese Weise, den zur 2x2 gesenkten Blick zur 1 zu heben, der 1 immer wieder den Vorzug zu geben gegenüber der 2, unabhängig zu werden von äußeren Einflüssen oder eingeprägten Mustern und sich an der 1 in sich zu orientieren.

„Abel" 37 verkörpert diese 1 im Menschen, er macht den Unterschied zwischen „wenn gut du" 472 „und wenn nicht gut du" 509 aus.

472 + 37 zeigt, dass die 1 als separate Instanz wahrgenommen und ihr bewusst gefolgt wird; 509 hat 37 integriert, der lenkende Einfluss der 1 bleibt unerkannt und wirkt im Umweg über 2 und 2x2 indirekt auf das Denken und Handeln ein. 509 weist auf das Erkennen der 5 über 0 hin.

Auf ähnliche Weise erklären 1228 − 1215 = 13 den Unterschied zwischen einer bewussten Ausrichtung auf 1-3 und einem fehlenden Sinn dafür.

1215 + 13 entsprechen der 10+3; 1228 hat 13 integriert und steht für eine Lebensweise, die sich an 2 und 2x2 orientiert und das Wirken von 1-3 darin nicht erfassen kann.

„Sein Verlangen" 1212 + 3 = 1215 definiert sich in Zahlen und erklärt sich über 1215 mit 4x3 3x5 und 9x9 x 5x3

„Gut du" 431 erklärt 2x mit seinem Zahlenaufbau das Zusammenwirken von Erscheinendem und hintergründigem Absoluten. Die Primzahl 431 selbst bildet 400 + 30 + 1 ab.

„Am Eingang Fehltritt ist lauernd" 1228 informiert verbal darüber, dass jede Situation zu Beginn vor die Wahl stellt, einen ‚richtigen' oder ‚falschen' Schritt zu setzen. Vor dieser Wahl steht Kain, wenn das „nicht" 31 „gut du" 431 der 400 sein Denken prägt.

„Ist lauernd" 292 zeigt das Erkennen der 2 als Projektion. Wird die 2 in diesem Sinn verstanden, dann wird die Entscheidung für ‚richtig' oder ‚falsch' als eine angesehen, die im Absoluten getroffen wird. Jedes Geschehen in der 2 geht von der 1 aus, jede 2 bildet 1 zu 1 den Willen des Absoluten ab.

Dieses Verständnis der 2 ergänzt 1228 zu 1230 und zeigt eine 10 x 3, die 12 als 12 x 1 auffasst. Jedes Geschehen im zyklischen Zeitlichen wird mit der Erfahrung von 10x10 als Äußerung der 1 verstanden. „Sein Verlangen" 1212 ist, genau dieses Verständnis der 12 zu erlangen.

Der Befürchtung, etwas falsch zu machen, wird damit die Grundlage entzogen. „Am Eingang" 518 – „Fehltritt" 418 = 100 weisen darauf hin.

Was im Fehltritt eigentlich ‚lauert', ist die Selbsterkenntnis als 10: „Fehltritt" 418 + „ist lauernd" 292 = 710.

„Du aber beherrschen sollst du ihn" 1190 bedeutet, das Wesen der 2 und sich selbst als 10 zu erkennen und über ein Denken zu herrschen, das Fehltritt fürchtet;

710 + 1190 = 1900 und 1212 + 778 = 1990 bestätigen.

In Summe ergänzen Satz 5 mit 1881 + 1279 = 3160 und Satz 6 mit 1279 – 1269 = 10. Die 3 Sätze 5, 6, 7 erzählen, wie die unbewusste 10 das Verlangen nach Selbsterkenntnis erlebt und dass es letztlich „Kain" 160 zur 3-fachen 10 werden lässt.

5421 fasst den Prozess mit 18x3 3x7 oder 3 x 1807 zusammen und betont 18 = 6+6+6 = 2x9 als Voraussetzung, um am 7. Tag zur 3 zu werden.

Satz 8:

„Und es sprach" 6-10-1-40-200	257	
„Kain" 100-10-50	160	
„mit Abel" 1-30 5-2-30	68	
„seinem Bruder" 1-8-10-6	25	510
„Dann geschah es" 6-10-5-10	31	
„bei ihrem Sein" 2-5-10-6-400-40	463	
„auf dem Feld" 2-300-4-5	311	805
„da stand auf" 6-10-100-40	156	
„Kain" 100-10-50	160	
„gegen Abel" 1-30 5-2-30	68	
„seinen Bruder" 1-8-10-6	25	409
„und er schlug ihn tot"		
6-10-5-200-3-5-6		235 1959

„Kain mit Abel seinem Bruder" 253 und „Kain gegen Abel seinen Bruder" 253 machen verbal dem Charakter der 2 entsprechend konträre Aussagen. 510 – 409 = 101 stellen 1 und 1 über 0 einander gegenüber. Sie betonen so die Qualität der 0, die es ermöglicht, das Wesen der 2 als 1-1 und die Gleichwertigkeit beider Aussagen von 253 zu erfassen.

253 zeigt, dass 2 und 3 unterschiedlich wahrnehmen und 5 die Schnittstelle bildet, an der die Perspektive wechselt. 253 bezeichnet „seinen Bruder" 25 als 3; diese Bezeichnung entspricht dem „mit", gilt aber auch dann, wenn das „gegen" die Sichtweise dominiert. Die trennende Sichtweise ändert nichts an der Tatsache, dass die Brüder Kain als 2 und Abel als 1 gemeinsam eine 3 bilden.

510 entspricht der 10, die davon weiß und beide Positionen kennt, die über 5 wechseln. 409 bildet ab, dass 4 und 9 über 0 erst zueinander finden müssen, um gemeinsam 13 zu bilden.

805 erklärt, dass für die 13, auch wenn sie von 8 + 0 + 5 weiß, 510 ebenso gilt wie 409; 805 nimmt in diesem Sinn eine Mittelstellung ein und definiert das Wirkungsfeld einer wechselnden Wahrnehmung.

„Auf dem Feld" 311 nimmt Bezug zu Satz 1 und erklärt sich zum ‚Ort', an dem sich ebenso wie der „Mann" 311 und „die Frau" 311 die Brüder als gegensätzliche Hälften einer 2 erkennen, die 1-1 ist.

„Und er schlug ihn tot" ist 1 Wort und summiert 7 Zeichen zum Äußeren Wert 235, der 253 in veränderter Reihenfolge zeigt. 235 lässt wissen, dass Abel als 1 am 7. Tag nicht wirklich tot ist, sondern das „Mit" oder „Gegen" der Brüder nur durch das Prinzip JHWH unkenntlich ist.

23 5 macht eine 2-fache Aussage über die 5: Einerseits bringt sie über 4 + 1 in Kontakt mit dem Formlosen und andererseits besteht sie selbst aus 2 + 3, im Bild der Brüder aus Kain + Kain+Abel.

Kain schlägt Abel tot, indem er als 2 nichts von der 1 in sich weiß.

Für ein Denken, das von 2 und 2x2 dominiert wird, existiert der innere Mensch nicht oder nur als Hauch in der Wahrnehmung. „Abel" bedeutet im Hebräischen „Hauch" oder „Nichtigkeit".

„Dann geschah es bei ihrem Sein auf dem Feld" 805 „und er schlug ihn tot" 235. Die Summe 1040 und die gemeinsame Zahl 570 lassen wissen, dass Abel am 7. Tag aus dem Bewusstsein verschwindet, um über 5 aus 1+0+4 wiederzukommen und als 1000 die 40 zu leben.

„Und er schlug ihn tot" 235 „seinen Bruder" 25 machen mit der Summe 260 und der Differenz 210 eine ähnliche Aussage.

Satz 8 beschreibt 5 als Schlüsselstelle, damit beide Brüder im Denken lebendig werden, und betont in Summe das Erkennen dieser 5 mit 19 5 9.

Gemeinsam erzählen Satz 7 + 8 mit 5421 + 1959 = 7380 darüber, dass auf diese Weise die menschliche 3 vom 7. zum 8. Tag wechselt.

Was am 7. Tag gilt, wird am 8. Tag aufgehoben und neu definiert. So verändert sich auch die 8 selbst von der Zahl maximaler Erdbindung, die sie als 2 x 4 ist, zu einer Zahl, die mit 2x2x2 die Loslösung von irdischer Schwerkraft zum Ausdruck bringt. Was am 7. Tag als unvereinbar angesehen wird, bildet am 8. Tag eine versöhnliche Kombination.

Satz 9:

„Da sagte" 6-10-1-40-200	257		
„JHWH" 10-5-6-5	26		
„zu Kain" 1-30 100-10-50	191	474	
„Wo ist" 1-10	11		
„Abel" 5-2-30	37		
„dein Bruder" 1-8-10-20	39	87	
„Er sprach" 6-10-1-40-200	257		
„Nicht" 30-1	31		
„weiß ich's" 10-4-70-400-10	494	782	
„Etwa Hütender" 5-300-40-200	545		
„meines Bruders" 1-8-10	19		
„(bin)ich" 1-50-20-10	81	645	1988

Kain beantwortet die Frage nach seinem Bruder wahrheitsgemäß; er verkörpert die 2, die nichts von der 1 weiß. Nach dem Prinzip Elohim ist er die 2, die sich mit der 1 von Abel zu 3 ergänzt.

Erst die 3 sieht über 10x10 oder 10+10 das Wesen der 2 als 2-fache 1 und eine Beziehung zwischen 2 und 1. Sie weiß die 1 in der 2 und Abel in Kain verborgen, das zeigen 87 x 2 = 174, 474 – 174 = 300 und „weiß ich's" 494 – 474 = 20.

„Dein Bruder" 39 = 3 x 13 und „meines Bruders" 19 fordern Kain auf, „seinen Bruder" 25 = 5 x 5, den er „totschlug", zu erkennen.

„Kain" 160 + 25 = 185 = 5 x „Abel" 37 betonen die 5 als Schnittstelle für das Einsehen einer Gegenseitigkeit.

214

Kain ist nach dem Prinzip JHWH die 5 ‚unten' und Abel die 5 ‚oben'.

Die ‚5 unten' richtet sich auf die 4 aus und nimmt die 1 nicht wahr. Aus Wahrheit „emeth" 1-40-400 wird ohne die 1 ein Toter „meth" 40-400. Jeder einzelne Mensch ist Kain, der Abel tötet und dabei selbst zum „Toten" 40-400 wird. Ohne von der 1 in der 2 und 2x2 zu wissen, erlebt und fürchtet er den Tod in einem irdischen Dasein, das von 40 und 400 geprägt ist.

Die bewusste 10, die von Kain und Abel in sich erfährt, kennt die „Wahrheit" 1-40-400 über das Prinzip des Menschseins, das „Adam" 1-4-40 verkörpert: Jeder Mensch ist Adam und zugleich Kain und Abel.

„Etwa Hütender" 545 „nicht weiß ich's" 525 zeigen mit ihrer Differenz 20 und in Summe mit 1070 die 10, die als Kain nichts von 5 + 5 ahnt.

Der innere Mensch hütet das körperliche Leben des äußeren Menschen. Davon bemerkt Kain nichts und sagt umgekehrt „Etwa Hütender meines Bruders(bin)ich?" 645. Mit Bezug zu Satz 4 erzählen 645 = 43 x 5 x 3, dass die 3 = 2+1 und die 5 = 4+1 von Kain „und Abel" 43 wissen und auch von dessen behütender Funktion.

Satz 9 – Satz 8 bestätigen in Summe mit 1988 – 1959 = 29, dass die 1 von Abel durch die 2 von Kain erkannt werden will. Die 29 + 1 = 3 x 10 kann die Frage „wo ist Abel dein Bruder" 87 = 29 x 3 beantworten.

Satz 10:

„Und er sagte" 6-10-1-40-200		257
„Was" 40-5	45	
„hast du getan" 70-300-10-400	780	825
„Die Stimme" 100-6-30	136	

„des Blutes" 4-40-10	54		
„deines Bruders" 1-8-10-20	39		
„(ist)schreiend" 90-70-100-10-40	310		
„zu mir" 1-30-10	41		
„von dem Ackerboden"			
40-50 5-1-4-40-5	145	725	1807

Indem er seinen inneren Aspekt von sich abtrennt, reduziert sich der „Mensch" 1-4-40 auf den Körper und damit auf „Blut" 4-40 und Materie. Symbolisch ‚vergießt' er durch seine Bindung an 4 und 40 sein eigenes Blut; irdisches Blutvergießen ist eine Äußerung dieses Prinzips.

„Die Stimme des Blutes" 190 „(ist)schreiend" 310 nach 5 x 10x10, „was" 45 „von dem Ackerboden" 145 mit 190 und 10x10 bestätigt wird.

In Summe beschreibt Satz 10 mit 825 + 725 = 1550 und 825 − 725 = 100 den Ruf nach 3x5 5x10 und stellt mit 1807 x 3 den Bezug zu Satz 7 her.

Satz 11:

„Und nun" 6-70-400-5	481		
„verflucht" 1-200-6-200	407		
„du" 1-400-5	406		
„von der Ackererde"			
40-50 5-1-4-40-5	145	1439	
„die" 1-300-200	501		
„auftat" 80-90-400-5	575		
„ihren Mund" 1-400 80-10-5	496	1572	
„aufzunehmen" 30-100-8-400	538		
„das Blut" 1-400 4-40-10	455		
„deines Bruders" 1-8-10-20	39		
„von deiner Hand" 40-10-4-20	74	1106	4117

Mit 4117 − 1807 = 23 10 und 1807 − 407 = 14 00 erklären Satz 10 und 11, warum der Mensch zu irdischem Blutvergießen „verflucht" 407 ist.

1106 − 406 = 700, 1439 − 39 = 1400 und 1439 + 1572 = 3011 bestätigen und machen Aussagen, die im Detail von einzelnen Äußeren Werten und ihren Kombinationen vertieft werden.

Satz 12:

„Wenn" 20-10	30		
„du bearbeitest" 400-70-2-4	476		
„die Ackererde" 1-400 5-1-4-40-5	456	962	
„nicht wird sie fortfahren"			
30-1 400-60-80	571		
„zu geben ihren Ertrag"			
400-400 20-8-5	833		
„dir" 30-20	50	1454	
„Unstet" 50-70	120		
„und flüchtig" 6-50-4	60		
„wirst du sein" 400-5-10-5	420		
„im Lande" 2-1-200-90	293	893	3309

Das Irdische, symbolisiert von Ackererde, gibt Kain nicht den Ertrag, der ihn wirklich zufriedenstellt. Jedes erreichte Ziel verlangt nach einem weiteren, jede Entwicklung und die Freude darüber ist nach den Gesetzmäßigkeiten der Dualität begleitet vom Gegenteil.

Und doch geht der Weg in die Entwicklung weiter, weil das Körperliche keinen anderen kennt. Ständige Begleiter auf dem Weg zum Immer-noch-besser und Immer-noch-mehr sind die Furcht vor dem Scheitern und die Angst vor dem Tod, der jeder physischen Existenz ein radikales Ende setzt. Der Tod wird gefürchtet und verdrängt, stellt sich aber immer wieder ins Licht des Bewusstseins. Er bewirkt, dass sich die lineare Ausrichtung gegen den Willen des Körpers in eine Kreisform zurück zur Einheit verändert. Vom Runden der Null ist die Schöpfung geprägt.

Worauf Kain eigentlich hinarbeitet, zeigen „wenn" 30, „du bearbeitest" 476 – „die Ackererde" 456 = 20 und „dir" 50.

Der wirkliche Ertrag irdischer Arbeit ist Selbsterkenntnis als 10 am 7. Tag über 10x10. Bis es so weit ist, „nicht wird sie fortfahren" 571 „zu geben ihren Ertrag" 833: 962 + 571 = 1533, 1533 – 833 = 700.

Bis dahin erlebt sich der Mensch als „unstet" 120 „und flüchtig" 60. Das Zahlenverhältnis 2 zu 1 weist gemeinsam mit den Worten darauf hin, wie der Weg von 2 zu 2 + 1 = 3 sein soll, nämlich geprägt von steter Veränderung und nur flüchtigem Erleben des Einsseins.

In Summe erklären 120 + 60 + 420 = 600 = 2 x 300 und 420 – 120 = 300, wohin der Weg führt und welche Bedeutung die 6 hat, damit es der 2 „im Lande" 293 gelingt, die 3 zu erkennen.

Die menschliche 3 hat die Arbeit geleistet, die 3309 mit 3 x 1103 zum Ausdruck bringt. Ohne es zu wissen, ist sie als 2 den Weg der 1 über 0 zurück zu sich selbst gegangen und hat sich zuletzt als Projektion der absoluten 3 erkannt.

Satz 13:

„Da sprach" 6-10-1-40-200	257		
„Kain" 100-10-50	160		
„zu JHWH" 1-30 10-5-6-5	57	474	
„(zu)groß(ist)" 3-4-6-30	43		
„meine Schuld" 70-6-50-10	136		
„aufzuheben" 40-50-300-1	391	570	1044

474 bildet wie in Satz 6 und 9 den Dialog zwischen Kain und JHWH als ein Gegenüber von 4 zu 4 am 7. Tag ab. Kain, der

nur die irdische 4 sieht, kann nicht erfassen, dass sie nach dem Prinzip JHWH das Abbild dessen ist, was vom Absoluten über diese 4 zum Ausdruck kommen soll. Er fühlt sich schuldig für sein irdisches Handeln, denn er weiß nicht, wovon es eigentlich ausgelöst wird.

Genesis 3 macht nachvollziehbar, dass es der Baum der Erkenntnis ist, der „am Tag eures Essens von ihm" 474 die Teilung und damit auch das Gefühl von „meine Schuld" 136 verursacht. Dieses Gefühl begleitet Kain so lange, bis er über die Qualität der 6 und die Erfahrung von 10x10 die Verbindung von 4 zu 4 einsieht: 474 + 136 = 6 x 10x10 = 2 x 300.

570 + 30 = 600 bestätigen, dass sich mit 3 x 10 die Auffassung von Schuld grundlegend verändert.

„Groß" 43 ist sie nur am 7. Tag, solange 1 und 3 nicht erkannt sind: 43 x 7 = 301, „aufzuheben" 391 ist sie mit 17 x 23 und 391 − 301 = 90.

In Summe betont Satz 13 auch mit 1044, dass das Wissen um 4-4 die 10 von ihren Schuldgefühlen befreit.

Satz 14:

„Siehe" 5-50	55	
„du vertreibst" 3-200-300-400	903	
„mich" 1-400-10	411	
„heute" 5-10-6-40	61	1430
„von oberhalb" 40-70-30	140	
„der Ackerfläche"		
80-50-10 5-1-4-40-5	195	335
„und vor deinem Antlitz"		
6-40-80-50-10-20	206	
„muss ich mich verbergen"		
1-60-400-200	661	867
„ja sein werde ich" 6-5-10-10-400-10	441	

„unstet" 50-70   120
„und flüchtig" 6-50-4   60
„im Lande" 2-1-200-90   293   914
„Und es wird geschehen" 6-5-10-5   26
„jeder findend mich" 20-30 40-90-1-10   191
„kann mich töten" 10-5-200-3-50-10   278   495   4041

In Summe schließt 4041 mit 449 x 9 an 1044 an und verweist auf die 9.

„Du vertreibst" 903 bildet ab, dass das Erkennen der 3 nur über 0 möglich ist. Das Prinzip der runden Null prägt das Erscheinungsbild und das Erleben des Irdischen. Kreisförmige zeitliche Zyklen haben ihre Entsprechung in der runden Form von Wassertropfen. Die kugelförmige Gestalt der Erde und der Augen, die sie wahrnehmen, sind Ausdruck des Prinzips 0, das sich dadurch umsetzt.

„Mich" 411 bildet die in die 4 vertriebene 1-1 ab. Jeder, der in der 2 die 1 findet und 2 als 1-1 erfasst, beendet diesen Zustand und „tötet" dabei die von Kain verkörperte Denkweise.

„Jeder findend mich" 191 und 411 − 191 = 220 = 2 x 110 erzählen davon.

„Siehe du vertreibst mich heute" 1430 macht eine komprimierte, klare Aussage: Die Vertreibung führt die 2 auf Basis von Prinzip 0 in einer kreisförmigen Bewegung zur 3, die sich als solche und als 10 erfasst. Sie versteht, dass sich die ursprüngliche 1-3 auf diese Weise über 4 in Erfahrung bringt.

„Von oberhalb der Ackerfläche" 335 bildet ab, dass 3-3 sich auf Basis von 5 begegnen und 1430 + 335 = 1765 verweisen mit 17 13x5 auf die Einzigartigkeit dieser Erfahrung.

„Und vor deinem Antlitz muss ich mich verbergen" 867 meint diese 13, die der 2 verborgen bleibt und mit 867 + 13 = 880 bewusst wird, wenn die 10 die doppelte Bedeutung der 8 und ihre Spiegelung einsieht.

867 bildet komprimiert ab, dass „Gott" 86 am 7. Tag verborgen ist für Kain, der diese Zusammenhänge nicht sieht.

In Summe erklären 1430 + 335 + 867 mit 2632, dass jedem Kain das Miteinander von 1-3 und 10+3 verborgen ist und er es mit 30+2 einsieht.

Ohne Bruder Abel erfährt Kain das Leben in der 400, das 580 ‚Jahre' dauert, als „unstet und flüchtig" 180.

„Ja sein werde ich" 441 bestätigt die Aussage „wirst du sein" 420 in Satz 12; die Differenz 21 lässt erkennen, wann dieser Zustand endet.

„Und es wird geschehen" 26 sagt voraus, dass das Miteinander von 1-3 + 10+3 eingesehen wird. Damit endet ein Leben, das 914 beschreibt und das dem Erkennen von 1+4 und letztlich von 3x10 dient: 914 + 26 = 930

„Kann mich töten" 278 bestätigt mit 2 x 139, dass das Erkennen der 13 für die Denkweise der 2 tödlich ist.

Die Summe 495 betont gemeinsam mit 914 + 495 = 1409 das Erkennen der 5 in der 400 als Voraussetzung dafür.

495 − 335 = 160 und 495 + 335 = 830 untermauern, dass die 30 am 8. Tag „Kain" 160 „von oberhalb der Ackerfläche" 335 eliminiert.

1430 − 830 = 2 x 300 bestätigen die Vertreibung der 2 durch 10x10 x 3.

Satz 15:

„Da sagte" 6-10-1-40-200	257			
„zu ihm" 30-6	36			
„JHWH" 10-5-6-5	26	319		
„vielmehr" 30-20-50	100			
„jeder tötend" 20-30 5-200-3	258			
„Kain" 100-10-50	160			
„siebenfach" 300-2-70-400-10-40	822			
„wird's gerächt" 10-100-40	150	1490		
„und es machte" 6-10-300-40	356			
„JHWH" 10-5-6-5	26			
„dem Kain" 30-100-10-50	190			
„ein Zeichen" 1-6-400	407	979		
„um nicht" 30-2-30-400-10	472			
„zu erschlagen ihn"				
5-20-6-400 1-400-6	838			
„jeder findend ihn" 20-30 40-90-1-6	187	1497	4285	

Kain entstammt dem Prinzip JHWH, das ihn durch „ein Zeichen" 407 vor Vernichtung schützt. Auch die Wahrnehmung als 3, die den 8. Tag als Projektion erfasst, vermag nicht endgültig „zu erschlagen ihn" 838.

„Taw" 400 hat selbst die Bedeutung von „Zeichen" und ein Kreuz als ursprüngliches Schriftbild. Irdisches Dasein steht im Zeichen der 400.

„Ein Zeichen" 1-6-400 kombiniert 400 über 6 mit 1; jeden Kain zeichnet die Fähigkeit aus, in der 400 „ein Zeichen" der 1 zu erfassen und als Bindeglied zwischen 1 und 400 zu stehen.

979 − 319 = 660 erklären mit 660 + 6 = 666, dass das Prinzip JHWH „dem Kain" 190 mit solchen Zeichen die Gelegenheit gibt, die Kombinationsgabe maximal einzusetzen und eine bestehende Verbindung zu erkennen.

1497 − 1490 = 7 erklären, dass jedes Töten Kains 7-fach gerächt wird, indem nach jedem Erleben des 8. Tages als 10+3 die menschliche Wahrnehmung wieder zurückkehrt in den 7. Tag und in die Wahrnehmung als Kain. Das geschieht, „um nicht" 472 „zu erschlagen ihn" 838 mit 1310.

Der 7. Tag des Kain steht ihm Zeichen des Erkennens, wie 979 abbildet. Auch 1490 zeigt mit 2x7 90, dass er der 2 zur Selbsterkenntnis dient.

„Ein Zeichen" 407 − „jeder findend ihn" − 187 = 220 = 2 x 110 erklärt ebenso wie „siebenfach" 822 = 2 x „mich" 411, dass sich die 2 dadurch immer wieder als 1-1 erfahren kann.

„Jeder tötend" 258 + „siebenfach" 822 = 1080 zeigen, dass nach dem 7. immer wieder der 8. Tag auf die 10 wartet.

1490 bildet die „Rache" mit dem Erkennen von 1+4 ab, „vielmehr" 100 mit 10x10 und „wird's gerächt" 150 mit 5 x 10 x 3.

Jede lebende 10 im Bewusstsein von 5 x 3 bestätigt Satz 15 mit ihrer eigenen Existenz und ergänzt, was 4285 für Kain zusammenfasst, mit 15 zu 4300. Als 10x10x10 lebt sie Kain + Abel, 4 + 300 in Kombination.

Satz 16:

„Darauf ging weg" 6-10-90-1	107		
„Kain" 100-10-50	160		
„vom Angesicht" 40-30-80-50-10	210		
„JHWHs" 10-5-6-5	26	503	
„und er wohnte" 6-10-300-2	318		
„im Lande Nod" 2-1-200-90 50-6-4	353		
„östlich von Eden"			
100-4-40-400 70-4-50	668	1339	1842

„Darauf ging weg" 107 bildet ab, dass die 1 selbst gegen 0 geht und ungesehen mit Kain in die Welt des 7. Tages. Die Summe 503, „Kain" 160 – 107 = 53, „vom Angesicht" 210 = 7 x 3 x 10 und „JHWH" 26 = 2 x 10+3 lassen erahnen, dass sie über 5 und 3 als 10 sichtbar wird.

Der Wohnort zeigt mit 318, 353, 668 = 2 x 334 und 1339 die 3 als ungeahntes Ziel und die Summe 1842 verbirgt sie auch in 18+42 = 60.

Satz 12 und 14 nennen das Leben von Kain bis zum Erkennen von 2 x 10+3 „unstet und flüchtig" 180; „Nod" 60 bedeutet „Flucht".

180 = 60 x 3 lassen wissen, dass Kain sich „im Lande" 293 auf die 3 zu bewegt. Dabei versucht er ständig, dem zu entkommen, was die 1 für ihn vorsieht und nicht seinen Wünschen entspricht. Wenn er den Widerstand aufgibt und das eigene Wollen auf Null reduziert, endet seine „Flucht" 60 mit Hilfe von 2x9 und 6+6+6 bei 2x7x3, wie 18 42 abbildet.

Satz 17:

„Da erkannte" 6-10-4-70	90		
„Kain" 100-10-50	160		
„seine Frau" 1-400 1-300-400-6	1108	1358	
„und sie empfing" 6-400-5-200	611		
„und sie gebar" 6-400-30-4	440		
„den Henoch" 1-400 8-50-6-20	485	1536	
„und er war" 6-10-5-10	31		
„bauend" 2-50-5	57		
„(eine)Stadt" 70-10-200	280	368	
„und er nannte" 6-10-100-200-1	317		
„den Namen" 300-40	340		
„der Stadt" 5-70-10-200	285		
„nach dem Namen" 20-300-40	360		
„seines Sohnes" 2-50-6	58	1360	
„Henoch" 8-50-6-20	84		4706

Kain bestätigt sich selbst als 2 durch einen 2-fachen „Henoch"
84; sein Sohn und seine Stadt tragen denselben Namen. Die
Selbst-Begegnung und Selbst-Bestätigung der 2 durch 2 x 2,
verkörpert durch „Kain und seine Frau" 1268 ist das Prinzip
der 4. Das Prinzip der 4 zu erkennen, heißt, 1268 und 2 x 2
so zu sehen, wie es 4 x 317 = 1268 definieren. Die Primzahl
317 charakterisiert wie bei „und er nannte" 317 oder „da rief"
317 in Satz 9, Genesis 3 wiederholt eine Äußerung und Benennung, entweder durch das Absolute oder durch den Menschen
und weist darauf hin, dass alles in der 4 eine individuelle Äußerung des Absoluten ist.

Gemäß dem Prinzip JHWH kreiert das Prinzip der 2 nicht Entsprechungen, die gleichartig in der Wahrnehmung sind. Dieselbe Bezeichnung für Sohn und Stadt ist charakteristisch für 2, die
sich über 2 x 2 äußert: Sie kopiert Vorhandenes und verfälscht
Gleiches zu Andersartigem.

„Henoch" 84 zeigt mit 4 x 21 und mit 2x4 1x4 die verborgene Absicht; sein Voller Wert 636 + 84 ergibt 720 = 10 x Voller
Wert 72 von JHWH.

Henoch symbolisiert die Umsetzung des Prinzips JHWH durch
die 10, die Äußeres und Absolutes kombiniert. Er verkörpert damit ein Grundprinzip des Menschseins, das für jede 10 gilt: Der
Volle Wert 72 von 10-5-6-5 ist in jedem Menschen als 720 =
10 x 72 von vornherein angelegt. Henoch ist damit wie Adam,
Abel und Kain Bestandteil jedes Menschen.

Durch „den Henoch" 485 – „Henoch" 84 = 401 wird die Basis
geschaffen, um 4 + 1 über 0 zu verbinden.

1360 bildet mit 13 60 das Bewusstsein ab, das den Sinn der 2 erfasst, die 1360 – 1358 = 2 andeuten. 1358 – 368 = 990 erklären
die Worte mit der 10, die den Grund dafür erkennt.

„Und sie gebar" 440 bestätigt die aus 2 x 2 geborene Welt. Absolute Projektion erkennt darin die 10, die kombiniert: 440 + 1360 = 2 x 900

In Summe bildet 4706 mit 2 x 2353 und 2x2 353 ab, wofür mit der 2 von Henoch die Basis geschaffen wird; 2 x 13 x 181 lassen wissen, was sich in 2 und 2x2 verbirgt und sich der 10+3 zeigt.

4706 – 1536 begründen die Geburt von Henoch mit 3170 = 30+1 7x10, mit der 10 x 317, für die alles in der 4 eine Äußerung des Absoluten ist.

Satz 18:

„Und es wurde geboren" 6-10-6-30-4	56		
„dem Henoch" 30-8-50-6-20	114		
„Irad" 1-400 70-10-200-4	685	855	
„und Irad" 6-70-10-200-4	290		
„zeugte" 10-30-4	44		
„den Mehujael" 1-400 40-8-6-10-1-30	496	830	
„und Mehujael" 6-40-8-10-10-1-30	105		
„zeugte" 10-30-4	44		
„den Metuschael"			
1-400 40-400-6-300-1-30	1178	1327	
„und Metuschael"			
6-40-400-6-300-1-30	783		
„zeugte" 10-30-4	44		
„den Lamech" 1-400 30-40-20	491	1318	4330

Mit der 2 x 2 von Henoch beginnt der Mensch = Adam den Weg in die 4; diese 4 und die 6 Generationen von Kain bis Lamech lassen die 10 als Zielsetzung nach dem Prinzip JHWH erkennen.

855 und 830 informieren einzeln und mit 855 – 830 = 25 näher darüber, ebenso 13 27 und 13 18, auch mit 1327 – 1318 = 9.

In Summe bildet 4330 das Leben ab, das auf diesem Stammbaum basiert. Ein irdisches Leben als bewusste 10, die 3-3 als Projektion erfährt, ist der H-I-MMe-L auf Erden; die Namen des Stammbaumes deuten es an.

Satz 19:
„Und es nahm für sich"

6-10-100-8 30-6	160		
„Lamech" 30-40-20	90		
„zwei" 300-400-10	710		
„Frauen" 50-300-10-40	400	1360	
„Der Name" 300-40	340		
„der einen" 5-1-8-400	414		
„Ada" 70-4-5	79	833	
„und der Name" 6-300-40	346		
„der zweiten" 5-300-50-10-400	765		
„Zilla" 90-30-5	125	1236	3429

Lamech hat 2 Frauen. Adam, Kain, Henoch, Irad, Mehujael, Metuschael sind 6 männliche Namen in 6 Generationen. Sie haben jeweils 1 Frau, die großteils gar nicht erwähnt wird. Diese Generationen entsprechen den Tagen 1 bis 6 in Genesis 1 und sind der 1 zugeordnet. Erst am 7. Tag, am Tag des Herrn = JHWH, in der 7. Generation kommt die 2 in die Umsetzung und zeigt sich als Teilung in unterschiedliche Hälften.

Die Übereinstimmung von 160 und 1360 in Satz 17 und 19 unterstreicht die praktische Umsetzung prinzipieller Vorgaben am 7. Tag; 17 und 19 deuten Kriterien für deren Erkennen an.

160 stellt den Bezug zu Kain, 1360 zum 2-fachen Henoch in Satz her; die 2 „Frauen" 400 von Lamech definieren 2, 2x2 und die Welt der 400 als weiblich.

„Lamech" 90 als 7. Generation nach Adam verkörpert die auf Selbsterkenntnis ausgerichtete 10 am 7. Tag, die „zwei" 710 ein

Leben als 10 am 7. Tag. In Summe stimmen 90 + 710 mit den 2 „Frauen" 400 überein.

Das unterschiedliche Zustandekommen von 800 entspricht dem Charakter der 2 nach dem Prinzip JHWH; 833 bildet ab, wer ihn durchschaut.

1236 informiert darüber, dass die Kombination von 1+2 zu 3 und von 1+2+3 zu 6 das Wesen der 2 erfassen lässt;

„der Name der einen" 754 „und der Name der zweiten Zilla" 1236 machen 1 + 2 anschaulich und weisen in Summe mit 1990 der 10 diese Fähigkeit zu, damit sie als 2 x 1000 leben kann.

Von A bis Z, von Ada bis Zilla, von Aleph bis Taw, von 1 bis 400 ist das menschliche Leben von Prinzipien geprägt, die ihre Grundlage in der Teilung von 1 in 2 haben.

„Ada" 79 als Name „der einen" 414 beschreibt mit 3429 − 79 = 3350 die 10, die am 7. Tag inmitten der gespiegelten 4 die verborgene 1 erkennt und dieses Erkennen eröffnet der 10 den 8. Tag: 79 + 1 = 80.

„Zilla" 125 bildet mit 5x5x5 ab, dass die 2 x 2 = 4 durchschaut ist.

Ihre Differenz 125 − 79 = 46 beschreibt mit 2 x 23 das Schließen des Kreises, der mit 1 seinen Anfang nimmt und mit 4 x 10x10 endet.

46 bildet mit 2x2 3 die Perspektive der 3 auf die 4 ab, die sie nach der Erfahrung von 10x10 gewinnt. Diese 3 versteht 400 als Basis für das Erleben aller Prinzipien, die das menschliche Dasein von A bis Z bestimmen. In diesem Sinn ist den Namen in Satz 19 und vielen anderen Begriffen in der Bibel 1-400 vorangestellt. Sie gelten für alle und jeden, der sich innerhalb der 400 auf dem Weg zurück zur 1 befindet.

3429 = 3 x 1143 nennen das Bewusstsein, das dort ankommt, 10+1 40+3.

Es kombiniert 3429 + 1 zu 3430 und entspricht der 10, die auch von 4330 in Satz 18 beschrieben wird; 4330 – 3430 = 900 stimmen darin überein, dass es von 9 x 10x10 geprägt ist.

Satz 20:

„Und es gebar" 6-400-30-4	440		
„Ada" 70-4-5	79		
„den Jabal" 1-400 10-2-30	443	962	
„Er" 5-6-1	12		
„war" 5-10-5	20		
„Vater" 1-2-10	13		
„des Zeltbewohners" 10-300-2 1-5-30	348		
„und Viehhalters" 6-40-100-50-5	201	594	1556

443 – 440 erklären die 3 zum ‚Kind' „der Einen" 414 am 7. Tag.

„Er war Vater" informiert mit Zahlenaufbau und 12 – 20 – 13 darüber, dass das Erkennen der 1 die 10+2 über 2x10 zu 10+3 verändert.

Mit „Vater" 1-2-10 ist die 10 gemeint, die das Prinzip 1-2 einsieht und weiß, dass ihr Leben dem Willen des absoluten „Vaters" 1-2 folgt.

Die Symbolik des Zeltes meint ein Bewusstsein, das fest im Irdischen verankert und durchlässig im ‚Hören' nach außen und nach ‚oben' ist.

„Und Viehhalters" 201 greift die Symbolik von Abel auf und meint ein fürsorgliches und überwachendes Beobachten der körperlichen Existenz.

Beide Bilder beschreiben die 10, die „Jabal" mit 10-2-30 abbildet und die durch „den Jabal" 443 = 440 + 3 definiert wird: Die 3x10 lebt eine wachsame Koexistenz mit der 10-2, die sie auch ist.

Die Summe 962 stellt den Bezug zu „Wenn du bearbeitest die Ackererde" 962 in Satz 12 und zu „Da sprach die Schlange zu der Frau" 962 in Genesis 3 her. Diese Aussagen richten sich an die 10-2 auch in „Jabal"; die 3x10 weiß davon und bleibt entsprechend aufmerksam.

Die Summe 594 bildet mit 2 x 99 x 3 das Verhältnis zwischen 2 und 3 in diesem Bewusstsein ab und stellt mit „deinen Samen" 297 x 2 den Bezug zu Genesis 3 und zur Feindschaft zwischen Schlange und Frau her.

962 und 594 machen somit ähnliche Aussagen; ihre Differenz 368 enthält weitere gemeinsame Hinweise:

368 nimmt Bezug zu Tag „fünfter" 368 in Genesis 1, beschreibt mit „und nach deinem Mann" 368 in Genesis 3 das Verlangen der weiblichen 2 nach der 1 und verweist mit „und er war bauend(eine)Stadt" 368 auf Kain.

368 zeigt mit 4x4 x 23, was diese Passagen verbindet: Die 4 wird in ihrer Beschränkung auf sich selbst ungesehen begleitet vom Formlosen, wird davon bestimmt und ist darauf ausgerichtet.

Die Summe 1556 erklärt sich mit 4 x 389:

In Genesis 1 ist der 2. Teil des 2. Schöpfungswortes am 2. Tag „und werde scheidend zwischen Wassern zu Wassern" 389 eine zentrale Aussage und in Genesis 3, dass sie, die Frau, „auch ihrem Mann" 389 gab.

Beide Bilder drücken aus, dass die 2 Sichtweise und Verhalten vorgibt; was für die 2 gilt, gilt für die 2 x 2 = 4 in besonderem Maße.

1556 = 4 x 389 zeigt, dass die 4 unkenntlich macht, was 389 aussagt.

Ein Denken, das über diese 4 hinausgeht und Zusammenhänge erfasst, die eine zugrundeliegende 1 erahnen lassen, ist fähig, das Unkenntliche zu erkennen. 389 + 1 = 390 bezeichnen dieses Denken mit 3 x 10 x 13.

1556 – „und sie gab" 856 in Satz 6, Genesis 3 machen mit 700 deutlich, dass es am 7. Tag über 10x10 den Einfluss der 2 auf seine Wahrnehmung zu verstehen lernt.

1556 = 2 x 777+1 zeigen es an der Schwelle vom 7. zum 8. Tag.

Satz 21:

„Und der Name" 6-300-40	346		
„seines Bruders" 1-8-10-6	25		
„Jubal" 10-6-2-30	48	419	
„Er" 5-6-1	12		
„war" 5-10-5	20		
„Vater" 1-2-10	13	45	
„jedes Handhabenden"			
20-30 400-80-300	830		
„von Zither" 20-50-6-200	276		
„und Flöte" 6-70-6-3-2	87	1193	1657

„Jubal" 10-6-2-30 und „Jabal" 10-2-30 sind Brüder nach Prinzip JHWH.

In Summe bilden 1657 – 1556 mit 101 ab, dass sie für die 2 stehen, die eine Bruderschaft von 1-1 und die 1 als ihren Vater erst noch über 0 erkennen muss; 48 + 42 = 90 und 48 – 42 = 6 zeigen, auf welche Weise.

Der Atbasch von Jabal ist 360, jener von Jubal 440 und ihre gemeinsame Entsprechung im Absoluten die Zahl 800, die Zahl des 8. Tages, den der Mensch durch das Nadelöhr der 100 erreicht.

Beide Brüder beschreiben mit ihrer eigenen Vaterschaft einen Aspekt der 1, der ungesehen Teil der 2 ist. Jabal steht für die innere Wahrnehmung und Jubal verkörpert das äußere Handeln. Die Handhabung von Zither und Flöte symbolisiert, dass die 1 sich in Wort und Tat auf eine Weise äußert, die als gefällig und harmonisch empfunden wird.

830 und 276 + 87 = 363 stehen für ein Bewusstsein, das sich des Umstandes „er war Vater" 45 = 9 x 5 bewusst ist.

4 19 und 1 19 3 machen synonyme und einander bestätigende Aussagen, indem sie das Erkennen der 4 als Äußerung von 1-3 abbilden.

Satz 22:

„Und Zilla" 6-90-30-5	131	
„auch sie" 3-40 5-6-1	55	
„gebar" 10-30-4-5	49	235
„den Tubal-" 1-400 400-6-2-30	839	
„Kajin" 100-10-50	160	999
„schärfend" 30-9-300	339	
„alles Schneidende" 20-30 8-200-300	558	
„(aus)Erz" 50-8-300-400	758	
„und Eisen" 6-2-200-7-30	245	1900
„Und die Schwester" 6-1-8-6-400	421	
„des Tubal-Kajin"		
400-6-2-30 100-10-50	598	1019
„(war)Naama" 50-70-40-5	165	4318

Von den beiden Müttern steht Ada für 1 und Zilla für 400 = 4 x 10x10. Sie bilden Beginn und Ende einer Weltsicht, die von 2 bestimmt wird.

„Ada" 79 ist 1 „und Zilla" 131 auf das Erkennen der 1 ausgerichtet, wie 999 und 1900 betonen. Beginn + Ende der 2 am 7. Tag zu verbinden, ist der 10 x 3 möglich, erzählen „Ada" 79 „und Zilla" 131 mit 210.

„Den Tubal-Kajin" 999 zeichnet ein schneidend scharfer Verstand aus, der einerseits trennend wirkt und andererseits Erkenntnis ermöglicht. „Schärfend alles Schneidende (aus)Erz und Eisen" 1900 steht bildhaft für diese Eigenschaft.

235 + 999 + 1900 = 3134 bilden mit 3 13 4 ab, dass sie der 10 ermöglichen, sich auf Basis der 4 als Projektion der absoluten 3 zu erkennen.

„Tubal-Kajin" 598 + 2 = 600 = 2 x 300 erklärt, dass er die 2 verkörpert, die das Wesen der 2 durchschaut und über 10x10 zur 3 wechselt.

Die 3 Söhne Lamechs sind auch durch doppelte Tätigkeitsbeschreibung als 2 zu erkennen, Tubal-Kain noch dazu durch seinen Doppelnamen.

Tubal-Kajin unterscheidet sich im Klang seines Namens kaum von seinen Halbbrüdern Jubal und Jabal, kombiniert ihn aber zusätzlich mit Kain. Als 3. Sohn von Lamech steht er für das Prinzip 3.

In seiner Erscheinung betont Tubal-Kain sein 2-Sein, ganz im Sinne von 2 x 2 = 4; Naama, die ohne nähere Beschreibung sehr dezent auftritt, symbolisiert auch als einzige Tochter die 1 gegenüber dieser 2 und 4.

Schwester „Naama" 165 = 5 x 33 definiert sich dadurch, dass sie „Kain" 160 = 10 x 4 x 4 mit 5 ergänzt. Als Schwester von Tubal-Kajin unterstützt sie das Erkennen der 10, wie 1019 abbildet, durch die Akzeptanz von 4 + 1 und damit von 3-3 an der Grenze von 4x10x10: 165 + 235 = 400

Die Summe 4318 erklärt mit „und er wohnte" 318 in Satz 16 die 4 zum Wohnort der 2 und lässt mit „und Metuschael zeugte den Lamech" 1318 in Satz 18 wissen, worauf der gesamte Stammbaum der 2 ausgerichtet ist: 4318 − 1318 = 3000.

Lamech und seine Familie erklären das Prinzip JHWH in der Welt der 7, indem sie es personifizieren. Sie tun das unter ständigem Bezug zur 3 von Prinzip Elohim. 3 Söhne haben ähnlich klingende Namen und Tubal-Kain bildet mit seiner Schwester 2 + 1 ab.

Lamech ist die 7. Generation aus der Linie der 1; seine 2 Frauen mit jeweils 2 Kindern sind Ausdruck der 4; 7x1 + 2x2 = 11 Personen bilden mit 1-1 das Wesen der 2 ab.

1 Mann + 2 Frauen der 7. Generation stehen für die motivierende 3,
3 Männer + 1 Frau in der 8. Generation für die bewusste 3.

Lamech als 1 hat mit Ada, Zilla und Naama 3 weibliche Aspekte und mit Jubal, Jabal und Tubal-Kajin 3 männliche. Er charakterisiert damit die Ausgewogenheit beider Seiten in der aus 1-1 bestehenden 2 sowie in der 2 x 3 = 6. Die Einsicht einer gegebenen Balance ist grundlegend.

Ada hat 2 Söhne, die Väter sind für weitere Generationen. Zilla hat 1 Tochter und 1 Sohn; ihm wird zwar wie seinen Brüdern eine Funktion zugeordnet, er wird aber nicht als Vater dafür bezeichnet.

3 Tätigkeiten, die mit jeweils 2 Begriffen beschrieben werden, ergeben 3 x 2 = 6 und stehen für ein Gleichgewicht aller 3 Aspekte in der 6.

Jubal und Jabal, die mit der Beschreibung ihrer jeweiligen Tätigkeiten 2 + 2 = 4 bilden, sind die Väter für weitere Generationen und stehen für die Welt der Vielheit, die sich durch die 4 eröffnet.

Tubal-Kajin als 2 und seine Schwester als 1 haben keine Nachkommen, sie führen nicht in die Vielheit, sondern bilden gemeinsam eine 3.

Das Prinzip JHWH verfälscht die 1 durch 2, spiegelt gegensätzlich und bildet im Irdischen konträr ab, was im Absoluten dem Prinzip Elohim entspricht. Aus diesem Grund ist 2 am 7. Tag männlich und 1 weiblich.

Die als weiblich definierte 2 entspricht gelebten Charakterzügen, die männlich sind; weibliche Charakterzügen decken ab, was die absolute männliche 1 an Eigenschaften umfasst. Durch das Prinzip JHWH zeigt sich das Prinzip Elohim am 7. Tag gegensätzlich; JHWH trennt und macht die Einheit unkenntlich, um eine neue Ganzheit zu ermöglichen. Über Tubal-Kain und seine Schwester Naama kommt dieser Umstand zum Ausdruck.

Schwester Naama ist nach dem Prinzip Elohim als weiblicher Aspekt eine 2, nach dem Prinzip JHWH ist sie konträr gespiegelt eine 1.

Am 6. Tag nach dem Prinzip Elohim ist der Mensch im Bild und Gleichnis Gottes männlich, am 7. Tag nach dem Prinzip JHWH ist er weiblich.

„Schwester" 415 „Naama" 165 summiert sich zu 580 und stellt den Bezug zum Verborgenen Wert 580 von Adam her. Schwester Naama personifiziert die Bewegung des Menschen im Bild und Gleichnis Gottes vom Irdischen hin zum Ursprung.

580 als Atbasch von „Bruder" steht dem Äußeren Wert 580 von „Schwester Naama" konträr gegenüber und bestätigt die Umkehr in Wort und Zahl. Insgesamt ist 580 als Verborgener Wert von Adam der Weg des Menschen. Die Teilung in Gegensätzliches zu erkennen, macht ihn ganz und lässt die 400 mit 2 x 90 als das sehen, was sie ist, absolute Projektion.

Die gegensätzliche Spiegelung von 1 und 2 im Sinne von männlich und weiblich entspricht genau dem Charakter der Dualität. Die Welt der 4 basiert auf Verfälschung und ist geprägt von einer Bestätigung dieser Verfälschung durch sich selbst.

Eine 3 entsteht darin nur unter Einbeziehung eines Faktors, der nicht dieser 2 entspricht, der nicht nur andersartig ist, sondern das genaue Gegenteil davon. Die Zahl 580 zeigt dieses Gegenteil zur 2 von Tubal-Kajin als 1 in Gestalt von Schwester Naama.

Kain als 2 hat die 1 von Abel getötet; im Leben der 2 ist 1 aus dem Bewusstsein eliminiert. Dieses menschliche Leben am 7. Tag, das Kain als Prototyp personifiziert, ist ausgerichtet auf den Intellekt, auf Gewinn, materiellen Besitz, Ansehen, Macht und Einfluss sowie den Kampf um all diese Dinge. Kain ist aggressiv, hart und dominant, er will sich behaupten, stark, groß und wichtig sein. Das sind in der Welt der 7 einige seiner männlichen Attribute.

Das Gegenteil davon sind weibliche Eigenschaften, sie entsprechen der 1 in Gestalt von Schwester Naama. Im Unbewussten hat sie die Stelle von Abel eingenommen und ist damit jener Faktor im Leben des Kain, der ihn immer wieder zum „gut Handeln" motiviert. Weibliche Attribute von Kain sind Bescheidenheit, Fürsorge, Achtsamkeit, Zurückhaltung. Die 1 in ihm ist sanft, weich, friedlich, nachgiebig, einfühlsam, versöhnlich, leise und rücksichtsvoll; sie lässt sich nicht vom berechnenden Verstand leiten, sondern folgt der eigenen Empfindung.

Die Begegnung von 2 zu 2 ist eine Begegnung männlicher Attribute und davon ist die Welt der 4 geprägt. Trotzdem ist die menschliche Aktion und Reaktion nicht auf dieses Verhalten beschränkt. Es entspricht der Dualität, auch das Gegenteil zu leben und damit auch weibliche Verhaltensweisen zu zeigen. In dieser Welt der 4 als 2 immer wieder auch die weiblichen Eigenschaften in den Vordergrund treten zu lassen, bedeutet, die 2 wiederholt zugunsten der 1 zu opfern.

Die 2, die der körperliche Mensch ist und bleibt, sieht sich ständig vor die Wahl gestellt, sich zur 2 zu wenden oder zur 1, eine männliche Reaktion zu zeigen oder eine weibliche. Jeder, ob Mann oder Frau, lebt seiner Persönlichkeit entsprechend sowohl weibliche als auch männliche Charakterzüge. Eine klare Präferenz in der Lebensausrichtung hin zur 1 führt schließlich zur Verbindung von 2 + 1.

Es ist der 2 nicht möglich, sich nur der 1 zuzuwenden, denn innerhalb der Polarität muss auch das Gegen-Teil gelebt werden. Eine 3 weiß das und hat daher auch einen anderen Bezug zu Bösem, Schuld und Sünde. Eine 2 weiß das nicht und ist gefordert, das Gute maximal anzustreben, das in ihren Augen für die 1 steht, um sich schließlich damit zu 3 verbinden zu können.

Im 3 x 21 = 63. Kapitel von Faust 2 lässt Goethe die Engel sagen: „Wer immer strebend sich bemüht, den können wir erlösen."

Als 2 der 1 zuzustreben, bringt Erlösung von der 2 durch 2 + 1 = 3. Sich mit dem eigenen Gegen-Teil zu einem neuen Ganzen zu verbinden, ist Sinn der Schöpfung. Das Gegen-Teil der absoluten 1 ist die irdische 2; das Gegen-Teil von Gott ist der Mensch; das Gegen-Teil von Elohim ist JHWH. 10-5-6-5 ist der Mensch im Bild und Gleichnis Gottes, der als 2 erscheint, um zur 3 zu werden.

Die 1 erscheint in der Welt der 2 doppelt, wie es der Dualität eben entspricht; die beiden Hälften sind Elohim und JHWH. JHWH bildet die Dualität in sich als 5 + 5 ab, später als 10 + 10. 5 und 5 als gegensätzliche Entsprechungen der 10 zu erkennen, bringt mit sich, JHWH als duale Erscheinung von Elohim zu erfassen. JHWH zeigt als 10 = 5 + 5 im Irdischen, was Elohim im Absoluten darstellt, nämlich eine 1, die sich aufspaltet in 2 gleichwertige, aber gegensätzliche Teile. Elohim und JHWH sind identisch und zeigen sich in der Welt der 2 gegensätzlich; die 3 erfasst, dass sie beides in einem sind, Einheit und Dualität.

Tubal-Kain verkörpert mit seiner Schwester Naama das menschliche Miteinander der Schöpfungsprinzipien Elohim und JHWH, die einander über den Atbasch 300 und den Vollen Wert 300 in der Welt der 2 begegnen.

Schwester Naama und ihr Bruder Tubal-Kajin symbolisieren die 2 Seiten einer 10, sind über die Zahl 580 miteinander in Kontakt und begegnen sich bewusst mit 580 + 10+10 = 600 = 2 x 300.

Eine 3 erfasst die Zusammengehörigkeit von jeweils 2 menschlichen und 2 absoluten Ausdrucksformen und zusätzlich alle 4 als Ausdruck der 1.

Die 3 x 10 erfasst 2 als Ausdruck der 1, sie versteht „Vater" 1-2.

Die 3 Söhne von Lamech bilden diesen Umstand ab, denn alle 3 zeigen als Gemeinsamkeit 2-30 in ihren Namen:

„Tubal" 400-6-2-30, „Jabal" 10-2-30 und „Jubal" 10-6-2-30.

Sie bringen damit die Entwicklung von 2 zu 30 zum Ausdruck, ähnlich wie „Sohn" 2-50, der die Entwicklung von 2 zu 50 darstellt.

Was die 3 Halbbrüder verbindet, ist der gemeinsame Vater. Die 3-fache Gemeinsamkeit stellt sich in Zahlen dar als 3 x 2-30, ergibt 6-90 und steht für die erkannte Verbindung der Brüder „Jabal" 42 + „Jubal" 48 untereinander und zum Vater „Lamech" 90.

Ohne 2-30 bleibt bei Jubal 10-6 übrig, bei Jabal 10; gemeinsam bilden sie mit 10-6-10 eine Variante von Aleph oder von 10-5-6-5.

10 verbindet sich mit 10 zu 20 oder gemeinsam mit 6 zur 26 von „JHWH".

Tubal mit den verbleibenden Zeichen 400-6 symbolisiert die 6 in der 400, die 10+10, 10-6-10, tatsächlich erleben lässt. Das

Leben der 3, des 3. Bruders, besteht aus 2 und 3; 406 = 2 x 203 bildet es ab.

Die Überlieferung erzählt, dass Kain von Lamech irrtümlich bei der Jagd getötet wird, weil sein Sohn Tubal-Kajin ihn für ein Tier hält. Lamech tötet daraufhin aus Zorn und Verzweiflung auch seinen Sohn Tubal-Kajin.

Die Zahlen erklären dieses ‚grausame‘ Geschehen:

Die 3 nimmt die 2 als den körperlichen und damit tierischen Aspekt des Menschen wahr und erkennt, dass diese 2 nicht aus sich heraus, sondern durch die 1 lebt; durch die 3 wird auf diese Weise die Weltsicht der 2 vernichtet. Tubal-Kajin, der Lamech veranlasst, Kain zu töten, macht diesen Umstand bildhaft.

Kain verkörpert den Beginn der 2, mit Tubal-Kain findet sie ihr Ende. Die Linie Kain wird ‚ausgelöscht‘, ihr Anfang und ihr Ende eliminiert. Dieses Sterben geschieht nicht physisch, sondern ist ein ‚Löschen‘ von lange bestehenden Vorstellungen.

Es mag irritieren, dass Tubal-Kajin, der für den Übergang zur 3 steht, mit der Linie Kain ebenfalls stirbt. Was unplausibel erscheint, dient dazu, den Doppelcharakter der 3 als Antrieb und Ziel zu demonstrieren.

Kain ist Teil des Antriebs. Er verkörpert die 2, die unterwegs ist mit dem Ziel, die 1 zu erkennen und sich mit ihr zu 3 zu verbinden. Tubal steht für die 2 im Prozess der 3-Werdung. Der Doppelname Tubal-Kajin bringt diesen Doppelcharakter zum Ausdruck.

Mit dem Tod von Kain und Tubal-Kajin wird auf einprägsame Weise die Schwerpunktverlagerung von 2 zu 3 dargestellt. Die Dominanz von 2 x 2 verliert sich zu Gunsten der 3, die Tubal mit seinen 2 Halbbrüdern und seiner Schwester Naama verkörpert. Mit dem Tod von Tubal-Kajin, der die Tendenz der 2 in

Richtung 3 verkörpert, wird Raum geschaffen für den Durchbruch der 3.

Für den einzelnen Menschen endet in dem Moment, in dem er sich selbst als 3 erkennt, die Linie von Kain. Davor und auch danach hat sie in der 400 weiterhin zahlreiche ‚Nachkommen‘. Die Weltsicht der 2 bleibt parallel und unabhängig von solch einzigartigen Momenten bestehen, in denen die 2 samt ihrer Tendenz zu 3 den Tod findet, weil sie in 3-Sein übergeht.

Das gewohnte Denken steht immer wieder vor der Herausforderung, solche ‚Verwandtschaftsverhältnisse‘ und ‚Stammbäume' nicht im alltäglichen Sinn, sondern in ihrer Symbolik zu erfassen. Personen und Ereignisse dienen dazu, dem individuellen Bewusstsein Zusammenhänge verständlich zu machen.

Satz 23:

„Da sagte" 6-10-1-40-200	257		
„Lamech" 30-40-20	90		
„zu seinen Frauen" 30-50-300-10-6	396	743	
„Ada" 70-4-5	79		
„und Zilla" 6-90-30-5	131	210	
„Höret" 300-40-70-50	460		
„meine Stimme" 100-6-30-10	146	606	
„Frauen" 50-300-10	360		
„Lamechs" 30-40-20	90	450	
„Lauschet" 5-1-7-50-5	68		
„meiner Rede" 1-40-200-400-10	651		
„in der Tat" 20-10	30	749	2758
„(einen)Mann" 1-10-300	311		
„tötete ich" 5-200-3-400-10	618		
„für meine Wunde" 30-80-90-70-10	280	1209	
„und(einen)Knaben" 6-10-30-4	50		
„für meine Beule" 30-8-2-200-400-10	650	700	1909

Die eindringliche Aufforderung zuzuhören geht der eigentlichen Aussage voraus. „Lamech" 90 als Aspekt der inneren 1 richtet den Appell an die 2, dem, was er sagen will, Aufmerksamkeit zu schenken.

„Höret meine Stimme" 606 bildet mit 2 x 303 ab, dass eine Information von 3 zu 3 erfolgt.

Die „Frauen Lamechs" 450 stehen vor der Aufgabe, über 5 zu erfassen, was „Lamech" 90 ihnen mitteilt; „Ada und Zilla" 210 ermöglichen so 30 x 7.

Tatsächlich zu hören, was die 1 sagt, lässt die 2 zur 3 werden und erfassen, dass sie beides ist: 749 − 743 = 6 = 2 x 3 = 3 x 2.

Die Gliederung der einleitenden Satzhälfte in 2 x 3 und 3 x 2 Teile bildet diesen Zusammenhang ab.

In Summe stellt 2758 den Bezug zu Satz 18 in Genesis 3 her und erzählt so über die Umstände, unter denen diese Aufmerksamkeit gefordert ist:

„Ja Dorn und Distel wird sie wachsen lassen dir und du wirst essen den Pflanzenwuchs des Feldes" 2758.

„(Einen) Mann tötete ich für meine Wunde" 1209 „und (einen) Knaben für meine Beule" 700 drücken erbarmungslose und übersteigerte Reaktionen seitens der 1 aus. Die 1 macht auf diese Weise deutlich, wie sie das Erkennen von Richtig oder Falsch unterstützt.

Verletzende Worte oder ein Verhalten, dem die Achtsamkeit gegenüber anderen fehlt, haben starke Reaktionen im eigenen Empfinden zur Folge. Schon Kleinigkeiten zeigen starke Wirkung und fühlen sich schlecht an. Die Unterscheidungsfähigkeit wird über die eigene Intuition geschult. Dadurch lernt der

Mensch, diesem inneren Empfinden zu vertrauen und ihm zu folgen. Am Ende des 7. Tages muss es stark genug sein, um darüber hinaus zu führen.

1209 steht für diese intuitive Erkenntnisschulung auf Basis von 3 x 4 und 700 bildet ab, wozu sie dient.

Die Summe 1909 fasst zusammen, was uneingeschränkte Aufmerksamkeit verdient, und begründet es mit 23 x 83. Der Mensch lernt, das Formlose „als sein Gegenüber" 83 zu erfassen, von dem Genesis 1 spricht, und seine Wahrnehmung von Zeit und Raum damit zu „füllen".

Die 2 Willensäußerungen in Genesis 1 „und füllet" 83 „die Wasser" 496 sowie „und füllet" 83 „die Erde" 697 bilden die Summe 1359.

2758 richtet sich an die 2, die diesen Willen im Zeitlichen umsetzt: 1359 x 2 = 2718, 2718 + 40 = 2758.

Satz 24:

„Denn" 20-10	30		
„siebenfach" 300-2-70-400-10-40	822		
„gerächt wird Kain"			
10-100-40 100-10-50	310	1162	
„und Lamech" 6-30-40-20	96		
„siebzig" 300-2-70-10-40	422		
„und sieben(fach)" 6-300-2-70-5	383	901	2063

Lamech ist die 7. Generation nach Adam, er steht für die 1 im Menschen am 7. Tag, deren Tod 77-fach gerächt wird. Eine 3-fache 7 markiert das Ende des 7. Tages; 777 und 3 x 7 sind Synonyme.

777 ist der Volle Wert vom Baum des Lebens, von dem die 3 am Ende des 7. Tages nimmt und sich damit zu 780 = 2 x „Himmel" 390 verbindet.

Die Rache Kains besteht darin, dass er am Ende des 7. Tages das Formlose als etwas akzeptiert, das er selbst wahrnimmt. 23 + 777 = 800 leiten über vom 7. zum 8. Tag, an dem „siebenfach" 822 mit 2 x 411 abbildet, dass die 2 sich und das Wesen von 4 durchschaut.

„Gerächt wird Kain" 310 kombiniert 160 + 150 und zeigt die 10 als 3. Diese 10 versteht „denn" 30 als Begründung für alles, was Kain am 7. Tag in der Welt der 822 − 422 = 400 erlebt.

Die Rache von „Lamech" 90 besteht am Ende des 7. Tages im Erkennen der 1, wie 901 wissen lässt, und im Gegenüber von 3 zu 3 am 8. Tag, wie 383 abbildet. „Siebzig" 422 „und sieben(fach)" 383 erzählen mit 805, dass 5 und 0 dazu verhelfen.

Alle 3 im Text genannten Versionen von 7 haben den Wortstamm 300-2-70 gemeinsam und bilden mit 3 x 372 = 1116 ab, womit die 2 x 3 am Ende des 7. Tages in Verbindung steht.

1162 kombiniert 1-1 mit 2x31 und stellt mit 2 x 581 den Bezug zum Garten Eden in Genesis 2 her; die 2 weiß sich als 1-1 und in Kontakt mit dem Absoluten. Dieses Lebensgefühl wird vom Himmel ebenso symbolisiert wie vom Garten Eden. Die 2 vermag ihn nun bewusst zu erleben „und zu hüten ihn" 581.

Satz 24 komprimiert die Aussage seiner 2 x 3 Teile zur Primzahl 2063, die 20 = 10+10 und 63 = 21 x 3 nebeneinander stellt.

Dass das Formlose im ganzen Satz enthalten ist und sich darin zum Ausdruck bringt, erkennt dieses individuelle Bewusstsein, das sich selbst als 2000 im Zeitlichen erfasst: 2063 − 23 = 2040.

360 + 23 = 383 beschreiben dieselbe Existenz auf andere Weise und definieren sie mit der Umsetzung des Prinzips 7x7x7 = 343 in der 40.

In Summe erklären 360 + 2040 = 2400 das Miteinander von Irdischem und Absolutem mit 2000 + 400.

Die verbalen Aussagen von Satz 23 und 24 sind rätselhaft, und doch wird einleitend darauf hingewiesen, ihnen besondere Aufmerksamkeit zu schenken.

Ihr Sinn erschließt sich durch genauere Betrachtung unter Einbeziehung von Gedankengängen, die über das vorgegebene Lineare hinausgehen. Das bedeutet, sich nicht auf die erscheinende Reihenfolge der Satzteile und die verbale Aussage der Worte zu beschränken. Dem liegt das Bedürfnis zugrunde, ihr Rätsel wirklich begreifen zu wollen anstatt am ersten Eindruck hängen zu bleiben und es als unverständlich abzutun.

Damit weisen diese Sätze auf wesentliche Voraussetzungen hin, die das Erfassen des Formlosen im Alltag ermöglichen. Im Grunde bestehen sie in der Bereitschaft, scheinbar unzusammenhängende Aspekte der Realität miteinander in Bezug zu bringen, wenn ein spontaner Gedanke dazu klar animiert. Ihm zu folgen und dadurch eine hintergründige Ordnung oder einen bestehenden Zusammenhang zu erkennen, auch wenn dies dem allgemeinen Denken, einer vorgegebenen Ordnung oder dem Offensichtlichen nicht entspricht, bringt in Kontakt mit dem formlosen Absoluten.

Zufällig, willkürlich oder rätselhaft erscheinende Äußerungen und Begebenheiten werden mit dieser besonderen Aufmerksamkeit nicht einfach als solche abgetan, sondern in den Fokus der Betrachtung gerückt. Das Formlose lässt sich erfassen, wenn man seine Zeichen nicht einfach als ‚Unsinn‘, ‚Zufall‘ oder ‚Einbildung‘ abtut, sondern die Hinweise ernst nimmt und sich die Frage stellt, was sie zu bedeuten haben. Die Beantwortung der Frage übernimmt gleich oder zu gegebener Zeit die ganz persönliche Intuition in Kooperation mit wacher Aufmerksamkeit.

Die Aussagen der Sätze 23 und 24 stehen symbolisch für derartige Eindrücke und erklären mit Hilfe ihrer Zahlenwerte, wie 23 sich innerhalb der 24 erfahrbar macht:

In Satz 23 schließt „in der Tat" 20-10 = 30 die Forderung nach Gehör ab und Satz 24 beginnt mit „denn" 20-10 = 30. Die Zahlen weisen auf eine klare Entsprechung hin, die über die Worte nicht zu erkennen ist.

Ein spontaner Gedanke lässt darauf aufmerksam werden, ein gefühlter Impuls drängt dazu, diesen Zusammenhang ernst zu nehmen. Die intuitive Anregung, die eine Verbindung erahnen lässt, wird wahrgenommen und so lange weiter verfolgt, bis sie sich schließlich bestätigt.

Es wird dadurch eine Gedankenkette in Gang gesetzt, die nach demselben Muster weitere Verbindungen schafft. Die Kombinationen folgender Satzteile demonstrieren beispielhaft diese kreative Art zu denken.

„In der Tat" 30 + „tötete ich" 618 = 648; „(einen)Mann" 311 + „für meine Wunde" 280 = 591; „und(einen)Knaben" + „für meine Beule" 700.

„Denn siebenfach gerächt wird Kain" 1162 + 648 ergänzen sich perfekt zu 1810 und geben der 10, die 6+6+6 und 2 x 9 umsetzt, eine Antwort.

Dadurch fühlt die 10 sich ermutigt, weitere Querverbindungen nachzuspüren, und sieht in „gerächt wird Kain" 310 das Gemeinsame von „und Lamech siebzig und sieben" 901 − „Mann für meine Wunde" 591.

Es zeigt sich nun auch, dass die Verbindung zwischen 310 und 1810 in der Zahl 1500 besteht, die sich mit „und Knaben für meine

Beule" 700 zu 2200 kombiniert. Letztlich präsentieren sich Text und Zahlen als ein komplexes Ganzes, das in sich stimmig ist.

Auf diese Weise wird zum Ausdruck gebracht, wie das Miteinander von Zeitlosem im Zeitlichen tatsächlich beobachtet und erlebt werden kann: als ein komplexes Ganzes, das in sich stimmig ist.

Schritt für Schritt tun sich dieser besonderen Art von Aufmerksamkeit Zusammenhänge zwischen ganz alltäglichen Begebenheiten auf. Für andere sind sie nicht offensichtlich, die hergestellten Verbindungen fühlen sich aber richtig an und entsprechen auch einer klar nachvollziehbaren Logik. Querbezüge zu vorherigen Kapiteln der Genesis machen deutlich, dass derartige Verbindungen im Alltag auch in zurückliegende Lebensabschnitte reichen.

Der linear ausgerichtete Verstand kann keinen Bezug zwischen dem Text von Satz 23 und der geschilderten Rache in Satz 24 herstellen und es widerstrebt ihm, einen gegenseitigen Bezug ‚hinein zu interpretieren'.

Er steht an diesem Punkt dem intuitiven Empfinden, das sich für diesen Bezug einsetzt, konträr gegenüber. Die inhaltlichen Themen Tod und Rache machen diesen Umstand bildhaft, denn ihre Gemeinsamkeit liegt auf gefühlsmäßiger Ebene.

Logisches Denken, das sich auf eine Kooperation mit dem Empfinden einlässt und dabei dennoch die Kontrolle behält, ermöglicht derartige Kombinationen. Allmählich erschließen sich so dem ganz persönlichen Verständnis weitere und immer umfassendere Einsichten.

Die eigene Erfahrung bestätigt nun, dass alles Geäußerte – sei es in Schrift, Gesprochenem oder Schöpfung – im Grunde dazu dient, hintergründige Zusammenhänge darzustellen und nachvollziehbar zu machen.

Die Erfahrung von 23 etabliert sich als wichtige Komponente und wird innerhalb der Zyklen der 24 immer wieder Realität.

Die Zahlen der Sätze 23 und 24 zeichnen miteinander ein Bild dieser Realität und fassen es in Summe zu 2758 + 1909 + 2063 = 6730 zusammen:

67 30 machen deutlich, dass „und er aß" 67 als eine zentrale Aussage in Genesis 3 von der 3x10 verstanden wird.

Satz 24 erklärt mit seiner 3-fachen 7 und mit 2063 − 233 = 1830, dass die 3 x 10, die sich selbst als solche erkennt, vom „Baum des Lebens" 233 „aß", dessen Voller Wert 777 ist: 233 + 67 = 300.

Satz 24 nimmt in Wort und Zahl Bezug zu Satz 24 in Genesis 3 und gibt den von „Cherubim" 678 bewachten Weg für einen Denkprozess frei, der mit „nicht wirst du essen von ihm" 618 in Satz 17, Genesis 3 seinen Anfang nimmt und über das Erkennen von 30 + 30 führt.

Satz 25:

„Und es erkannte" 6-10-4-70	90		
„Adam" 1-4-40	45		
„wieder" 70-6-4	80		
„seine Frau" 1-400 1-300-400-6	1108	1323	
„und sie gebar" 6-400-30-4	440		
„(einen) Sohn" 2-50	52	492	
„und sie rief" 6-400-100-200-1	707		
„seinen Namen" 1-400 300-40-6	747		
„Set" 300-400	700	2154	
„Fürwahr" 20-10	30		
„gesetzt hat mir" 300-400 30-10	740		
„Gott" 1-30-5-10-40	86	856	
„Samen" 7-200-70	277		
„anderen" 1-8-200	209		
„anstatt" 400-8-400	808		

"Abel" 5-2-30	37	1331	
"da" 20-10	30		
"ihn erschlagen hat" 5-200-3-6	214		
"Kain" 100-10-50	160	404	6560

Als Konsequenz des Denkprozesses, den Satz 23 und 24 zum Inhalt haben, wird im Menschen die 3 geboren. Die Summe 1323 bildet das Erfassen des Formlosen durch die 10+3 ab.

"Adam" 45 "erkennt" 90 sich mit 9 x 10 = 2 x 45 und "seine Frau" 1108 als Wesen der 2 "wieder" 80 = 2x2x2 x 10 und wird dadurch zur 3;

"anstatt" 808 der Realität von 400+4, in der die 2 von Kain Abel erschlagen hat, setzt sich über 10x10 jene der 3 durch: 1108 – 808 = 300

"Set" 700 wird als 3. Sohn am 7. Tag über 10x10 aus einem Bewusstsein heraus geboren, das sich mit 400+40 definiert.

492 bildet diese Geburt mit 4 x 123 ab.

Sie geschieht im Zeitlichen und kommt zustande, weil sich in der Welt des 7. Tages Eindrücke erfassbar machen, die eine absolute Projektion nachvollziehen lassen; 747, 707 und 747 – 707 = 40 weisen darauf hin.

1331 bildet ab, dass derartige Projektionen angenommen und beachtet werden; 2154 + 856 = 3010 machen deutlich, dass sie über Prinzip 10 aus dem Prinzip 3 kommen und die 10 sich dadurch als 3 x 10 wahrnimmt.

Satz 25 fasst mit 6560 das Geschehen zusammen, beschreibt die 10 nach dem Einsehen einer Projektion mit 5x13 2x30 und unterstreicht gemeinsam mit Satz 23 und 24 deren Individualität: 6730 – 6560 = 170.

6560 – 856 – 404 = 5300 betonen das Miteinander beider Prinzipien.

Nach dem Tod Abels scheint die 1 im Menschen in der Welt der 4 nicht mehr vorhanden, erfährt aber eine Renaissance durch den 3. Sohn Adams. Set stammt nicht aus dem Prinzip JHWH, sondern anstelle von Abel aus dem Prinzip Elohim, das ebenso 1 wie 3 ist. Die 1 wird in der Welt der 4 durch die 2 ‚erschlagen‘, erfährt aber am Ende als 3 eine Neugeburt.

Gott = Elohim wird in diesem Zusammenhang zum ersten und einzigen Mal im 4. Kapitel der Schöpfungsgeschichte erwähnt. Erst ganz zum Schluss, nachdem JHWH 10x genannt wurde und mit Selbstakzeptanz der 10 seine Aufgabe erfüllt hat, gibt die 4 den Blick auf 1-3 frei.

Von 3 Söhnen wurde 1 getötet; sein Blut wurde vergossen, aus 1-4-40 wurde 4-40, die 1 von Abel entfernte sich aus dem Irdischen.

Von 5 menschlichen Aspekten Adam, Eva, Kain, Set und Abel sind 4 dies- und 1 jenseitig.

Im Unbewussten jedes menschlichen Kain übernimmt Schwester Naama die Rolle der 1, bis es zur bewussten Geburt von „Set" 700 kommt:
Naama hat den Verborgenen Wert 166, Set den Verborgenen Wert 66 und den Vollen Wert 766; 166 – 66 = 100; 766 – 166 = 600; 100 + 600 = 700.

Set, Seth oder Scheth hat im Hebräischen die Bedeutung von ‚Ersatz‘.

Für die Erklärung dieses Namens unterbricht der Text die Erzählung aus der Warte einer 3. Person und verwendet die Ich-Form, ohne sie konkret zuzuordnen. Er bringt so den Bezug zwischen 1 und 3 und auch zwischen Schreiber und Leser zum Ausdruck und will sagen: Was für die 1 gilt, gilt genauso für die 3; was für das „mir" des Schreibers gilt, gilt genauso für das „mir" des Lesers.

„Fürwahr" 30 „gesetzt hat mir" 740 „Gott" 86 „Samen" 277 „anderen" 209 „anstatt" 808 „Abel" 37 gilt für jeden Menschen, der sich am Ende des 7. Tages als 3 wahrnimmt. 7 Satzteile summieren sich zur Zahl 2187 = 3x3x3x3x3x3x3, die als 7-fache 3 darauf hinweist. 2187 ist ebenso 9 x „Abram" 243, der später in der Schöpfungsgeschichte die 3 verkörpert. Sich selbst als personifizierte 3 am 7. Tag zu erkennen, ist gleichzusetzen mit dem Erkennen der 1 in mir, in dir, in jedem.

Die Zahlenwerte vertiefen Zusammenhänge zwischen Abel, Kain und Set sowie JHWH und Elohim:

„Abel" 37 besteht im Hebräischen aus den Buchstaben H-B-L, in Zahlen 5-2-30, hat den Verborgenen Wert 464 und den Atbasch 410.

„Kain" 160 besteht aus den Zeichen K-J-N, in Zahlen 100-10-50, hat den Verborgenen Wert 152 und den Vollen Wert 312.

37 weist mit 3 x 10 + 7 darauf hin, dass Abel Teil der motivierenden 3 aus 1 + 2 ist, die am 7. Tag zur Selbstakzeptanz als 10 antreibt.

Im Atbasch bestätigt 4 10 auch als Verborgener Wert von 2, dass der Mensch in der Materie existiert, um sich als 10 zu erkennen.

Der Verborgene Wert 464 von Abel und die Summe 464 aus Verborgenem Wert 152 und Vollem Wert 312 von Kain zielen übereinstimmend auf 400 + 8x8 ab.

„Kain" 160 + 400 entspricht dem Atbaschwert 560 für Elohim. Das Leben jedes Kain mit der Weltsicht von 400 hat als konträre Entsprechung im Absoluten das Schöpfungsprinzip Elohim. Der irdische Mensch in Gestalt von Kain ist im wahrsten Sinne des Wortes das Gegen-Teil von Elohim; die 2 von Kain ist das Bindeglied zu 1-3.

„Set" 700 kombiniert den Vollen Wert 300 von Elohim mit 400 und hat den Atbaschwert 3 aus 2-1. Der irdischen Erfahrung von 7 x 10x10 nach dem Prinzip JHWH steht im Absoluten die Verbindung von 2 + 1 zu 3 nach dem Prinzip Elohim gegenüber.

Satz 26:

„Und für Set" 6-30-300-400	736		
„auch ihm" 3-40 5-6-1	55		
„wurde geboren(ein)Sohn"			
10-30-4 2-50	96	887	
„und er rief" 6-10-100-200-1	317		
„seinen Namen" 1-400 300-40-6	747		
„Enosch" 1-50-6-300	357	1421	
„Damals" 1-7	8		
„wurde begonnen" 5-6-8-30	49		
„anzurufen" 30-100-200-1	331		
„im Namen" 2-300-40	342		
„JHWHs" 10-5-6-5	26	756	3064

Satz 26 beendet Genesis 4 mit abschließenden 3 + 3 + 5 Teilen.

Inhaltlich und im Satzbau wird noch einmal die Zielsetzung 3 – 3 auf Basis von 5 für das Leben in der 4 hervorgehoben.

887 nimmt Bezug zu „Es(ist)der umfließende das ganze Land Hawila" 887 in Satz 11, Genesis 2 und erklärt damit den Lebensbereich für den Sohn von Set. 3064 lässt wissen, dass er als 30 bewusst in „Hawila" 64 = 8 x 8 lebt.

1421 bildet mit 2x7 3x7 ab, dass dieser Sohn dazu bestimmt ist, die Welt des 7. Tages als 2 und als 3 zu leben.

756 erklärt mit 4 + 1 Teilen und mit 4 x 9 x 21 die verbale Aussage: „Damals" 8 „wurde begonnen" 49 „anzurufen" 331 „im Namen" 342 = 730; „JHWH" 26 steht für die 2 x 13, die mit 4 die 3x10 realisiert. Diese irdische 2 am 7. Tag versteht 10+3 und 10x3 als Synonyme.

756 – „JHWH" 26 = 730 bilden ab, dass die Erfahrung von 30 am 7. Tag immer wieder über 10x10 zustande kommt. „Set" 700 verkörpert diese Lebensweise als Prinzip.

BUCH GENESIS
Kapitel 5 – Genesis 5
(Stammbaum von Adam bis Noah)

„1 Dies ist das Buch von Adams Geschlechtern. An dem Tage, da Gott Adam schuf, machte er ihn im Gleichnis Gottes. 2 Mann und Weib schuf er sie, und er segnete sie und gab ihnen den Namen Mensch, an dem Tag, da sie geschaffen wurden.

3 Und Adam lebte hundert und dreißig Jahre und zeugte (einen Sohn) in seinem Gleichnis, nach seinem Bilde, und gab ihm den Namen Set. 4 Und die Tage Adams, nachdem er Set gezeugt hatte, waren achthundert Jahre, und er zeugte Söhne und Töchter. 5 Und alle Tage Adams, die er lebte, waren neunhundert und dreißig Jahre, und er starb.

6 Und Set lebte hundert und fünf Jahre und zeugte Enosch. 7 Und Set lebte, nachdem er Enosch gezeugt hatte, achthundert und sieben Jahre und zeugte Söhne und Töchter. 8 Und alle Tage Sets waren neunhundert und zwölf Jahre, und er starb.

9 Und Enosch lebte neunzig Jahre und zeugte Kenan. 10 Und Enosch lebte, nachdem er Kenan gezeugt hatte, achthundert und fünfzehn Jahre und zeugte Söhne und Töchter. 11 Und alle Tage Enoschs waren neunhundert und fünf Jahre, und er starb.

12 Und Kenan lebte siebzig Jahre und zeugte Mahalalel. 13 Und Kenan lebte, nachdem er Mahalalel gezeugt hatte, achthundert und vierzig Jahre und zeugte Söhne und Töchter. 14 Und alle Tage Kenans waren neunhundert und zehn Jahre, und er starb.

15 Und Mahalalel lebte fünfundsechzig Jahre und zeugte Jered. 16 Und Mahalalel lebte, nachdem er Jered gezeugt hatte, achthundert und dreißig Jahre und zeugte Söhne und Töchter. 17

Und alle Tage Mahalalels waren achthundert fünfundneunzig Jahre, und er starb.

18 Und Jered lebte hundert zweiundsechzig Jahre und zeugte Henoch. 19 Und Jered lebte, nachdem er Henoch gezeugt hatte, achthundert Jahre und zeugte Söhne und Töchter. 20 Und alle Tage Jereds waren neunhundert zweiundsechzig Jahre, und er starb.

21 Und Henoch lebte fünfundsechzig Jahre und zeugte Metuschelach. 22 Und Henoch wandelte mit Gott, nachdem er Metuschelach gezeugt hatte, dreihundert Jahre und zeugte Söhne und Töchter. 23 Und alle Tage Henochs waren dreihundert fünfundsechzig Jahre. 24 Und Henoch wandelte mit Gott; und er war nicht mehr, denn Gott nahm ihn hinweg.

25 Und Metuschelach lebte hundert siebenundachtzig Jahre und zeugte Lamech. 26 Und Metuschelach lebte, nachdem er Lamech gezeugt hatte, siebenhundert zweiundachtzig Jahre und zeugte Söhne und Töchter. 27 Und alle Tage Metuschelachs waren neunhundert neunundsechzig Jahre, und er starb.

28 Und Lamech lebte hundert zweiundachtzig Jahre und zeugte einen Sohn. 29 Und er gab ihm den Namen Noah, indem er sprach: Dieser wird uns trösten über unsere Arbeit und über die Mühe unserer Hände wegen des Erdbodens, den Jehova verflucht hat. 30 Und Lamech lebte, nachdem er Noah gezeugt hatte, fünfhundert fünfundneunzig Jahre und zeugte Söhne und Töchter. 31 Und alle Tage Lamechs waren siebenhundert siebenundsiebzig Jahre, und er starb.

32 Und Noah war fünfhundert Jahre alt; und Noah zeugte Sem, Ham und Jafet."

In diesem und in anderen Kapiteln des Alten Testaments ist sehr viel von großen Zeiträumen die Rede, für die konkrete Zahlen genannt werden. Sie können nicht aus dem gewohnten linearen

Zeitverständnis heraus wörtlich genommen werden. Die Bibel berichtet nicht von historischen Ereignissen in einer zeitlichen Kontinuität, sondern informiert über Prinzipien, die in selbstähnlicher Weise zeitlos gelten. Jahreszahlen sind nie Zeitmaß, sondern immer Informationen qualitativer Art.

Generell wird in der Bibel mit Bildern dieser irdischen Welt erklärt, warum es Leben gibt, was es ist und welches Ziel es hat. Diese Bilder und Formulierungen dienen dem Verständnis, sind aber nicht wörtlich zu nehmen. Sie entsprechen erlebter Erfahrung und sind in diesem Sinn ein Abdruck dessen, was sie beschreiben. Das Wort Gottes ist als Dreiheit selbst Schöpfung und beschreibt Schöpfung mit Mitteln der Schöpfung. Zeitlosigkeit charakterisiert diese Art der Darstellung; sie auf diese Weise nachzuvollziehen und nicht im Sinne fließender Zeit, stellt das menschliche Bewusstsein immer wieder vor eine Herausforderung.

Die Zeitspannen im Text von Genesis 5 sind also nicht quantitativ zu verstehen als lineare Zeiträume, sondern als qualitative Aussagen. Die Generationenfolge Adams bildet Aspekte des Prinzips Mensch ab und ist kein Stammbaum im geläufigen Sinn. Sie beschreibt prinzipielle Grundlagen für die menschliche Existenz und definiert damit den primären Archetyp Adam näher. „Das Buch von Adams Geschlechtern" personifiziert wesentliche Voraussetzungen menschlichen Lebens und weist ihnen Namen zu; die als Jahre zugeordneten Zahlen enthalten Informationen darüber.

Zahlen in Zusammenhang mit einer Zeugung markieren jeweils den Wechsel zu einem anderen Aspekt und gleichzeitig für den aktuellen Aspekt den Übergang von 2 zu 3. Die Lebensjahre bis zur Zeugung informieren über diese Schnittstelle und die Zahlen danach beschreiben den neuen Aspekt insgesamt näher. Auf diese Weise wird das Leben als 2 sowie das Leben als 3 von verschiedenen Seiten beleuchtet.

In der Beschäftigung mit derartigen Inhalten schweift das Denken unwillkürlich immer wieder in gewohnte Muster ab und ist dann gefordert, wieder neu zu erkennen, dass Namen und Zeitangaben in Zusammenhang mit biblischen Gestalten generell nicht als historische Berichte gemeint sind. Sie geben Auskunft über ein Geschehen, das grundsätzlich und zeitlos sowohl für die Menschheit als auch jeden Einzelnen persönlich gilt. Jeder Mensch ist Adam, gleichzeitig Eva und lebt Facetten des Menschseins, die von den zahlreichen Nachkommen verkörpert werden. Je nachdem, welcher davon gerade im individuellen Leben aktuell ist, kann etwa Kain dominieren oder Set, kann er gerade Tochter sein oder Sohn. All diese Bezeichnungen sind nicht wörtlich zu nehmen im alltäglichen Sinn, sie sind symbolhaft gemeint für ein Geschehen im Bewusstsein.

Satz 1:

„Dies(ist)" 7–5	12		
„das Buch" 60–80–200	340		
„der Geschlechter" 400–6–30–4–400	840		
„Adams" 1–4–40	45	1237	
„Am Tag" 2–10–6–40	58		
„des Erschaffens" 2–200–1	203		
„Gott" 1–30–5–10–40	86		
„Adam" 1–4–40	45	392	
„im Ebenbild" 2–4–40–6–400	452		
„Gottes" 1–30–5–10–40	86		
„machte er" 70–300–5	375		
„ihn" 1–400–6	407	1320	2949

Die Primzahl 1237 bildet ab, dass das erwähnte Buch die individuelle Umsetzung von 123 am 7. Tag zum Inhalt hat. 12 ist Ausgangsbasis, 340 = 300 + 40 und 840 = 4 x 210 Zielsetzung jedes einzelnen „Adam" 45.

„Adam" 45 und „Gott" 86 werden je 2x erwähnt; ihre gemeinsame Anwesenheit in der 2 bilden 2 x 45 und 2 x 86 in Summe mit 262 ab.

452 – 262 = 190 und 392 – 262 = 130 informieren über den Zweck „des Erschaffens" 203: als 2 über 0 zur 3 zu werden und sich als 10+3 „im Ebenbild" 452 der 1-3 zu erkennen.

13 20 sowie 452 – 392 = 60 = 2 x 3 x 10 zeigen die 10, die ihr 2- und 3-Sein erkannt hat.

Das Leben in der 2 besteht für die 3-fache 10 darin, die 4 als etwas zu betrachten, das den direkten, gegenseitigen Bezug von 2 Realitätsebenen erkennen lässt. 2949 bildet mit 2000 + 949 diese Ausrichtung ab, die für das gesamte Menschengeschlecht gilt.

Satz 2:

„Männlich" 7-20-200	227		
„und weiblich" 6-50-100-2-5	163		
„schuf er sie" 2-200-1-40	243	633	
„und er segnete" 6-10-2-200-20	238		
„sie" 1-400-40	441	679	
„und er rief" 6-10-100-200-1	317		
„ihren Namen" 1-400 300-40-40	781		
„Mensch" 1-4-40	45	1143	
„am Tag" 2-10-6-40	58		
„ihres Erschaffenwerdens"			
5-2-200-1-40	248	306	2761

Satz 2 geht auf das Prinzip JHWH ein, ohne es direkt zu erwähnen und zeigt damit, dass es hintergründig und ungesehen bewirkt, was Satz 1 vorgibt:

1143 – 633 = 510 stellen unter Bezugnahme auf „Und es sprach Kain mit Abel seinem Bruder" 510 in Genesis 4 fest, dass der

Mensch über 5 und 10 erfasst, dass er 2 + 1, Kain + Abel, weiblich + männlich ist.

633 + 306 = 939 und 939 – 679 = 260 erklären, dass er als 2+1 = 3 geschaffen wurde, um sich über das Prinzip JHWH als solche zu erkennen.

Dass die 5 und die 10 des Prinzips JHWH am 7. Tag 2 + 1 kombinieren, zeigen Satz 2 + 1 in Summe mit 2761 + 2949 = 5710.

Gott = Elohim ist „Vater = ab" 1-2 der Menschheit und bringt sich mit Adam selbst in die Dualität. In „Adam" 1-4-40, seinem Bild und Gleichnis geht Elohim als 1 durch die Tür der 4, ebenso im weiblichen Aspekt Eva als „Mutter = em" 1-40.

Dem „Sohn = ben" 2-50 und der „Tochter = bath" 2-400 fehlt der direkte Bezug zu 1, sie haben ihren Ursprung in der 2, wie ihre Zahlen zeigen. In der Dualität ist die Tochter als die weibliche Seite auf das Leben hin zur 400 ausgerichtet. Der Sohn als männlicher Aspekt zielt auf die 50 ab; er hat seine Basis in der 2 und ist bestrebt, zu erkennen, was jenseits der 49 liegt. Satz 1 macht mit 2949 auch diese Aussage.

Die Generationenfolge von Adam bis Noah besteht nur aus Männernamen. Der Mensch ist männlich und weiblich geschaffen, wie Satz 2 erklärt. Das Weibliche = Körperliche hat für den männlichen = seelischen Aspekt des Menschen aber lediglich unterstützende Funktion. Frauen werden im Stammbaum des Menschen daher nicht erwähnt und von Söhnen und Töchtern ist nur allgemein die Rede.

Nur selten wird ein Name mit der Bezeichnung „Sohn" 2-50 verbunden.

In Genesis 4 tritt Kain als „Mann" mit JHWH auf, Abel als „Bruder" von Kain und in der Linie nach Kain ist nur Henoch Sohn.

Set ist Sohn, ebenso Enosch und in der Linie nach ihm nennt Genesis 5 nur Noah Sohn.

Der 2-fach bei Kain genannte Henoch hat eine 3. Entsprechung in der Linie von Set. All diese Namen stehen für das Erreichen der 50 als Zielsetzung der 2 und bringen zum Ausdruck, dass 50 zur 3 überleitet. Sie bilden ab, dass die Umsetzung von 2-50 die menschliche 3 bewirkt.

Set wird am Ende von Genesis 4 als Sohn bezeichnet und zugleich als 3 definiert. Damit demonstriert er, dass 2-50 und 3 schon von Geburt an Realität und einander sehr nahe sind, aber doch nicht identisch. Aus der Sicht von 2x2 = 4, die nur 2 als real erfasst, wird zuerst 4 + 1 erkannt, dann 5 x 10 und erst dann ist das Bewusstsein bereit, sich selbst als 3 zu akzeptieren. Set bildet die Schnittstelle von 50 zu 3.

Genesis 5 erwähnt Set in Satz 3 auf eine Weise, die den Anschein erweckt, er wäre Sohn. Manche Übersetzungen ergänzen im Text sogar diesen Begriff, der im hebräischen Original nicht vorhanden ist. Der Übergang von 50 zu 3 im Bewusstsein ist unscharf und fließend.

Enosch bestätigt diesen Umstand. Satz 26 in Genesis 4 nennt ihn Sohn von Set, nicht aber Satz 6 in Genesis 5, der seine Zeugung zum Inhalt hat. Über Enosch wird damit deutlich, dass „Sohn" 2-50 die Entwicklung von 2 zu 50 meint, die das Bewusstsein als 50 und als 3 hinter sich gebracht hat. Diese Entwicklung verläuft nach dem Prinzip JHWH und ist die Voraussetzung für die Zeugung der 3 nach dem Prinzip Elohim; die Sätze 26 − 6 = 20 verweisen gemeinsam darauf. Zeugung und Geburt bedingen einander, sind aber vom Prinzip JHWH, das alles ins Gegenteil kehrt, in ihrer Reihenfolge vertauscht.

Genesis 4 erläutert die Welt der 4 und das damit verbundene Prinzip JHWH. Das 4. Kapitel der Schöpfungsgeschichte hat das Gegensätzliche von 2 x 2 zum Inhalt, das am Ende auf die 1 trifft.

In Genesis 5 ist nicht die Rede von JHWH, sondern ausschließlich von Elohim. Genesis 5 erzählt die Geschichte der 1 in der Welt von 2x2 = 4 und zeigt, welche Aspekte den Kontakt von 2 + 1 über 4 + 1 begleiten.

Durch JHWH nimmt die 1 die Gestalt einer 10 an, die ihre Entsprechung in 2 gegensätzlichen 5 hat. JHWH enthält vom Prinzip her diese 10 und all ihre irdischen Ausprägungen von 5 und 5; Adam als Archetyp jedes Menschen trägt in sich diese 10 auf der Ebene seines Bewusstseins. Er bringt 5 und 5 in die Existenz durch sein Fühlen, Denken, Wollen, Tun und seine Wahrnehmung. Diese beiden 5 äußern sich vielfältig, als gut und böse, männlich und weiblich, oben und unten, eigentlich als alle Aspekte des Polaren in Zeit und Raum. Die Sicht auf das Jenseitige, auf die 5 ‚oben‘, ist ebenfalls geprägt durch diese Dualität.

Adam entstammt dem Prinzip Elohim und wird sich dessen über das Prinzip JHWH bewusst. Genesis 2 und 3 zeigen durch den Doppelnamen Elohim JHWH die Zusammengehörigkeit beider Prinzipien des Absoluten. Das Prinzip JHWH bildet mit 10 = 5 + 5 eine Variante von 1 = 1/2 + 1/2 ab.

Die ‚Verfälschung‘ der 1 durch die 2 hat in der Dualität 2 Formen und zeigt sich mit 1 x 2 = 2 ebenso wie mit 1 : 2 = 1/2.

1/2 bildet ab, dass sich in der Dualität die ‚2 unten‘ und die ‚1 oben‘ über eine Projektionsfläche spiegeln. Für die ‚2 unten‘ wirkt dieser Spiegel trennend, er wirft die 2 auf sich selbst zurück. Erst die menschliche 3 erkennt sich als ‚1 oben‘ + ‚2 unten‘.

10 = 5 + 5 als Version von 1 = 1/2 + 1/2 erklärt den direkten Zusammenhang zwischen Elohim und JHWH und ebenso zwischen Gott und Mensch. Die 2 in 1 + 2 = 3 ist sowohl 2 x 1 als auch 1 + 1/2 + 1/2 und drückt in Zahlen aus, was der Text mit „im Bild und Gleichnis Gottes" meint: jede menschliche 2 äußert

den Willen der 1, jede ‚5 unten' bringt nach außen, was ihr die ‚5 oben' zur Projektion vorgibt.

Ein Mensch, der dieses Zusammenwirken im eigenen Leben beobachtet, verbindet in sich 2 + 1 und 5 + 5. Er erfasst sich selbst als 3 und als 10 und ist die bewusste Schnittstelle 300 = 3 x 10x10 zwischen Elohim und JHWH. Das Absolute bedient sich beider Prinzipien, um über unzählige einzigartige Partikel, die das ‚Projekt' Mensch ausmachen, seinen Willen zum Ausdruck zu bringen.

Genesis 5 beschreibt den Menschen im Ebenbild Gottes = Elohims ausgehend vom Prinzip JHWH. Damit verfeinert und vertieft dieses Kapitel der Schöpfungsgeschichte den Zusammenhang beider Prinzipien und betont ihre Gegenseitigkeit für die Selbst-Erkenntnis des Menschen als 3.

Der Stammbaum von Kain zeigt in Genesis 4 einen Aufbau von 4 + 6 und damit einen indirekten Hinweis auf die 10; er tut das auf ähnliche Weise wie die 10 Schöpfungsworte an 6 Tagen in Genesis 1.

Die Linie einschließlich Adam über Set besteht aus 10 Generationen; hier erscheint die 10 direkt. Noah als 10. Generation hat 3 Söhne und verkörpert die bewusste 10, die sich als 3 erkennt.

Bei den übrigen 9 Namen lässt sich eine Zuordnung zu den jeweiligen Prinzipien 1 bis 9 finden. Damit sind alle Generationen in der Linie von Set ein Hinweis auf die sich wiederholende fraktale Konstruktion von Bibel, belebter Natur und menschlicher Existenz.

Einige übereinstimmende und manche sehr ähnliche Namen in den Stammbäumen von Kain und von Set entsprechen der Aussage, dass der Mensch als 3 aus 2 + 1 besteht und immer auch Aspekte der 2 lebt.

Adam als Archetyp des Menschen wurde von Elohim in seinem Bild und Gleichnis geschaffen; 1 + 2 = 3 als Schöpfungsprinzip gilt für beide.

Satz 1 erzählt von dem 1 Menschen, der Gott gleicht;
Satz 2 berichtet, dass er 2 Ausdrucksformen hat.

Satz 3 erläutert, was Adam, der selbst Bild und Gleichnis Elohims ist, in seinem eigenen Bild und Gleichnis zeugt. Aus einer 3, die selbst Projektion einer 3 ist, kann nur wieder eine 3 entstehen.

Die biblische Gestalt Set ist wie andere biblische Gestalten Teil des Gesamtkonzeptes „Adam". Adam ist Urarchetyp für das ‚Projekt' Mensch, Set ist Urarchetyp für die Umsetzung des ‚Projektes' Mensch über das Prinzip JHWH am 7. Tag. Jeder Nachkomme definiert Facetten davon.

In diesem Sinn ist die Generationenfolge zu verstehen, die mit Satz 3 beginnt.

Satz 3:

„Und es hatte gelebt" 6-10-8-10	34		
„Adam" 1-4-40	45		
„dreißig" 300-30-300-10-40	680		
„und hundert" 6-40-1-400	447		
„Jahr(e)" 300-50-5	355	1561	
„als er zeugte" 6-10-6-30-4	56		
„in seinem Ebenbild" 2-4-40-6-400-6	458		
„nach seinem Abbild" 20-90-30-40-6	186	700	
„und er nannte" 6-10-100-200-1	317		
„seinen Namen" 1-400 300-40-6	747		
„Set" 300-400	700	1764	4025

Der Satz besteht aus 11 Teilen und enthält nicht den Begriff „Sohn"; sein nachträgliches Hinzufügen macht aus 11 Teilen 12 und ist Ausdruck eines Denkens, das der 12 entspricht.

In der Summe 4025 kommt auf 3-fache Weise zum Ausdruck, dass 5 x 5 die Basis ist, um im Zeitlichen die Spiegelung von 3 zu 3 oder 1 zu 1 zu erfassen: Neben 40 25 weisen 7 x 25 x 23 und 25 x 161 darauf hin; 161 zeigt die Verbindung von 1 zu 1 über 6 und ist das Produkt aus 23 x 7.

1561 zeigt mit 7 x 223 die Annäherung der 2 an 23 oder 2x2 an 3, „30 + 100" mit 3x10+10x10 die 3 in Kontakt mit einer 3-fachen 10 und
747 – 447 = 300, 447 – 317 = 130 sowie 186 – 56 = 130 untermauern, dass all diese Varianten die 10 im Bewusstsein der 3 meinen.

1764 – 1561 sehen darin wie Satz 1 den Grund „des Erschaffens" 203.

„Als er zeugte in seinem Ebenbild nach seinem Abbild" 700 = „Set" 700 erklärt den Namen damit, dass sich der Mensch tatsächlich 1 zu 1 als lebendige Verkörperung absoluter Prinzipien erfasst. Set ist Archetyp des Menschen, der sich am 7. Tag über 10x10 selbst als 1+0 wahrnimmt. Die menschliche 3 definiert sich durch diese Art der Wahrnehmung.

Set kommt im Bild und Gleichnis von Adam und damit auch von Elohim in die Existenz. Set ist wie Adam Bild und Gleichnis Elohims; miteinander symbolisieren beide Namen eine Teilung der 1 in 2 Ausdrucksformen, die gleichwertig, aber unterschiedlich benannt sind. Set ist archetypisch das Bewusstsein, das diese Teilung in ihrer Ganzheit erfasst.

Satz 4:

„Und es waren" 6-10-5-10-6	37	
„der Tage Adams" 10-40-10 1-4-40	105	
„nach" 1-8-200-10	219	
„seinem Zeugen" 5-6-30-10-4-6	61	
„den Set" 1-400 300-400	1101	1523
„acht" 300-40-50-5	395	

„hundert" 40-1-400	441		
„Jahr(e)" 300-50-5	355	1191	
„und er zeugte" 6-10-6-30-4	56		
„Söhne" 2-50-10-40	102		
„und Töchter" 6-2-50-6-400	464	622	3336

1191 bildet auch gemeinsam mit 1101 ab, dass „nach" 219 der Akzeptanz als 3 das Leben des Menschen davon geprägt ist, immer wieder die 3 aus 1-1 + 1 zu erkennen und über „100" den „8". Tag zu erleben.

„Die Tage Adams" 105 sind nun von 5 und 10 bestimmt.

3336 fasst auch mit 3 x 111 2 zusammen, dass seine 2 immer wieder über „hundert" 441 in Zeit und Raum den direkten Kontakt mit der 1 erlebt und er sich als 3 erfährt.

Die „Söhne" 102 sind darauf ausgerichtet, „und Töchter" 464 bilden die Basis dafür. 464 − 102 = 362 zeigen die Verbindung von 3 und 2; über die 2 als Basis für Erkenntnis erzählen 1191 + 662 − 1523 = 290.

Satz 5:

„Und es waren" 6-10-5-10-6	37		
„insgesamt der Tage" 20-30 10-40-10	110		
„Adams" 1-4-40	45		
„die er lebte" 1-300-200 8-10	519	711	
„neun" 400-300-70	770		
„hundert" 40-1-6-400	447		
„Jahr(e)" 300-50-5	355	1572	
„und dreißig" 6-300-30-300-10-40	686		
„Jahr(e)" 300-50-5	355	1041	
„Dann starb er" 6-10-40-400	456		3780

Wie Adam insgesamt den 7. Tag lebt, lassen 110 und 711 wissen, und 519 bildet ab, dass er mit dem Erkennen der 5 beschäftigt ist.

15 72 erzählen, dass Adam mit „9" und „100" als 5x3 dem Vollen Wert 72 von JHWH entspricht.

1041 stellt mit 3x „das Trockene" 347 den Bezug zum 3. Schöpfungstag in Genesis 1 her. Die 10 x 3 setzt das Prinzip 3 um, das über diesen Begriff symbolisch zum Ausdruck kommt.

37 80 bildet ab, dass Adam „stirbt", indem „Abel" 37 am 8. Tag in der menschlichen 10 lebendig wird. Das theoretische Konzept Adam ‚stirbt' mit seiner praktischen Umsetzung. Das Bewusstsein hat integriert, was als abstraktes Prinzip in ihm angelegt war. „Das Buch" 340 über „Adam" 1-4-40, von dem Satz 1 spricht, ist zu Ende gelesen und der Mensch, der sich mit 300 + 40 definiert, kennt seinen Inhalt.

„Und es waren" 37, das sich auch in den folgenden Sätzen wiederholt, bildet mit seinem Zahlenaufbau 6-10-5-10-6 ab, auf welche Weise Abel im Bewusstsein von Set und seinen Aspekten Lebensraum bekommt.

„Adam" 1-4-40 sieht nun sein ganzes Leben als Miteinander von 4 + 1, er überblickt vergangene Begebenheiten und versteht sie als komplexe Verflechtungen mit einer gemeinsamen Zielsetzung. Sein von Intuition geleiteter Verstand erfasst es als Tatsache, dass alle bisherigen und noch vor ihm liegenden Erfahrungen einen Sinn erfüllen.

Vor der Erfahrung der 3, für die Set steht, lebt jeder Adam den Aspekt der 2, den Kain verkörpert. Bis zum ‚Alter' von 130 Jahren ist jeder Mensch dieser Kain, der nach dem Prinzip JHWH als ‚5 unten' innerhalb der Kreisläufe der 12 das Muster von 10-5-6-5 lebt.

Mit 1-3 x 10 nimmt der individuelle Kain punktuell das Wirken der 1 im Alltag wahr. Die 2 kommt in Kontakt mit ihrem Ursprung jenseits der Gegensätze. Diese Erfahrung verhilft der

10+3 im Bewusstsein zum Durchbruch, führt zu 10x10 und 10x3 und damit von Kain zu Set.

Bis zu diesem Durchbruch verkörpert die Linie von Kain ein Leben, das „unstet und flüchtig" ist, dominiert von eigener und fremder Macht, Gewalt, Reue, Strafe und Vergeltung. Mit allen möglichen Mitteln wird darum gekämpft, die irdische Existenz und das, was darin wichtig erscheint, zu erhalten.

Lamech verkörpert in Genesis 4, dass diese Einstellung ein Maximum erreicht und dieses Maximum gleichzeitig dazu bestimmt ist, die Linie von Kain zu beenden. Wenn die Linie Kain im individuellen Bewusstsein endet, entfaltet sich darin die Linie von Set.

Die Anziehungskraft der Materie erlischt an ihrem Höhepunkt mit dem Erreichen der Grenze der 400, wenn 12 durch 13 abgelöst wird, Adam einen 3. Sohn bekommt und die menschliche 2 zur menschlichen 3 wird.

Set verkörpert die 3, die am 7. Tag 10x10 erlebt; 30 + 100 „Jahre" 355 = 3 x 70+1 weisen darauf hin. Durch diese Erfahrung wird der Mensch ein anderer, sein Erleben der Welt ändert sich radikal, er fühlt sich ‚wie neu geboren'. Die Geburt von Set meint dieses neue Lebensgefühl.

Wenn er nach 10 x 13 ‚Jahren' geboren wird, dann soll damit zum Ausdruck kommen, dass im individuellen Bewusstsein an der Schnittstelle zu 3 die Sichtweise „Kain" von der Sichtweise „Set" abgelöst wird; Kain wird zu Set und bildet gleichzeitig einen Teil von ihm.

In Genesis 4 machen die Söhne von Lamech, die 2 Brüder Jubal und Jabal und der Halbbruder Tubal-Kajin als 3. Sohn diesen Umstand deutlich.

Der Tod von Adam, Abel und anderen biblischen Gestalten ist wie die Geburt von Set und seinen Aspekten nicht als physisches Sterben oder Geboren-werden von Menschen zu verstehen, die tatsächlich einmal gelebt haben. Zu dieser missverständlichen Sicht ist das Denken in der 400 gezwungen und kann sich auch nach Überwinden der Denkbarriere 400 nur schwer davon lösen. Tief eingeprägte Muster stellen sich der Wahrnehmung entgegen, dass biblische Personen und ihre Namen Symbole sind, die ein abstraktes Geschehen verdeutlichen.

Der Mensch in seiner Struktur der 2, ob als Adam und Eva, als Kain, als Jabal und Jubal oder in anderen Bildern sucht immer die 1, um mit ihr die 3 als Frucht und Samen zu bilden.

Jedes dieser Bilder in den Schriften der Bibel ist ein selbstähnliches Element der gesamten fraktalen Struktur 1 + 2 = 3 und damit von Gott.

Der einzelne Mensch mit seinem ganz individuellen Dasein ist Partikel einer Gesamtheit, die das menschliche Erfassungsvermögen bei weitem übersteigt. Dem irdischen Wesen mit seiner sehr eingeschränkten Art der Wahrnehmung ist kein Einblick möglich in die Ordnung, die allem Erscheinenden zugrunde liegt.

Die Impulse der 1-3, die unmittelbaren Erfahrungen des Absoluten sind deshalb auch unerwartet und übertreffen jede Vorstellung. Sie lassen aber die Einsicht zu, dass jedes Geschehen in der Welt Teil eines ausgewogenen Gesamtkonzeptes ist und so verläuft, wie es verlaufen soll, auch wenn der Mensch aus seinem engen Blickwinkel andere Vorstellungen davon hätte.

Die Welt der 4 ist ausgerichtet auf menschliche Selbsterkenntnis. 10 und 3 bilden einzeln und in allen möglichen Kombinationen dieses Ziel ab. Die Bibel hat diese Zielsetzung zum Inhalt und betont sie, indem sie in ständig neuen Kreationen immer wieder dieselben Zahlenmuster wiederholt.

Grundlagen menschlicher Existenz kommen wiederholt in selbstähnlicher Weise und unterschiedlichen Bildern zur Darstellung. Personen, Namen, Orte oder Zahlen geben Auskunft über Facetten eines Prozesses, der das Gesamtkonzept Mensch umfasst und für jeden einzelnen Adam zutrifft.

In diesem Sinn ist die Geschlechterfolge von Adam bis Noah gemeint. Die Namen stehen nicht für Stammväter der Menschheit, die tatsächlich einmal ‚nach' Adam gelebt und ein ‚biblisches' Lebensalter erreicht haben. Sie personifizieren Prinzipien, die für die gesamte Menschheit gelten. Als Stammväter im symbolischen Sinn leben sie noch immer und zeitlos in jedem einzelnen Adam.

Satz 6:
„Und es hatte gelebt Set"

6-10-8-10 300-400	734		
„fünf" 8-40-300	348		
„Jahre" 300-50-10-40	400	1482	
„und hundert" 6-40-1-400	447		
„Jahr(e)" 300-50-5	355	802	
„und er zeugte" 6-10-6-30-4	56		
„den Enosch" 1-400 1-50-6-300	758	814	3098

1482 − 802 = „dreißig" 680 stellt den Bezug zu Adam in Satz 3 her;

1482 + 802 − 814 = 1470 ergänzt sich mit diesen 30 zu 1500.

„Jahre" 400 steht für ein Leben innerhalb gedanklicher Grenzen, die mit „fünf" 348 + „und hundert" 447 = 795 überschritten werden.

795 + diese 5 bilden mit 100 x 8 die veränderte Denkweise ab.

Die unorthodoxe Art der Kombination, die über 5 x 10x10 zum Leben als 3 führt, das 1500 meint, machen diese 2 Beispiele nachvollziehbar.

1500 = 800 + „Set" 700 meint jeden Menschen, der diesen Ur-archetyp der 3 selbst lebt, weil 400 + 400 für ihn aus eigener Er-fahrung real sind.

„Jahr(e)" 355 zeigt mit 5 x 71 wieder das Erfassen der 1 am 7. Tag, das nun auf „Jahre" 400 folgt. Direkt und indirekt wird über dieses Zeitmaß deutlich, dass die Veränderung in der Wahr-nehmung allmählich geschieht und auf 5 basiert. 400 − 355 = 45 = 9 x 5 = 3 x 5 x 3 zeigen auf, dass die Selbsterkenntnis des „Adam" 45 als 3 auf dem Erkennen der 5 basiert und innerhalb der 400 abläuft.

3098 bildet mit 30 98 und mit 2 x 1549 ab, dass die 3x10 in stän-diger Bereitschaft lebt, ihr 2-Sein als 2x2x2 wieder zu erkennen und über 100 aus 2 + 98 zu 3100, zum Wahrnehmen des Abso-luten, zu wechseln.

734 + 56 = 790 bestätigen, dass Set am 7. Tag lebt, um zu zeugen. Damit ist gemeint, dass die menschliche 3 darauf ausgerichtet ist, ihr 3-Sein über 9 x 10 wiederholt lebendig werden zu lassen.

„Den Enosch" 758, der dazu fähig ist, zeichnet scharfer Verstand aus; „Erz" 758 in Zusammenhang mit Tubal-Kajin in Genesis 4 ist Symbol dafür und Hinweis darauf.

Das Wahrnehmen der „fünf" 348 ist Voraussetzung dafür und setzt die Fähigkeit „des Zeltbewohners" 348 voraus, für die Ja-bal in Genesis 4 die Vaterschaft verkörpert.

758 − 348 = 410 lassen wissen, dass beide Eigenschaften erfor-derlich sind, um 400 als bewusste 10 leben zu können.

790 + 410 ergänzen einander zu 1200 und meinen damit einen Menschen, der 300 x 4 = 400 x 3 lebt.
1500 − 1200 = 300 und 1500 + 1200 = 2700 = 9 x 300 bestä-tigen sich.

Satz 7:

„Und es lebte Set" 6-10-8-10 300-400	734		
„nach" 1-8-200-10	219		
„seinem Zeugen" 5-6-30-10-4-6	61		
„den Enosch" 1-400 1-50-6-300	758	1772	
„sieben" 300-2-70	372		
„Jahre" 300-50-10-40	400	772	
„und acht" 6-300-40-50-5	401		
„hundert" 40-1-6-400	447		
„Jahr(e)" 300-50-5	355	1203	
„und er zeugte" 6-10-6-30-4	56		
„Söhne" 2-50-10-40	102		
„und Töchter" 6-2-50-6-400	464	622	4369

1772 − 772 = 1000 meint die 3-fache 10, die Tag „7" lebt „und acht" 401 mit 400 + 1.

„807" − „Enosch" 357 = 450 zeigt mit 10 x 45, dass diese 10 das Prinzip des Menschseins kennt, und mit 5 x 9 x 10 ihr Bemühen um Erkenntnis.

„Sieben" 372 bildet ab, dass sie am 7. Tag zwischen 2 und 3 wechselt, zeigt mit 4 x 93, worauf die Aufmerksamkeit gerichtet ist, und stellt den Bezug zum „Pflanzenwuchs" 372 in Genesis 1 her, der alles Körperliche nährt und Samen bildet.

„Hundert" 447 = 3 x 149 bedeutet für die 3, sich über 4 selbst als 10 zu erkennen. Ihr Leben in der 4 ist darauf ausgerichtet, das Wirken der 1 direkt zu erfassen und sich dadurch als 10 und 3 zu erfahren. 447 + 3 = 450 und 149 + 1 = 150 = 5 x 10 x 3 bilden ab, was „hundert" 447 der 3 immer wieder ermöglicht.

Nach dem Erleben der 3 macht die Zeugung von Söhnen und Töchtern die Situation bildhaft, die erneut aus 1 + 2 wieder die 3 entstehen lässt.

622 stellt den Bezug zu „und jeden Baum" 622 und damit zur 3. Willensäußerung am 6. Tag in Genesis 1 her.

Söhne und Töchter verlagern die Symbolik des Baumes, der samenbildende Früchte trägt, auf die Ebene des Menschen. 622 = 311 x 2 bilden ab, was für ihn gilt: Die 3 versteht 2 grundsätzlich als 1-1.

1772 – 622 machen mit 11 50 deutlich, was diese Art zu denken immer wieder hervorbringt; 772 – 622 = 150 = 5 x 10 x 3 bestätigen.

1203 betont die Funktion der 0 bei der Kombination von 1 + 2 zu 3.

4369 fasst mit 17 x 257 zusammen, dass die individuelle 10 in aufmerksamer Wachheit lebt, um intuitiv zu erfassen, was das Absolute äußert. „Da sagte" 257 oder Versionen davon sind in der Genesis vielen Sätzen vorangestellt. Sie leiten Dialoge zwischen Gott und Mensch ein und stehen für innere Zwiegespräch, die im Menschen zunehmend bewusst stattfinden und ein intuitives Abwägen meinen.

Satz 8:

„Und es waren" 6-10-5-10-6	37		
„insgesamt der Tage Sets"			
20-30 10-40-10 300-400	810	847	
„zwei" 300-400-10-40	750		
„(und)zehn" 70-300-200-5	575		
„Jahr(e)" 300-50-5	355	1680	
„und neun" 6-400-300-70	776		
„hundert" 40-1-6-400	447		
„Jahr(e)" 300-50-5	355	1578	
„Dann starb er" 6-10-40-400	456		4561

37 und 810 erklären, was den Alltag des Set als „zwei" 750 „(und)zehn" 575 insgesamt prägt: die Selbsterkenntnis als 1+0 auf Basis von 5.

In Summe zeigt 847, dass 400 + „hundert" 447 sie ermöglichen.

201 bildet die gemeinsame Absicht von „zehn" 575 „und neun" 776 ab; 201 kombiniert sich mit dieser 19 zu 220 und beschreibt mit 2 x 110 das Selbstverständnis des Set als 2.

In Summe bringt 456 1 gemeinsam mit „dann starb er" 456 zum Ausdruck, dass die 2 von Set immer wieder in das Erfassen der 1 ‚hineinstirbt'.

Satz 9:

„Und es hatte gelebt" 6-10-8-10	34		
„Enosch" 1-50-6-300	357		
„neunzig" 400-300-70-10-40	820		
„Jahr(e)" 300-50-5	355	1566	
„als er zeugte" 6-10-30-4	50		
„den Kenan" 1-400 100-10-50-50	611	661	2227

Genesis 4 bezeichnet Enosch als Sohn; er lebt als 2 in der 4, um zur 50 zu werden. „Als er zeugte" 50 bestätigt, dass diese Motivation der 3 bewusst ist und nun immer wieder erzeugt wird.

In Genesis 5 ist Enosch die 3. Generation nach Adam und Satz 9 = 3 x 3 weist mit 90 = 3 x 30 darauf hin, dass die 10 ihr 3-Sein erkennt. Mit 50 + 40 bestätigt „90" die Aussage von 50 für die zeitliche Existenz.

„Neunzig" 820 = 2 x 410 steht für die 2 x 10, die 400 als Projektion und sich als „90" = 3 x 10 x 3 erkennt.

In Summe macht Satz 9 mit 222 7 eine synonyme Aussage.

Was Enosch, der gezeugte Kenan und der gestorbene Set gemeinsam haben, zeigen Satz 8 und 9 mit 3900 aus 4561 − 661, mit 2+10 aus 1578 − 1566 und mit 300, die 2227 mit der Summe 2527 aus 847 + 1680 verbindet.

„Enosch" 357 definiert sich mit 7 x 17 x 3, mit 257 + 100 und stellt so mehrfach den Bezug zu Satz 7 her, den 4369 zusammenfasst.

Satz 10:

„Und es lebte" 6-10-8-10	34			
„Enosch" 1-50-6-300	357			
„nach" 1-8-200-10	219			
„seinem Zeugen" 5-6-30-10-4-6	61			
„den Kenan" 1-400 100-10-50-50	611	1282		
„fünf" 8-40-300	348			
„zehn" 70-300-200-5	575			
„Jahr(e)" 300-50-5	355	1278	2560	
„und acht" 6-300-40-50-5	401			
„hundert" 40-1-6-400	447			
„Jahr(e)" 300-50-5	355	1203		
„und er zeugte" 6-10-6-30-4	56			
„Söhne" 2-50-10-40	102			
„und Töchter" 6-2-50-6-400	464	622	1825	

1282 + 1278 = 2560 bilden mit 5x5 6x10 ein Leben ab, das auf „fünf" 348 und „zehn" 575 sowie deren Verbindung zu „fünfzehn" 923 basiert. Das Erkennen des Formlosen am 7. Tag zeigt 923 mit 13 x 71.

1203 und 622 bestätigen auch in Summe mit 1825 den Inhalt von Satz 7; 1278 + 622 = 1900 ergänzen, dass 1000 + 900 abwechselnd erlebt werden.

1282 − 622 = 330 zeigen mit 110 + 220, wie sich die 3 im Bewusstsein immer wieder selbst erzeugt.

„15 + 800" = 815 ergänzt 1825 zu 2640 und hat damit 1010 gemeinsam.

In Summe beschreiben 2560 + 1825 + 815 = 5200 mit 40 x 130 die Umsetzung des Inhalts von Satz 3 im Zeitlichen durch jede 10 x 2, die von sich als 10 und von „JHWH" 26 weiß: 5200 = 20 x 10 x 26.

Satz 11:

„Und es waren" 6-10-5-10-6	37		
„insgesamt der Tage" 20-30 10-40-10	110		
„des Enosch" 1-50-6-300	357	504	
„fünf" 8-40-300	348		
„Jahre" 300-50-10-40	400	748	
„und neun" 6-400-300-70	776		
„hundert" 40-1-6-400	447		
„Jahr(e)" 300-50-5	355	1578	
„Dann starb er" 6-10-40-400	456		3286

504 + 748 + 1578 beschreiben Enosch insgesamt mit 2830, das entspricht einerseits 5 x „Söhne und Töchter" 566 und andererseits 900 x 3 + 130.

Einerseits „Fünf" 348 x 1+2 = 1044, andererseits „und neunhundert" 1223 x 3 + 130 = 3799 sind Varianten dieser Beschreibung.

3799 – 1044 = 2755 zeigen mit 3x9 5x5 eine Version von „905", verbinden 905 + 2755 zu 3660 und bilden mit 1850 aus 2755 – 905 eine weitere Variante für das Erkennen der 5 ab. Sie geben damit folgenden Hinweis:

Die 5 hat die Tendenz, sich immer wieder gegenüber der gewohnten 4 im Denken zu behaupten, und es sind nicht immer äußere Impulse, die dazu führen. In allen möglichen Situationen des Alltags korrigiert sich das Denken aus sich selbst heraus. Es wird ihm immer wieder klar, dass die wahrgenommene Realität der

4 von einer Realität verursacht wird, die als 1 immer und überall präsent ist. In diesen Momenten wird 5 erkannt und solche Momente wiederholen sich im Laufe der Zeit unzählige Male in den unterschiedlichsten Versionen.

Alle Kapitel der Schöpfungsgeschichte und insbesondere Genesis 5 mit den monoton wirkenden Wiederholungen weisen auf diesen Umstand hin. Es ist immer dieselbe 5, über die die Bibel unzählige Male berichtet und die im Alltag ebenso unzählige Male erinnert wird, aber sie macht sich stets neu und anders erfahrbar.

2 x 2830 = 5660 und 3660 beschreiben mit ihrer gemeinsamen Zahl 2000 = 2 x 1000 das Bewusstsein, das diese wiederholte Erfahrung der 5 macht.

Enosch personifiziert als Aspekt von Set, dass 1000 abwechselnd als 2 und als 3 gelebt wird, und nimmt Bezug zu 1772 − 772 in Satz 7.

Satz 7 und 11 fassen 1772 + 772 + 3286 zu 5830 zusammen und zeigen mit 5830 − 2830 = 3000 die 1000 als 3.

Der gedankliche Wechsel von 4 zu 5 geht stets einher mit dem Wechsel von 2 zu 3; Enosch verkörpert dieses Prinzip.

Wenn ein Mensch dieses Prinzip lebt, dann ‚stirbt' es als Abstraktion. Der theoretische Enosch ‚stirbt' hinein in die 10, die ihn in ihrer 3-dimensionalen Existenz als 3 umsetzt: „Dann starb er" 456 als Theorie „und er zeugte" 56 in der 400 seine praktische Umsetzung.

Auf sehr ungewöhnliche und kreative Art bringen Zahlen grundsätzliche Prinzipien und deren Umsetzung zum Ausdruck. Sie beschreiben damit die Art des Denkens, auf die sich die 10 einlässt, um 5 und 3 zu erfassen. Auch wenn diese Art der Kombination einmal grundsätzlich vom Verstand akzeptiert ist, steht er doch immer wieder vor der Herausforderung, die Grenzen der 4 auf diese Weise zu überschreiten. Die 1 zeigt sich stets neu, einzigartig und individuell. Wiederholung im Sinne einer Verdoppelung entspricht dem Wesen von 2 und 2x2. Gerade die Bereitschaft, darüber hinaus zu denken, lässt die 1 erfassen.

Die Sprache des Absoluten ist klar und eindeutig. Intuitiv erfasste Denkanstöße anzunehmen und ihnen gegen den Widerstand eingeprägter und allgemein akzeptierter Denk- und Verhaltensmuster zu folgen, ist ein Lernprozess, der über zahlreiche ähnliche Erfahrungen abläuft.

Satz 12:

„Und es hatte gelebt" 6-10-8-10	34		
„Kenan" 100-10-50-50	210		
„siebzig" 300-2-70-10-40	422		
„Jahr(e)" 300-50-5	355	1021	
„als er zeugte" 6-10-6-30-4	56		
„den Mahalalel"			
1-400 40-5-30-30-1-30	537	593	1614

Kenan als 4. Aspekt von Adam stellt mit 1021 den Bezug zu Satz 4 in Genesis 4 her: „und es achtete JHWH auf Abel und auf seine Gabe" 1021.

Mit „siebzig" 422 = 2 x 211, „Kenan" 210 = 3 x 70, 1021 und dieser 3-fachen 4 erklärt Satz 12 die Einstellung der 3 zum Leben als 10 am 7. Tag, das im Zyklus der 12 abläuft: Es dient dazu, auf die 1 zu achten und 2 + 1 zu 3 zu kombinieren.

Kenan verkörpert, dass die 3 x 10 in der 4 lebt und auf die 1 achtet.

593 bildet seine Ausrichtung ab und die Summe 1614 verdeutlicht sie mit 4x4 1+4. Die biblische Gestalt Kenan ist Ausdruck für das Denken der 3, die 4 als 4x1 sieht und ihr eigenes Dasein in der 4 als Basis für Erfahrungen von 4x1 + 1.

„Kenan" 100-10-50-50 beinhaltet „Kain" 100-10-50, wie der Zahlenaufbau zeigt. Kenan als 3 weiß grundsätzlich von 5 x 10, er ergänzt die 2 von Kain mit diesem Wissen.

Satz 13:

„Und es lebte" 6-10-8-10	34		
„Kenan" 100-10-50-50	210		
„nach" 1-8-200-10	219		
„seinem Zeugen" 5-6-30-10-4-6	61		
„den Mahalalel"			
1-400 40-5-30-30-1-30	537	1061	
„vierzig" 1-200-2-70-10-40	323		
„Jahr(e)" 300-50-5	355	678	
„und acht" 6-300-40-50-5	401		
„hundert" 40-1-6-400	447		
„Jahr(e)" 300-50-5	355	1203	
„und er zeugte" 6-10-6-30-4	56		
„Söhne" 2-50-10-40	102		
„und Töchter" 6-2-50-6-400	464	622	3564

Die 4 weist dezent darauf hin, dass sie 4x1 ist; es ist vom Absoluten her so gewollt, dass Erkenntnisfähigkeit dafür notwendig ist. Satz 13 verweist in 13 Teilen dezent darauf, dass die 10+3 4 mit 9 kombiniert.

Satz 13 und 12 beschreiben Kenan in Summe mit 19 50 aus 3564 – 1614.

„Kenan" 100-10-50-50 trägt gut getarnt in sich, was von der 10 in der 4 erkannt werden soll. Wird 4x 10 herausgenommen, bildet 10-5-5 als Variante von 10-5-6-5 ab, was die 10 in der 4 wahrnehmen kann.

Der Atbasch 62 aus 4-40-9-9 betont 9 als Schlüssel dafür und außerdem als verkehrte Spiegelung von „JHWH" 26 dieses Prinzip.

Kenan steht für eine Aufmerksamkeit gegenüber der 4, die nicht an der Oberfläche haften bleibt, sondern in die Tiefe geht, um Äußerungen des Absoluten zu erfassen. Eine Kombination von „40" „und 800" charakterisiert Kenan: Er nimmt den Alltag in der 40 auf eine Art wahr, die mit 400+400 eine Offenheit für das Erfassen von Projektionen zeigt.

840 : 4 = „Kenan" 210 fassen diese Art von Aufmerksamkeit zusammen.

„Vierzig" 323 bildet sie synonym ab, „und acht hundert Jahr(e)" 1203 ebenfalls und 1203 − 323 = 880 zeigt sie mit 2x2x2 x 110.

„Vierzig Jahr(e)" 678 + „und er zeugte Söhne und Töchter" 622 = 1300 stellt mit 130 x 10 den Bezug zu Satz 3 her und erklärt, dass die 10 von „Kenan" 210 immer wieder aus 1 + 2 die 3 erzeugt.

1061 + 1203 − 1614 = 650 bestätigen mit 5 x 130 und 2 x 650 = 1300 die ständige Bereitschaft dazu.

Satz 14:

„Und es waren" 6-10-5-10-6	37		
„insgesamt der Tage" 20-30 10-40-10	110		
„Kenans" 100-10-50-50	210	357	
„zehn" 70-300-200	570		
„Jahre" 300-50-10-40	400	970	
„und neun" 6-400-300-70	776		
„hundert" 40-1-6-400	447		
„Jahr(e)" 300-50-5	355	1578	
„Dann starb er" 6-10-40-400	456		3361

357 erzählt, dass Kenan insgesamt ein Aspekt von „Enosch" 357 ist.

„Zehn Jahre" 970 von Kenan und „fünf Jahre" 748 von Enosch in Satz 11 haben 222 gemeinsam. Enosch wie Kenan verkörpern also die 3-fache 2, die sich als „Erstgeborene" 222 weiß und den

Zusammenhang von „Kain" 160 + „Bruder" 25 + „Abel" 37 = 222 kennt.

„10" und „5" „Jahre" 400 zeigen mit 10 + 5 = 15 und 10 – 5 = 5 die Ausrichtung der 3-fachen 2 während ihrer Existenz in der Welt der 400.

„Und neun hundert Jahr(e)" 1578 gilt für Enosch wie für Kenan, sodass sie auch insgesamt mit 910 – 905 ihren Fokus auf die 5 legen.

In Summe erklären Satz 14 – 11 den gemeinsamen Schwerpunkt dieser 2 Aspekte der 3 mit 3361 – 3286 = 75 = 5 x 5 x 3.

Satz 15:

„Und es hatte gelebt" 6-10-8-10	34		
„Mahalalel" 40-5-30-30-1-30	136		
„fünf" 8-40-300	348		
„Jahre" 300-50-10-40	400	918	
„und sechzig" 6-300-300-10-40	656		
„Jahr(e)" 300-50-5	355	1011	
„als er zeugte" 6-10-6-30-4	56		
„den Jered" 1-400 10-200-4	615	871	2600

Satz 15 = 5 x 3 geht näher auf den Zusammenhang zwischen 5 und 3 ein. „Mahalalel" 40-5-30-30-1-30 personifiziert beides. Als 3 verdeutlicht er eine Facette von Prinzip 5, das am 5. Schöpfungstag erläutert wird. Der Zahlenaufbau kombiniert „Adam" 45 mit einer 3-fachen 30 = 90, die das Erkennen der 1 als Verbindung von 2x30 + 1x30 zeigt.

Mahalalel ist direkter Aspekt von Kenan, die 5. ‚Generation' von Adam und wiederholt die „fünf Jahre" 748 von Enosch. Die 5 ordnet ihn dem Prinzip JHWH zu, sein Atbasch 560 ist identisch mit dem von Elohim. Auch auf diese Weise wird bestätigt, was die Zahlenwerte von JHWH und Elohim bereits direkt zu erkennen geben, nämlich eine Einheit beider Prinzipien des Absoluten.

10-5-6-5 lebt der Mensch vorerst nur mit der Hälfte 6-5. Die „65" Jahre entsprechen dieser 6-5 und sind gleichzeitig die Hälfte der 130 Jahre von Adam. Sie sind auch der Gegenpart für die 10-5 bei Set und Enosch. Mahalalel verkörpert die ‚5 unten', die von ‚5 oben' weiß und 10-5 als Gegenüber erfährt. Satz 15 = 10+5 „und 60" = 4 x 10-5 weisen darauf hin. Diese ‚5 unten' entspricht der 4x1 + 1, die von Kenan verkörpert wird.

Mahalalel betont die Einmaligkeit jeder einzelnen Erfahrung von „5", die im Laufe der „Jahre" 400 gemacht wird:

„Und es hatte gelebt" 34 „Mahalalel" 136 summiert sich zu 170, setzt sich zusammen aus 2 x 17 und 2x2x2 x 17 und beschreibt damit die 10, die als 2 und als 3-fache 2 Beobachtungen macht, um die 5 zu erkennen.

918 zeigt diese Art der Beobachtung mit einer 3-fachen 9 aus 1x9 2x9.

1011 − 871 = 140 erzählen mit 1-4, was es für die 10 zu erkennen gilt,
„fünf" 348 + „und sechzig" 656 mit 1004.

„Und sechzig Jahr(e)" 1011 bildet mit 111 aus 1 0 11 das Erkennen ab.

„Und sechzig" 656 − „als er zeugte" 56 betonen einzeln und gemeinsam mit 600 die Funktion der 6 bei jeder einzelnen Erfahrung von 5.

2600 = 65 x 40 bekräftigt mit 2 x 1300 den Bezug zu Kenan und stellt fest, was es bedeutet, das Prinzip „JHWH" 26 als 2 x

13 mit 10x10 zu leben: einzusehen, dass jede 10 tut, was die absolute 1+0 vorgibt.

Satz 16:

„Und es lebte" 6-10-8-10	34		
„Mahalalel" 40-5-30-30-1-30	136		
„nach" 1-8-200-10	219		
„seinem Zeugen" 5-6-30-10-4-6	61		
„den Jered" 1-400 10-200-4	615	1065	
„dreißig" 300-30-300-10-40	680		
„Jahr(e)" 300-50-5	355	1035	
„und acht" 6-300-40-50-5	401		
„hundert" 40-1-6-400	447		
„Jahr(e)" 300-50-5	355	1203	
„und er zeugte" 6-10-6-30-4	56		
„Söhne" 2-50-10-40	102		
„und Töchter" 6-2-50-6-400	464	622	3925

1065 – 1035 = 30 und „dreißig" 680 bestätigen Mahalalel als 3 x 10.

„Dreißig" 680 und „sechzig" 650 in Satz 15 verdeutlichen mit „60" – „30" = „30" und 650 + „30" = 680 das Konträre von Wort und Zahl, von Sichtbarem und Verborgenem und die damit verbundene Sichtumkehr. 680 + 650 = 1330 beschreiben mit 10+3 10x3 das Bewusstsein, das beide Sichtweisen kennt und in sich vereint. Es wird von Mahalalel personifiziert, der auch die 2 absoluten Prinzipien in sich vereint.

Die gelebte Qualität von 6 ist seine wesentliche Fähigkeit.

1203 + 622 – 1065 = 760 und 1203 + 622 – 1035 = 790, 790 – 760 = 30 demonstrieren sie und erweitern sie um die Qualität der 9.

6 und 9 ergänzen einander und bewirken sowohl 4 + 1 als auch 2 + 1, wie 6 + 9 = 15 = 3 x 5 zusammenfassen.

3925 erklärt mit 13x3 5x5, was 6 und 9 ermöglichen.

Satz 17:

„Und es waren" 6-10-5-10-6	37		
„insgesamt der Tage" 20-30 10-40-10	110		
„Mahalalels" 40-5-30-30-1-30	136	283	
„fünf" 8-40-300	348		
„und neunzig" 6-400-300-70-10-40	826		
„Jahr(e)" 300-50-5	355	1529	
„und acht" 6-300-40-50-5	401		
„hundert" 40-1-6-400	447		
„Jahr(e)" 300-50-5	355	1203	
„Dann starb er" 6-10-40-400	456		3471

Satz 17 bestätigt mit 3471 = 871 + 2600 den Inhalt von Satz 15 und betont mit 2x17 71, dass dieser Aspekt der 3 insgesamt das mentale Reagieren auf einzigartige Äußerungen der 1 am 7. Tag verkörpert.

2x „Jahr(e)" 355 zeigen mit 710 diese 10.

„Fünf" 348 „und neunzig" 826 „und acht" 401 „hundert" 447 weisen ihr in Summe mit 2022 die Einsicht der 3-fachen 2 zu, „erstgeboren" 222 zu sein, die schon Enosch und Kenan kennzeichnet.

1203 − 283 = 920 und 283 + 1529 + 1203 = 3015 erzählen, dass sich die 2x10 erkennt und mit 3x5 in die 3x10 ‚hineinstirbt'.

Mit 3471 − 3361 = „insgesamt der Tage" 110 bringen Satz 17 − 14 zum Ausdruck, dass der Alltag der 3 insgesamt davon bestimmt ist, was die Aspekte Enosch, Kenan und Mahalalel gemeinsam personifizieren.

Das Buch der Geschlechter Adams nennt Zahlen, die sich wiederholen und zugleich neu kombinieren. Es entstehen keine

Duplikate im Sinne der 2, sondern kreative Kombinationen aufgrund von fraktaler Systematik. Es entspricht dem Wesen von Prinzip 5, sich immer wieder neu in Erfahrung zu bringen und dabei ganz exakt klaren Prinzipien zu folgen.

Mögliche Kombinationen genannter Zahlen machen die fraktale Struktur von Bibeltexten, menschlichem Bewusstsein und Materie beispielhaft nachvollziehbar und beinhalten wesentliche Grundelemente für deren Verständnis.

Das Äußere als Projektion des darin Verborgenen kommt über die Zahlen in Genesis 5 wiederholt zum Ausdruck. Sie werden in Buchstaben ausgedrückt und sind zugleich darin enthalten. Diese Art von Spiegelung ist nicht offensichtlich, wohl aber ihr Doppelcharakter in dem Sinn, dass sie direkt vom Wort benannt und indirekt als Zahl verstanden werden.

Fünf und 5 bilden dieselbe Information unterschiedlich ab und bringen damit das Wesen der 2 zum Ausdruck, die 10 in fünf + 5 teilt.

Die 3-fache 2 weiß von dieser Teilung und auch von der nicht offensichtlichen Spiegelung. Sie verbindet fünf + 5, indem sie „Fünf" 348 + 5 zu 353 kombiniert und damit ihre Art der Wahrnehmung definiert.

Ebenso wie „Fünf" 348 + 5 entsprechen einander 90 + „neunzig" 820, summieren sich zu 910 und bestätigen damit ihre jeweilige Aussage.

$3015 + 5 = 3020$, $3020 + 90 = 3110$, $3110 + 800 = 3910$ sind mögliche Kombinationen nach demselben grundsätzlichen Muster und bringen die Gegenseitigkeit von Wort und Zahl als Varianten zum Ausdruck.

$3015 - 895 = 2120$ sowie $3020 - 2120 = 900$ sind weitere Versionen.

Derartige Kombinationsmöglichkeiten sind ebenso unerschöpflich wie die Ausdrucksformen der 1 über 4x1 und führen zu Ergebnissen, die eine dahinter liegende Ordnung erahnen und zunehmend erkennen lassen.

Satz 17 demonstriert mit den 4 Zahlen 5 + 90 + 8 + 100, die einzeln erwähnt werden, sich zu 95 + 800 gruppieren und zu 895 verbinden, das komplexe Zusammenwirken absoluter Prinzipien in der Welt der Materie. Letztlich ist nur ein zu Materie verdichteter Ausdruck wahrnehmbar, nicht aber die feine Grundstruktur und deren komplexe Muster.

Satz 18:
„Und es hatte gelebt Jered"
6-10-8-10 10-200-4	248		
„zwei" 300-400-10-40	750		
„und sechzig" 6-300-300-10-40	656		
„Jahr(e)" 300-50-5	355	2009	
„und hundert" 6-40-1-400	447		
„Jahr(e)" 300-50-5	355	802	
„als er zeugte" 6-10-6-30-4	56		
„den Henoch" 1-400 8-50-6-20	485	541	3352

Satz 18 zeigt in Struktur und Inhalt deutliche Parallelen zu Satz 6:
„Und es hatte gelebt Set"			
6-10-8-10 300-400	734		
„fünf" 8-40-300	348		
„Jahre" 300-50-10-40	400	1482	
„und hundert" 6-40-1-400	447		
„Jahr(e)" 300-50-5	355	802	
„und er zeugte" 6-10-6-30-4	56		
„den Enosch" 1-400 1-50-6-300	758	814	3098

Satz 18 verweist auf die 3 in Satz 6 und mit 3 x 6 auf die 3-fache 6, die 6+6+6 oder 6x6x6 synonym abbilden. Jered als 6. Generation nach Adam verkörpert den Menschen, der die Qualität der 6 maximal nutzt und den Urarchetyp 3 als „2 und 60" = 2x30 lebt.

Seine Existenz als „Zwei" 750 beschreibt ihn mit 10 x 5x5 x 3, seine Existenz als „Sechzig" 650 mit 10 x 5 x 13, beides mit 100 verbunden.

„Und es hatte gelebt Jered" 248 + 10x10 = „fünf" 348 weist darauf hin, dass diese 10 sich über 5 selbst und als Aspekt von Set erfasst.

Auf andere Weise bilden den gegenseitige Bezug 3352 – 1482 = 1870 ab.

„Jered" 214 – „Henoch" 84 benennen diese 10 mit 130 und 1870 + 130 mit 2000. Dazu erklärt 2009, dass Jered lebt, um sich immer wieder als 2000 zu erkennen.

„Jered" 214 demonstriert die 3-fache 6 mit 214 + 6 = 220, „Mahalalel" 136 + 214 = 350 und 350 – 220 = 130 = „Jered" 214 – „Henoch" 84.

Er zeigt damit auf, dass die Fähigkeit, Verbindungen herzustellen, von der 3 kreativ genutzt wird. Sie beschränkt sich nicht auf die lineare Funktion von Addition, sondern bezieht auch die Subtraktion als Gegen-Teil mit ein und ist offen für alles, was sich intuitiv anbietet. Die Bereitschaft dazu prägt ihren Alltag.

Satz 18 zeigt diesen Umgang mit der 6, indem er 18 mit „2 + 60 + 100" zu 180 kombiniert. Er weist damit der 10 x 18 die Qualität von 2 x 9 und 3 x 6 gleichermaßen zu.

„Set" 300-400 als Urarchetyp jeder menschlichen 3 definiert sich durch die Kombination von 300 mit 400; seine 700 umfasst ein Potenzial, das darauf wartet, von der 10 gelebt zu werden.

Wie schon andere Namen vor ihm erklären 2x „Jahre(e) 355 = 710" auch Jered zum personifizierten Aspekt einer 10, die „Set" 700 umsetzt.

In Summe beschreiben die Sätze 18 + 6 eine 10, die 24 als 2x2 x 2x3 lebt: 3352 + 3098 = 6450 bilden mit 8x8 5x10 und 6 450 ab, dass diese 10 im Wissen um den 8. Tag in der irdische 8 Erfahrungen von 5 macht, weil sie das von „Adam" 45 verkörperte Potenzial des Menschseins kennt und die Qualität der 6 nutzt.

Satz 19:
„Und es lebte Jered"

6-10-8-10 10-200-4	248		
„nach" 1-8-200-10	219		
„seinem Zeugen" 5-6-30-10-4-6	61		
„den Henoch" 1-400 8-50-6-20	485	1013	
„acht" 300-40-50-5	395		
„hundert" 40-1-6-400	447		
„Jahr(e)" 300-50-5	355	1197	
„und er zeugte" 6-10-6-30-4	56		
„Söhne" 2-50-10-40	102		
„und Töchter" 6-2-50-6-400	464	622	2832

Satz 18 und 19 machen mit 3352 − 2832 = 520 = 4 x 130 deutlich, dass Jered in der Welt der 4 die 130 umsetzt, für die Adam in Satz 3 steht. Gemeinsam bekräftigen Satz 18 und 19, was Satz 18 mit 33 52 zusammenfasst und mit „Jered" 214 − „Henoch" 84 = 130 bereits andeutet.

18 und 19 erklären auf diese Weise ihre Zusammenarbeit im Bewusstsein. 18 = 2 x 9 = 3 x 6 bereitet vor und 19 bestätigt, indem es in Facetten das Vorbereitete untermauert.

1013 + „acht hundert „Jahr(e)" 1197 = 2210 zeigen mit 2000 + 210, dass sich im Bewusstsein festigt, was sich über 2000 und

„162" = 1-6-2 in Satz 18 vorbereitet: Mit 210 hat sich die Verbindung zwischen 1-2, die 6 schafft, im Denken der 10 etabliert.

2210 + „800" = 3010 als Synonym für 1013 bildet ab, dass auf diese Weise aus Söhnen und Töchtern, aus 1 + 2, immer wieder die 3 gezeugt wird.

Die Kombinationsgabe des Menschen, seine Fähigkeit, Zusammenhänge zu erkennen, sind Qualitäten von 18 und 19 und bilden die Voraussetzung, damit der Mensch über 10x10 den 8. Tag erlebt. Sie ermöglichen dem Bewusstsein, auch zu erfassen, dass dieses Erleben von vornherein seine Bestimmung war. Jered verkörpert ein Bewusstsein, das Adam als Prinzip seiner Existenz erkennt und in den übrigen Namen Querverbindungen sieht, die einzelne Aspekte des Prinzips Adam vertiefen.

Satz 20:

„Und es waren" 6-10-5-10-6	37		
„insgesamt der Tage Jereds"			
20-30 10-40-10 10-200-4	324	361	
„zwei" 300-400-10-40	750		
„und sechzig" 6-300-300-10-40	656		
„Jahr(e)" 300-50-5	355	1761	
„und neun" 6-400-300-70	776		
„hundert" 40-1-6-400	447		
„Jahr(e)" 300-50-5	355	1578	
„Dann starb er" 6-10-40-400	456		4156

Über Summe, Struktur und Inhalt zeigt Satz 20 Parallelen zu Satz 8:

„Und es waren" 6-10-5-10-6	37	
„insgesamt der Tage Sets"	810	847
„zwei" 300-400-10-40	750	
„(und)zehn" 70-300-200-5	575	
„Jahr(e)" 300-50-5	355	1680
„und neun" 6-400-300-70	776	

„hundert" 40-1-6-400	447	
„Jahr(e)" 300-50-5	355	1578
„Dann starb er" 6-10-40-400	456	4561

Mit 3x „zwei" 300-400-10-40 erklären Satz 20, 18 und 8, dass Jered die 3 x 2 verkörpert, die „Set" 300-400 als 50 lebt.

„Dann starb er" 456 erklärt die Summe 4 1 56 mit 4 1 4x14: Der Mensch nimmt in sich einen Impuls der 1 wahr und verbindet ihn mit dem, was sich ihm über die 4 zeigt. Die Summe 456 1 bestätigt, dass der Impuls zum Sterben von der 1 gesetzt wird.

361 + 1761 + 1578 = 3700 nennen diesen Impuls „Abel" 37 und verbinden ihn mit der Erfahrung von 100.

„Dann starb er" 456 „und sechzig" 656 verbindet 200; diese „zwei" 750 „hundert" 447 stellt in Summe mit 1197 den Bezug zu „acht hundert Jahr(e)" 1197 in Satz 19 her; 800 = 4 x 200 bestätigen, dass die 2 von Jered in ihrem Alltag in der 4 insgesamt immer wieder über 100 in die 3 ‚hineinstirbt'.

4 + 9 führen zu 13; 4 + „und neun" 776 = 780 = 2 x 390 = 2 x 3 x 130. Satz 20 demonstriert mit dieser 130, dass 20 auf 18 und 19 basiert, die ihr im Bewusstsein vorausgehen. Wenn sich das Erkannte gefestigt hat, bleibt die Qualität der 9 insgesamt wesentlicher Faktor für das Erfassen der 1-3 durch die 10 in der 4.

1761 − 1680 = 81 = 9x9 fordern mit „zehn" 575 „und sechzig" 656, die Verbindung jeder 10 zu Set und Jered zu erkennen.

Satz 21:

„Und es hatte gelebt" 6-10-8-10	34
„Henoch" 8-50-6-20	84
„fünf" 8-40-300	348
„und sechzig" 6-300-300-10-40	656

„Jahr(e)" 300-50-5		355	1477
„als er zeugte" 6-10-6-30-4		56	
„den Metuschelach"			
1-400 40-400-6-300-30-8		1185	1241	2718

Als 7. Aspekt wird Henoch zum 3. Mal erwähnt, nachdem er als Sohn von Kain und als Name einer von Kain gegründeten Stadt bereits in Satz 17 von Genesis 4 vorkommt. Der 3. Henoch in Satz 21 steht für das Sohn-Sein als 3 am 7. Tag.

„Henoch" 8-50-6-20 bildet diesen Umstand in seinen Zahlen ab, indem er die 2 von „Sohn" 2-50 durch 2x2x2 = 8 ersetzt und über 6 mit seiner physischen Existenz als 2x10 verbindet.

Seine Art von Sohn-Sein ist für alle „Söhne" 2-50-10-40 vorgesehen, die als 10 in der 40 leben.

„Henoch" 84 + 700 = „Metuschelach" 784 erklären, dass der Wechsel von 2 zu 3 am 7. Tag über 10x10 geschieht.

In Summe beschreibt 27 18 mit 3x9 2x9, dass Henoch eine Wahrnehmung verkörpert, die sich auf das Erkennen von „5" und „60" konzentriert.

Die 3 erlebt als Sohn auch Phasen der 2, ist aber stets am Erkennen des Absoluten orientiert. Auch als 2 erfüllt die 3 den Willen, den „und füllet" 83 „die Wasser" 496 sowie „und füllet" 83 „die Erde" 697 in Genesis 1 zu 1359 zusammenfasst: 2 x 1359 = 2718.

Satz 19 + 21 bezeichnen dieses Leben in der 40 mit 2832 + 2718 = 5550.

Satz 22:

„Und es wandelte" 6-10-400-5-30-20	471		
„Henoch" 8-50-6-20	84		
„mit Gott" 1-400 5-1-30-5-10-40	492	1047	
„nach" 1-8-200-10	219		
„seinem Zeugen" 5-6-30-10-4-6	61		
„den Metuschelach"			
1-400 40-400-6-300-30-8	1185	1465	
„drei" 300-30-300	630		
„hundert" 40-1-6-400	447		
„Jahr(e)" 300-50-5	355	1432	
„und er zeugte" 6-10-6-30-4	56		
„Söhne" 2-50-10-40	102		
„und Töchter" 6-2-50-6-400	464	622	4566

„Mit Gott" 1-400 5-1-30-5-10-40 bedeutet, die 1 mit allem in der 400 und über 5 mit dem Prinzip „Elohim" 86 in Bezug zu bringen.

1477 − 1047 = 430 bilden mit 400 + 30 ab, was die Worte meinen und die Zahlen 14 77, 104 7 und „fünf und sechzig" 1004 aus 348 + 656 zeigen.

„Drei" 630 + „hundert" 447 = 1077 erklärt mit 3x der Primzahl 359 das Leben der 10, die sich als solche und als 3 sieht: Es ist orientiert am Erkennen von 3 und 5, was 35 auch mit 5 x 7 belegt und mit dieser 7 die 77 zu 777 ergänzt.

1077 − 1047 = 30 bestätigt diese 3-fache 7 und jene von 1477 − 1047; 1477 − 1077 = 400 zeigt mit der 4-fachen 7 den Blick auf 400 und 7. Tag aus einer Position der Übersicht.

Insgesamt bringen diese Zahlen zum Ausdruck, dass der Alltag der 3x10 in der 400 von einer Bestätigung absoluter Prinzipien geprägt ist.

„Den Metuschelach" 1185 charakterisieren 11 8 5 und 5 x 237: er lebt den 7. Tag im Wissen um das Formlose des 8. Tages und versteht 5 als sein eigenes 2-3-Sein und das 1+4-Sein alles Geschaffenen.

„Drei hundert Jahr(e)" 1432 bildet dieses Verständnis mit 1-4 3-2 ab.

„Nach seinem Zeugen den Metuschelach" 1465 erklärt sich mit 1-4 5x13.

1465 – 1432 = 33 zeigen mit 30 + 3 das Miteinander von Mensch + Gott.

4566 – „Söhne und Töchter" 566 = 4000 = 4 x 1000 erzählen, dass das Denken der 3-fachen 10 immer wieder von der 4 in eine Richtung gelenkt wird, die aus 1 + 2 die 3 neu entstehen lässt.

4566 – „zeugte" 56 = 4510 erklärt mit 45 10, dass sich auf diese Weise das Prinzip Mensch immer wieder durch die 10 selbst bestätigt.

1432 – 622 = 810 erklären mit 9x9 x 10, wie die 10 dadurch wiederholt die Erfahrung des 8. Tages macht.

Satz 23:

„Und es war(en)" 6-10-5-10	31		
„insgesamt der Tage" 20-30 10-40-10	110		
„Henochs" 8-50-6-20	84	225	
„fünf" 8-40-300	348		
„und sechzig" 6-300-300-10-40	656		
„Jahr(e)" 300-50-5	355	1359	
„und drei" 6-300-30-300	636		
„hundert" 40-1-6-400	447		
„Jahr(e)" 300-50-5	355	1438	3022

Insgesamt ist das „Jahr" Henochs mit seinen „insgesamt" „365" „Tagen" davon geprägt, was die Zahlen einzeln und in Summe aussagen.

„Drei" 300-30-300 zeigt die 3 x 10 als Knotenpunkt zwischen dem Vollen Wert 300 von Elohim und dem Atbasch 300 von JHWH.

„Sechzig" 300-300-10-40 definiert die 10 als Verbindung beider Aspekte des Absoluten mit dem Zeitlichen.

„Fünf" 8-40-300 bildet die Verbindung der irdischen 8 mit der 300 ab, die sich im Laufe der Zeit mit jeder 5 festigt.

„Fünf" 348 „und sechzig" 656 „und drei" 636 summieren sich zu einer menschlichen Existenz, die 1640 mit 4x4 41 und 40 x 41 als 3-fache 4 beschreibt, die Zeit und Materie mit 1 kombiniert.

Henoch verkörpert mit „5 + 60 + 3" insgesamt ein Denken, in dem sich 3 und 2 x 30 = 60 zunehmend stabilisieren, weil jede einzelne Erfahrung von 5 absolute Prinzipien bestätigt; „68" = 4 x 17 weisen darauf hin.

„Fünf und sechzig Jahr(e)" 1359 stellt auch mit 2 x 1359 = 2718 den Bezug zu Satz 21 her, bestätigt den Inhalt und ergänzt ihn mit 2 x 65 = 130 und 3022 + 2718 = 5740.

5740 – 1640 verweisen mit 4100 gemeinsam auf die Aussage von 40 x 41 und fügen ihr 100 hinzu.

„Hundert" 40-1-6-400 bildet mit 40 und 400 die Rahmenbedingungen ab, innerhalb derer die 10x10 ihre Verbindung zur 1 einsieht.

3022 – „Hundert Jahr(e)" 802 = 2220 nennen diese 10 eine 3-fache 2.

Satz 24:

„Und es wandelte" 6-10-400-5-30-20	471		
„Henoch" 8-50-6-20	84		
„mit Gott" 1-400 5-1-30-5-10-40	492	1047	
„Dann war er nicht mehr"			
6-1-10-50-50-6	123		
„denn genommen hatte"			
20-10 30-100-8	168		
„ihn" 1-400-6	407		
„Gott" 1-30-5-10-40	86	784	1831

Die Beschreibung von Henoch unterbricht die formelhafte Struktur ähnlicher Wiederholungen. Das abschließende „Dann starb er" 456 fehlt in Satz 23 und wird ersetzt durch die Aussage von Satz 24.

Henoch verkörpert in der Linie nach Kain das Sohn-Sein als 2, das sich hinein entwickelt in ein Sohn-Sein als 3 in der Linie nach Set. Henoch steht für eine Entwicklung, die sich auch in der 3 fortsetzt und das Selbstverständnis als 3 zunehmend festigt. Das Leben der menschlichen 3 setzt diese Entwicklung so lange fort, bis die 4 endet und in eine formlose Existenz übergeht.

„Dann starb er" 456 + 4 = 460 bildet mit 20 x 23 auch das physische Sterben der 2 x 10 und den Übergang in ein formloses Sein ab.

„Dann war er nicht mehr, denn genommen hatte ihn Gott" 784 bildet das Ende der 4 mit 784 − 4 = 780 ab und nennt es 2 x „Himmel" 390.

1831 bildet es mit 2x9 31 ab: Die 2 erkennt das Göttliche, „El" 31.

Dieser letzten physischen Erfahrung gehen zahlreiche mentale voraus. Auf selbstähnliche Weise wird wiederholt erlebt, was Henoch und die Namen vor und nach ihm personifizieren.

Bis zum Ende der 4 steht 784 für ein intensives Erleben des 3-Seins, für ein Miteinander von „Set" 700 + „Henoch" 84 = „Metuschelach" 784.

„Henoch" 84 + „Gott" 86 = 170 meinen solche einzigartigen Momente, in denen sich die 10 mit der 1 in Kontakt weiß.

„Und es wandelte Henoch mit Gott" 1047 = 3 x 349 bringt wie Satz 22 die Grundhaltung dieses Bewusstseins in der Welt der 2 zum Ausdruck.

Satz 25:

„Und es hatte gelebt" 6-10-8-10	34		
„Metuschelach" 40-400-6-300-30-8	784		
„sieben" 300-2-70	372		
„und achtzig" 6-300-40-50-10-40	446		
„Jahr(e)" 300-50-5	355	1991	
„und hundert" 6-40-1-400	447		
„Jahr(e)" 300-50-5	355	802	
„als er zeugte" 6-10-6-30-4	56		
„den Lamech" 1-400 30-40-20	491	547	3340

„Metuschelach" 784 kombiniert in seinem Zahlenaufbau 40-400 mit 300-30 und definiert damit seine Existenz.

In Summe fasst 33 40 zusammen, was Metuschelach beinhaltet, und zeigt mit 3 340, dass diese 3 „das Buch" 340 kennt, von dem Satz 1 spricht, und dass sich ihr 3-Sein im Alltag immer wieder selbst bestätigt:

Denn mit 340 stellt sich der Bezug zu Satz 5 her und seine Summe 3780 verbindet mit 3340 die 440 von „achtzig". Gemeinsam schlagen Satz 5 und 25 in Genesis 5 mit „achtzig" 440 die Brücke zu „und sie gebar" 440 in Satz 25 von Genesis 4, der die Geburt von Set zum Inhalt hat.

„Metuschelach" 784 verkörpert in der Welt der „sieben" 372 die 8 x 10, die vom Wesen der irdischen 8, vom 8. Tag und vom eigenen 2x2x2-Sein weiß. 784 + 372 = 1156 und 1156 − 446 = 710 erzählen, dass der Blick auf die 8, die „und achtzig" 446 meint, wesentlicher Teil dieser 10 am 7. Tag ist.

784 bildet mit 4x4 x 49 das Pendant zu 4x4 41 in Satz 23 ab und betont so den engen Bezug zwischen Henoch und Metuschelach für ein Denken, das insgesamt mit 1991 charakterisiert wird.

Dass dieses Denken immer wieder über 100 die 3 erzeugt, verdeutlichen „als er zeugte den Lamech" 547 − „hundert" 447 = 100 in Wort und Zahl.

Satz 25 erwähnt nach Satz 6 und 18 zum 3. Mal „und hundert Jahr(e)" 802, zeigt auf diese Weise den Zusammenhang zwischen 3 x 100, 3 x 6 und 5 x 5 und über 3 x 802 = 2406 mit 4x6 1x6 eine Version von 4 + 1.

Metuschelach ist die 8. Generation und steht für ein Bewusstsein, das die irdische 8 als Ausdruck einer nicht materiellen Dimension erkennt.

Sein intuitives Erfassen nimmt im Sicht- und Hörbaren eine Ebene wahr, die sich nur sehr subtil und individuell als Eindruck für die Sinne erschließt. Metuschelach weist auf eine wichtige Eigenschaft hin, die den Menschen zu dieser Art von Wahrnehmung befähigt. Sie besteht darin, auf Kleinigkeiten zu achten und feine Antennen für die dezenten Hinweise zu entwickeln, die von der 1 kommen. Der Verstand neigt dazu, sie zu ignorieren oder als unwichtig abzutun, aber die Intuition spürt ihre Bedeutung, nimmt sie ernst und erfasst so Informationen, die in einen größeren Zusammenhang Einblick geben.

Metuschelach verkörpert den Umstand, dass das Erfassen der 1 nur im Zusammenwirken von Spüren und Logik möglich ist.

Allein wäre das klare Denken dazu nicht in der Lage und ein Wahrnehmen auf Empfindungsebene ohne nachvollziehbare Logik birgt die Gefahr von Fehlinterpretationen.

Intuitives Erfassen und Beachten oft winziger ‚Zeichen von oben' sind wesentliche Elemente für das Leben am 8. Tag.

Die Generationenfolge macht nachvollziehbar, wie dieses Erfassen im Alltag abläuft. Sie enthält derartige Hinweise in komplexer Weise, die sowohl Intuition als auch Verstand vor eine Herausforderung stellt und dabei einer nachvollziehbare Logik folgt.

Unter anderem verdeutlichen ähnlich klingende Namen, wie ein Bewusstsein arbeitet, das von Metuschelach verkörpert wird: Intuitiv vermutet es in der Ähnlichkeit von Namen einen Zusammenhang. Das interessierte Denken beschäftigt sich damit und gelangt auf dem Weg über die Zahlen zu einem Verständnis der gegenseitigen Bezüge.

Die Namen Mejuhael und Metuschael aus der Linie von Kain lassen durch ihren Klang einen Zusammenhang mit Metuschelach erahnen. Diese Ahnung bestätigt sich nach eingehender Beschäftigung anhand der Zahlenwerte.

Mehujael wird in der Aufzählung 2x erwähnt und im Hebräischen beide Male unterschiedlich geschrieben. Einmal besteht er aus den Zeichen 40-8-6-10-1-30 und gleich darauf aus 40-8-10-10-1-30, Mehijael. Dass es sich dabei um keinen Druckfehler handelt, belegt die unterschiedliche Lautschrift, die in der interlinearen Übersetzung für jedes Wort vermerkt ist.

10 anstelle von 6 verändert auch die jeweiligen Zahlenwerte, und zwar den Äußeren Wert um 4, den Vollen um 2, der Verborgenen um 6 und den Atbasch um 40. Es handelt sich dabei ‚zufällig' um markante Zahlen, die das Leben in der Dualität prägen.

Gegenüber Metuschelach ist der Atbaschwert relevant, denn die Linien nach Kain und nach Set sind Gegensätze. 570 und 610 als Atbasch der beiden Varianten von Mehujael/Mehijael verweisen mit 10 x „dem Zeugen" 61 der „zehn" 570 auf die Selbsterkenntnis als 10 und als 3; gegenüber Metuschelach gilt der durchschnittliche Atbasch 590.

Durch ihr Zustandekommen ist die Zahl 590 Symbol für eine Wahrnehmung, die scheinbar Bedeutungslosem nachspürt. Das Achten auf Kleinigkeiten in der Welt von 2 x 2 erschließt eine unabhängig davon existierende Ebene. 590 steht für diese Qualität der Aufmerksamkeit, durch die sich im Irdischen jenseitige Informationen bemerkbar machen, und bildet im Atbasch den Hintergrund für die Fähigkeit, am 7. Tag die 1 zu erfassen.

590 setzt sich aus den Zahlen 500 + 90 zusammen und steht auch als 400 + 190 für einen Wechsel im Bewusstsein. 590 summiert den Verborgenen Wert 580 von Adam mit der 10 und zeigt sich auf diese Weise bereits in Genesis 1 in Zusammenhang mit dem wiederholt genannten „Wimmeln" 590. In Genesis 3 ist 590 die Zahl von Eva als Mutter alles Lebendigen und in Genesis 4 die Zahl von Kain, der sein Gesicht senkt und den Ackerboden bearbeitet. 590 bündelt all diese Bildern zu einer gemeinsamen Aussage: Dem Lebendigen auf sehr achtsame, kreative Weise im Irdischen nachzuspüren und ein Gewimmel derartiger Eindrücke anzusammeln, lässt die 10 erstmals und immer wieder von 2 zu 3 wechseln.

Metuschael ist Metuschelach sehr ähnlich und die Zahlen beider Namen zeigen auffallende Gemeinsamkeiten. Metuschael 40-400-6-300-1-30 aus der Linie nach Kain hat den Äußeren Wert 777. Er steht für das Ende des 7. Tages und den Übergang zum 8. Tag durch das Wahrnehmen der 1, was der Zahlenaufbau mit 300-1-30 abbildet und bei Metuschelach zu 300-30-8 verändert.

Das Hereinwirken einer immateriellen Instanz in das persönliche Leben zu beobachten, wird ermöglicht durch die besonders gründliche Art von Aufmerksamkeit, die 590 mit ihrem Zustandekommen symbolisiert.

Metuschael und Mehujael aus der Linie Kain bilden die 2 ab, die sich zu 3 verändert; Metuschelach aus der Linie nach Set steht für die 3. Gemeinsam bringen die Zahlen dieser Namen zum Ausdruck, dass sie sich gegenseitig bedingen: 590, die über Mehujael zustande kommt, addiert sich mit den 187 Jahren von Metuschelach zur 777, dem Äußeren Wert von Metuschael.

„Metuschael" 777 verkörpert den Übergang von 2 zu 3, und Metuschelach lebt als 3 auch die 2 von Metuschael. 2 und 3 zeigen sich als gegenseitige Ergänzung und wechselseitige Grundlage und erklären auf diese Weise, dass 2 und 3 sowie 7. Tag und 8. Tag im Wechsel gelebt werden.

Satz 26:

„Und es lebte" 6-10-8-10	34			
„Metuschelach" 40-400-6-300-30-8	784			
„nach" 1-8-200-10	219			
„seinem Zeugen" 5-6-30-10-4-6	61			
„den Lamech" 1-400 30-40-20	491	1589		
„zwei" 300-400-10-40	750			
„und achtzig" 6-300-40-6-50-10-40	452			
„Jahr(e)" 300-50-5	355	1557		
„und sieben" 6-300-2-70	378			
„hundert" 40-1-6-400	447			
„Jahr(e)" 300-50-5	355	1180		
„und er zeugte" 6-10-6-30-4	56			
„Söhne" 2-50-10-40	102			
„und Töchter" 6-2-50-6-400	464	622	4948

„82" + „700" = 782 Jahre bringen mit 782 = 777 + 5 zum Ausdruck, dass 4+1 = 5 und 2+1 = 3 einander bedingen und parallel ablaufen. Die 777 von Metuschael wird mit 5 zu 782 und damit zu Metuschelach, der mit 784 − 782 = 2 betont, dass seine 3 auch als 2 lebt, die sie als 2+1 umfasst.

Das Leben dieses Metuschelach beschreiben in Summe 34 + 784 mit 818 und 784 − 34 mit 750 = 700 + 50 = 30 x 5x5 sein Leben als „zwei" 750.

818 + 82 = 900 erklären, dass es dem Erkennen der 10x10 = 100 dient,
818 + „zwei und achtzig" 1202 = 2020 sagen mit 2 x 1010 Ähnliches und
„zwei und achtzig Jahr(e)" 1557 − „hundert" 447 = 1110 ebenfalls.

1180 − 1110 = 70 bestätigen die Ausrichtung dieser 10 am 7. Tag auf die 1 und damit auf den 8. Tag.

1589 macht unter Bezugnahme auf Satz 2 mit 7 x „männlich" 227 eine synonyme Aussage, ergänzt sich mit der Summe 2761 von Satz 2 zu 4350 und bildet mit 40+3 5x10 sein Leben ab.

„Und achtzig" 452 − „und achtzig" 446 in Satz 25 betonen 6 als wesentliche Qualität dafür.

1589 − 1557 = 32 meinen Metuschelach als 30 + 2, der Söhne und Töchter zeugt, um als 2 mit 590 über 700 zur 3 zu werden: „und er zeugte Söhne und Töchter" 622 − 32 = 590, „und sieben hundert Jahre" 1180 = 2 x 590

4948 bildet mit 1237 x 4 das Leben von Metuschelach ab; seine 2 macht 49 48 immer wieder zu 49 50, seine 32 zu 49 80.

4980 − 1180 = 3800 = 3000 + 800 = 20 x 190 beschreiben dasselbe Leben auf andere Weise.

Insgesamt verdeutlicht Metuschelach, dass sich die 3 nach wiederholter Erfahrung von 5 zunehmend im Denken festigt, weil sich ihr immer komplexere Zusammenhänge erschließen.

Wie Metuschelach personifizieren alle Namen dieser Generationenfolge Einzelheiten des Gesamtkonzeptes Adam = Mensch und vertiefen das Verständnis dafür. Die ineinander verschränkten Aspekte der menschlichen 3 werden über Namen verdeutlicht, die in linearer Reihenfolge genannt werden. Sie sind aber nicht als solche zu verstehen, sondern als ein Komplex zeitloser und gleichzeitiger Prinzipien, die der menschlichen Existenz zugrunde liegen und dafür immer und jederzeit gelten.

Die Namen der Generationenfolge machen das Konzept Mensch bildhaft und machen zugleich deutlich, wie das Erfassen dieses Konzeptes durch das Bewusstsein abläuft. Es tatsächlich zu realisieren, vollzieht sich als allmählicher, aufbauender Prozess, der linear abläuft und exponentiell anwächst. Einzelne überraschende Erfahrungen von 4 + 1, die anfänglich von Zeit zu Zeit gemacht werden, reihen sich aneinander. Parallel dazu bietet sich diesem Bewusstsein theoretisches Wissen an, das ganz unerwartet die gemachten Erfahrungen belegt und erklärt.

Damit ist ein Fundament geschaffen. Weitere überraschende Eindrücke, die im Laufe der Zeit immer mehr werden, lassen das direkte Wirken einer übergeordneten Instanz beobachten. Parallel dazu befasst sich das interessierte Denken intensiv mit den theoretischen Grundlagen und betrachtet im eigenen Alltag, wie Theorie und Praxis zusammenpassen und einander ergänzen. Ein Gedankengebäude errichtet sich und gewinnt durch praktische Erlebnisse, die es absichern, zunehmend an Stabilität und Komplexität.

Dieser Umstand kommt durch die Generationenfolge nach Adam ebenfalls zum Ausdruck, denn die Verschränkungen der einzelnen Aspekte nehmen zu und stützen sich gegenseitig in ihren Aussagen.

Satz 27:

„Und es waren" 6-10-5-10-6	37		
„insgesamt der Tage" 20-30 10-40-10	110		
„Metuschelachs" 40-400-6-300-30-8	784	931	
„neun" 400-300-70	770		
„und sechzig" 6-300-300-10-40	656		
„Jahr(e)" 300-50-5	355	1781	
„und neun" 6-400-300-70	776		
„hundert" 40-1-6-400	447		
„Jahr(e)" 300-50-5	355	1578	
„Dann starb er" 6-10-40-400	456		4746

„Neun und sechzig Jahr(e)" 1781 „und neun hundert Jahr(e)"
1578 = 3359 und 931 beschreiben Metuschelach insgesamt mit
4290 = 3 x 11 x 130;

„69" + „900" = 969 und 931 zeigen 1900 als Variante dazu und
definieren einzeln und in Summe das Leben der menschlichen
3, bis sie stirbt. „Neun" 770 „und sechzig" 656 „und neun" 776
demonstrieren mit 770 + 656 − 776 = 650 = 13 x 50, welche
Denkweise Metuschelach verkörpert. „9" und „60" und „9" betonen gemeinsam mit „100", was sie prägt.

Satz 28:

„Und es hatte gelebt Lamech"			
6-10-8-10 30-40-20	124		
„zwei" 300-400-10-40	750		
„und achtzig" 6-300-40-50-10-40	646		
„Jahr(e)" 300-50-5	355	1875	
„und hundert" 6-40-1-400	447		
„Jahr(e)" 300-50-5	355	802	
„als er zeugte" 6-10-6-30-4	56		
„(einen)Sohn" 2-50	52	108	2785

In Genesis 4 ist Lamech die 7. Generation nach Adam in der Linie von Kain und markiert ähnlich wie Metuschael mit einer

3-fachen 7 das Ende des 7. Tages. Die gemeinsame 5 mit Metuschelach zeigt Lamech in der Differenz der Jahressummen 187 – 182 bei Zeugung der 3 und erzählt auf diese Weise über das Miteinander von 4 + 1 = 5 und 2 + 1 = 3.

1875 = 5x5x5x5 x 3 zeigt mit einer 4-fachen 5 und 2785 = 5 x 557 mit einer 3-fachen 5 am 7. Tag dieses Miteinander.

802 + 108 = 910 bilden „Lamech" 90 als Variante ab.

Satz 29:

„Und er nannte" 6-10-100-200-1	317		
„seinen Namen" 1-400 300-40-6	747		
„Noah" 50-8	58	1122	
„sprechend" 30-1-40-200	271		
„dieser" 7-5	12		
„wird uns trösten" 10-50-8-40-50-6	164	447	
„wegen unserer Arbeit"			
40-40-70-300-50-6	506		
„und wegen der Mühsal"			
6-40-70-90-2-6-50	264		
„unserer Hände" 10-4-10-50-6	80	850	
„aufgrund der Ackererde"			
40-50 5-1-4-40-5	145		
„die" 1-300-200	501		
„verflucht hatte sie" 1-200-200-5	406		
„JHWH" 10-5-6-5	26	1078	3497

Noah verkörpert das Bewusstsein, das rückblickend die Notwendigkeit all seines irdischen Handelns einsieht und weiß, dass sich jede Mühe gelohnt hat. Seine biblische Gestalt macht deutlich, dass die menschliche 3 letztlich ihr Sohn-Sein akzeptiert und sich damit abfindet, es immer wieder von 2 bis 50 zu durchleben. Sich dann als 3 zu erfahren, ist Trost für alles, was dem vorausgeht.

„Sprechend dieser wird uns trösten" 447 macht diesen Umstand deutlich, indem es sich mit 3 zu 450 = 90 x 5 = 10 x 45 = 400 + 50 ergänzt.

3497 – 447 = 3050 sowie 3497 + 3 = 3500 bestätigen in Summe.

850 zeigt mit Erreichen der 50 das Erleben des 8. Tages.

1122 + 1078 = 2200 bilden die ‚Versöhnung' mit dem Prinzip JHWH durch die 10 ab, die sich als 2 x 110 erfasst.

Diese 10 weiß, dass JHWH „verflucht hatte sie" 406, im Fluss der Zeit die Qualität der 6 zu nutzen, um mit ihrer Hilfe im Prinzip JHWH die Verfälschung durch die 2 zu erkennen und 2 mit 3 im Wechsel zu leben:
406 – 26 = 380, 380 : 2 = 190, 26 : 2 = 13, 406 : 2 = 203

Satz 30:
„Und es lebte Lamech"

6-10-8-10 30-40-20	124			
„nach" 1-8-200-10	219	343		
„seinem Zeugen" 5-6-30-10-4-6	61			
„den Noah" 1-400 50-8	459	520		
„fünf" 8-40-300	348			
„und neunzig" 6-400-300-70-10-40	826			
„Jahr(e)" 300-50-5	355	1529		
„und fünf" 6-8-40-300	354			
„hundert" 40-1-400	441			
„Jahr(e)" 300-50-5	355	1150		
„und er zeugte" 6-10-6-30-4	56			
„Söhne" 2-50-10-40	102			
„und Töchter" 6-2-50-6-400	464	622	4164	

„5" + „90" + „500" = 595 und 343 bilden ab, dass sich das Prinzip JHWH der 9. Generation nach Adam als Spiegelung zu erkennen gibt.

Das erfüllte 1-4-Prinzip zeigen die Kinder von Lamech. In der Linie nach Set hat er 1 Sohn Noah, in der Linie nach Kain von 2 Frauen 4 Kinder: 1 + 4 = 5.

Genesis 5 macht deutlich, wie es dazu kommt: Set als Urarchetyp der 3 und die 3. Generation von Adam deutet mit 3 x 3 die erkennende 9 an, mit 15 = 5 x 3 den erkannten Bezug zwischen JHWH und Elohim. Lamech als 9. Aspekt von Adam stellt diesen Bezug mit 595 und 343 dar.

9 zeigt sich in 595 als zentraler Faktor für die 10 aus 5+5, als die sich „Lamech" 90 = 3x3 x 10 ebenso erkennt wie Enosch in Satz 9, der nach 90 Jahren seine 3 zeugt.

„Fünf und neunzig Jahr(e)" 1529 nimmt Bezug zu Mahalalel in Satz 17 und richtet auch mit 5x3 20+9 den Fokus auf das Erkennen von 5 und 3.

520 beschreibt mit 500 + 20, 20 x 26 und 40 x 13, wofür das Zeugen des Noah steht, und bildet 2-50 als Umkehrung ab, die anstelle von 2 die 5 im Vordergrund dieser 10 zeigt.

1150 macht deutlich, dass Lamech „Sohn" 2-50 als 1-1 50 versteht.

„Und es lebte Lamech nach seinem Zeugen den Noah" 863 + „und er zeugte Söhne und Töchter" 622 = 1485 hat 1300 mit der Summe 2785 von Satz 28 gemeinsam. Lamech verkörpert eine 10, die sich als solche und als 10+3 ansieht, unabhängig davon, ob sie sich im Modus 2+1 oder 3 befindet.

Mit 1875 − 1485 = 390 = 30 x 13 untermauern beide Sätze ihre Aussage.

343 = 7x7x7 kombiniert sich mit 622 zu 965 = 5 x 190+3 und setzt die Symbolik von Lamech, der Söhne und Töchter zeugt,

mit jener von „und Staub musst du fressen" 807 + „alle Tage deines Lebens" 158 = 965 in Genesis 3 gleich.

4164 beschreibt mit 40+1 8x8 oder 1041 x 4 die Ausrichtung dieser 10 auf 4 + 1 und verweist auf Adams „und dreißig Jahr (e)" 1041 in Satz 5. 4164 stellt mit 3 x 4 x „das Trockene" 347 den Bezug zu Satz 9 in Genesis 1 her; die 10 x 3 von Lamech folgt dieser Symbolik in der 4.

Satz 31:

„Und es war(en)" 6-10-5-10	31		
„insgesamt die Tage Lamechs"			
20-30 10-40-10 30-40-20	200	231	
„sieben" 300-2-70	372		
„und siebzig" 6-300-2-70-10-40	428		
„Jahr(e)" 300-50-5	355	1155	
„und sieben" 6-300-2-70	378		
„hundert" 40-1-6-400	447		
„Jahr(e)" 300-50-5	355	1180	
„Dann starb er" 6-10-40-400	456		3022

Insgesamt beschreiben Lamechs Alltag 200 = 2 x 100 und 231 = 3 x 77, alternativ dazu „sieben" 372 + „und siebzig" 428 = 800, „und sieben" 378 + „hundert" 447 = 825 = 800 + 5x5.

11 55 und 11 80 bilden sein Verständnis der 2 mit 1-1 ab und betonen mit 1180 – 1155 = 25 das Wissen um 5-5 als Grundlage für seine 10x8.

231 zeigt, dass ein Ineinander-wirken von 3 mit 2+1 seine Tage prägt, die an der Grenze vom 7. zum 8. Tag verlaufen, wie „7 + 70 + 700" = 777 wissen lassen.

Lamech verkörpert, dass die menschliche 3 zwischen 2 und 3 wechselt, was gleichbedeutend ist mit dem Wechsel zwischen 7. und 8. Tag.

Als 7. Aspekt von Adam nach Kain ist er derjenige, dessen Tod 77-fach gerächt werden soll; die 7 77 prägt die Existenz als 2 unerkannt.

Als 9. Aspekt von Adam nach Set ist für Lamech die 777 offensichtlich und sie bleibt es, bis er stirbt. Lamech ist Archetyp des Menschen, der den 7. Tag als 3 abschließt und erkennt, dass die Ver-3-fachung der 7 von vornherein in ihm angelegt war. Vom Erkennen der 3 als Zielsetzung des 7. Tages erzählen 777, 7+7+7 = 21 und 7x7x7 = 343 synonym.

9 = 3 x 3 als das Aufeinandertreffen von Prinzip 3 mit gelebter 3 und die Umsetzung von 777 durch die gelebte 777 entsprechen dem Prinzip Elohim und zeigen gleichzeitig das Prinzip JHWH als Spiegelung.

Die Schlussformel „dann starb er" 456 begleitet die Generationenfolge und wird zum 8. und letzten Mal bei Lamech erwähnt. 456 = 8 x 57 zeigt das ‚Hineinsterben' der 50 vom 7. in den 8. Tag und mit 19 x 3 x 8 das Erkennen der 3.

456 ist durch 2x8 Zahlen teilbar, die gemeinsam die Summe 1200 bilden und auf den Zusammenhang von 2x8 und 3x4 x 10x10 aufmerksam machen.

456 x 8 = 3648 und 3648 : 12 = 304 machen ähnliche Aussagen.

Satz 32:

„Und es war Noah" 6-10-5-10 50-8	89		
„(ein)Sohn von fünf" 2-50 8-40-300	400		
„hundert" 40-1-6-400	447		
„Jahr(en)" 300-50-5	355	1291	
„und es zeugte" 6-10-6-30-4	56		
„Noah" 50-8	58		
„den Sem" 1-400 300-40	741		
„den Ham" 1-400 8-40	449		
„und den Jafet" 6-1-400 10-80-400	897	2201	3492

Noah wird als „Sohn von fünf" 400 bezeichnet. Damit bestätigt sich, dass sein Sohn-Sein in der Welt der 400 im Wissen um Prinzip 5 seine Grundlage hat. Er lebt 400 als 5 x 10 und beide Denkmodelle abwechselnd.

22 01 informiert darüber, aus welcher Kombination 5 und zugleich die von 3 Söhnen verkörperte 3 entstehen.

12 91 bildet ab, dass sein von 3x4 bestimmtes Leben auf das Erkennen der 1 fokussiert ist.

2201 – 1291 = 910 sagen aus: Das Miteinander von 9 und 10 definieren das Leben als Noah ebenso wie jenes als Lamech und anderer Aspekte der 3, die dieses Miteinander auch mit 90, 19 und 190 abbilden.

3492 = 12 x 291 macht synonym dieselbe Aussage wie 1291 und erklärt, dass eine menschliche 3 im Bewusstsein des Noah in der 4 umsetzt, was Satz 4 in Genesis 2 als Schöpfungszwecke der „Erde" 291 vorsieht: das Erkennen einer Verbindung zwischen 2 und 1.

Ist die Barriere von 400 + 100 = „500" einmal überwunden, weiß die 10 um ihr „Sohn-Sein" und erfährt sich alternierend als 50 und 3-fache 2. „Noah" 50-8 zeigt mit 50-2x2x2, wie er „Sohn" 2-50 lebt; die 2 ist im Bewusstsein des Sohnes, der sich als 3 erkannt hat, nachrangig. Darauf weist Satz 32 = 30+2 hin.

Der Sohn im Bewusstsein des Noah sieht sich als 50 und die 2 als 1-1, er weiß um die 1 in der Welt der 7x7 und lebt 400 als 10x10, was 500 zum Ausdruck bringt. 500 ist der Umfang vom Baum des Lebens und die Entfernung vom Himmel zur Erde, wie alte Überlieferungen sagen.

Mit der Zusage „Seid fruchtbar und mehret euch" 500 wird Adam auf den Weg geschickt, der verlässlich zur Erfahrung von 500 führt.

Mit Ausnahme von Noah wiederholen alle Aspekte von Adam die Aussage „und zeugte Söhne und Töchter" 622. Damit wird der Aufforderung „seid fruchtbar und mehret euch" 500 entsprochen, die am 5. Schöpfungstag an das körperliche Leben und am 6. Tag mit dem 9. Wort an den Menschen im Bild und Gleichnis Gottes gerichtet wird.

622 – 500 = 122 stellen den Bezug zum 3. Schöpfungswort am 3. Tag her, das in Genesis 1, Satz 9 mit der Symbolik von „gesammelt werden" 122 ebenfalls auf 1 – 2x2 hinweist. Solche Erfahrungen mehren sich, werden gesammelt und verhelfen schließlich der 500 und der 3 zum Durchbruch.

Söhne „ben" 2-50 und Töchter „bath" 2-400 symbolisieren, dass beides in der Welt der 2 den Menschen ausmacht: das körperliche Leben in der 400 und die 50, die sich als Bild und Gleichnis erfasst.

Noah ist als 10. Aspekt von Adam der Archetyp des Menschen, der zur bewussten 3 x 10 wird. Seine 500 schließt den Wachstumsprozess ab, der auf der dualen Sichtweise basiert. Mit seiner 500 ist der Weg zu Ende, den Adam mit „seid fruchtbar und mehret euch" 500 beginnt. Der Zweck des Weges in die 400 wird erfahrbar und das Bewusstsein der 500 entschädigt für alle vorangegangenen leidvollen Erfahrungen im Irdischen. Es ist tröstlich, zu wissen, dass jede Anstrengung und Mühe einen Sinn hatte. Noah markiert das Ziel einer Entwicklung; seine 500 beendet die Generationenfolge.

Das Prinzip „Noah" 58 wird auf der Ebene des menschlichen Bewusstseins zu 10 x 58 und ist identisch mit dem Verborgenen Wert 580 von Adam. 580 ist der Weg Adams von seinem Leben in der 2 hin zur 1, den jeder Mensch so lange unbewusst geht, bis er realisiert, 10 x „Noah" 58 zu sein.

580 steht mit 400 + 2x90 für eine Weltsicht, die sich über 400 hinaus erweitert, und als Atbasch 580 von „Bruder" für das

Zueinanderfinden von ‚5 unten' und ‚5 oben'. Das unerkannte Wesen von „Schwester Naama" 580 erschließt sich dem Menschen, sobald er als 10 x „Noah" 58 lebt.

Die Zahlen im Stammbaum von Adam bis Noah beschreiben in Grundzügen das Prinzip Mensch. In ihrer Gesamtheit summieren sie sich zu 15750 und bündeln darin all ihre Aussagen zu einer einzigen.

In konzentrierter Form bringt 15750 die Komplexität des Bewusstseins zum Ausdruck und die Gegenseitigkeit der Prinzipien Elohim und JHWH:

15 7 50 besteht aus 5 einzelnen Zahlen, die von der 7 in 2 + 1 = 3 Gruppen geteilt werden. Das Prinzip JHWH steht auch mit 5 x 10 im Vordergrund, das Prinzip Elohim im Hintergrund ist in 3 x 5 zu erkennen.

15750 = 350 x „Adam" 45 steht für eine Kombination von Basis und Zielsetzung des Menschen, die 300 + 50 definieren.

15750 = 63 x 250 = 3x21 x 5x5x10 erklären in einer 3. Variante das ‚Projekt' Adam als Selbst-Begegnung absoluter Prinzipien.

Verbal wiederholen sich die Sätze von Genesis 5 großteils monoton mit jeweils anderen Namen und Jahresangaben. Die genannten Zahlen legen den Schwerpunkt auf 100, 800 und 900 und bilden damit Kombinationen.

Ihre Darstellung in Ziffern gibt einen Überblick:

„3 Und Adam lebte 30 + 100 Jahre und zeugte (einen Sohn) in seinem Gleichnis, nach seinem Bilde, und gab ihm den Namen Set"

30 + 100 = 130 erzählt mit 1-3 x 10 genauso wie mit 1 30, wessen sich der Mensch als 3 bewusst wird.

Das hebräische Wort für 1, „echad" 1-8-4 mit dem Äußeren Wert 13 zeigt die Verbindung von 1 und 4 durch die 2x2x2, die als Synonym für 13 die Begrenzung der 10 auf die 2 durchbricht.

„4 Und die Tage Adams, nachdem er Set gezeugt hatte, waren 800 Jahre"

Nach der Zeugung der 3 akzeptiert der Mensch die 400 als Projektion einer immateriellen Ebene; 800 = 400+400 wird über 10x10 am 8. Tag immer wieder Realität.

„5 Und alle Tage Adams, die er lebte, waren 900 Jahre + 30 Jahre"

900 + 30 = 9 x 10x10 + 3x10 zeigen den Sinn allen menschlichen Lebens in der Selbsterkenntnis als 10 und 3. Die gesamte Lebenserfahrung und die persönlichen Erlebnisse in ihrer ganzen Vielfalt, komprimiert zur Zahl 70, sind darauf ausgerichtet. 70 + 930 = 1000, eine 3-fache 10.

„6 Und Set lebte 5 Jahre und 100 Jahre und zeugte Enosch"

5, 100 und 105 als 10-5 betonen das Prinzip JHWH und die Funktion der 6, die es der ‚5 unten' ermöglicht, in Verbindung mit 10-5 zu treten.

„7 Und Set lebte nach seinem Zeugen den Enosch 7 Jahre + 800 Jahre"

7 + 800 = 807 bilden das Leben am 7. Tag im Wissen um den 8. Tag ab. Die 3 lebt 400+400 + 7 und erkennt sich darin immer wieder als 1+0: 807 + 3 = 810 = 9x9 x 10.

„8 Und alle Tage Sets waren 2+10 Jahre + 900 Jahre"

2+10 + 900 sagen aus, dass die von 3 x 300 definierte 10 im Modus der 2 auf 9 x 10x10 ausgerichtet ist. 912 zeigt 3 x 4 =

12 in Kombination mit 9 und beschreibt damit den Alltag der menschlichen 3.

"9 Und Enosch lebte 90 Jahre und zeugte Kenan"

90 macht mit 2 x 45, 3 x 30 und 9 x 10 klare Aussagen.

"10 Und Enosch lebte nachdem er Kenan gezeugt hatte, 15 Jahre + 800 Jahre"

15 + 800 = 815 kombiniert die zu 15 = 5 x 3 verbundene 10-5 in Satz 6 mit 800 und demonstriert die kreative Art, Verbindungen zu erfassen, die 815 meint und die es erlaubt, sich am 8. Tag als 3 x 5 zu erleben.

"11 Und alle Tage Enoschs waren 5 Jahre + 900 Jahre"

905 betont das Erkennen der 5 und fügt der 90 in Satz 9 diese 5 hinzu.

"12 Und Kenan lebte 70 Jahre und zeugte Mahalalel"

Mit 70 kombiniert Adam seine 930 zu 1000. Kenan bringt mit seiner 70 die Vielfalt des Lebens zum Ausdruck, die perfekt zur theoretischen Veranlagung des Menschseins passt.

"13 Und Kenan lebte, nachdem er Mahalalel gezeugt hatte, 40 Jahre + 800 Jahre"

840 kombiniert das Leben als 2x2x2 am 8. Tag mit der zeitlichen 40.

"14 Und alle Tage Kenans waren 10 Jahre + 900 Jahre"

910 beschreibt, dass der Alltag einer 3-fachen 10 ausgerichtet ist auf Selbsterkenntnis.

„15 Und Mahalalel lebte 5 Jahre + 60 Jahre und zeugte Jered"

5 + 60 = 65 = 5 x 13 stehen für die Fähigkeit, Verbindungen zu sehen. 65 + 105 = 170, 65 + 815 = 880, 65 + 905 = 970, 970 − 170 = 800 und 970 − 880 = 90 stellen Bezüge zu Satz 4, 6, 9, 10 und 11 her.

„16 Und Mahalalel lebte, nachdem er Jered gezeugt hatte, 30 Jahre + 800 Jahre"

30 + 800 = 830 = 2 x 415 meinen das Wahrnehmen von 10-5 in der 400 und damit den Wechsel von 2 zu 3. Mahalalel beschreibt gemeinsam mit Set, wie sich die 3 x 10 als solche erfasst: 830 − 807 haben 23 gemeinsam, die gesamte Lebenszeit zeigt 17 als Differenz. 23 + 17 = 40 erklären, dass sich das Formlose im Zeitlichen sehr individuell äußert.

17 Und alle Tage Mahalalels betrugen 95 Jahre + 800 Jahre

95 + 800 = 895 zeigt Ähnlichkeit mit 15 + 800 = 815 in Satz 10; beide ergänzen sich zu 1710 und betonen wieder die Qualität der 17 für die 10, damit sie über das Erkennen der 5 in den 8. Tag wechseln kann.

„18 Und Jered lebte 62 Jahre + 100 Jahre und zeugte Henoch"

62 + 100 = 162 zeigt 6 als Verbindung zwischen 2 und 1; mit 9 x 6 x 3 betont 162 das Miteinander von 3, 6 und 9 im Leben der menschlichen 3.

„19 Und Jered lebte, nachdem er Henoch gezeugt hatte, 800 Jahre"

Satz 4 nennt 800 für Adam, Satz 19 für Jered. Die 10+9 erkennt das Wesen der 4, versteht 8 als 2x2x2 und sich selbst als 10.

„20 Und alle Tage Jereds betrugen 62 Jahre + 900 Jahre"

62 + 900 = 962 nennen es „gut = tob" 9-6-2, die 2 mit Erkenntnis zu verbinden. „Gut" 17 ist das in 2-fachem Sinn: Einerseits werden ganz individuelle Einsichten gewonnen und andererseits kann die 2 als gut angesehen werden, weil sie die Basis dafür bildet. 1-6-2 und 9-6-2 betonen die 6 für das Erkennen der 1 und ihre Verbindung mit 2.

„21 Und Henoch lebte 65 Jahre und zeugte Metuschelach"

Die 6-5 im Bild der 65 Jahre ist identisch mit dem Aspekt Mahalalel und entspricht dem Henoch als 2 im Stammbaum von Kain. 5 + 60 = 65 betont auch mit 5 x 13 die 5 für die Selbstwahrnehmung der 10 als 3.

„22 Und Henoch wandelte mit Gott nach seinem Zeugen den Metuschelach 300 Jahre"

3 und 10x10 hängen zusammen und entsprechen dem, was der Atbasch 300 von JHWH und der Volle Wert 300 von Elohim besagen. Henoch wandelt mit Gott, indem sein Leben beide Prinzipien des Absoluten verbindet.

23 Und alle Tage Henochs waren 65 Jahre + 300 Jahre

65 + 300 gelten für die menschliche 3 an allen 365 Tagen im Jahr.

„25 Und Metuschelach lebte 87 Jahre + 100 Jahre und zeugte Lamech"

Die 8. Generation beschreibt mit 1-8-7 den 8. Tag als Kombination des 7. Tages mit der 1.

„26 Und Metuschelach lebte nachdem er Lamech gezeugt hatte 82 Jahre + 700 Jahre"

82 + 700 = 782 zeigt eine 2x2x2 = 8 mit Phasen von 2 am 7. Tag, in denen sich das Wissen um die 3 verliert. „Er sprach: Nicht weiß ich's" 782 in Genesis 4, Satz 9 meint Kain, der nichts von Abel weiß.

<u>„27 Und alle Tage Metuschelachs waren 69 Jahre + 900 Jahre"</u>

69 + 900 = 969 bilden einen Alltag ab, in dem sich Sinneseindrücke mit der Empfindungs- und Gedankenebene abgleichen, um so die Verbindung von innen und außen, oben und unten, Mensch und Gott zu erkennen.

<u>„28 Und Lamech lebte 82 Jahre + 100 Jahre und zeugte einen Sohn"</u>

82 + 100 = 1-8-2 besagen, dass das Leben der 3-fachen 2 am 8. Tag in der Kombination von 2 mit 1 besteht.

<u>„30 Und Lamech lebte nach seinem Zeugen den Noah 95 Jahre + 500 Jahre"</u>

95 + 500 = 595 zeigen das gegenseitige Anerkennen von 5 zu 5, das die Basis bildet für ein Leben, das 90+5 und 5x100 beinhaltet und für die 3 x 10 charakteristisch ist, wie Satz 30 wissen lässt.

<u>„31 Und alle Tage Lamechs waren 77 Jahre + 700 Jahre"</u>

Die Kombination 7 + 70 + 700 = 777 beschreibt die 3-fache 10 zugleich als 3-fache 7 und damit als 3 x 10, für die der 7. Tag zu Ende ist.

<u>„32 Und Noah war Sohn von 500 Jahren und zeugte Sem, Ham und Jafet"</u>

Noah ist die 10. Generation und zeugt mit 500 die 3; er steht für die Selbstakzeptanz als 3, wenn das Denken 5 x 10x10 als real anerkennt.

Der Begriff „Jahr" 300-50-5 wird mit „Jahr(e)" übersetzt, begleitet im Text die meisten Zahlen, ergänzt deren Aussage und ist damit ein Hinweis auf die ergänzende Funktion der 5, die sich mit 350 + 5 deutlich zeigt. Ein Bewusstsein, das sich mit 300 + 50 definiert, erfährt mit 5 immer wieder seine Ganzheit: 5 ergänzt 45 zu 50 und macht den Menschen ganz. Genesis 5 komprimiert die Ganzheit des Menschen, die 5 jedes Mal wieder in Erinnerung ruft und erleben lässt, zu 15750 = 45 x 350.

An manchen Stellen kommt die Pluralform „Jahre" 300-50-10-40 vor und bringt zum Ausdruck, dass 400 ungesehen 350 + 45 + 5 beinhaltet.

An welchen Stellen im Originaltext „Jahr" 355 = „J." oder „Jahre" 400 = „J.e" genannt werden, zeigt die folgende Übersicht:

Adam
     30 + 100 J.   800 J.   900 J. + 30 J.
Set
     5 J.e + 100 J.   7 J.e + 800 J.   2+10 J. + 900 J.
Enosch
     90 J.   15 J. + 800 J.   5 J.e + 900 J.
Kenan
     70 J.   40 J. + 800 J.   10 J.e + 900 J.
Mahalalel
     5 J.e + 60 J.   30 J. + 800 J.   5+90 J. + 800 J.
Jered
     2+60 J. + 100 J. 800 J.   2+60 J. + 900 J.
Henoch
     5+60 J.   300 J.   5+60 J. + 300 J.
Metuschelach
     7+80 J. + 100 J. 2+80 J. + 700 J. 9+60 J. + 900 J.
Lamech
     2+80 J. + 100 J. 5+90 J. + 500 J. 7+70 J. + 700 J.
Noah
     500 J.

Adam hat 30 als erste und letzte Zahl, verbunden durch 100-800-900, einer 3-fachen 10x10 in Kombination mit 1-8-9. Damit definiert er die Zielsetzung für die irdische Existenz des Menschen.

In den nachfolgenden 4 Generationen erklären 5 Zahlen mit dem Zusatz „J.e" für „Jahre" 400, was sich in der 400 verbirgt:

Links 5 + 5 J.e und rechts 5 + 10 J.e stehen sich versetzt über 7 J.e in der mittleren Spalte gegenüber und zeigen mit 5-5 7 5-10 die verkehrte Spiegelung einer Variante von 10-5-6-5 und der Summe 15 7 50.

5 Zahlen betonen über den Begriff „Jahre" die Bedeutung der 5 am 7. Tag und fassen ihre gemeinsame Aussage mit 5 x 400 = 2000 zusammen.

5+5+7 = 17 und 5+10 = 15 erklären, dass die Qualität der 17 gefordert ist, bis sich 5 x 3 im Bewusstsein als real durchsetzen kann. 17 + 15 = 32 bilden mit 30+2 ab, dass die 3 x 10 etabliert ist und von der 2 begleitet wird. Bis es so weit ist, kann 400 die neue Weltsicht noch verunsichern.

Mahalalel markiert eine Schnittstelle. Set, Enosch und Kenan stehen für die Anfangsphase der menschlichen 3, in der das gewohnte Denken noch starken Einfluss hat. „Jahre" 400 sowie 7, 40, 70, 90 und Fragmente von 10-5-6-5 charakterisieren diesen Abschnitt.

Mit Mahalalel etabliert sich 60, seine 3x10 nimmt Bezug auf die 30 von Adam und erkennt sich darin. In der Phase danach treten 60 und 300 und 80 an die Stelle des gewohnten Denkens und kombinieren sich damit.

„Jahr" 350+5 hat „Jahr(e)" 400 endgültig abgelöst.

BUCH GENESIS
Kapitel 6 – Genesis 6
(Ankündigung der Flut)

„1 Und es geschah, als die Menschen begannen sich zu mehren auf der Fläche des Erdbodens, und ihnen Töchter geboren wurden, 2 da sahen die Söhne Gottes, dass die Töchter der Menschen schön waren, und sie nahmen sich zu Weibern, welche sie irgend erwählten.

3 Und Jehova sprach: Mein Geist soll nicht ewiglich mit dem Menschen rechten, da er ja Fleisch ist; und seine Tage seien hundert und zwanzig Jahre.

4 In jenen Tagen waren die Riesen auf der Erde, und auch nachher, als die Söhne Gottes zu den Töchtern der Menschen eingingen und diese ihnen gebaren. Das sind die Helden, welche von alters her waren, die Männer von Ruhm gewesen sind.

5 Und Jehova sah, dass des Menschen Bosheit groß war auf Erden und alles Gebilde der Gedanken seines Herzens nur böse den ganzen Tag. 6 Und es reute Jehova, dass er den Menschen gemacht hatte auf der Erde und es schmerzte ihn in sein Herz hinein. 7 Und Jehova sprach: Ich will den Menschen, den ich geschaffen habe, von der Fläche des Erdbodens vertilgen, vom Menschen bis zum Vieh, bis zum Gewürm und bis zum Gevögel des Himmels; denn es reut mich, dass ich sie gemacht habe.

8 Noah aber fand Gnade in den Augen Jehovas.

9 Dies ist die Geschichte Noahs: Noah war ein gerechter, redlicher und untadeliger Mann unter seinen Zeitgenossen; Noah wandelte mit Gott. 10 Und Noah zeugte drei Söhne: Sem, Ham und Jafet.

11 Und die Erde war verderbt vor Gott, und die Erde war voll Gewalttat. 12 Und Gott sah die Erde, und siehe, sie war verderbt; denn alles Fleisch hatte seinen Weg verderbt auf Erden.

13 Und Gott sprach zu Noah: Das Ende alles Fleisches ist vor mich gekommen; denn die Erde ist voll Gewalttat durch sie; und siehe, ich will sie verderben mit der Erde.

14 Mache dir eine Arche aus Goferholz; mit Kammern sollst du die Arche machen und sie von innen und von außen mit Harz verpichen! 15 Und so sollst du sie machen: Dreihundert Ellen sei die Länge der Arche, fünfzig Ellen ihre Breite und dreißig Ellen ihre Höhe. 16 Eine Lichtöffnung sollst du der Arche machen, und bis zu einer Elle sollst du sie fertigen von oben her; und die Tür der Arche sollst du in ihre Seite setzen; mit einem unteren, einem zweiten und dritten Stockwerk sollst du sie machen!

17 Denn ich, siehe, ich bringe die Wasserflut über die Erde, um alles Fleisch unter dem Himmel zu verderben, in welchem ein Hauch des Lebens ist; alles, was auf der Erde ist, soll verscheiden. 18 Aber mit dir will ich meinen Bund errichten, und du sollst in die Arche gehen, du und deine Söhne und dein Weib und die Weiber deiner Söhne mit dir.

19 Und von allem Lebendigen, von allem Fleische, zwei von jeglichem sollst du in die Arche bringen, um sie mit dir am Leben zu erhalten; ein Männliches und ein Weibliches sollen sie sein! 20 Von dem Gevögel nach seiner Art und von dem Vieh nach seiner Art, von allem Gewürm des Erdbodens nach seiner Art: zwei von jeglichem sollen zu dir hineingehen, um sie am Leben zu erhalten! 21 Und du, nimm dir von aller Speise, die gegessen wird, und sammle sie bei dir auf, dass sie dir und ihnen zur Nahrung sei!

22 Und Noah tat es; nach allem, was Gott ihm geboten hatte, also tat er."

Noah ist als abschließender Aspekt in Genesis 5 die 10 x 5, die nach wiederholtem Erleben von 4+1 die 5 und die eigene 10 als real erfasst. „Noah" 58 verkörpert die 2-50, die ihr Sohn-Sein empirisch und mental nachvollziehen kann und es als 3-fache 2 mit 50-8 bewusst lebt.

Sein Voller Wert 514 kombiniert 5 mit 1-4, sein Verborgener Wert 456 ist identisch mit „dann starb er" 456; einzeln und in Summe mit 970 kommt zum Ausdruck, dass Noah eine Synthese von Weg und Ziel bewusst und alternierend lebt. Er ist Archetyp des Menschen, der sein 3-Sein akzeptiert hat. Sein Atbasch 69 beschreibt ihn mit 3 x 23.

Die restlichen 5 Kapitel bis Genesis 10 beschäftigen sich mit Noah und definieren näher, wie die Bewusstwerdung abläuft, die von ihm bildhaft gemacht wird. Sie schildern den Prozess, der sich im Inneren jedes einzelnen Noah abspielt, bis er sich als solcher akzeptiert.

Wieder ist das Denken gefordert, die Richtung zu wechseln. Was als Abfolge von Ereignissen in einem zeitlichen Nacheinander erzählt wird, dient zur Vertiefung des Verständnisses.

Jedes dieser 5 Kapitel über Noah verdeutlicht, wie eine 10 x 5 sich als solche akzeptieren lernt. Sie können als Beschreibung angesehen werden für jeden Einzelnen, in dessen Leben die Qualitäten 10, 500, 50, 8, 58 und 580 zunehmend an Einfluss gewinnen.

Noah personifiziert das menschliche Bewusstsein, das von diesen Zahlen geprägt ist und sich dessen bewusst wird. Die Kapitel, die sich mit ihm befassen, gelten stellvertretend für jeden einzelnen Menschen. Sie schildern symbolhaft, wie es sich anfühlt, die Strecke hin zur 50 zurück zu legen und sie danach bewusst zu gehen.

Genesis 6 nähert sich dem Thema aus der Perspektive der 6 und macht eingangs auf eine bestehende Verbindung aufmerksam, die von göttlichen Söhnen und menschlichen Frauen symbolisiert wird.

Satz 1:

„Und es geschah" 6-10-5-10	31	
„als anfing" 20-10 5-8-30	73	
„der Mensch" 5-1-4-40	50	
„(sich)zu vermehren" 30-200-2	232	
„auf der Oberfläche" 70-30 80-50-10	240	
„der Erde" 5-1-4-40-5	55	
„und Töchter" 6-2-50-6-400	464	
„wurden geboren" 10-30-4-6	50	
„ihnen" 30-5-40	75	1270

Satz 2:

„da sahen" 6-10-200-1-6	223		
„die Söhne Gottes"			
2-50-10 5-1-30-5-10-40	153		
„die Töchter" 1-400 2-50-6-400	859		
„des Menschen" 5-1-4-40	50		
„dass" 20-10	30		
„schön" 9-2-400	411		
„sie" 5-50-5	60	1786	
„und sie nahmen" 6-10-100-8-6	130		
„für sich" 30-5-40	75		
„Frauen" 50-300-10-40	400		
„von allen" 40-20-30	90		
„die" 1-300-200	501		
„sie gewählt hatten" 2-8-200-6	216	1412	3198

Satz 1 macht mit 1270 gleich zu Beginn eine 2-fache Aussage, die auch für alles Nachfolgende gilt: Von Anfang an ist im Menschen prinzipiell alles vorbereitet, was er während einer Existenz erlebt, die von 12 70 geprägt ist. Bewusst erfassbar wird dieser Umstand mit 1000 + 270.

Die Geschichten um Noah gelten für beide Varianten des menschlichen Weges als Sohn, für die unbewusste Strecke von 2 zu 50 und für das bewusste Gehen als 50-8. Die 5 x 10 von Noah ist die Schnittstelle, an der die Strecke 2-50 durch eigene Erfahrungen nachvollziehbar wird.

Die Vermehrung, von der Satz 1 spricht, gilt für das physische Wesen Mensch am Beginn der Menschheitsgeschichte und genauso für zunehmende Einsichten, wenn der unbewusste Weg anfängt, bewusst zu werden.

„Zu vermehren" 232 „und Töchter" 464 = 2 x 232 zeigen als Variante von 1 + 2, was „der Mensch" 50 zunehmend einsieht, der auf 50 zusteuert.

Das Miteinander von männlichem = göttlichem Anteil, den Söhne bildhaft machen, und dem weiblichen = körperlichen Anteil in Gestalt der Töchter kennzeichnet den Menschen von Anfang an:

„Sohn" 2-50 bildet den Äußeren Wert 52, den Vollen Wert 518, den Verborgenen Wert 466 und den Atbasch 309.

„Tochter" 2-400 hat den Äußeren Wert 402, den Vollen Wert 818, den Verborgenen Wert 416 und den Atbasch 301.

Sohn und Tochter definieren den Menschen als Wesen in seiner Ganzheit mit 402 − 52 = 350, 818 − 518 = 300, 466 − 416 = 50 und 309 − 301 = 8.

50 und 8 stellen den Bezug zu „Noah" 50-8 her; 300, 50 und 350 sind Zahlen, die Genesis 5 insgesamt prägen. Genesis 6 bestätigt eingangs, welche Art von Verständnis Noah verkörpert. Seine biblische Gestalt steht für ein Denken, das grundlegende Zusammenhänge als real erfasst.

Die Söhne und Töchter, die in Genesis 5 von jedem der Aspekte gezeugt werden, begegnen einander in Genesis 6 als Mann und Frau.

Beide Kapitel der Schöpfungsgeschichte haben zum Inhalt, dass dem Menschen das Miteinander einer materiellen und einer immateriellen Ebene zunehmend bewusst wird. Während Genesis 5 dabei von der menschlichen 3 ausgehend den Fokus auf Erfahrungen von 5 richtet, geht Genesis 6 auf die Verbindung von 1 + 2 ein, die sich im Denken zunehmend etabliert.

Satz 1 und 2 betonen 1 + 2 mit einer gemeinsamen verbalen Aussage und fügen insgesamt 1 + 2 Satzteile zu 3 zusammen.

Satz 2 geht auf diese Verbindung ein und macht sie über „die Söhne Gottes" 153 und „die Töchter" 859 „des Menschen" 50 bildhaft:

859 − 153 = 706 stellen den Bezug zu Satz 1 in Genesis 4 her, in dem der Mensch „seine Frau" 706 erkennt und es zur Geburt von Kain kommt. Mit der 2 von Kain beginnt der Weg in Richtung 50.

„Die Töchter des Menschen" 859 + 50 zeigen mit 909, was die 2 leitet.

„Die Söhne Gottes" 153 erklären sich mit 150 + 3 = 3 x 51 = 3 x 17 x 3 und bilden mit 859 die Summe 10 12 und mit 909 die Zahl 10 62.

Die 50 „des Menschen" Noah macht den Unterschied zwischen der 10, die 10+2 meint, und einer 10, für die 2x31 gilt, aus.

Was ein Bewusstsein „schön" 411 findet, das 100+50+3 ist, bilden 411 mit 3 x 137 und „sie" 60 mit 2 x 30 ab.

Warum es sich „Frauen" 400 nimmt, erklären 130, 75 = 5x5x3, 90 = 3x30, 500+1 und 216 = 6x6x6.

In Summe erzählen 1786 – 411 = 1300 + 75, 1412 – 400 = 1000 + 12 und 411 – 400 = 10+1, warum die Söhne Gottes sich „schöne Frauen" nehmen.

Dass „die schönen Töchter" in der 2 umsetzen, was die 1 beabsichtigt, zeigen 859 + 411, indem sie die Summe 1270 von Satz 1 bestätigen.

Insgesamt erklären 3198 + 2 = 3200 die Funktion der 2 für ein Denken, das von 3 beherrscht wird.

Satz 3:

„Da sprach" 6-10-1-40-200	257		
„JHWH" 10-5-6-5	26	283	
„Nicht waltet" 30-1 10-4-6-50	101		
„mein Geist" 200-6-8-10	224		
„im Menschen" 2-1-4-40	47		
„für immer" 30-70-30-40	170	542	
„als fehlerhaft" 2-300-3-40	345		
„(ist)er" 5-6-1	12		
„Fleisch" 2-300-200	502	859	
„und sein werden" 6-5-10-6	27		
„seine Tage" 10-40-10-6	66		
„hundert" 40-1-5	46		
„und zwanzig" 6-70-300-200-10-40	626		
„Jahr(e)" 300-50-5	355	1120	2804

„Die Töchter" 859 werden mit „fehlerhaftem Fleisch" 859 gleichgesetzt. „Als fehlerhaft" betrachtet sich, wer sich mit 2 definiert; für die 3 gilt 345, sie sieht sich als 3 x 10x10 und „Mensch" 45.

Die 3-fache 2, die 23 ebenso abbildet wie 2x2x2 = 8, weiß aus eigener Erfahrung, dass ihr 2-Sein direkt mit der absoluten 3 in

Kontakt ist; 283 bildet diesen Kontakt ab, das Prinzip JHWH vermittelt ihn.

1120 ergänzt die verbale Aussage zu 1000 + 120. Über die Grenze der 12 kommt das körperliche Wesen Mensch nicht hinaus; die unerkannte 10 ist auf 12 begrenzt, auf eine ‚Lebensdauer‘ von 120 ‚Jahren‘.

Die 3-fache 10 überschreitet die Grenze der 12 und lebt 1000 + 120. Sie erfasst 2 als 1-1, wie 1120 abbildet.

Das Prinzip JHWH setzt diese Grenze und erklärt damit seine Funktion: Mit dem Wahrhaben von 10+10 + 10x10 = 120 erkennt die 10 in der 3 den Sinn der Existenz: 120 = 30 x 4.

„Hundert“ 46 „und zwanzig“ 626 nennen mit der gemeinsamen 580 diese 30 beim Namen: 10 x „Noah“ 58.

542 + 859 = 1401 bilden ab, dass das Prinzip JHWH mit 1 + 4 darauf hin arbeitet, dass 400 letztlich von einer 10x10x10 als Ausdruck der 1 wahrgenommen wird. 1401 : 3 = 467 sagen aus, dass diese 10 in allem das Wirken einer absoluten 3 sieht. Diese Art der Wahrnehmung nennt Satz 1 in Genesis 2 „so waren vollendet die Himmel“ 467.

859 − 542 erklären mit der gemeinsamen Primzahl 317, dass 3 x 10x10 nur individuell für jede 10 am 7. Tag erfahrbar wird, und zwar „für immer“ 170.

In Summe bestätigt und ergänzt 2804 mit 1402 x 2 die Aussage von 1401, dass 2 und 4 von der 3 als Äußerung der 1 verstanden werden.

Satz 4:

„Die Riesen" 5-50-80-30-10-40	215		
„waren" 5-10-6	21		
„auf der Erde" 2-1-200-90	293	529	
„in den Tagen" 2-10-40-10-40	102		
„jenen da" 5-5-40	50		
„und auch" 6-3-40	49		
„danach" 1-8-200-10 20-50	289	490	
„als" 1-300-200	501		
„(wiederholt)kamen" 10-2-1-6	19		
„die Söhne" 2-50-10	62		
„Gottes" 5-1-30-5-10-40	91		
„zu den Töchtern" 1-30 2-50-6-400	489		
„des Menschen" 5-1-4-40	50	1212	
„und sie gebaren" 6-10-30-4-6	56		
„ihnen" 30-5-40	75	131	
„Sie sind" 5-40-5	50		
„die Helden" 5-3-2-200-10-40	260	310	
„die" 1-300-200	501		
„von Urzeit her" 40-70-6-30-40	186		
„Männer" 1-50-300-10	361		
„(sind)von Namen" 5-300-40	345	1393	4065

„Die Riesen" 215 und „die Helden" 260 sind Begriffe, die mit enormer Kraft und Größe sowie Mut assoziiert werden. Sie sind in diesem Sinn Symbole für Stärke, Energie und Willenskraft, die der „Mensch = Adam" 45 zur Verfügung hat, wie 260 − 215 = 45 deutlich machen.

„Riesen" 215 hat den Vollen Wert 380 und den Atbasch 175.

215 − 45 = 170 und 175 − 45 = 130 informieren darüber, wohin diese große innere Motivation den Menschen führt.

215 + 175 = 390 zeigen mit 3 x 130, was der starke unbewusste Antrieb ins Denken durchbrechen lässt. Der Volle Wert 380 als

absolute Absicht unterscheidet sich davon genau um 10 und ist darauf ausgerichtet, sich mit der menschlichen 10 zu ergänzen, die diesen Durchbruch erlebt.

380 + 10 = „Himmel" 390. Der Menschen erlebt in sich das Wirken einer „riesigen" Kraft, die Irdisches und Absolutes verbindet und umfasst.

„Die Helden" 260 mit dem Vollen Wert 1110 bringen zum Ausdruck, dass jede 10, die 2 x 13 lebt, im absoluten Sinn ein Held ist. Denn sie hat den Kampf gegen enorme Widerstände geführt und gewonnen. Auch 10 x 111 beschreibt den Menschen, der wagemutig dem folgt, was das Absolute ihm intuitiv vorgibt. Die Primzahl 643 im Atbasch und der Verborgene Wert 850 als Produkt aus 17 x 50 betonen die Individualität dieser 5 x 10.

„In den Tagen jenen da und auch danach" 490 beschreibt mit 7 x 7 x 10, dass diese Kräfte gegen Ende des 7. Tages wirken und auch danach, wenn 12 sich als Projektion einer immateriellen Ebene zeigt und daraus die 13 entsteht, wie 1212 und 131 abbilden.

„Sie sind die Helden" 310, die den Mut haben, ihr 10- und 3-Sein gegen eine scheinbare Übermacht zweifelnder Gedanken zu verteidigen.

Nur mit Hilfe einer immensen drängenden und leitenden Kraft ist es dem Bewusstsein möglich, „heldenhaft" körperliche Nachteile, sogar den Tod in Kauf zu nehmen und die Begrenzung der 12 durch absolutes Vertrauen in etwas darüber Hinausgehendes zu überwinden.

„Von Urzeit her" 186 trägt der Mensch die Fähigkeit dazu in sich; „nach seinem Abbild" 186 entsteht aus Adam die 3 von Set bis Noah, und zwar durch jede 10, die das Prinzip 3 erkennt, wie 1393 zusammenfasst.

4065 erzählt, dass das beschriebene Kräftewirken die 6-5 in der 40 erfasst und zu einem Leben führt, das 13 x 5 ist.

Satz 5:

„Da sah" 6-10-200-1	217		
„JHWH" 10-5-6-5	26		
„dass" 20-10	30		
„reichlich" 200-2-5	207		
„die Schlechtigkeit" 200-70-400	670		
„des Menschen" 5-1-4-40	50	1200	
„auf der Erde" 2-1-200-90		293	
„und jegliches Gebilde"			
6-20-30 10-90-200	356		
„der Gedanken" 40-8-300-2-400	750		
„seines Herzens" 30-2-6	38		
„nur" 200-100	300		
„schlecht" 200-70	270		
„(war)all den Tag"			
20-30 5-10-6-40	111	1825	3318

Satz 6:

„Und es reute" 6-10-50-8-40	114		
„JHWH" 10-5-6-5	26		
„dass er gemacht" 20-10 70-300-5	405		
„den Menschen" 1-400 5-1-4-40	451	996	
„auf der Erde" 2-1-200-90		293	
„und er betrübte sich"			
6-10-400-70-90-2	578		
„zu seinem Herzen" 1-30 30-2-6	69	647	1936

Das von Riesen und Helden symbolisierte Kräftewirken wird deutlich spürbar in einer irdischen Extremsituation, wenn das Leben in Zeit und Raum für den Menschen eine Qualität angenommen hat, die er zunehmend als unerträglich empfindet.

Die Seele leidet, dieses Leiden prägt die Existenz und erreicht einen Kulminationspunkt. Das innere Leiden spiegelt sich im äußeren Dasein; die Bosheit der Menschen, das Böse überhaupt, scheint auf der Erde zu regieren. Der verzweifelte Kampf dagegen bei sich selbst und im Außen wird immer wieder neu geführt, ist immer wieder vergeblich und endet in Resignation. Das Gefühl von Reue, Schuld oder Ausweglosigkeit und Verzweiflung ist erdrückend. Der Mensch bereut manchmal, überhaupt am Leben zu sein.

Satz 5 und 6 geben in Worten wieder, was der Mensch als 6-5 in dieser Situation empfindet. Die 6-5 ist an der Grenze ihrer Möglichkeiten und damit an der Grenze der 400 angelangt, sie sieht kein Weiterkommen und keinen Ausweg mehr. Sie hat alles getan, wozu sie fähig war, hat ihre Fähigkeiten, so gut es ging, im Kampf gegen das Böse, vor allem auch gegen das Böse in sich selbst genutzt. Das Leben, das sie geführt hat, war darauf ausgerichtet, ein guter Mensch zu sein oder ein besserer zu werden. Ihre Anstrengung zielte darauf ab, für andere da zu sein, anderen vergeben oder sie bedingungslos lieben zu können. Sie hat vielleicht daran geglaubt, dass Gott Liebe ist und wollte durch ihr eigenes Leben ein Ausdruck dieser Liebe sein. Oder sie spürte einfach das Bedürfnis, das in ihren Augen Gute und Richtige zu tun, ohne sich einer höheren Instanz verpflichtet zu fühlen.

Das Prinzip JHWH ist die Kombination von 10-5 und 6-5. Die Bewusstwerdung dieses Prinzips setzt eine maximale Annäherung von 6-5 an 10-5 voraus, die von einer starken Motivation getragen ist und die der Mensch auf Empfindungsebene erlebt. Die Sätze 4, 5 und 6 machen diesen Vorgang bildhaft. Der Text legt JHWH die Worte in den Mund und meint damit ein Geschehen im Menschen auf der Erde.

1936 – „JHWH" 26 = 1910 machen deutlich, dass solche Gefühle der Reue und des Betrübt- und Enttäuscht-Seins der Selbsterkenntnis als 10 vorausgehen.

„Auf der Erde" 293 definiert sich selbst als der Ort, an dem die 2 erkennt, eine 3 zu sein. Durch die zentrale Position zwischen 6 und 6 Satzteilen und die Ergänzung von 4 und 2 Satzteilen zu 5 und 3 bilden die 2 Sätze ab, wie die 3 zustande kommt.

Die Schlechtigkeit des Menschen in der Welt der 400 zeigt ihren Sinn darin, dass dadurch das Erkennen der 3 möglich wird:

„die Schlechtigkeit" 670 – „schlecht" 270 = 400, 1200 = 3 x 400.

Was „nur" 300 „schlecht" 270 erscheint, führt über 9 x 10 x 3 zu 300 und lässt alle Tage des Jahres über 5 mit der 3-fachen 1 in Kontakt sein, wie 111 und 1825 = 5 x 365 erzählen.

Satz 7:

„Und es sprach" 6-10-1-40-200	257		
„JHWH" 10-5-6-5	26	283	
„Austilgen will ich" 1-40-8-5	54		
„den Menschen" 1-400 5-1-4-40	451		
„den ich geschaffen"			
1-300-200 2-200-1-400-10	1114	1619	
„von oberhalb" 40-70-30	140		
„des Angesichtes" 80-50-10	140		
„der Erde" 5-1-4-40-5	55	335	
„vom Menschen" 40-1-4-40	85		
„bis zum Vieh" 70-4 2-5-40-5	126		
„bis zum Kriechtier" 70-4 200-40-300	614		
„bis zum Gefiederten" 6-70-4 70-6-80	236		
„der Himmel" 5-300-40-10-40	395	1456	
„denn" 20-10	30		
„es gereut mich" 50-8-40-400-10	508		
„dass" 20-10	30		
„ich sie gemacht habe"			
70-300-10-400-40	820	1388	5081

Am Ende des 7. Tages will sich im Menschen eine Sichtweise austilgen, die nur die Oberfläche sieht.

„Austilgen will ich" 54 + „den Menschen" 451 = 505 bestätigt, dass der Punkt erreicht ist, an dem sich 5 und 5 über 0 gegenüberstehen und die Phase einleiten, in der die gewohnte Weltsicht des Menschen endet.

„Von oberhalb des Angesichtes der Erde" 335 zeigt auch mit 300 + 5x7, wie sie vernichtet wird, im Detail erklären es 2 x 140 und 5-5.

Mit „Und es reute" 114 + „JHWH" 26 = 140 bereitet Satz 6 darauf vor.

1619 definiert diesen Menschen als Wesen der 4x4 mit der Fähigkeit zur Erkenntnis;

111 4 lässt wissen, dass er geschaffen wurde, um diese Fähigkeit zu nutzen und die Welt der 4 als Äußerung der 3-fachen 1 zu sehen.

„Denn" 30 „dass" 30 „ich sie gemacht habe" 820 begründen einzeln und in Summe mit 880 oder 13 8-8, warum Menschen existieren.

1456 fasst verbal zusammen, worauf sich der Blick ändert, und zeigt mit 14 4x14 auf welche Weise.

1456 + 1114 = 2570 erklären mit 5x5 7x10 und mit 1114 − 14 = 1100 die neue Ansicht einer 10+10 von sich und „der Erde" 55; 1100 = 55 x 20.

„Es gereut mich" 508 stellt den Bezug her zu „und Fleisch" 508 und damit zur Schaffung der weiblichen 2 in Genesis 2.

Die Denkweise dieser 2 soll an einem Punkt maximaler Frustration, Reue oder Niedergeschlagenheit enden und sich verändern zu 2 + 1:

5081 zeigt 508 mit 1 ergänzt und erklärt die 50 über 9x9 dazu fähig.

Satz 8:

„Noah aber" 6-50-8	64	
„fand" 40-90-1	131	
„Gnade" 8-50	58	
„in den Augen" 2-70-10-50-10	142	
„JHWHs" 10-5-6-5	26	421

In dieser extremen Situation im Leben erscheint „Noah" 50-8.

Satz 7 stellt mit „es gereut mich" 508 den Bezug zu ihm her und zeigt „Noah" 50-8 in der Variante 5081 verbunden mit 1.

Eine derart extreme Lage empfindet die menschliche 2, die unbewusst 1 „und Fleisch" 508 ist, als höchst ungerecht, schwierig und ausweglos. Ihre ethische Unzufriedenheit mit sich, der Welt oder beidem ist groß. Die Lebensumstände in der Welt der 2x2 können den hohen Wertmaßstäben nicht gerecht werden, die jemand, dessen 7. Tag zu Ende geht, für sich und andere geltend macht.

Dieser Mensch bemüht sich unermüdlich, gerecht, redlich und untadelig zu sein, und findet sich nun in einer Situation wieder, aus der er sich auch mit größter Anstrengung nicht mehr selbst befreien kann. Er hat alles ihm Mögliche getan, sein Bestes gegeben und nun doch das Gefühl, dass alles umsonst war. Das angestrebte Ziel ist trotz bester Absicht in unerreichbare Ferne gerückt. Er erlebt gerade das Gegenteil, fühlt sich ohnmächtig etwas Unbegreiflichem und Übermächtigem ausgeliefert und sieht sich vor einer vernichtenden Leere.

Der Mensch mit einer derart hohen moralischen Ausrichtung erfüllt die Kriterien, um als Sohn zu Noah zu werden, von 2 – 50 zu 50 – 2x2x2. Eine maximale Tendenz hin zum Guten, in welcher Form es auch immer angestrebt wird, ist tatsächlich das Maximum, das dem Menschen in der Welt der 2 überhaupt möglich ist. Ausschließlich das Gute zu leben, wird verhindert von der Gesetzmäßigkeit der Dualität, die auch zum Gegenteil zwingt.

Im Moment einer letzten resignierenden Einsicht ihres menschlichen Unvermögens richtet die ‚5 unten' sich verzweifelt ‚nach oben': „Ich weiß nicht mehr weiter, ich gebe alles Wollen und Können auf. Tu du!"

Die darauf folgende „Gnade" 8-50 besteht darin, dass die ‚5 oben' der ‚5 unten' in der 10 antwortet und die ‚5 unten' die Antwort erfasst:
„Gnade" 8-50 und „Noah" 50-8 bilden die Spiegelung ab, die in diesem Augenblick innerhalb der 5x10 realisiert wird.

Noah erlebt sich selbst in direktem Kontakt mit dem Absoluten. Damit ist die Verbindung zwischen Gott und Mensch, zwischen einem absoluten 8. Tag und der irdischen 8 hergestellt; 64 = 8 x 8 bestätigt dies.

64 + 26 = 90, 58 + 142 = 200 und 131 beschreiben diesen Moment unter Bezugnahme auf „und sie gebaren ihnen" 131 in Satz 4.

Die ‚5 unten' erlebt das ‚oben' in sich selbst; sie erfährt das ‚oben' als Teil der eigenen Person und gleichzeitig auch als etwas, das über die eigene körperliche Existenz hinausgeht. Die Kombination 10-5 gibt das Zugleich von ‚oben' und ‚innen' wieder.

Es selbst zu erleben, bedeutet, sich selbst als 10-5-6-5 zu erfassen, 5-6-5 zu 10 zu kombinieren, 10-5 und 5 zu 10+10 und 10-5-6-5 zu 2x 13.

JHWH spricht im Menschen selbst, und dass der Mensch ihn hört, bilden 10, 10+10 und 2 x 13 synonym ab. Nur von einem Denken, das intuitive Impulse in sich selbst als Stimme ‚von oben‘ wahrnimmt und akzeptiert, kann das Absolute verstanden werden. Intuitive Impulse kommen aus dem Bereich, der außerhalb und unabhängig vom Irdischen existiert.

Das Prinzip JHWH vermittelt diese Impulse, erfüllt auf diese Weise seine Funktion und baut im Bewusstsein die Brücke zu Prinzip Elohim.

Die Primzahl 421 beschreibt diesen Vorgang mit 400 + 7 x 3 und gemeinsam mit Satz 7 über 5081 − 421 = 4660 mit 2 x 2330.

Satz 9:

„Dies(ist)“ 1-30-5	36		
„die Geschlechterfolge“			
400-6-30-4-400	840		
„Noahs“ 50-8	58	934	
„Noah“ 50-8	58		
„(ein)Mann“ 1-10-300	311		
„gerecht“ 90-4-10-100	204		
„untadelig“ 400-40-10-40	490		
„war er“ 5-10-5	20		
„in seinen Zeiten“ 2-4-200-400-10-6	622	1705	
„mit Gott“ 1-400 5-1-30-5-10-40	492		
„wandelte Noah“ 5-400-5-30-20 50-8	518	1010	3649

9 34 weist mit 9 2x17 darauf hin und 17 05 fasst zusammen, dass der einzelne Mensch ganz intuitiv dem folgt, was er für sich als richtig und gut erkennt; auch wenn der ‚5 unten‘ das 1-4-Prinzip noch nicht bekannt ist, richtet sie sich nach der 1 in sich.

„Mit Gott wandelte Noah“ 1010 macht ebenfalls deutlich, dass 10-10 für den Menschen auch gilt, wenn er sich dessen noch nicht bewusst ist.

Bis beides in seinem Denken zum Durchbruch kommt und auch danach wird er geleitet von einer starken inneren Motivation, die Satz 4 als „die Riesen" 215 und „die Helden" 260 bezeichnet. 1705 − 215 = 1490 machen deutlich, dass diese Motivation auf das Erkennen von 1-4 abzielt.

„Die Riesen" 215 ermöglichen dem „Mann" 311 + „gerecht" 204 = 515 zu sein, um die Erfahrung von 300 zu machen. „Die Helden" 260 veranlassen ihn, „untadelig" 490 zu sein, damit er 230 realisieren kann.

Satz 8 und 9 = 17 erklären mit 421 + 3649 = 4070, dass ihre gemeinsame Aussage für jede einzelne 10 am 7. Tag in der 40 gilt.

Satz 10:

„Und es zeugte" 6-10-6-30-4	56		
„Noah" 50-8	58		
„drei" 300-30-300-5	635		
„Söhne" 2-50-10-40	102	851	
„den Sem" 1-400 300-40	741		
„den Ham" 1-400 8-40	449		
„und den Jafet" 6-1-400 10-80-400	897	2087	2938

Die 50 von Noah bildet die Schnittstelle zu 2x2x2; seine 3 Söhne verkörpern das 3-Sein.

851 − 741 = 110, 851 + 449 = 1300, 741 + 449 = 1190, 1190 + 110 = 1300 charakterisieren die 2 dieses 3-fachen Sohnes; „und den Jafet" 897 kennzeichnet 3 x 13 x 23.

851 = 23 x 37 und die Primzahl 2087 beschreiben ihn als eine 10, die etwas Absolutes sowohl im Formlosen als auch im eigenen Inneren weiß. Sie definieren diese 10 mit 2087 + 23 = 2110, 2087 − 37 = 2050 und 2110 − 2050 = 2 x 30.

Noah und die von ihm gezeugte 3 werden von Satz 9 + 10 mit 934 + 56 = 990 = 3 x 33 x 10 bezeichnet;

2938 macht mit 2 x 13 x 113 eine ähnliche Aussage.

Satz 11:
„Und es wurde verderbt"

6-400-300-8-400	1114		
„die Erde" 5-1-200-90	296		
„vor" 30-80-50-10	170		
„Gott" 5-1-30-5-10-40	91	1671	
„und es füllte sich" 6-400-40-30-1	477		
„die Erde" 5-1-200-90	296		
„(mit)Unrecht" 8-40-60	108	881	2552

„Und es wurde verderbt" 11 14 „den ich geschaffen" 1114 sagt gemeinsam mit Satz 7 aus, dass der Blick der 2 auf die Erde verdorben wird durch die 10+1, die 1 in direktem Kontakt mit der 4 wahrnimmt. Sie erfasst 2 als 1-1 und sich selbst als 1-1 + 1 = 3.

1114 + „die Erde" 296 = 1410 bestätigen, dass 1-4 der 10 die gewohnte Sicht der 4 verdirbt; dafür nennt ihr 141 0 den Grund der Erschaffung.

25 52 bildet das Erfassen einer Projektion ebenfalls ab und erklärt es mit 5x5 13x4.

2552 – 2x296 = 1960 machen deutlich, dass die 2 ihre Auffassung über „die Erde" verliert, sobald sie sich als 2 x 30 erkennt.

1671 – 881 = 790 bilden dieses Erkennen mit 90 + 7x10x10 ab.

Alles erlebte und beobachtete „Unrecht" 108 klärt sich mit 4 x 3x3x3.

Die Sätze 11 und 7 bestätigen ihre gemeinsame Aussage über die 4 in Summe mit 1671 + „austilgen will ich den Menschen den ich geschaffen" 1619 = 3290 und 881 + 1619 = 2500: in der 10, die sich über 5x5 selbst als 10 wahrnimmt und sich als 30+2 erkennt, verblasst das Bild, das sie sich über den irdischen Menschen bisher machte.

Satz 12:

„Da besah" 6-10-200-1	217		
„Gott" 1-30-5-10-40	86		
„die Erde" 1-400 5-1-200-90	697	1000	
„und siehe" 6-5-50-5	66		
„verderbt war sie" 50-300-8-400-5	763	829	
„denn verschlimmert hatte"			
20-10 5-300-8-10-400	753		
„alles Fleisch" 20-30 2-300-200	552		
„seinen Weg" 1-400 4-200-20-6	631		
„auf der Erde" 70-30 5-1-200-90	396	2332	4161

Die 10 im Bewusstsein der 2, die sich der 10x10x10 nähert, betrachtet die Erde als verdorben.

Satz 11 + 12 stimmen darin überein und erklären mit 1671 + 829 = 2500, dass dieser Zustand auf die Wahrnehmung von 5x5 und 10x10 vorbereitet.

Wie 763 – 753 betonen, hat die 10 auf ihrem Weg zu 23 32 den Eindruck, dass es immer schlimmer wird.

753 + 552 = 1305 erzählen, dass dieser Eindruck „alles Fleisch" 552 auf 13 05 einstimmt.

4161 – 631 = 3530 informieren, dass sich auf diese Weise in der 10 eine neue Perspektive ihren Weg bahnt, die 353 abbildet.

In Summe erklärt 4161 mit 3 x 19 x 73, dass Gott und Mensch in der Wahrnehmung dieser unbefriedigenden Situation übereinstimmen, dass die Situation von Gott aber so gewollt ist, damit der Mensch sich als sein Ebenbild erkennen kann.

73 als Voller Wert der 3 steht für den Willen des Absoluten und bildet mit 70+3 ab, dass er geschieht. 3 x 19 x 73 bringen zum Ausdruck, dass die menschliche 3 über 9+10 erfasst, dass der 7. Tag nach dem Willen der absoluten 3 abläuft und sie selbst Ausdruck dieser 3 ist.

„Verderbt war sie" 763 − 73 = 690 = 3 x 230 lassen wissen, dass die Verdorbenheit der Erde diesem Willen entspricht und ihren Sinn hat.

Satz 13:

„Da sprach" 6-10-1-40-200	257		
„Gott" 1-30-5-10-40	86		
„zu Noah" 30-50-8	88	431	
„Das Ende" 100-90	190		
„allen Fleisches" 20-30 2-300-200	552		
„ist gekommen" 2-1	3		
„vor mein Angesicht" 30-80-50-10	170	915	
„denn voll(ist)" 20-10 40-30-1-5	106		
„die Erde" 5-1-200-90	296		
„(mit)Unrecht" 8-40-60	108		
„von ihnen her" 40-80-50-10-5-40	225	735	
„und siehe" 6-5-50-50-10	121		
„ich bin verderbend sie"			
40-300-8-10-400-40	798		
„mitsamt der Erde" 1-400 5-1-200-90	697	1616	3697

„Da sprach" 257 „Gott" 86 markiert in Summe mit 343 = 7x7x7, dass „das Ende" 190 des 7. Tages „zu Noah" 88 „gekommen ist" 3.

Die Primzahl 431 erklärt dieses Sprechen unter Bezugnahme auf „gut du" 431 in Genesis 4, Satz 7 und mit 400 + 31 als einen Zustand, in dem Irdisches und Absolutes als übereinstimmend empfunden werden und einander harmonisch ergänzen.

Das „Unrecht" 108 „von ihnen her" 225 erklärt sich mit 333 = 3 x 111.

„Denn die Erde ist voll" davon, um die 10 zur Erkenntnis zu führen, wie 296 − 106 = 190 zeigen und damit „das Ende" 190 erklären.

„Vor mein Angesicht" 170 lässt wissen, dass 10x10 am 7. Tag für die 10 ein individuelles Ereignis ist und dazu führt, dass 3 und 3 einander von ‚Angesicht zu Angesicht' begegnen.

In Summe beschreiben 915 diese Begegnung mit 3x3 3x5, 915 − 735 = 180 mit 2 x 10 x 3 x 3 und 73 5 bezieht sich auf Satz 12.

Die Vernichtung „allen Fleisches" 552 geschieht durch die absolute 3 mit 552 + 3 = 555 = 5 x 111 sowie mit 552 + 798 = 1350.

1616 zeigt mit 4x4 4x4 ähnlich wie „zu Noah" 88 mit 4+4 4+4, welche Wahrnehmung die Perspektive der 2 verdirbt und bildet damit ab, was die Primzahl 431 meint.

2 + „ich bin verderbend sie" 798 = 800 = 400 + 400 lassen wissen, dass nur die Wahrnehmung sich verändert, die 400 aber bestehen bleibt.

3697 − „mitsamt der Erde" 697 = 3000 bestätigen, dass die Erde bei der Begegnung von 3 und 3-facher 10 erhalten bleibt.

697 + 333 = 1030 beschreiben den Menschen, den das „Unrecht von ihnen her" 333 erkennen lässt, was Genesis 1 mit dem Auftrag, „die Erde" 697 zu füllen „und unterwerfet sie" 333, meint.

Die Sätze 3 bis 13 bringen zum Ausdruck, dass Noah die irdische Schnittstelle zwischen Prinzip JHWH und Prinzip Elohim verkörpert:

Ab Satz 3 ist JHWH 4x aktiv. In Satz 8 erscheint Noah, während JHWH zum letzten Mal und auf inaktive Weise genannt wird.

Ab Satz 9 tritt Elohim 4x zunehmend aktiv in Erscheinung und spricht 1x in Satz 13; JHWH spricht 2x, in Satz 3 und 7.

Die Sätze 11, 12 und 13 machen in Wort und Zahl wesentliche Aussagen mit dem Begriff „verderben" in Zusammenhang mit „Erde" und „Fleisch".

Gemeinsam informieren sie auch durch folgende Kombinationen darüber, auf welche Weise eine Weltsicht „verdorben" wird, die ausschließlich Körper = „Fleisch" und Materie = „Erde" als real betrachtet:
$763 + 753 - 296 = 1220 = 1000 + 200 + 20$;
$1410 - 1305 = 105 = 21 \times 5$ und $1350 - 1305 = 45 = 40 + 5 = 9 \times 5$ vertiefen den Zusammenhang zwischen 13, dem Erkennen von 5, 10-5 und 2-1;
die 10+3, die diese Zusammenhänge kennt, verbindet „Adam" 45 und damit das Potenzial des Archetyps Mensch mit 5 zu 50 und erfasst die Absicht dieser menschlichen Existenz: $1410 - 1350 = 60 = 2 \times 10 \times 3$

Was Elohim beginnend mit Satz 13 dem Noah sagt, richtet sich an jeden menschlichen Noah. Die eigene Intuition trägt jeder 10, die allmählich beginnt, 10+3 als Realität zu akzeptieren, ungewöhnliche Informationen zu. Sie widersprechen manchem, was bisher als wahr und real angesehen wurde. Ein von den Riesen in Satz 4 symbolisiertes Kräftewirken unterstützt das wachsende Vertrauen in diese persönliche innere Instanz und gibt den Mut, sich ‚heldenhaft' auf eine neue Wahrheit einzulassen. Dieses Kräftewirken gestaltet sich sehr individuell.

Der religiöse Mensch spürt die enge Beziehung zu einer höheren Instanz eher direkt. Der nicht Religiöse, dem dieser ‚direkte Draht' fehlt, erfährt Unterstützung indirekt über Menschen, zu denen er in einer vertrauensvollen, engen Beziehung steht. Im Idealfall ergänzt eines das andere.

Das unmittelbare oder vermittelte Vertrauen in die 1 und ihre Impulse stärkt, was 4+1 = 5 meint; eine 10, die dieses Vertrauen aufbringt und eintreffende Impulse als von der 1 kommend akzeptiert, ist in diesem Moment eine 5x10 = 50, gleichzeitig eine 10+3 = 13 oder 10 x 3 = 30.

Ungewöhnlichen intuitiven Impulsen im persönlichen Leben zu folgen, wird treffend symbolisiert durch den Bau eines riesigen Schiffes auf trockenem Boden. Der Mensch als Noah richtet sich nach einer Wahrheit aus, die er in sich selbst als solche erfasst, auch wenn der äußere Anschein sie nicht bestätigt und die bisherige Erfahrung und Weltsicht sogar dagegen spricht. Er befindet sich in einer Situation, in der ihm die Außenwelt keine Unterstützung bietet. Sie kann auf seine Fragen und seine Unsicherheit keine klaren Antworten geben, im Gegenteil.

Satz 14:

„Mache" 70-300-5	375		
„dir" 30-20	50		
„(eine)Arche" 400-2-400	802		
„(mit)Goferhölzern"			
70-90-10 3-80-200	453	1680	
„(zu)Kammern" 100-50-10-40	200		
„sollst du machen" 400-70-300-5	775		
„die Arche" 1-400 5-400-2-5	813	1788	
„und verpiche" 6-20-80-200-400	706		
„sie" 1-400-5	406	1112	
„vom Innern" 40-2-10-400	452		
„und von außen" 6-40-8-6-90	150		
„mit Pech" 2-20-80-200	302	904	5484

840 ist eine Zahl, die in der Genesis wiederholt vorkommt und „die Geschlechterfolge" 840 Noahs und Adams mit 4 x 7 x 10 x

3 definiert. 840 x 2 = 1680 bringt zum Ausdruck, dass die Arche einen Bewusstseinsbereich in der 2 symbolisiert, in dem diese Prinzipien existieren.

Genesis 5 macht deutlich, dass alle Aspekte des Menschseins auf den Archetyp Noah hinauslaufen; seine Arche ist und enthält symbolisch alles, worauf Leben prinzipiell basiert. Die gemeinsame etymologische Wurzel der Begriffe Arche und Archetyp liegt im altgriechischen Wort Arché mit der Bedeutung von Anfang, Prinzip, Ursprung.

„Noah" 58 + „Arche" 802 = 860 = 10 x „Elohim" 86.

10 x 86 als Synonym für 10 x 3 definiert wie 30 Ursprung und Ziel des Menschseins; in Genesis 5 ist 30 die erste und letzte Zahl von Adam.

Alle Aspekte, die im Prinzip Adam für den Menschen vorbereitet sind, gestalten gemeinsam einen inneren Erfahrungsraum; in ihm werden diese Potenziale von jeder einzelnen 10 auf ihre Weise umgesetzt.

Dem Denken erschließt sich dieser Bereich, indem es ihn sich Stück für begreiflich macht. Die 3-fache 2 baut bewusst die Arche, die unbewusst schon in der 2 existiert.

Das Prinzip Elohim gibt von 3 zu 3 die Anweisung dazu.

„Mache" 375 = 5x5x5 x 3 und „sollst du machen" 775 = 375 + 400 weisen darauf hin, was wiederholte Erfahrungen von 5 bewusst machen sollen.

„Arche" 802 zeigt mit 400-2-400, welches Wissen um die 400 sie enthält.

„(Mit)Goferhölzern" 453 wird diese Arche als „Wesen lebendes" 453 definiert. 430 + 23 wird auch als „lebendige Seele" übersetzt und 3x in Genesis 1 genannt. Mit der Arche sind das Leben und dessen Prinzipien in jedem Menschen gemeint, sie ist und enthält, was ihn lebendig macht. Die 2 unterscheidet Inhalt und Beschaffenheit der Arche, die 3 weiß von 1-1 und versteht, dass Form und Inhalt einander entsprechen.

Die 3-fache 2 von „Noah" 50 – 2x2x2 versteht diese Zusammenhänge und kann nachvollziehen, dass dieser Raum in jedem Menschen existiert.

„Noah" 50-8 ist Archetyp für den Menschen, der sich dessen bewusst ist, „Sohn" 2-50 rein geistiger Prinzipien zu sein. Die Selbsterkenntnis der 10 als 10 und 3 führt zur Einsicht, Sohn Gottes zu sein.

„Die Söhne Gottes" 153 = 150+3 in Satz 2 und 4 verbindet 300 mit 453; absolute Prinzipien als ‚Konstruktionsmaterial' für das Menschsein werden in der Welt der 2 und der 4 erst für eine 10 nachvollziehbar, die sich über 3 x 10x10 als Sohn der 1 anerkennt.

„Und verpiche" 706 – „sie" 406 machen 300 als Denkbarriere deutlich, die vorhandenes Wissen vor unerlaubtem Zugriff schützt.

„Mit Pech" 302 sind „Arche" 802 und „Kammern" 200 abgedichtet und bestätigen mit 802 – 302 = 500 und 500 – 200 die 300.

„Und verpiche sie" 1112 bildet mit 111 ab, was der 2 verborgen bleibt.

1112 + 1788 = 2900 lassen mit 2x1000 + 300x3 erkennen, wofür die Arche und ihre Kammern gedacht sind.

904 + 706 = 1610 und 904 + 406 = 1310 zeigen eine Außen- und Innenwahrnehmung der 10, die 300 vorerst blick- und wasserdicht absichert.

In Summe stellt 5484 mit 4 x 3 x „und sie aß" 457 den Bezug zum Baum der Erkenntnis in Genesis 3 her. Jede Erfahrung und jeder Eindruck in der 4, der das Erkennen der 3 nährt, erhöht die Motivation zum Bau der Arche und ihrer Abdichtung gegen störende Einflüsse.

5484 – 904 = 4580 beschreiben mit 10 x 458 eine wachsende Gewissheit, die vorerst noch nach Schutz verlangt: „In seinem Ebenbild" 458 zeugt Adam in Genesis 5, Satz 3 die von Set verkörperte menschliche 3; sich als solche 3 selbst anzuerkennen, dafür braucht der Mensch Zeit.

Denn der Kontakt von 3 zu 3 ist eben erst in Gang gekommen und der Mensch spürt das starke Bedürfnis, ihn auszubauen und zu stabilisieren. Er widmet ihm daher Aufmerksamkeit und orientiert sich nach Vorgaben, die ihm intuitiv und spontan in den Sinn kommen, sich gut, richtig und wahr anfühlen und auf die er sich bei klarem Verstand einlassen kann.

Im Bewusstsein dieses Menschen nimmt nach einem ‚Konstruktionsplan' und mit ‚Konstruktionsmaterial', für das Noah die Vorlage bildet, ein Raum Gestalt an. Dieser Raum füllt sich mit Wahrnehmungen aus dem Alltag, die Grundprinzipien des Menschseins zunehmend erfassen lassen.

Je konkreter der Raum sich gedanklich ausgestaltet, um so mehr erkennt der Mensch sich als selbst-ähnliche Version eines umfassenden Gesamtkonzeptes ‚Arche Noah'.

Die Bauanleitung für die Arche ist ein Bild dafür, wie für einen Noah der Alltag in dieser Übergangszeit aussieht. In seinem Innersten soll die noch instabile Verbindung zum Absoluten geschützt werden, damit sie sich festigen kann.

Während dieser Zeit wird „die Arche" 813 gut abgedichtet gegen alle Strömungen des herrschenden Zeitgeistes, die Meinung der Vielen und eigene Widerstände, die sich aus dem gewohnten Weltbild heraus immer wieder aufbäumen.

Noah isoliert die gerade erst aufkeimende Wahrheit in sich nach außen hin ab, damit sie überleben kann. Er spricht vorerst nicht darüber, denn er fürchtet noch, sie der Lächerlichkeit preiszugeben oder durch Zweifel und Kritik zu vernichten.

Satz 15:

„Und dies(ist's)" 6-7-5	18		
„wie" 1-300-200	501		
„du sollst machen" 400-70-300-5	775		
„sie" 1-400-5	406	1700	
„drei" 300-30-300	630		
„hundert" 40-1-6-400	447		
„Elle(n)" 1-40-5	46		
„die Länge" 1-200-20	221		
„der Arche" 5-400-2-5	412	1756	
„fünfzig" 8-40-300-10-40	398		
„Elle(n)" 1-40-5	46		
„ihre Breite" 200-8-2-5	215	659	
„und dreißig" 6-300-30-300-10-40	686		
„Elle(n)" 1-40-5	46		
„ihre Höhe" 100-6-40-400-5	551	1283	5398

Die ganz individuellen Maßstäbe des Menschen richten sich in dieser Lebensphase nach Informationen, die direkt aus dem Absoluten kommen. Die Zahlen 300, 50, 30 bestimmen die Dimensionen seiner inneren Arche.

300 als gemeinsame Zahl von JHWH und Elohim steht für das Senden von Informationen. Empfangen werden sie von einer 10 x 5 und 10 x 3, die mit 6 x 50 = 300 ihren Alltag und das Absolute in Verbindung bringt.

1700 + 300 = 2000 meint diese gelebte Verbindung.

Die „Elle" 46 als Maßeinheit der Arche entspricht dem Verborgenen Wert 46 von JHWH und bildet mit 2 x 23 die Begegnung mit dem Formlosen ab. 10 x 46 = 460 = 20 x 23 beschreibt die 10, die dabei ist, über das Prinzip JHWH die bestehende Verbindung zum Absoluten im Denken zu festigen.

Den Entfaltungsbereich dieses Erkennens erklären die Maße der Arche: 300 x 30 = 9000 misst der Erfahrungsraum, in dem die 9 aus 3 x 3 und ihre Zielsetzung 10x10x10 sich einander nähern.

Mit jedem Erleben von 5 macht die 10 Schritte zur Ausgestaltung dieses Raumes und zur vollen Umsetzung des Potenzials „Mensch = Adam" 45:
300 x 50 x 30 = 450000 : 10 = 45 x 10x10x10.

Satz 16:

„(Ein)Dach" 90-5-200	295		
„sollst du machen" 400-70-300-5	775		
„der Arche" 30-400-2-5	437	1507	
„und bis zu(einer)Elle" 6-1-30 1-40-5	83		
„sollst du vollenden sie"			
400-20-30-50-5	505		
„nach oben hin" 40-30-40-70-30-5	215	803	2310
„Und die Tür" 6-80-400-8	494		
„der Arche" 5-400-2-5	412		
„an ihre Seite" 2-90-4-5	101		
„sollst du setzen" 400-300-10-40	750	1757	
„(Ein)unteres(Stockwerk)"			
400-8-400-10-40	858		
„(ein)zweites" 300-50-10-40	400		
„und(ein)drittes" 6-300-30-300-10-40	686		
„sollst du machen ihr" 400-70-300-5	775	2719	4476

„Sohar" 90-5-200 wird widersprüchlich mit „Dach" oder „Lichtöffnung" übersetzt und hat auch die Bedeutung von „Glanz".

Insgesamt symbolisiert dieser Begriff, dass der Mensch sich nach oben hin öffnet und dass ihm von dort einleuchtende Erkenntnisse zukommen. Bis auf dieses Dachfenster ist die Arche gut nach außen abgedichtet, was den Fokus der Wahrnehmung unterstreicht.

„Sohar" 295 meint eine wachsame und empfängliche Aufmerksamkeit für Eindrücke aus dem Bereich des Göttlichen, dessen Glanz sich direkt in einer starken Empfindung widerspiegelt.

295 + 775 = 1070 betonen, dass damit die Momente der 5 im Alltag gemeint sind, die 295 zu 300 ergänzen und sich mit 1000 + 70 definieren.

„Und bis zu(einer)Elle" 37 + 46 = 83 stellt den Bezug zu „und füllet" 83 in Genesis 1 und zur Summe 12 83 in Satz 15 her.

803 zeigt die 10, die diesen Schöpfungsauftrag über 505 vollendet, ihr Denken „nach oben hin" 215 ausrichtet und damit „ihre Breite" 215 in Satz 15 erklärt.

23 10 bildet in Summe diese 10 ab, 437 + 83 = 520 beschreiben sie mit 4 x 130 und 505 + 215 = 720 mit 10 x Voller Wert 72 von JHWH.

„Und bis zu (1) Elle" 83 macht deutlich, dass sich die 1 der 3 am 8. Tag indirekt über ein Denken erschließt, das den Sinn erfassen will.

Die seitliche Tür „der Arche" 412 symbolisiert mit 103 x 4 die beiden Bereiche im Bewusstsein, die auf derselben Ebene liegen und in ihrer Existenz gleichwertig sind. Die 10 betritt und verlässt durch diese Tür den geschützten Bereich, in dem sie mit der absoluten 3 in Kontakt steht, und wechselt in die Welt der 4; „und die Tür" 494 bildet ab, dass dieser Wechsel dazu dient, die 4 als Projektion zu erkennen.

„An ihre Seite" 101 macht auch mit 494 + 101 = 595 deutlich, was es zu erkennen gilt; „sollst du setzen" 750 erklärt mit 10 x 5x5 x 3, welches Wissen sich im Denken festsetzen soll.

Diese Tür verbindet Realitätsbereiche und Satz 15 erklärt mit „300", „50" „und 30" was sich hinter ihr verbringt; mit 1757 − 1756 = 1 zeigen beide Sätze die Ausrichtung zur 1, die sie synonym darstellen.

Im Innenraum machen 3 Ebenen 3 Bewusstseinszustände bildhaft:

„(Ein)unteres" 858 meint das Unterbewusstsein, in dem das Wissen um den „Odem des Lebens" 858 angelegt ist, der in Genesis 2, Satz 7 den Menschen zu einem „lebendigen Wesen" 453 macht; „(ein)zweites" 400 definiert sich als das Tagesbewusstsein der 2; „und(ein)drittes" 686 = 2 x 7x7x7 ist auch im Zahlenaufbau identisch mit „und dreißig" 686 in Satz 15 und definiert sich damit.

„Sollst du machen ihr" 775 stimmt mit „sollst du machen" 775 in Satz 15 ebenfalls exakt überein, wird in 2 Sätzen 3x genannt und erzählt mit 5x5 x 31, was gemacht werden soll.

In Summe erklären beide Sätze mit 5398 − 4476 = 922 = 2 x 461, dass die menschliche 2 in dieser Phase auf die Verbindung von 4 mit 1 ausgerichtet ist.

Mit 2719 − 659 = 2060 = 2 x 1030 informieren sie, dass die 2 sich auf diese Weise als 10 und als 10 x 3 erkennt.

Satz 17:

„Ich aber" 6-1-50-10	67	
„siehe ich" 5-50-50-10	115	
„(bin)bringend" 40-2-10-1	53	
„die -flut" 1-400 5-40-2-6-30	484	
„Wasser" 40-10-40	90	
„auf die Erde" 70-30 5-1-200-90	396	1205

„zu verderben" 30-300-8-400	738	
„alles Fleisch" 20-30 2-300-200	552	1290
„in dem" 1-300-200 2-6	509	
„Odem" 200-6-8	214	
„des Lebens" 8-10-10-40	68	791
„unterhalb" 40-400-8-400	848	
„der Himmel" 5-300-40-10-40	395	1243
„alles" 20-30	50	
„was auf der Erde"		
1-300-200 2-1-200-90	794	
„gehe unter" 10-3-6-70	89	933 5462

Welche Auswirkungen menschliche Bewusstseinsarbeit und der damit verbundene Zufluss von Informationen auf die 10 haben, zeigen Satz 17 + 15 mit 30 + 2 und in Summe mit 5462 + 5398 = 10860: Der 10 wird bewusst, 10 x „Elohim" 86 zu sein.

„Die Wasserflut" erklärt sich mit 90 + 484 und zeigt zusammen mit „auf die Erde" 396, dass 970 dabei ist, „alles Fleisch zu verderben" 1290.

12 90, 12 05 und 933 ergänzen einander zur Aussage, dass das wiederholte Erkennen von 5 und 3-3 zu einer Flut anwächst, die alles bisher über die Erde Gedachte untergehen lässt. Dieses Gedankenkonstrukt mit der Überbetonung des Physischen endet an einem toten Punkt, den eine 3-fache 7 markiert.

Noahs Vater Lamech personifiziert in Genesis 5 mit seiner 777 diese Grenzerfahrung. Aus ihr heraus geschieht die Veränderung, die Noah archetypisch verkörpert. 777 ist die Schnittstelle für den Untergang einer an die Erde fixierten Realitätsauffassung. Sie ermöglicht jedem einzelnen Bewusstsein, sich als 10 zu erkennen: 933 + 777 = 1710.

„Die Flut" 484 vernichtet in dieser 10 mit 310 „was auf der Erde" 794;

1243 − 933 = 310 bilden diese 10 ebenfalls mit 300 + 10 ab,
1710 − 310 = 1400 mit 1000 + 400.

Noah mit seinen 3 Söhnen verkörpert die 3, in der sich das gesamte Potenzial des Menschseins konkret umsetzt und nachvollziehbar macht. Die gesamte Lebenszeit Adams in Genesis 5 steht für dieses Potenzial, wird mit 930 Jahren angegeben und sagt aus, dass der Mensch insgesamt auf das Erkennen von 3 x 10 abzielt. 930 ist der komprimierte Ausdruck einer Zielsetzung, die jeder einzelne Mensch für sich erfüllt, sobald er sich als 3 erfasst: 930 + 3 = 933.

Auf diese Weise ist „alles was auf der Erde gehe unter" 933 gemeint.

Die gesamte Lebenszeit jedes Einzelnen ist ein Erfahrungsschatz, der sich aus einer unendlichen Vielzahl an Erlebnissen zusammensetzt; die Zahl 70 ist der konzentrierte Ausdruck dafür. Generelle menschliche Veranlagung und individuelle Lebenserfahrung sind darauf ausgerichtet, einander zu ergänzen und als 3-fache 10 die Prinzipien Elohim und JHWH zu vereinen: 930 + 70 = 1000.

Die 3 Söhne Noahs symbolisieren ein solches irdisches Leben. Die Worte „Sohn" 2-50, „Sem" 300-40, „Ham" 8-40 und „Jafet" 10-80-400 summieren 52, 340, 48 und 490 zur Zahl 930.

Ihre biblischen Gestalten bringen bildhaft den individuellen Menschen zur Darstellung, der als 3 seine generelle menschliche Prädestination konkret werden lässt. Diese 10 erkennt sich als 3 und sieht ein, dass sich all die vielfältigen Erfahrungen ihres ganz persönlichen Lebens mit der Veranlagung als Mensch perfekt zu einer 3-fachen 10 ergänzen.

„(Ein)unteres" 858 in Satz 15 und „unterhalb" 848 bestätigen mit ihrer Differenz 10, dass sich dieser ‚Weltuntergang' in der 10 ereignet.

Verursacht wird er dadurch, dass aus dem Unterbewusstsein Einsichten ins Bewusstsein aufsteigen und dabei ein himmlisches Gefühl auslösen: „(Ein)unteres" 858 + „sollst du machen ihr" 775 = 1633,

1633 – „unterhalb der Himmel" 1243 = „Himmel" 390 = 3 x 130.

„Odem des Lebens" 214 + 68 = 282, der sich auf „alles Fleisch" 552 bezieht, erklärt mit 552 – 282 = 270 = 9 x 30, was er belebt.

Er kombiniert sich mit „Odem des Lebens" 858, der in Genesis 2 die lebendige Seele charakterisiert, zu 1140, zur 10+1 in der 40.

791 = 7 x 113 bezeichnen diese 10+1 als 3 am 7. Tag.

Die Summe 5462 = 2 x die Primzahl 27 31 betont 6 x 9 als relevant für den Kontakt von 2 x 31.

Satz 18:

„Doch aufrichten werde ich"			
6-5-100-40-400-10	561		
„meinen Bund"			
1-400 2-200-10-400-10	1023		
„mit dir" 1-400-20	421	2005	
„Gehen wirst du" 6-2-1-400	409		
„zu der Arche" 1-30 5-400-2-5	443	852	
„du" 1-400-5	406		
„und deine Söhne" 6-2-50-10-20	88		
„und deine Frau" 6-1-300-400-20	727	1221	
„und die Frauen deiner Söhne"			
6-50-300-10 2-50-10-20	448		
„mit dir" 1-400-20	421	869	4947

In Summe bilden 5462 – 4947 = 515 auch mit 5 x 103 ab, was jene Art zu denken am Leben erhält, die Noah mit all seinen Aspekten verkörpert.

„Meinen Bund" 1023 = 1000 + 23 meint die Verbindung der 3-fachen 10 mit dem Formlosen, verweist auf Satz 28 in Genesis 1 und lässt wissen, dass dieser Bund der 2. Willensäußerung entspricht, zu herrschen „über die Fische des Meeres und über das Gevögel des Himmels" 1023.

Mit 3 x 341 beschreibt 1023 unter Bezug auf das „ganze Land" 341 in Satz 11 und 13, Genesis 2 das Leben der 3 in der 4: Es besteht darin, als 3 in der ganzen 4 die Impulse der 1 zu erfassen und auf diese Weise den Kontakt von 3 zu 3 zu erleben.

561 − 421 = 140 = 40 + 100 bilden auch mit 1-4 10 ab, wie sich der Bund errichtet; 2005 bestätigt dies in Summe mit 5 + 2000.

„Gehen wirst du zu der Arche" 852 erläutert mit 4 x 213 die Bewegung, die von der 4 ausgehend zur Kombination von 2+1 zu 3 führt.

„Du und deine Söhne und deine Frau" 1221 machen das Miteinander von 12 und 21 im Alltag der 3 deutlich, den 1221 mit 3 x 407 abbildet.

„Und die Frauen deiner Söhne mit dir" 869 machen darauf aufmerksam, dass die 3 bewusst dem folgt, was Genesis 2 in Satz 10 mit „sie, sie gab mir von dem Baum und ich aß" 869 bildhaft macht.

1221 + 869 ergänzen sich zu einer Wahrnehmung und einem Verhalten, das 2090 mit 2000 + 90 zusammenfasst.

Satz 19:
„Und von jedem Lebewesen"

	6-40-20-30 5-8-10	119	
„von allem Fleisch"			
	40-20-30 2-300-200	592	
„(je)zwei"	300-50-10-40	400	1111

„von allem" 40-20-30	90		
„sollst du bringen" 400-2-10-1	413		
„zu der Arche" 1-30 5-400-2-5	443	946	
„um (sie) am Leben zu erhalten"			
30-5-8-10-400	453		
„mit dir" 1-400-20	421	874	
„männlich" 7-20-200	227		
„und weiblich" 6-50-100-2-5	163		
„sollen sie sein" 10-5-10-6	31	421	3352

1111 bildet die Wahrnehmung der 4 als 4-fache 1 ab. Diese Art, die 4 und alles, was sie umfasst, wahrzunehmen, führt in der „Arche" 412 = 4 x 103 „zu der" 31 Begegnung mit dem Göttlichen.

„Arche" 400+12 + 1 = 400+13 bilden diesen Kontakt synonym ab, zu dem „sollst du bringen" 413 auffordert.

„Von allem" 90 = 3 x 30, was die Sinne erfassen, auf diese Weise „zu der Arche" 443 − 413 = 30 zu bringen, ermöglicht die Selbstwahrnehmung der 10 als 3 und hält die 10 und ihre Art, die Welt zu sehen, in der 40 am Leben: 453 − 413 = 40, 453 − 443 = 10, 40 + 10 = 50.

946 ergänzt sich mit dieser Auffassung von 4 zu 950, summiert sich mit 874 zu 1820 und bestätigt mit 2 x 910 und 910 + 40 = 950.

„Männlich" 227 „und weiblich" 163 zeigen in Summe mit 390 = 300 + 90, dass sie sich gegenseitig ergänzen, und symbolisieren die Eindrücke, wie „sie sein sollen" 31, die „zu der" 31 Erfahrung von 30+1 führen.

390 + 31 = 421 bildet in Summe dieses Miteinander von 2 und 1 in der 4 in Kurzform ab und bestätigt, was „mit dir" 1-400-20 zu 421 zusammenfasst.

1111 − 421 = 690 und 1820 − 690 = 1130 beschreiben diese 10 auch unter Bezugnahme auf Satz 3 in Genesis 5 mit 1000 + 130.

3352 stellt mit 4 x 838 den Bezug zu „zu erschlagen ihn" 838 in Genesis 4, Satz 15 her.

In Summe bringt Satz 19 mit diesen Hinweisen zum Ausdruck, dass der Mensch, der die 4 auf diese Art sieht, Kain erschlägt und Set zeugt.

Mit 3352 − 852 = 2500 betonen Satz 19 und 18 diese 4 als Basis für 5.

Satz 20:

„Vom Gefiederten" 40-5-70-6-80	201	
„je nach seiner Art" 30-40-10-50-5-6	141	342
„und von dem Vieh"		
6-40-50 5-2-5-40-5	153	
„je nach seiner Art" 30-40-10-50-5	135	288
„von jedem" 40-20-30	90	
„Kriechtier" 200-40-300	540	
„der Erde" 5-1-4-40-5	55	
„je nach seiner Art" 30-40-10-50-5-6	141	826
„(je)zwei" 300-50-10-40	400	
„von allen" 40-20-30	90	
„sollen kommen" 10-2-1-6	19	
„zu dir" 1-30-10-20	61	570
„um(sie)am Leben zu erhalten"		
30-5-8-10-6-400	459	2485

342 + 288 = 630 ergänzen 570 zu 1200 und beschreiben mit „zwei" 400 x 3 ein Leben, das Noah im wahrsten Wortsinn Arche-typisch verkörpert.

„Je nach seiner Art" wird 3x erwähnt und betont mit 141 + 135 + 141 = 417 die Individualität der 3 in der 400; 417 + 13 =

430 unterstreichen den Umstand, dass jeder als 10+3 je nach seiner Art 400 + 30 lebt.

Satz 20 − 7 = 13 machen über die 3-fache 10 übereinstimmende Aussagen:

342 + 288 + 826 = 1426 umfasst alle Aspekte der 2;
Wie sie „zu dir" 61 + „kommen sollen" 19 = 80, um am 8. Tag in der 10 am Leben erhalten zu werden, zeigen 80 = 50 + 30. In Satz 7 fasst 1456 zusammen, was „JHWH" 26 + „austilgen will" 54 = 80; 1456 − 1426 = 30 sprechen von der 3 x 10, die über 5 x 10 vom 7. in den 8. Tag wechselt.

„Austilgen will ich den Menschen den ich geschaffen" 1619 in Satz 7 und „um am Leben zu erhalten" 459 beschreiben mit ihrer Differenz 1160 diese 10 und ihren Wechsel mit 1110 + 50.

„Zu dir" 61 + „um am Leben zu erhalten" 459 = 520 verweist auf Lamech in Genesis 5, Satz 30 und „seinem Zeugen" 61 „den Noah" 459,
die Summe 826 auf „und neunzig" 826 im selben Satz.

Lamech verkörpert den Wechsel vom 7. zum 8. Tag, der „den Noah" 459 hervorbringt, in dem die 2 am Leben erhalten bleibt.

Seine 10 am 8. Tag erlebt sich als 40 x 10+3 = 520 und 3 x 30 = 90; 520 + 80 = 600 und 90 + 80 = 170 beschreiben sie ebenso wie 30 + 400 aus 520 − 90 und 10 + 2 x 300 oder 500 + 110 aus 520 + 90 = 610.

Die Summe 2485 erzählt mit 3x8 17x5 Ähnliches und stellt mit 5 x 497 den Bezug zu Satz 2 in Genesis 2 und zu „sein Werk" 497 her, das am 7. Tag vollendet ist.

Satz 21:

„Und du(selbst)" 6-1-400-5	412		
„nimm dir" 100-8 30-20	158	570	
„von aller Speise"			
40-20-30 40-1-20-30	181		
„die" 1-300-200	501		
„gegessen wird" 10-1-20-30	61	743	
„die sammle ein" 6-1-60-80-400	547		
„bei dir" 1-30-10-20	61	608	
„und es soll sein" 6-5-10-5	26		
„für dich" 30-20	50		
„und für sie" 6-30-5-40	81		
„zur Speise" 30-1-20-30-5	86	243	2164

„Und du(selbst)" 412 bist „Arche" 412.

„Bei dir" 61 „wird gegessen" 61, was 2x2 über 0 mit 1 und deine 3 x 10 mit „El" 31, dem Göttlichen, verbindet: 61 − 61 = 0, 61 + 61 = 122.

„Von aller Speise" 40-20-30 40-1-20-30 nimmt, wer „von jedem" 40-20-30 und „von allen" 40-20-30 auf die 1 schließt: 181 = 90 + 90 + 1

„Und für sie" 81 = 9x9 wird „von aller Speise" 181 die 10x10 genährt.

„Zwei von allen sollen kommen zu dir" 570 „und du nimm dir" 570 aus der 2 die Informationen, die dich als „Noah" 58 mit der 1 verbinden.

570 + 10 = 580 als Verborgener Wert von Adam sagt aus, dass sich die 10 auf ihrem Weg durch das Leben auch unbewusst alles ‚einverleibt', was sie der Erfahrung von 10 x „Noah" 58 näher bringt.

„Und es soll sein" 26 „für dich" 50 „zur Speise" 86, was 5 x 10 nährt und „JHWH" 26 und „Elohim" 86 wahrnehmen lässt; 743 – 243 = 5 x 10x10.

„Die sammle ein bei dir" 608 = 32 x 19 meint dich als erkennende 30+2, die Erfahrungen von 5 sammelt.

„Die sammle ein" 547, um als 10 am 7. Tag die Erfahrung von 3 x 3 zu machen: 547 + 243 = 790.

2164 = 5 x 541 komprimiert die verbale Aussage des Satzes zu einer Betonung der 5 aus 4+1 und stellt in diesem Sinn den Zusammenhang zu „als er zeugte den Henoch" 541 in Genesis 5 her.

Die Primzahl 743 weist darauf hin, dass 7 aus 4+3 besteht, aus Materie und Absolutem. „Von aller Speise die gegessen wird" 743 wird 4x1 ebenso versorgt wie 3x1; 700 + 40 + 3 beschreiben ein Leben, in dem 7 als 7x1 aus 4x1 + 3x1 verstanden wird und beides seine Berechtigung hat.

Dieser Mensch bringt als 2 x 30, 2 x 90 und 500 alles mit der 1 in Verbindung: 61 = 60 + 1, 181 = 180 + 1, 501 = 500 + 1.

Seine Sichtweise ist vereinbar mit dem Leben in der Materie, lassen 501 – 181 = 320 = 40 x 8, 501 – 61 = 440 und 181 – 61 = 120 wissen.

Satz 22:

„Und es tat" 6-10-70-300	386		
„Noah" 50-8	58		
„gemäß allem" 20-20-30	70	514	
„was" 1-300-200	501		
„geheißen" 90-6-5	101		
„ihm" 1-400-6	407		
„Gott" 1-30-5-10-40	86	1095	
„so" 20-50	70		
„tat er" 70-300-5	375	445	2054

„Und es tat Noah" 444 „so tat er" 445 erzählen mit ihrer Differenz 1, dass sich das Tun der menschlichen 3 in ihrem Leben in der 400+40+4 an der 1 orientiert. 400+45 lassen wissen, dass das Leben dieses Menschen äußerlich jedem anderen gleicht und er innerlich die Verbindung zur 1 hält, weil sein Tun sich auf 9 x 5 und 40 + 5 ausrichtet.

Diese 10 lebt den 7. Tag „gemäß allem" 70 „was geheißen ihm Gott" 1095, indem sie sich über das Erkennen von 5 nach seinem Willen orientiert. 514 + 445 = 959 bestätigen.

„Was geheißen ihm Gott" 1095 + „so tat er" 445 = 1540 erklären, dass auf diese Weise eine 3 x 5 die 40 lebt.

„Gemäß allem" 70 zu tun „was geheißen ihm Gott" 1095 bedeutet für Noah in Summe mit 1165 = 5 x 233, mit jeder 5 vom „Baum des Lebens" 233 zu nehmen.

Noah ist über 5 x 10x10 mit der 1 in Kontakt und hält sich in seinem Leben in der 400 bewusst daran, was die absolute 1 über 0 der 1 in ihm mitteilt: 400 + 101 = 501.

In Summe beschreibt 2054 ihn mit 2000 + sein Tun mit 6 x 9.

Zugleich erkennt jeder Noah, dass auch sein von der 2 geprägtes Leben als unbewusste 10 von dem bestimmt war, „was geheißen ihm Gott" 1095. 2054 = 2 x 1027 ergänzt mit 10 9x3 die Aussage von 10 9+5, dass jedes menschliche Tun, ob bewusst oder unbewusst, auf das Erkennen von 5, 10 und 3 abzielt.

„Noah" 58 ist Archetyp für die menschliche 3, die in sich die 1 wieder entdeckt, die von der 2 vernichtet schien: seine 58 = 3x7 + „Abel" 37. Diese Entdeckung gibt die Gewissheit, dass die 1 ungesehen in der 2 am Leben bleibt, während der Mensch am 7. Tag unterwegs ist, um sich als 3 zu erkennen. „Abel" 37 lebt in „Noah" 58, um 3 x 7 zu ermöglichen.

„Abel" hält die Verbindung zur 1 so lange unbewusst aufrecht, bis sie „Noah" bewusst lebt. Das Bild der Arche stellt auch vor Augen, dass die Beziehung zwischen der 1 des inneren Menschen und der absoluten 1 davor geschützt ist, in den „Fluten" des Zeitlichen unterzugehen.

Die 1 überdauert in jeder 10 die Fluten des Zeitlichen und ist darin unterwegs zu sich selbst.

Die 10 als Partikel der absoluten 1 soll sich nicht in einem Dasein in Zeit und Raum verlieren. Im Gegenteil, was den Menschen wirklich ausmacht, ist sicher vor Vernichtung und in einem Bereich mit den Maßen 300 x 50 x 30 auf 3 Ebenen untergebracht.

Genesis 1 nennt dieses Essenzielle des Menschseins je nach Übersetzung „Lebendige Seele" oder „Wesen lebendes" 453. Als Kreation des 6. Tages ist es dazu geschaffen, sich in der Praxis zu bestätigen und durch ein Leben am 7. Tag zu einer Wahrnehmung zu führen, die 453 + 7 = 460 mit 2 x 10 x 23 beschreiben.

Bis zur bewussten Wahrnehmung als 10 ist jener Teil des Menschen, der ihn eigentlich lebendig macht, in einem Bereich untergebracht, dessen Maßeinheit „Elle" 46 ihn auf 10 x 46 = 460 vorbereitet.

„Und nehme auch vom Baum des Lebens" 460 nennt Satz 22 in Genesis 3 diese Erfahrung.

Das Dasein als 3 wird verkörpert durch 3 Söhne, die es vertiefen und verdeutlichen. Die 13 machen 1 Noah und seine 3 Söhne bildhaft.

Sie nimmt im Bewusstsein ihren Platz gemeinsam mit der 2 ein, ihrem weiblichen Aspekt. Tiere symbolisieren, dass das körperliche Leben mit all seinen Facetten und mit ihm die bekannte Welt der Gegensätze erhalten bleiben soll; 2 von jeder Art sollen in die Arche aufgenommen werden. Was bisher das körperliche Dasein ausgemacht hat, hat weiterhin Platz im Leben; untergehen soll nur eine Weltsicht, die sich auf Materie begrenzt.

Während einer Sichtweise, die sich auf 4 fokussiert, die Vernichtung droht, gestaltet sich durch wiederholtes Erleben von 4 + 1 eine neue Sichtweise aus.

Der Bau der Arche Noah symbolisiert diesen Vorgang.

Immer deutlicher und mit zunehmender Gewissheit nimmt der menschliche Noah Informationen aus dem Bereich der 1 wahr. Je mehr die ‚Zufälle' und ‚Einfälle' als ‚von oben' kommend akzeptiert und umgesetzt werden, um so mehr bilden sie die Basis für eine sich ganz neu entwickelnde innere Stabilität.

Wenn die ‚Anweisungen' von Elohim ernst genommen werden, konstruiert sich eine schützende Arche im eigenen Denken und Wahrhaben und schafft Raum für eine bisher unbekannte Art und Weise, die Welt zu erleben.

BUCH GENESIS
Kapitel 7 – Genesis 7
(Die Flut)

„1 Und Jehova sprach zu Noah: Gehe in die Arche, du und dein ganzes Haus; denn dich habe ich gerecht vor mir erfunden in diesem Geschlecht. 2 Von allem reinen Vieh sollst du sieben und sieben zu dir nehmen, ein Männchen und sein Weibchen; und von dem Vieh, das nicht rein ist, zwei, ein Männchen und sein Weibchen; 3 und von dem Gevögel des Himmels sieben und sieben, ein Männliches und ein Weibliches: um Samen am Leben zu erhalten auf der Fläche der ganzen Erde! 4 Denn in noch sieben Tage, so lasse ich auf die Erde regnen vierzig Tage und vierzig Nächte und werde vertilgen von der Fläche des Erdbodens alles Bestehende, das ich gemacht habe.

5 Und Noah tat nach allem, was Jehova ihm geboten hatte.

6 Und Noah war sechshundert Jahre alt, als die Flut kam, Wasser über die Erde. 7 Und Noah und seine Söhne und sein Weib und die Weiber seiner Söhne mit ihm gingen in die Arche vor den Wassern der Flut. 8 Von dem reinen Vieh und von dem Vieh, das nicht rein ist, und von dem Gevögel und von allem, was sich auf dem Erdboden regt, 9 kamen zwei und zwei zu Noah in die Arche, ein Männliches und ein Weibliches, wie Gott dem Noah geboten hatte.

10 Und es geschah nach sieben Tagen, da kamen die Wasser der Flut über die Erde. 11 Im sechshundertsten Jahre des Lebens Noahs, im zweiten Monat, am siebzehnten Tag des Monats, an diesem Tag brachen auf alle Quellen der großen Tiefe, und die Fenster des Himmels taten sich auf. 12 Und der Regen fiel auf die Erde vierzig Tage und vierzig Nächte.

13 An eben demselben Tage gingen Noah und Sem und Ham und Jafet, die Söhne Noahs, und das Weib Noahs und die Weiber

seiner Söhne mit ihnen in die Arche, 14 sie und alles Getier nach seiner Art und alles Vieh nach seiner Art und alles Gewürm, das sich auf der Erde regt, nach seiner Art und alles Gevögel nach seiner Art, jeder Vogel von allerlei Gefieder. 15 Und sie gingen zu Noah in die Arche, je zwei und zwei von allem Fleische, in welchem ein Hauch des Lebens war. 16 Und die hineingingen, waren ein Männliches und ein Weibliches von allem Fleische, wie Gott ihm geboten hatte. Und Jehova schloss hinter ihm zu.

17 Und die Flut kam vierzig Tage lang über die Erde. Und die Wasser mehrten sich und hoben die Arche empor, und sie erhob sich über die Erde. 18 Und die Wasser nahmen überhand und mehrten sich sehr auf der Erde; und die Arche fuhr auf der Fläche der Wasser. 19 Und die Wasser nahmen gar sehr überhand auf der Erde, und es wurden bedeckt alle hohen Berge, die unter dem ganzen Himmel sind. 20 Fünfzehn Ellen darüber nahmen die Wasser überhand, und die Berge wurden bedeckt.

21 Da verschied alles Fleisch, das sich auf der Erde regte, an Gevögel und an Vieh und an Getier und an allem Gewimmel, das auf der Erde wimmelte, und alle Menschen; 22 alles starb, in dessen Nase ein Odem des Lebenshauches war, von allem, was auf dem Trockenen war.

23 Und vertilgt wurde alles Bestehende, das auf der Fläche des Erdbodens war, vom Menschen bis zum Vieh, bis zum Gewürm und bis zum Gevögel des Himmels; und sie wurden vertilgt von der Erde. Nur Noah blieb übrig und was mit ihm in der Arche war. 24 Und die Wasser hatten Überhand auf der Erde hundert und fünfzig Tage."

In Genesis 6 erläutert Elohim die theoretischen Grundlagen, in Genesis 7 werden sie durch JHWH gelebte Praxis. Genesis 6 enthält theoretische Aussagen, und Genesis 7 berichtet über das tatsächliche Geschehen im Alltag jedes Menschen, für den Noah archetypisch ist.

So wie der 6. Schöpfungstag die Prinzipien schafft, die am 7. Tag zur Umsetzung kommen, bringt auch die Erzählung über Noah zum Ausdruck, dass absolute Vorgaben dem Handeln des Menschen vorausgehen und es bestimmen.

Die ersten 6 Schöpfungstage beendet Elohim jeweils selbst. Den 7. Tag beendet sein Bild und Gleichnis, der Mensch. Er tut das, indem er erkennt, dass ,oben' und ,unten', Absolutes und Relatives einander entsprechen. Damit kommt das Prinzip 10-5-6-5 in die bewusste Umsetzung und der Sinn des 7. Tag wird erfüllt.

Der Mensch anerkennt sich selbst als fraktales Element des Prinzips JHWH, das unmittelbar mit Elohim in Beziehung steht. Das Denken lernt zu akzeptieren, ein selbstähnlicher Aspekt beider Prinzipien zu sein. Die Annäherung an diese Akzeptanz geschieht allmählich. In Genesis 7 schildern eindrückliche, dramatische Bilder den Ablauf dieser Phase.

Die Gestalt von Noah verkörpert, was am Ende des 7. Tages im Bewusstsein vor sich geht und nachvollziehbar wird. Zugleich schildern diese Bilder, was für den Abel in ihm während des 7. Tages unerkannt gilt. Die Geschehnisse rund um die Arche symbolisieren sowohl die Verbindung von 10 zu 1 im Inneren des Menschen, die am 7. Tag unerkannt existiert als auch die tatsächliche Erfahrung jedes Noah.

Das Prinzip JHWH ist in Genesis 7 der vorherrschende Aspekt des Absoluten. Seine Worte bestimmen das Geschehen und beschreiben in Grundzügen das Prinzip Noah, das sich für jeden Menschen individuell erfahrbar macht. Nicht äußere Vorgaben bestimmen das Verhalten in dieser Situation. Es richtet sich ausschließlich nach starken inneren Impulsen, die mental und intuitiv eindeutig sind. Das Prinzip JHWH spricht auf diese Weise aus, was das Prinzip Elohim vorgibt.

Satz 1:

„Da sprach" 6-10-1-40-200	257		
„JHWH" 10-5-6-5	26		
„zu Noah" 30-50-8	88	371	
„Geh du" 2-1 1-400-5	409		
„und all dein Haus"			
6-20-30 2-10-400-20	488		
„zu der Arche" 1-30 5-400-2-5	443	1340	
„denn dich" 20-10 1-400-20	451		
„habe ich gesehen" 200-1-10-400-10	621		
„gerecht" 90-4-10-100	204		
„vor meinem Angesicht" 30-80-50-10	170	1446	
„während der Zeit" 2-4-6-200	212		
„dieser da" 5-7-5	17	229	3386

Die Summe bildet mit 33 86 ab, dass „Elohim" 86 von 3 zu 3 spricht und sich in der 2 x 13 über „JHWH" 26 Gehör verschafft.

Ein Bewusstsein, das wie Noah intuitiv wahrnimmt, was eine absolute Instanz ihn wissen lässt, entspricht beiden absoluten Prinzipien, verbindet 2 Realitätsebenen mit 4 + 1 und kombiniert sein 3- und 2-Sein. Der Zeitpunkt, zu dem die 1 wahrgenommen wird, bewirkt diese 3-fache Verbindung.

Satz 1 bringt diesen Umstand durch die Kombination von 3 + 2 Wortgruppen und 1. + 4. Satzteil zum Ausdruck: „Da sprach JHWH zu Noah" 371 + „während der Zeit dieser da" 229 = 600 = 2 x 300.

Die Verbindung ereignet sich „während der Zeit" 212 „dieser da" 5-7-5, wenn ein einzigartiger Eindruck in der 2 x 2 die 1 zeigt und damit 5-5 einander am 7. Tag begegnen.

„Geh du und all dein Haus zu der Arche" sagt verbal und auch mit 13 40 aus, dass sich die 10 im Zeitlichen darauf zu bewegt, als 13 erfassen zu können, was die Arche symbolisiert und enthält.

„Vor meinem Angesicht" 170 und „denn dich habe ich gesehen" betonen mit 621 – 451 = 170, wie individuell jedes Sehen von 1 zu 10 am 7. Tag ist, auch 371 + 1340 = 1711 bringen es zum Ausdruck.

„Gerecht" 204 definiert sich mit 2 x 102 und 12 x 17 als immer wieder neues Erfassen der 1 in der 2 „während der Zeit" 212.

1446 – 1340 – 26 = 80 erzählen, dass damit der 8. Tag erlebt wird. Die Schnittstelle zwischen beiden Tagen markiert 777, eine 3-fache 7. Sie weist darauf hin, dass der von JHWH geprägte 7. Tag mit der 3 von Elohim endet und lässt beide Prinzipien als einander ergänzend sehen. Diese Einsicht entspricht dem Vollen Wert 777 vom Baum des Lebens.

Die 2 am Ende des 7. Tages, die 2 x 777 = 1554, ergänzt 1446 zu 3000 = 10 x 300.

Satz 2:

„Von all" 40-20-30	90		
„dem Vieh" 5-2-5-40-5	57		
„dem reinen" 5-9-5-6-200-5	230	377	
„sollst du dir nehmen"			
400-100-8 30-20	558		
„sieben" 300-2-70-5	377	935	
„sieben" 300-2-70-5	377		
„Männchen" 1-10-300	311		
„und sein Weibchen" 6-1-300-400-6	713	1401	2713
„Und von dem Vieh"			
6-40-50 5-2-5-40-5	153		
„welches" 1-300-200	501		
„nicht" 30-1	31		
„rein" 9-5-200-5	219		
„es(ist)" 5-6-1	12	916	
„(je)zwei" 300-50-10-40	400		
„(ein)Männchen" 1-10-300	311		
„und sein Weibchen" 6-1-300-400-6	713	1424	2340

Satz 2 besteht aus 2 Hälften mit 3+2+3 = 8 und 5+3 = 8 Wortgruppen und skizziert damit die 10 am 8. Tag.

Die Summe 2713 der 1. Hälfte zeigt mit 9x3 13 eine 10+3, die auf das Erkennen der 3 ausgerichtet ist. Im Modus der 2 will sie den 7. Tag zu 777 machen und die erwähnten 2 x 7 mit einer dritten 7 komplettieren.

Diese dritte „sieben" 377 stammt „von all dem Vieh dem reinen" 377, wobei „dem reinen" 230 sich mit dem Wissen um 23 x 10 erklärt, „rein" 219 mit 2 19, 3x7 9 und über 73 x 3 mit 70+3 x 3 und 40+33 x 3.

2713 + „sieben" 377 = 3090 beschreiben die Veränderung mit 30 x 103;
2713 + 7 = 2720 stellt als Variante mit 10 x 272 den Bezug zu „Abend" 272 am 1. Schöpfungstag in Genesis 1 her und beschreibt das Ende des 7. Tages als eine Dämmerphase, die dem 8. Tag voraus geht.

Am 3-fachen 7. Tag wechselt die klare Selbstwahrnehmung als 3-fache 10 mit Phasen, in denen diese Wahrnehmung in einem Dämmerzustand ist.

3090 – 2720 = 370 betonen, dass die 10 sich des „Abel" 37 aber auch dann grundsätzlich bewusst ist, wenn sie ihn gerade nicht wahrnimmt.

„Sollst du dir nehmen sieben" 935 bildet seine Grundhaltung gegenüber der 7 mit dem Erkennen von 3 und 5 ab, die auch 900 + 5x7 beschreiben.

„Sieben Männchen und sein Weibchen" 1401 = 3 x 467 verweisen auf Satz 3 in Genesis 6 und Satz 1 in Genesis 2 und beschreiben die Beziehung der 3 zu 7, 1 und 2 mit „so waren vollendet die Himmel" 467.

„Dem Vieh" 57 begegnet die 3 auf eine Weise, die 19 x 3 erklärt;

„Sieben" 377 „und sein Weibchen" 713 bestätigen in Summe mit 1090.

Die 2. Satzhälfte beschreibt in Summe das Leben der 10 am 8. Tag als Kombination von 23 und 40. Beides ist für diese 10 gleichwertig, sie wendet sich sowohl „dem reinen" 23x10 als auch der „zwei" 40x10 zu. Für sie ist 230 x 1 ebenso Ausdruck der 1 wie 400 x 1.

„Sieben" 377 + „zwei" 400 = 777 = 7 x 111 zeigen ihre Einstellung.

2 Satzhälften demonstrieren, dass und wie sich Gegensätze verbinden:
Sowohl 23 40 als auch „dem reinen" 230 beziehen sich auf die 10 x 23;
„dem reinen" 230 + 20 = „nicht rein" 250;
„nicht rein" 250 + 470 = 720 = „welches rein" 501+219;
„dem reinen" 230 + 490 = „welches rein" 720;
230 + 470 = 700 = 720 − 20, 490 + 250 = 740 = 720 + 20 erzählen über eine Existenz, in der 300 + 400 insgesamt im Gleichgewicht sind.

Von „dem Vieh" 57 „und von dem Vieh" 153 wird diese Aussage in Summe mit 210 ergänzt; ihre 2 dient der 10 zur Kombination zu 30 x 7.

Dass eine 3x10 Gegensätzliches verbindet und sich dabei am 7. Tag als Projektion einer absoluten 3 erfasst, bilden 2713 − 2340 mit 373 ab und erklären es auch mit 30 + 343 aus 7x7x7.

Die menschliche 3, die in „Weibchen" und in „Vieh" jeweils die 2 und beides als Ausdruck der 1 sieht, führt ein Leben, das im Absoluten dem Prinzip 3 entspricht: „und sein Weibchen"

713 – „und von dem Vieh" 153 zeigen als Gemeinsamkeit den Atbasch 560 von Elohim.

Das Verständnis der 2 als 2 x 1 belegt Satz 2 mit 2x „Männchen" 311 = „und zeugte Söhne und Töchter" 622 in Genesis 5. „In seinen Zeiten" 622 in Satz 9, Genesis 6 unterstreicht, dass dieses Verständnis der 2 das zeitliche Leben des Noah prägt.

„Zwei Männchen" 711 „und sein Weibchen" 713 verweisen gemeinsam auf die 2 als 2x1, die sie jeweils symbolisieren.

„Sieben Männchen" 688 „und sein Weibchen" 713 betonen die 5x5 als gemeinsame Zahl, die im Alltag der 13 die 1 mit 2 verbindet.

„Zwei Männchen und sein Weibchen" 1424 und „sieben Männchen und sein Weibchen" 1401 erzählen mit der gemeinsamen Zahl 23 über ein Denken, das „sieben" 377 und „zwei" 400 als Ausdruck des Formlosen erfasst, und definieren mit 800 aus 377 + 23 + 400 das Denken der 10x10 am 8. Tag.

501 – 311 = 190 beschreiben ein Bewusstsein, „welches" 501 die 1 in der „zwei" 400 erkennt. 400 – 190 = 210 bestätigen die Funktion, die das Vieh dabei symbolisiert.

Ob „rein" 219 oder „nicht" 31, alles in der 2 ist für eine 30 + 1 Ausdruck des Göttlichen = „El" 31 und ermöglicht 219 + 31 = 10 x 5 x 5.

Es „nicht" 31 zu sehen, entspricht ebenfalls „El" 31 und gibt dieser 30 die Möglichkeit, die 1 in der 4x4 über 5 zu erkennen.

935 – 916 = 19 machen zusammen diese Aussage.

Satz 3:

„Auch" 3-40	43		
„vom Gefiederten" 40-70-6-80	196		
„der Himmel" 5-300-40-10-40	395		
„sieben" 300-2-70-5	377	1011	
„Sieben" 300-2-70-5	377		
„männlich(e)" 7-20-200	227		
„und weiblich(e)" 6-50-100-2-5	163	767	
„um am Leben zu erhalten"			
30-8-10-6-400	454		
„Samen" 7-200-70	277		
„auf der Oberfläche" 70-30 80-50-10	240		
„der ganzen Erde" 20-30 5-1-200-90	346	1317	3095

Die Summe 3095 ergänzt 3090 in Satz 2 um 5, auch 1011 sowie 1317 − 767 = 550 betonen das Prinzip JHWH für die Akzeptanz als 3 durch die 10.

1011 stellt den Bezug her zu „und sechzig Jahr(e)" 1011 in Genesis 5, 767 zu „verflucht sei die Ackererde deinetwegen" 767 in Genesis 3 und 1317 zum 2. Schöpfungswort in Genesis 1 „es werde(eine)Feste zwischen den Wassern und werde scheidend zwischen Wassern zu Wassern" 1317.

„Auch" 43 + „sieben" 377 = 420, „auch" 43 + „männlich" 227 = 270 „und (auch)weiblich" 163 − 43 = 120 sowie „auch" 43 + „Samen" 277 = 320, „auch" 43 + 767 = 810 und „auch" 43 + 1317 = 1360 geben Hinweise, was auf „der ganzen Erde" 346 + „am Leben erhalten" 454 und am 8. Tag der 3 bewusst wird: Der „Samen" 277 trägt in sich das Potenzial, in der Welt der „sieben" 377 zur Erfahrung von 10x10 zu führen und sich zu 277 + 3 = 300 und 377 + 3 = 380 = 300 + 80 zu entfalten. Jeder Eindruck von 5 hält in der 10 x 3 die Sichtweise am Leben, dass „vom Gefiederten" 196 bis zu „der ganzen Erde" 346 die 1 sich in allem zeigt, vom gedanklichen Bereich bis zum ganzen physischen Dasein.

346 – 196 = 150 machen mit 5 x 10 x 3 diese Aussage und mit 10-5 x 10, dass sich so die innere Verbindung zur '10-5 oben' stabilisiert.

„Der Himmel" 395 definiert sich als das Erkennen von 3 und 5; er wird für jede 10 im Moment von 3095 zur Realität, der 3090 = 30 x 103 über 5 erleben lässt.

Was Satz 1, 2 und 3 in Wort und Zahl aussagen, ist als Potenzial wie in einem Samen in der Arche jedes Noah gespeichert, um die Flut des Zeitlichen zu überdauern und für ihn letztlich bewusste Erfahrung zu werden. Dringen diese Zusammenhänge in die Wahrnehmung, baut sich dadurch nach einem allgemein gültigen Bauplan seine ganz individuelle innere Arche. Je nach ‚Baufortschritt' verleiht eine wachsende Anzahl von Details dem ungewöhnlichen Gedankengebäude immer mehr Ausdruck und Stabilität. Als ganz persönliches Bewusstseinskonstrukt ist es darauf ausgelegt, das physische Leben, wie es ist, zu erhalten.

Satz 4:

„Denn" 20-10	30		
„in Tagen" 30-10-40-10-40	130		
„noch" 70-6-4	80		
„sieben" 300-2-70-5	377	617	
„(bin)ich" 1-50-20-10	81		
„regnen lassend" 40-40-9-10-200	299		
„auf die Erde" 70-30 5-1-200-90	396	776	
„vierzig" 1-200-2-70-10-40	323		
„Tag(e)" 10-6-40	56		
„und vierzig" 6-1-200-2-70-10-40	329		
„Nacht(=Nächte)" 30-10-30-5	75	1162	2555
„und ich werde vertilgen"			
6-40-8-10-400-10	474		
„all das Bestehende"			
1-400 20-30 5-10-100-6-40	612	1086	
„das" 1-300-200	501		

„ich gemacht" 70-300-10-400-10	790	1291	
„weg von oberhalb" 40-70-30	140		
„des Angesichts" 80-50-10	140		
„der Erde" 5-1-4-40-5	55	335	2712

JHWH als das Prinzip der Teilung und gegensätzlichen Spiegelung teilt die 1 in 2 unterschiedliche Hälften und macht sie dadurch unkenntlich. Die täuschende Wirkung der 2 wird von JHWH verursacht. Sie ist „all das Bestehende" 612, das nun vertilgt werden soll. 2712 – 612 = 2100 zeigen die neue Realität mit 30 x 70 = 3 x 700 = 300 x 7.

Jede 5 aus 1+4 ist für die 10 wie ein Tropfen, der dazu beiträgt, das Zerrbild aufzulösen, „weg von oberhalb" 140 „des Angesichts" 140 „der Erde" 55 zu waschen durch das wiederholte Sehen exakter Duplikate.

„Vierzig" 323 „und vierzig" 329 scheinen nur ungleich; die Qualität der 6 macht die exakte Übereinstimmung von „vierzig" 323 „und" 6 „vierzig" 323 deutlich.

Mit einzelnen Zahlenwerten und Kombinationen unterstreicht Satz 4 die Funktion der 6 im Prozess der Illusionsauflösung. In Summe macht 2712 mit 6 x 452 darauf aufmerksam, dass sie wesentlich dazu beiträgt, die Arche „vom Innern" 452 her gegen störende Einflüsse abzudichten „und achtzig" 452 aus 40 + 40 Realität werden zu lassen.

2555 bildet die vernichtende Wirkung der 3-fachen 5 auf die Täuschung durch die 2 ab und fasst damit die Worte zusammen.

2712 + 2555 = 5267 = 23 x 229 stellen unter Verweis auf Satz 1 fest, dass „während der Zeit dieser da" 229 Verbindung zum Formlosen besteht und zunehmend bewusst wird.

Wort für Wort machen „denn" 30 „in den Tagen" 130 „noch" 80 = 50 + 30 „sieben" 377 = 13 x 29 deutlich, was den Alltag der 3-fachen 10 prägt.

„Sieben" 377 + „vierzig" 323 = 700 betonen, dass er in Kombination mit 10x10 erlebt wird; diese 7 + 40 = 47 fördert in der 10 die Akzeptanz dessen, was „lasset uns Menschen machen" 470 in Genesis 1 beschreibt.

„Sieben" 377 + „vierzig" 323 + „vierzig" 323 = 1023 zeigen die 10 in Kontakt mit dem Formlosen; 1023 + 87 aus 7 + 40 + 40 demonstrieren das Miteinander einer sichtbaren und einer unsichtbaren Realitätsebene in Summe mit 1110 = 111 x 10.

Satz 5:

„Und es tat" 6-10-70-300	386		
„Noah" 50-8	58	444	
„gemäß allem" 20-20-30		70	
„was ihm geheißen"			
1-300-200 90-6-5-6	608		
„JHWH"	26	634	1148

Der 5-teilige Satz erläutert 4 + 1 und die Umsetzung von Prinzip JHWH, indem er mit 70 die 10 am 7. Tag als Schnittstelle zwischen Noah und JHWH zeigt und ihr mit 190 aus 634 − 444 Erkenntnisfähigkeit zuweist.

Inhaltlich entspricht dieser Satz der Aussage von Satz 22, Genesis 6, der sie auf Elohim bezieht;

444 + 70 = 514 stimmt in beiden Sätzen überein und insgesamt sagen sie mit 2054 − 634 = 1420 = 2 x 710 aus, dass die 10 am 7. Tag durch 5 aus 4 + 1 die Täuschung der 2 durchschaut.

Satz 5 betont die 5 als hintergründigen Aspekt alles Offensichtlichen und setzt damit fort, was die Sätze 1 − 4 vorbereiten:

Satz 1 zeigt das Miteinander von 4 + 1 und 2 + 3 am Ende des 7. Tages;

Satz 2 und 3 erwähnen die Zahl 7 je 2x, Satz 4 ergänzt diese 4 x 7 mit 1 x 7 zu 5 x 7 und stellt mit 35 die 3 und die 5 offen nebeneinander.

Die Zahl 35 wiederholt sich ebenso wie 350 = 35 x 10 = 300 + 50 in der Genesis öfter, beschreibt mit 30 + 5 kurz und prägnant das Leben jedes Noah und charakterisiert mit 2 x 35 = 70 seine 10, die am Ende des 7. Tages „gemäß allem" 70 handelt, was ihr aus dem Absoluten zufließt.

1148 nimmt Bezug zu Satz 12 in Genesis 2, der 350 ebenso hervorhebt:
„Und das Gold des Landes desselben (ist)gut" 350 +
„Dort(gibt's)Bedolachharz und Schohamstein" 798 = 1148

Noah ist die 3 und die 50, die zu schätzen weiß, welcher Reichtum sich unter der Oberfläche des 7. Tages verbirgt und seiner 10 durch jede Erfahrung von 5 aus 4+1 Stück für Stück zufließt.

11 48 bildet mit 1-1 und 4x1 4x2 diesen Reichtum ab.

Satz 6:

„Und Noah" 6-50-8	64		
„(war ein)Sohn von sechs"			
2-50 300-300	652		
„hundert" 40-1-6-400	447		
„Jahren" 300-50-5	355	1518	
„als die Flut" 6-5-40-2-6-30	89		
„geschah" 5-10-5	20	109	
„Wasser" 40-10-40	90		
„(war)über der Erde"			
70-30 5-1-200-90	396	486	2113

Satz 6 hebt die Qualität der 6 als wesentliche Fähigkeit von Noah hervor, indem seine 50-8 mit 6 gekoppelt und er als „Sohn von sechs" 652 bezeichnet wird, der über „100" 3 mit 3 verbindet.

15 18 beschreibt Noah mit 3x5 „100" 3x6.

Der „Sohn von sechs" 652 „hundert" 447 „Jahren" 355 demonstriert, wie außergewöhnlich und kreativ die Art von Kombination ist, die 3 mit 3 in Kontakt bringt: 652 + 355 – 447 = der Atbasch 560 von Elohim.

Jedes Mal, wenn über 6 die ‚10 unten' mit der ‚10 oben' bewusst in Kontakt kommt und das Kamel, die Gimmel, in der Welt der 2 durch das Nadelöhr der 100 geht, steigt das „Wasser" 90 und hebt im Bewusstsein
10 x 6 x 10 = 600 = 3 x 2 x 100 = 600 = 2 x 300 an.

„Als die Wasserflut" des Erkennens führen solche Erfahrungen zur Ein-Sicht, dass alles eine Äußerung der 1 ist: 90 – 89 = 1

Die Primzahlen 109 und 2113 betonen, dass jedes Erkennen der 1 einzigartig und jeder einzelnen 10+3 in dem Moment möglich ist, in dem sie 2 als 1-1 versteht und mit 2-1 am 7. Tag die absolute 3 wahrnimmt.

Jedes Mal wird dabei realisiert, dass ein direkter Kontakt zu einem formlosen Absoluten besteht. Dass sich dadurch das Denken allmählich von der irdischen Schwerkraft löst, erzählen „und Noah" 64 + „(war) über der Erde" 396 = 460 und beschreiben mit 2 x 10 x 23 den Menschen, der mit beiden Beinen fest am Boden steht und sich zugleich mental davon löst, weil er etwas wahrnimmt, das weit über alles Irdische hinausgeht. „Und nehme auch vom Baum des Lebens" 460 nennt Satz 22 in Genesis 3 diese Erfahrung.

„Wasser war über der Erde" 486 verweist ebenfalls auf den Baum des Lebens, der „in der Mitte des Gartens" 486 steht, und bestätigt das paradiesische Gefühl, das derartige Momente auslösen, in denen „Gott" 86 + 400 erlebt werden. Der Mensch hat in solchen Phasen das Gefühl, absolut in seiner Mitte zu sein.

Dieses Gefühl bilden „sieben" 377 + 70 = „hundert" 447 ab; die 7 x 10 befindet sich zwischen „7" und „100" und erlebt beides.

Den Beginn der Flut definieren in Satz 4 die Zahlen 7 + 40 + 40 = 87, „sieben" 377 + „vierzig" 323 + „vierzig" 323 = 1023, in Satz 6 „sechs" 600 + „hundert" 447 = 1047.

Sie summieren sich mit 87 + 600 zu 687, mit 87 + 6 + 100 zu 193 und unterstreichen mit ihren Kombinationen die einsetzende Erkenntnisflut, die sich immer wieder selbst bestätigt:
687 + 193 = 880, 1023 + 1047 = 2070, 2070 − 880 = 1190;
1023 + 687 = 1710, 1023 − 193 = 830, 1710 − 830 = 880;
1047 − 687 = 360, 1047 + 193 = 1240, 1240 − 360 = 880.

Satz 7:

„Und es war gegangen" 6-10-2-1	19		
„Noah" 50-8	58		
„und seine Söhne" 6-2-50-10-6	74		
„und seine Frau" 6-1-300-400-6	713		
„und die Frauen seiner Söhne"			
6-50-300-10 2-50-10-6	434	1298	
„mit ihm" 1-400-6	407		
„in die Arche" 1-30 5-400-2-5	443	850	
„angesichts" 40-80-50-10	180		
„der Wasser" 40-10	50		
„der Flut" 5-40-2-6-30	83	313	2461

Die Summe 2461 = 23 x 107 weist mit 23 + 107 = 130 darauf hin, auf welche Weise 100 + 30 immer wieder erlebt werden. Die Fähigkeit, feine Nuancen zu erfassen und stimmige Schlussfolgerungen daraus zu ziehen, charakterisieren einen Noah in seiner Gesamtheit.

Die 2 auf diese Art zu betrachten, lässt über 100 zu 13 wechseln, das bestätigen auch 1298 + 2 = 1300.

Satz 6 betont „hundert" 447 als Merkmal jedes „Sohn von sechs" 652, der „Noah" 50-8 ist und den 850 als Variante zeigt. 652 + 58 = 710, 850 sowie 850 − 710 = 140 = 100 + 40 beschreiben die 10, die seinem Archetyp entsprechend agiert.

Mit „sprechend dieser wird uns trösten" 447 „wegen unserer Arbeit und wegen der Mühsal unserer Hände" 850 erklärt Satz 29, Genesis 5, welche Gefühle die Einsicht begleiten, sich selbst Noah nennen zu können.

Jedes Mal, wenn der Mensch über „hundert" 447 „mit ihm in die Arche" 850 geht, wiederholt sich diese positive Erfahrung, wirkt motivierend und stärkt die Gewissheit, am richtigen Weg zu sein.

Als Verborgener Wert 850 von „die Helden" stellt sich der Bezug zu Satz 4 in Genesis 6 her und bestätigt die Symbolik dieses Begriffes.

„Sie sind die Helden" 310 meint jede 3, die „angesichts der Wasser der Flut" 313 alle mentalen Widerstände besiegt und dem folgt, was sich ihr von 3 zu 3 mitteilt.

Satz 8:

„Von dem Vieh" 40-50 5-2-5-40-5	147	
„dem reinen" 5-9-5-6-200-5	230	377
„und von dem Vieh"		
6-40-50 5-2-5-40-5	153	
„das" 1-300-200	501	
„nicht ist" 1-10-50-50-5	116	
„rein" 9-5-200-5	219	989
„und vom Gefiederten"		
6-40-50 5-70-6-80	257	
„und allem" 6-20-30	56	

„was kriechend"

1-300-200 200-40-300	1041		
„auf der Erde" 70-30 5-1-4-40-5	155	1509	2875

Satz 9:

„je zwei" 300-50-10-40	400		
„je zwei" 300-50-10-40	400		
„kamen sie" 2-1-6	9		
„zu Noah" 1-30 50-8	89		
„in die Arche" 1-30 5-400-2-5	443	1341	
„männlich" 7-20-200	227		
„und weiblich" 6-50-100-2-5	163	390	
„so wie" 20-1-300-200	521		
„geheißen" 90-6-5	101		
„Gott" 1-30-5-10-40	86		
„dem Noah" 1-400 50-8	459	1167	2898

Satz 8 und 9 machen verbal eine gemeinsame Aussage und komprimieren sie zu 2898 − 2875 = 23.

Die Zahlen beider Sätze demonstrieren einzeln und mit vielen möglichen Kombinationen, dass sich die innere Arche mit Eindrücken füllt, die vom Erkennen der 1 geprägt sind.

Die Sätze 7 bis 9 berichten über die Umsetzung dessen, was Genesis 6 in den Sätzen 18 bis 20 vorgibt. 18 − 7 = 11 und 20 − 9 = 11 weisen darauf hin, dass jeder Moment, der 2 als 1-1 zeigt, dazu beiträgt.

Diese Umsetzung entspricht auch dem, was in Genesis 7 die Sätze 1, 2 und 3 vorgeben. Allerdings zeigt sich ein Widerspruch in der Anzahl, denn vom reinen Vieh und dem Gefiederten kommen nicht jeweils „sieben" 377 in die Arche, sondern ebenfalls nur „je zwei" 400. Die scheinbare äußere Unstimmigkeit birgt in sich eine Aussage und demonstriert damit, wie sich das Formlose im Alltag in die Wahrnehmung bringt:

„Sieben 377 + Sieben" 377 = 754; „je zwei" 400 + „je zwei" 400 = 800;

800 – 754 = der Verborgene Wert 46 von JHWH, 400 – 377 = 23.

Ausgehend von äußerer Diskrepanz eine Gesamtheit zu erfassen, ist der Weg, den das Prinzip JHWH vorgibt und der mit 2 x 23 = 46 gemeint ist. Das vordergründig Widersprüchliche, Gegensätzliche, Unvereinbare ergänzt einander in einem Wirklichkeitsbereich, der unabhängig von Zeit und Raum existiert.

Eine derartige Haltung charakterisiert die 2+1 und unterscheidet sich deutlich von jener der 2x2, die dazu bestimmt ist, unterzugehen.

Eine 3 fokussiert sich nicht auf den Widerspruch zwischen „sieben" und „je zwei", sondern auf die 5, die sie verbindet und die sie gemeinsam ermöglichen.

Nur ein genaues und aufmerksames Hinschauen lässt in der 400 das Formlose erfassen. Eine oberflächliche Betrachtung möchte über kleine Auffälligkeiten hinwegsehen, aber die Intuition drängt dazu, sie zu beachten und ihnen Interesse zu widmen.

Die Qualität der Zahl 0 ist in dieser Situation wesentlich. Denn der Verstand tendiert dazu, Überlegungen anzustellen und selbst die Frage ‚Was hat das zu bedeuten?' zu beantworten. Gegen Null zu gehen, heißt, auf eine Interpretation zu verzichten, die dieser Frage eine Antwort aus dem menschlichen Erfahrungsschatz überstülpen möchte. Das würde die eigentliche Antwort blockieren und den Sinn nicht erfassen lassen. Daher gilt es, sich zurückzunehmen, nicht voreilige Schlüsse zu ziehen und empfangsbereit zu bleiben für unerwartete, stimmige Gedanken, die vielleicht auch erst zu einem späteren Zeitpunkt auftauchen.

Satz 10:

„Und es geschah" 6-10-5-10	31		
„nach sieben" 30-300-2-70-400	802		
„von den Tagen" 5-10-40-10-40	105	938	
„als die Wasser" 6-40-10	56		
„der Flut" 5-40-2-6-30	83		
„waren" 5-10-6	21		
„auf der Erde" 70-30 5-1-200-90	396	556	1494

Die Summe 1494 komprimiert die verbale Aussage zu 2 x 9 x „Flut" 83: Das Wesen der 2 zunehmend zu erkennen, etabliert 8x10 + 3 im Denken; das geschieht durch Momente, in denen die Welt der Dualität als etwas gesehen wird, das 1 zu 1 dem Willen eines Absoluten entspricht.

„Nach sieben" 802 bestimmt dann 8 die Perspektive auf die 2, was 2x2x2 und 2 x 400+1 beschreiben.

938 erklärt diesen Zustand mit 9 x 10x10 + 30 + 8 und unter Hinweis auf Genesis 2 „und den Baum des Erkennens Gutes und Böses" 938;

556 erklärt mit 139 x 4 und „kann mich töten" 278 x 2 in Genesis 4, dass in solchen Momenten das Erkennen von 1-3 die 2 von Kain tötet.

Satz 11:

„im Jahr" 2-300-50-400	752		
„der sechs hundert"			
300-300 40-1-6-400	1047		
„Jahr(e)" 300-50-5	355		
„des Lebens Noahs" 30-8-10-10 50-8	116	2270	
„im Monat" 2-8-4-300	314		
„dem zweiten" 5-300-50-10	365	679	
„am siebzehnten"			
2-300-2-70-5 70-300-200	949		

„Tag" 10-6-40	56		
„des Monats" 30-8-4-300	342	1347	
„am Tag" 2-10-6-40	58		
„diesem da" 5-7-5	17	75	
„aufbrachen" 50-2-100-70-6	228		
„alle Quellen" 20-30 40-70-10-50-400	620		
„der Urflut" 400-5-6-40	451		
„gewaltig" 200-2-5	207	1506	
„und die Luken" 6-1-200-2-400	609		
„der Himmel" 5-300-40-10-40	395		
„wurden geöffnet" 50-80-400-8-6	544	1548	7425

In 18 Teilen schildert Satz 11, was im Bewusstsein vor sich geht, wenn die 10 ihren direkten Kontakt mit der 1 erkennt. Als ‚konkreten Zeitpunkt' dafür nennt er den 17. Tag des 2. Monats im 600. Jahr Noahs.

Die genannten Zahlen charakterisieren eine tiefgreifende Erfahrung, die eine gewisse Zeitspanne umfasst. Die 2 als 1-1 zu sehen und sich selbst als Schnittstelle von 300 zu 300 zu akzeptieren, ist ein Lernprozess, der nicht an einem Tag zu bewältigen ist und den jeder Mensch in seiner individuellen Geschwindigkeit absolviert.

Die Herausforderung besteht darin, das eigene Dasein als eine Version „des Lebens Noahs" 116 zu akzeptieren; 30-8-10-10 50-8 summieren sich zu 58 58 und bilden damit die Spiegelung ab, die der Mensch in sich zu beobachten lernt.

Während dieser Zeit führt eine Flut an Einsichten dazu, dass sich die 10 als 5 x 10 und 2 x 2 x 2 und somit als „Noah" 50-8 erfasst:
„im Monat dem zweiten" 679 + „am siebzehnten Tag des Monats" 1347 + „aufbrachen alle Quellen der Urflut gewaltig" 1506 + „die Luken der Himmel wurden geöffnet" 1548 = 5080 = 50-8 x 10.

Es bricht die Erkenntnis durch, über 6 und 10x10 in Kontakt mit 10-5, selbst 15 = 5 x 3 und ebenso 20 und 26 zu sein; 679 + 1347 = 20 26 und 2026 − 1506 = 520 = 20 x 26 erzählen davon.

Die 3 x 10, die in sich die Verbindung zum Prinzip Noah sieht, erlebt dadurch das Formlose als Realität im eigenen Leben: 2270 + 30 = 2300.

„Am Tag, diesem da" 75 zeigt in Kombination mit 17 die 58 nach 2 x 58 = 116 zum 3. Mal: Jeder einzelne Noah ist 3, jede 3 versteht sich als Noah und jede Erfahrung von 5x5 festigt diese Einsicht.

Die Zahl 17 ist ein wesentliches Element von Satz 11 und beinhaltet die komprimierte Aussage, dass die 10 am 7. Tag die Wahrnehmung der 1 im eigenen Inneren akzeptiert und mit 1 + 7 in den 8. Tag wechselt. Die Überlieferung bringt 17 in Verbindung mit dem Ende eines Zustandes oder dem Ablauf einer Phase und dem Übergang in etwas Gutes, in Eigenständigkeit und Freiheit.

„Gut" 17 nennt Gott die Schöpfungstage, an denen etwas Neues entsteht; auch der Mensch in seinem Bild und Gleichnis beschließt den 7. Tag mit einem „Gut" = 17.

Die Zahlen 17 + 600 = 617 stellen den Bezug zu Satz 4 her, der mit „denn in Tagen noch sieben" 617 auf die Zeit hinweist, die Satz 11 + 12 gemeinsam schildern.

„Am siebzehnten Tag des Monats" 1347 − 617 erklären mit 730, dass sie geprägt ist von 600 + 130;
„am siebzehnten" 949 − „im Monat dem zweiten" 679 = 270 beschreiben sie mit 9 x 30.

„Am Tag diesem da" 75 bricht wiederholt 5x5 x 3 durch.

Jede einzelne derartige Erfahrung ist Teil der „gewaltigen" 207 = 9 x 23 Flut, die sich ‚von oben' auf das menschliche Bewusstsein ergießt.

„Aufbrachen alle Quellen der Urflut gewaltig" 1506 „und die Luken der Himmel wurden geöffnet" 1548 machen dieses Geschehen bildhaft; ihre Summe 3054 bildet mit 3x10 6x9 ab, womit das Denken überschwemmt wird.

Satz 10 + 11 machen mit 1494 + 1506 = 3 x 10x10x10 deutlich, dass die 3-fache 10 von der absoluten 3 mit Einsichten überflutet wird; 5 x 600 = 3000 beschreiben, woraus diese Flut besteht.

„Alle Quellen der Urflut" 1071 stellt deutlich den Bezug zum Ursprung her, dem diese Flut entstammt. 1071 betont auch als Produkt aus 3 x 21 x 17 die Individualität der 10, die auf diese Flut reagiert.

Jeder Moment „der sechs hundert" 1047 macht für die 10, die 40+7 lebt, nachvollziehbar, was Genesis 5 mit „und es wandelte Henoch mit Gott" 1047 meint.

„Der Himmel" 395 „auf der Erde" 396 ist Realität für den Menschen in Situationen, in denen er die 1, die beides verbindet und ist, erfasst.

„Alle Quellen" 620 zeigt diese Wahrnehmung mit 20 x 31 und stellt den Bezug zu „da sprach die Schlange" 620 in Genesis 3 her. Im Göttlichen die Quelle für wirklich alles zu sehen, heißt, 2 als 1-1 zu verstehen.

2270 = 2000 + 200 + 7x10 beschreiben diesen Noah ebenso wie 2 x 1135.

In Summe komprimiert 7425 die verbale Aussage zu 2x37 5x5 und erklärt mit 7425 − 75 = 7350, dass „am Tag diesem da" 7 mit 350 gelebt wird.

Satz 12:

„und es war" 6-10-5-10	31		
„der Regen" 5-3-300-40	348		
„auf der Erde" 70-30 5-1-200-90	396	775	
„vierzig" 1-200-2-70-10-40	323		
„Tag(e)" 10-6-40	56		
„und vierzig" 6-1-200-2-70-10-40	329		
„Nacht" 30-10-30-5	75	783	1558

775 stellt mit „sollst du machen" 775 den Bezug zur ‚Bauanleitung' der Arche in Genesis 6 her und definiert den Regen damit, dass der Mensch sein Leben nach absoluten ‚Anweisungen' ausrichtet, die er als viele subtile Eindrücke intuitiv erfasst.

In Form von Regen, der in den Überlieferungen ein Synonym für Gottes Wort ist, ergießt sich ein Himmelsozean tröpfchenweise ins Bewusstsein und führt zur Erkenntnis, sowohl 10 als auch 3 zu sein und ebenso Bild und Gleichnis Gottes. Ununterbrochen strömen dem Denken Einsichten zu, die es als wahr annehmen kann und die sich miteinander zu einem großen Verstehen verbinden, wie unzählige Wassertropfen zu einem Ozean.

783 macht mit 9 x 87 und Querbezügen deutlich, was während der Zeit in einem Bewusstsein geschieht, das gerade die Antwort auf die Frage „wo ist Abel dein Bruder?" 87 findet, wie es Genesis 4 formuliert.

9 x 87 stellt den Bezug her zum Beginn der Flut in Satz 4, zu den 87 Jahren von Metuschelach in Genesis 5 „und Metuschael" 783 und mit „zu scheiden" 87 auf den 4. Schöpfungstag in Genesis 1 und die Funktion von Licht. Mit 9 x 29 x 3 beschreibt 783 ein

Denken, das am Erkennen der 3 orientiert und dabei ist, grundlegende Zusammenhänge einzusehen.

In Summe beschreibt 1558 diesen Menschen mit 1000 + 500 + „Noah" 58.

Gemeinsam mit Satz 11 zeigen 783 − 775 = 8 und 1558 − 1548 = 10, dass der 8. Tag und die Akzeptanz als 10 allmählich ins Zeitliche kommen.

775 = 700 + 75 sagen aus, dass der Regen an Einsichten über 10x10 den 7. Tag erreicht und „am Tag diesem da" 75 die „Nacht" 75 im Bewusstsein erhellt.

Tag und Nacht werden zu gleichwertigen Phasen für eine 50, die immer wieder vom 7. in den 8. Tag wechselt: 775 + 75 = 850 bilden dieses Bewusstsein ab und nehmen mit 850 Bezug zur Aussage von Satz 7.

„Der Regen" 348 „und die Luken der Himmel wurden geöffnet" 1548 machen mit ihrer Differenz 1200 deutlich, dass die 4 überschüttet wird mit Impulsen der absoluten 300, die ein Leben als 3 in der 400 fördern.

„Am siebzehnten" 949 bildet das Erkennen dieser Hinweise ab und zeigt mit 2 x 949 = 1898 und 1898 − 1558 = 340, auf welch kreative Weise die 300 sie in der 40 für die 2 platziert.

Satz 13:

„An eben" 2-70-90-40	202		
„dem Tag" 5-10-6-40	61		
„diesem da" 5-7-5	17	280	
„ging" 2-1	3		
„Noah" 50-8	58		
„und Sem und Ham" 6-300-40 6-8-40	500		
„und Jafet" 6-10-80-400	496		

„die Söhne Noahs" 2-50-10 50-8	120	1177
„und die Frau" 6-1-300-400	707	
„Noahs" 50-8	58	765
„und die drei" 6-300-30-300-400	1036	
„Frauen seiner Söhne"		
50-300-10 2-50-10-6	428	1464
„mit ihnen" 1-400-40	441	
„in die Arche" 1-30 5-400-2-5	443	884 4570

In Summe stellt 4570 mit „und sie aß" 457 x 10 den Bezug zum Baum der Erkenntnis in Genesis 3 her und beschreibt damit die 10, die Erkenntnisse in sich aufnimmt.

1464 − 884 = 580 unterstreichen, dass dieses Geschehen die Anerkennung von „Noah" 58 durch die 10 zur Folge hat.

Einzelne Zahlenwerte und ihre möglichen Kombinationen weisen darauf hin, wie ein Erkenntnisprozess abläuft, der Noah „und die drei" 1036 im Denken einer 10 etabliert, die 6 x 6, 4 x 9 und 3 x 12 lebt.

„Vierzig Tag(e) und vierzig Nacht" 783 „ging Noah und Sem und Ham und Jafet die Söhne Noahs" 1177 lassen in Summe mit 1960 wissen, dass sich das Denken Tag und Nacht auf die Anerkennung von 2 x 30 zubewegt;

1960 + 40 = 2000 beschreiben synonym, was sich im Laufe der Zeit immer klarer zeigt.

1177 − 707 = 470 weisen darauf hin, dass 400 + 70 gelebt werden von einer 10, die ihr 3- und ihr 2-Sein und ebenso ihren Ursprung erfasst, den „lasset uns Menschen machen" 470 in Genesis 1 beschreibt.

„Noah" 58 und die „Frauen seiner Söhne" 428 haben 370 gemeinsam und bringen damit zum Ausdruck, dass diese 10 die 1 von „Abel" 37 im Modus von 3 und im Modus von 2 als Teil von sich betrachtet.

Satz 14:

„Sie" 5-40-5	50		
„und all das Getier" 6-20-30 5-8-10-5	84		
„je nach seiner Art" 30-40-10-50-5	135	269	
„und all das Vieh" 6-20-30 5-2-5-40-5	113		
„je nach seiner Art" 30-40-10-50-5	135	248	
„und all das Kriechgetier"			
6-20-30 5-200-40-300	601		
„das kriechend" 5-200-40-300	545		
„auf der Erde" 70-30 5-1-200-90	396		
„je nach seiner Art" 30-40-10-50-5-6	141	1683	
„und all das Gefiederte"			
6-20-30 5-70-6-80	217		
„je nach seiner Art" 30-40-10-50-5-6	141	358	
„jeder" 20-30	50		
„Vogel" 90-80-6-200	376		
„alles Befittichte" 20-30 20-50-80	200	626	3184

„Sie" 5-40-5 beschreibt die 50 als 10 x 4, die 5 mit 5 kombiniert und definiert damit, was vorrangig im Denken Raum einnimmt.

„Und all das Getier" 84 = 4 x 21 setzt sich aus 56 + 28 zusammen und unterstreicht mit dieser Version von 2 + 1, was sich „je nach seiner Art" 135 über 5 ins Denken der 10+3 integriert;

„und all das Vieh" kombiniert 56 = 4 x 14 = 7 x 8 mit „Noah" 58 zur Primzahl 113 und erklärt sich auch mit 110 + 3.

„Und all das Kriechgetier" 56 + 545 „das kriechend" 545 macht anschaulich, dass die 5 eine Projektion sichtbar macht, die mit 545 + 545 = 1090 die 10 zur Selbsterkenntnis führt; 1090 + 56 = 1146 „und all das Getier" 84 machen in Summe mit 1230 eine komplexe gemeinsame Aussage.

269 + 248 + 1683 = 2200 stellen den Bezug zur Namensgebung von Noah in Genesis 5, Satz 29 und mit 10 x „in Mühsal" 220 zu Genesis 3, Satz 17 her; beide weisen darauf hin, dass die Mühe des Weges von 2 x 110 belohnt wird mit der Einsicht, zu der die 10 Noahs fähig ist.

„Und all das Gefiederte je nach seiner Art" 358 besteht aus Gedanken, die von „Schlange" 358 bis „Messias" 358 reichen. 300 + 58 bilden ab, dass für Noah beide Extreme Ausdruck der absoluten 300 sind.

„Jeder" 50 „Vogel" 376 und „alles Befittichte" 200 lassen wissen, dass jeder Gedanke, der dem Menschen zufliegt, seinen berechtigen Platz in der inneren Arche hat, denn „jeder" 50 kann zu 4 x 50 = 200 führen.

376 stellt mit 8 x 47 unter anderem den Bezug zu Satz 4 her, der mit 700 – 200 = 500 den Zusammenhang vertieft.

In Summe zeigt 626 mit 2 x 313, dass die 2 „angesichts der Wasser der Flut" 313 lernt, ihre gewohnte Sichtweise zu Gunsten der 3 aufzugeben.

Das an die Erde gebundene Dasein, das 1146 zusammenfasst, und die Zahl 626 für alles Gedachte unterstreichen mit einer 3-fachen 6, dass beide Bereiche erkennend und verbindend zusammenwirken.

Unter Verweis auf „hundert" 46 „und zwanzig" 626 in Genesis 6, Satz 3 zeigen 626 und 1146 mit der Version 11„hundert"46 die Arbeitsweise der 3-fachen 6 sowie mit 1146 – 626 = 520 = 40 x 13 und 40 x 3 = 120.

3184 komprimiert zu 31 4x21, 3184 – 84 = 3100 und 3184 – 884 = 2300.

Satz 15:

„Sie kamen" 6-10-2-1-6	25		
„zu Noah" 1-30 50-8	89		
„in die Arche" 1-30 5-400-2-5	443	557	
„(je)zwei" 300-50-10-40	400		
„(je)zwei" 300-50-10-40	400		
„von allem Fleisch"			
40-20-30 5-2-300-200	597	1397	
„das in sich(hatte)" 1-300-200 2-6	509		
„Hauch" 200-6-8	214		
„des Lebens" 8-10-10-40	68	791	2745

„Hauch des Lebens" 282 stellt den Bezug zu „Odem des Lebens" 282 in Genesis 6, Satz 17 her. „Zwei" 400 + „zwei" 400 = 800 ist das Kriterium für die Aufnahme „von allem Fleisch" 597 „in die Arche" 443.

597 + 443 = 1040 und 1040 + 800 = 1840 erklären, dass sich Eindrücke ins Bewusstsein integrieren, die „im Osten" 184 ihren Ursprung haben, wo sich in Genesis 2, Satz 8, der Garten Eden befindet.

„Zu verderben alles Fleisch" 1290 in Genesis 6, Satz 17 demonstriert mit 1290 – 1040 = 250 und 1840 – 1290 = 550 die Begegnung von 5 zu 5 als grundlegend dafür, dass „sie kamen" 25 = 5x5 „von allem Fleisch" 597, um mit 3 ergänzt Teil von 2 x 300 zu sein.

791 stimmt in beiden Sätzen überein und verweist mit 7 x 113 auf Satz 14 „und all das Vieh" 113.

1397 – 557 = 840 beschreiben die Integration des 8. Tages in die zeitliche Existenz, die 840 mit 4 x 30 x 7 und 2745 mit 9x3 9x5 abbilden.

Satz 16:

„Und die Kommenden" 6-5-2-1-10-40	64		
„(waren)männlich" 7-20-200	227		
„und weiblich" 6-50-100-2-5	163	454	
„von allem Fleisch"			
40-20-30 2-300-200	592		
„kamen sie" 2-1-6	9	601	
„wie" 20-1-300-200	521		
„geheißen" 90-6-5	101		
„ihm" 1-400-6	407		
„Gott" 1-30-5-10-40	86	1115	
„Und es schloss" 6-10-60-3-200	279		
„JHWH" 10-5-6-5	26		
„hinter ihm zu" 2-70-4-6	82	387	2557

Die Sätze 13 bis 16 berichten ausführlich darüber, dass die 3 sich im Bewusstsein des Noah, im Inneren seiner Arche, niederlässt und mit ihr alle Aspekte der physischen und mentalen 2.

Noah nimmt sich als 3 wahr, spürt aber auch, dass es richtig ist, allen Ausdrucksformen der 2 in sich Raum zu lassen. Jede menschliche Regung hat Existenzberechtigung „nach ihrer Art".

Zwar in einem zeitlich getrennten ‚entweder – oder', insgesamt aber in einem ‚sowohl – als auch' leben 2 und 3 in ihm. Wer sich wie Noah als 3 erfasst, lässt das Leben zu, wie es sich zeigen will. Er weiß, alles hat seine Berechtigung, weil es vom Absoluten genau so gewollt ist.

Das körperliche Leben als 2 bleibt dabei bestehen, wie es vorher war, aber es wird teilweise anders erlebt. Das Fühlen und Denken richtet sich in mancher Beziehung wie bisher am Irdischen aus, hat also eine gewisse Schwere und Erdhaftung; dieses „Vieh" fühlt sich „unrein" an. Dann wieder gibt es Situationen, die sich in einer neuen Freiheit und Gelassenheit erleben lassen; dieses

„Vieh" erscheint „rein". Beides hat Platz in der Arche und mit ihm alles Übrige, das die körperliche Existenz ausmacht.

Das Denken als 3 ist nicht mehr vom Trennenden geprägt, das den einen Pol anstrebt und den anderen bekämpft. Der einzelne Noah kümmert sich auch nicht mehr so sehr um herrschende gesellschaftliche, politische und religiöse Ansichten und emanzipiert sich zunehmend von weltlichen Machtkonstrukten. Er geht nicht offen in Opposition dazu, sondern lebt seinen Alltag unauffällig und unabhängig von äußeren Beeinflussungen.

Inzwischen ist seine Arche gut dagegen abgedichtet und verschlossen gegen die Sichtweise der 400, innerhalb der er als 10+3 unauffällig lebt: 387 ergänzt sich mit 13 zu 400 und zeigt so die dezente Integration der 10+3 in den Alltag der 400.

Als Summe aus 10 + „sieben" 377 weist 387 darauf hin, dass die Selbsterkenntnis als 10 den 7. Tag abschließt.

1115 bildet mit 111 x 10 + 5 ab, was dem viele Male vorausgeht; 454 zeigt auch mit 9x50 + 4, was die 5 jedes Mal erkennen lässt; 601, 101 und 407 betonen einzeln und mit 407 − 101 = 306 und 601 − 101 = 500 die verbindende Aufgabe, die 6 und auch 0 dabei übernehmen.

454 + 601 + 1115 = 2170 = 2100 + 70 bezeichnen die 7x10 von Noah als 3x10 x 7x10. Damit ist der Mensch gemeint, der sich am 7. Tag seines 10- und seines 3-Seins bewusst ist. In diesem Bewusstsein hat das Prinzip JHWH seine Aufgabe erfüllt.

„Und es schloss JHWH hinter ihm zu" 387 + 2170 beschreiben mit der Primzahl 2557 einen Menschen, der 2000 + 550 am 7. Tag bewusst lebt.

Satz 15 und 16 sagen mit 2557 – 557 = 2000 aus, dass sie das 2-Sein der 1000 beschreiben, die Noah archetypisch verkörpert.

Satz 13, 14, 15 + 16 = 58 beschreiben in Summe mit 4570 + 3184 + 2745 + 2557 = 13056 = 13x1000 + 7x8 eine 10+3, die sich als 10x10x10 weiß und den 7. mit dem 8. Tag lebt.

Satz 17:

„Und es war" 6-10-5-10	31		
„die Flut" 5-40-2-6-30	83		
„vierzig" 1-200-2-70-10-40	323		
„Tag(e)" 10-6-40	56		
„auf der Erde" 70-30 5-1-200-90	396	889	
„und es mehrten(sich)" 6-10-200-2-6	224		
„die Wasser" 5-40-10-40	95	319	
„und sie hoben auf" 6-10-300-1-6	323		
„die Arche" 1-400 5-400-2-5	813	1136	
„und sie erhob sich" 6-400-200-40	646		
„weg von" 40-70-30	140		
„der Erde" 5-1-200-90	296	1082	3426

Satz 17 berichtet, dass die ganz persönliche Denkweise sich im Laufe der Zeit zunehmend löst vom vermeintlich festen Boden unter den Füßen. Das Denken verliert seine gewohnte Bindung an die Materie und lässt sich von neuen Einsichten tragen.

Der Satz komprimiert mit 3426 die verbale Aussage zu 2x17 2x13 und weist mit einzelnen Zahlenwerten, möglichen Kombinationen und den Teilsummen auf ein zunehmendes Erkennen hin.

3426 – 140 – 296 erklären mit 2990 das „weg von" 140 „der Erde" 296.

Die Zahlen verdeutlichen einzeln, in Summe und durch Querverbindungen diesen Prozess, der im Grunde ein Zusammenwirken von sich Erheben der 2 und Aufgehoben werden durch die 1 ist;

„und sie erhob sich" 646 = 2 x 323 „und sie hoben auf" 323 zeigen mit 969, dass dieses Zusammenwirken zum gegenseitigen Erkennen führt.

„Hammabbul = die Flut" 83 und „hammayim = die Wasser" 95 heben die Arche an und verweisen mit 95 − 83 auf Satz 12: „der Regen" 348, der „vierzig" 323 „Tag(e)" 56 fällt, ist Ursache für beides und lässt 7. und 8. Tag gemeinsam erleben, wie 56 mit 7 x 8 aussagt.

Regen, Wasser und Flut als 3 Begriffe für 1 lebensspendendes Element machen bildhaft, dass die 1 sich als 3 erlebbar macht, was die Zahlen untermauern mit 95 − 83 = 12 = 3 x 4 und 12 + 348 = 360 = 300 + 60.

Eine Flut an Einsichten nähert sich im Laufe der Zeit tröpfchenweise „der Erde" 296 und bewirkt „auf der Erde" 396, dass 10x10 die 4 überschwemmt. Anstelle der befürchteten Vernichtung erlebt die 2 x 2 ihre Ergänzung mit 10x10 zu 400 aus 396 + 4 und zu 300 aus 296 + 4; 300 + 400 = 700 kombinieren sich zu einem 7. Tag, der weiterbesteht und von einer bewussten 10 x 10 gelebt wird.

Die Grenzlinie, die am 2. Schöpfungstag Wasser oben und Wasser unten trennt, löst diese Flut auf.

Wie Genesis 1 berichtet, werden am 4. Schöpfungstag genau an dieser Grenzlinie Leuchten „am Firmament der Himmel" 777 positioniert, um Zusammenhänge sichtbar zu machen. 777 + „und sie hoben auf" 323 = 1100 machen deutlich, dass die Trennung aufgehoben ist und in den Fluten ein Weltbild versinkt, das auf Trennung beruht.

Der Mensch sieht sich als Noah nicht mehr dem Meer eines unendlichen Zeitlichen ausgeliefert, in dem er zu ‚ertrinken' droht. Im Gegenteil, nicht er ist am Ende, sondern seine bisherige

Sicht auf die Welt und das Leben. Sie wird aufgelöst und fort-
geschwemmt von einer Flut an Einsichten, die ihm kontinuier-
lich in kleinen Einheiten zufließen. Auf diese Weise kann sein
Bewusstsein sie verarbeiten, speichern, sammeln und schließlich
als Realität akzeptieren.

Der mentale ‚Arbeitsprozess‘ des Erkennens führt zu einem Gewinn an mentaler und physischer Lebensenergie und lässt solche Momente als erhebend und befreiend empfinden. Insgesamt
steigt das Energieniveau mit jedem Wechsel von 4 zu 5 und von
2 zu 3 an.

Das Bild der Arche Noah macht auch diesen Umstand bildhaft.
Zunehmend fühlt sich der Mensch getragen von dieser Energie,
die im Meer des Zeitlichen darauf wartet, von ihm freigesetzt zu
werden. Ein Mehr an mentaler und physischer Leistungsfähig-
keit lässt ihn das Meer der 40 aus einer Position der Übersicht
wahrnehmen und trägt ihn, damit seine Existenz als 3x10 festen
Boden unter den Füßen bekommt.

Die ursprüngliche Spaltung von 1 in 2 ist grundsätzlich vorstell-
bar als ein ‚Arbeitsprozess‘, der mit Energieaufwand verbunden
ist. Die Trennung eines einheitlichen Ganzen in 2 Hälften und
deren maximale Entfernung voneinander ist ein dynamischer
‚Kraftakt‘. Die Aufrechterhaltung der polaren Spannung zwischen 2 Gegen-Teilen bindet Energie.

In der Welt der 4 spiegelt sich dieses prinzipielle Geschehen und
wird wahrnehmbar über das Kräftewirken von Magnetismus
und Elektrizität.

Im Bereich des Bewusstseins erlebt der Mensch das Kräftespiel
polarer Gegensätzen emotional und mental als kräftezehrend.
Das Spannungsfeld, das sein Leben als 2 bestimmt, verlangt ihm
Energie ab. Der Mensch ist Teil dieses ‚Kraftaktes‘, der die Pole

trennt. Indem er sich innerlich gegen ihr Wirken stemmt, stemmt er selbst die Pole auseinander.

Erfahrungen, durch die sich der Mensch als 3 erlebt, bewirken eine Veränderung dieses Kräftewirkens. Jene Momente, in denen die polare Trennung der 2 als 1-1 erfasst wird, setzen Spannungsenergie frei.

Unbewusstes Eingebunden-Sein in das polare Spannungsfeld der 2 kostet den Menschen Energie. Bewusst zu erfassen, dass es 1-1 ist, dass beide Pole Ausdruck der 1 sind und einen gemeinsamen Sinn erfüllen, hebt die Spannung der Pole auf. Gebundene Energie wird gelöst und dem Energieniveau dieses Menschen zugeführt.

Satz 18:
„Und es wurden mächtig"

6-10-3-2-200-6	227		
„die Wasser" 5-40-10-40	95		
„und sie vermehrten(sich)"			
6-10-200-2-6	224		
„sehr" 40-1-4	45		
„auf der Erde" 70-30 5-1-200-90	396	987	
„und es ging dahin" 6-400-30-20	456		
„die Arche" 5-400-2-5	412		
„auf dem Wasserspiegel"			
70-30 80-50-10 5-40-10-40	335	1203	2190

„Und es wurden mächtig" 227 zeigt unter Verweis auf „männlich" 227 in Satz 16, dass es die 1 ist, die durch „die Wasser" 95 mit 9x10 + 5 im Bewusstsein an Einfluss gewinnt.

„Und es ging dahin die Arche auf dem Wasserspiegel" 1203 bildet die Synthese von 1 mit 2 über 0 zu 3 ab und definiert damit die Basis, auf der sich das Denken bewegt.

335 erklärt sie alternativ mit 300 + 30 + 5 und 335 − 224 = 111 unterstreichen, wessen Einfluss sich vermehrt.

987 + 13 = 1000 erzählen, dass diese Bilder ein Geschehen in der 10+3 symbolisieren, die darin bestärkt wird, sich als 3-fache 10 zu sehen.

5 + 3 = 8 Satzteile beschreiben das Anwachsen der Gewissheit in Summe mit 2190 = 2000 + 190 und 3x7 x 10x10 + 3x30.

Satz 19:

„Und die Wasser" 6-5-40-10-40	101		
„waren mächtig" 3-2-200-6	211		
„sehr" 40-1-4	45		
„sehr" 40-1-4	45		
„auf der Erde" 70-30 5-1-200-90	396	798	
„und es wurden bedeckt" 6-10-20-60-6	102		
„all die Berge" 20-30 5-5-200-10-40	310		
„die hohen" 5-3-2-5-10-40	65	477	
„die unter" 1-300-200 400-8-400	1309		
„all den Himmeln"			
20-30 5-300-40-10-40	445	1754	3029

798 und 987 in Satz 18 beinhalten im wesentlichen dieselbe Aussage; ihre gemeinsame Zahl 189 macht mit 2x9 1x9 das Erkennen der 3 ebenso deutlich wie „sehr" 45 + „sehr" 45 „sehr" 45 unter Hinweis auf 9 x 5.

„Und es wurden bedeckt" 102 + 798 = 900 als Summe aus 6 Satzteilen betont mit 900 = 6 x 150, dass 6 und 9 gemeinsam zu 5 x 10 x 3 führen.

Im Einzelnen bestätigen 45 + 45 = 90 = 6 x 15 sowie 101 + 211 + 396 + 102 = 810 = 6 x 135, dass im Menschen „je nach seiner Art" 135 durch Erkennen und Kombinieren eine neue Art zu denken die bisher gewohnte „sehr" 45 + „sehr" 45 + „sehr" 45 = 135 bedeckt.

„All die Berge die hohen die unter all den Himmeln" werden als etwas erkannt, das in sich die 1 verbirgt, wie die Primzahl 2129 aus 310 + 65 + 1754 mit 212 9 abbildet.

310 = 31 x 10, 65 = 13 x 5, 13 09 bilden im Detail das Wahrnehmen von 1-3 ab und 445 zeigt 400 „sehr" 45 mit 9x5 bedeckt.

1309 zeigt mit 17x77 die 1, „die unter" 1309 dem 7. Tag zum Vorschein kommt, wenn er zu Ende ist.

In Summe zeigt 3029 auch mit 13 x 233 die Ausrichtung der 10 auf das Erkennen der 3 und betont mit 3029 − 1309 = 1720, dass es jede 2 x 10 für sich ist, „die unter" 1309 allem Offensichtlichen des 7. Tages die 1 verborgen weiß. Diese 10 entspricht als 10x10x10 dem Vollen Wert 72 von JHWH.

Satz 20:

„Fünf" 8-40-300	348		
„zehn" 70-300-200-5	575		
„Ellen" 1-40-5	46		
„nach oben" 40-30-40-70-30-5	215		
„waren mächtig" 3-2-200-6	211		
„die Wasser" 5-40-10-40	95	1490	
„und es wurden bedeckt"			
6-10-20-60-6	102		
„die Berge" 5-5-200-10-40	260	362	1852

„5" „10" in Kombination mit 2 x 23 sagen aus, dass die 10-5 im Denken die Macht übernimmt, sich zu 5 + 10 = 15 = 3 x 5 und 5 x 10 festigt und stärker ist als jedes Festhalten am bekannten Materiellen.

Dass 10-5 die 6-5 über das irdisch geprägte Denken hinaushebt, wird von 348 + 575 + 46 = 969 unter Verweis auf Satz 17 bestätigt: „und sie hoben auf" 323 + „und sie erhob sich" 646 = 969.

575 + 215 = 790, 790 + 348 + 102 = 1240 und 1240 + 260 = 1500 erzählen von der „Zehn" 575, die sich „nach oben" 215 = 30x7 + 5 ausrichtet, auf die „Fünf" 348 achtet und dabei erkennt, was von Zeit und Materie bedeckt im Verborgenen des 7. Tages existiert.

Die 10 erfasst sich als solche über 10x10 und macht 10+5 zur Basis ihres Lebens, was 1490 + 10 = 1500 = 700 + 800 bestätigen.

Satz 18 betont mit 2190 − 1490 = 700, dass „die Wasser" 95 = 90 + 5 auf diese 10x10 am 7. Tag hinauslaufen.

Über 0 die 2 mit 1 zu verbinden, „bedeckt" 102 nicht nur die gewohnte Sicht auf sich selbst als 10+2, sie bringt auch ins Bewusstsein, was bisher in der Materie für die Wahrnehmung „bedeckt" war; „die Berge" 260 verbergen der 10 nicht länger, „JHWH" 26 und 2 x 10 x 13 zu sein.

Insgesamt bestätigt 1852 mit 2 x 926 und gemeinsam mit 798 in Satz 19 durch die Summe 2650, dass „JHWH" 26 offensichtlich ist.

Satz 21:

„Da kam um" 6-10-3-6-70	95	
„alles Fleisch" 20-30 2-300-200	552	647
„das kriechend" 5-200-40-300	545	
„auf der Erde" 70-30 5-1-200-90	396	941
„an Gefiedertem" 2-70-6-80	158	
„und an Vieh" 6-2-2-5-40-5	60	218
„und an Wildlebendem" 6-2-8-10-5	31	
„und an allem Gewimmel"		
6-2-20-30 5-300-200-90	653	684
„das wimmelnd" 5-300-200-90	595	

„auf der Erde" 70-30 5-1-200-90	396	991	
„und jeder" 6-20-30	56		
„Mensch" 5-1-4-40	50	106	3587

„Da kam um" 95 zeigt wie „die Wasser" 95, dass 90 + 5 erdge-
bundenes Denken vernichtet. Tierisches Leben symbolisiert die
2 und macht die Erdbindung bildhaft.

„Gewimmel" 595 „das wimmelnd" 595, stellt den Bezug zum 5.
Schöpfungstag in Genesis 1 her und kombiniert den Wortstamm
„wimmeln" 590 mit 5.

Die Aufzählung endet mit der Ergänzung „und jeder Mensch"
106.

Dass die 10 mit der Qualität der 6 am Umkommen der 2 beteiligt ist, demonstriert auch die Satzstruktur mit 6 x 2 Teilen.

Der „Mensch" 50 ist mit 10 x 5 aber nicht Opfer dieser Vernichtung, sondern Verursacher, was 991 – 941 = 50 bestätigen, „und
jeder" 56 ist mit 50 + 6 aktiv daran beteiligt.

Die Art dieser Aktivität machen der 1. und die 2 letzten Satztei-
le von insgesamt 12 anschaulich. „Da kam um" 95 + „und jeder
Mensch" 106 = 201 bilden ab, was die Sichtweise der 10+2 ins
Gegenteil verkehrt.

647 verweist auf „und er betrübte sich zu seinem Herzen" 647 in
Satz 6 Genesis 6; 218 auf „und ich fürchtete mich" 218 in Satz
10, Genesis 3; 684 = 2 x 342 auf „vom Gefiederten je nach seiner Art" 342 in Satz 20, Genesis 6; alle 3 machen die gemeinsame Aussage, dass solche Gedanken und Gefühle der 2 ebenfalls
umkommen und sich ins Gegenteil kehren.

3587 zeigt mit 17 x 211 und unter Bezugnahme auf „waren mächtig" 211 in Satz 20, dass das individuelle Verständnis von 2 als 1-1

mit jeder einzelnen derartigen Erfahrung im Denken an Einfluss gewinnt und diese Vernichtung verursacht.

13 + 3587 = 3600 erzählen mit 90 x 40, 12 x 10x10 x 3 und 30 x 40 x 3, was dieses Umkommen zur Folge hat. Sie lassen auch wissen, dass es Teil des Lebens einer 3-fachen 10 ist, dass sie es wiederholt erlebt und sich dadurch jedes Mal als solche erfährt.

Satz 22:

„Alles" 20-30	50		
„was(hatte)" 1-300-200	501		
„Seelen-Hauch"			
50-300-40-400 200-6-8	1004		
„des Lebens" 8-10-10-40	68		
„in seinen Nasenlöchern" 2-1-80-10-6	99	1722	
„von allen" 40-20-30	90		
„die(waren)" 1-300-200	501		
„auf dem Trockenen" 2-8-200-2-5	217	808	
„sie starben" 40-400-6		446	2976

1722 + 808 = 2530 bilden mit 5x5 3x10 ab, woran „sie starben" 446 und erklären damit den „Tod" 446, den schon Satz 17 in Genesis 2 erwähnt.

Unter Verweis auf Mahalalel in Satz 15, Genesis 5 erklärt sich der „Seelen-Hauch" 1004 mit „fünf" 348 + „und sechzig" 656 und bestätigt damit die Aussage von Satz 21.

„Und achtzig" 446 stellt den Bezug zu Metuschelach in Satz 25, Genesis 5 her, bildet das Sterben gemeinsam mit 1004 in Summe mit 1450 ab und unterstreicht so die Aussage einzelner Werte, dass es im Erkennen der 5 seine Ursache hat.

„Auf dem Trockenen" 217 stellt den Bezug her zur Vertreibung „aus dem Garten Eden" 217 in Genesis 3, „all das Gefiederte"

217 in Satz 14 und „da sah" 217, das in Genesis 6 der Ankündigung der Flut 2x vorausgeht.

Damit wird ein Denkprozess bildhaft gemacht, der mit der Vertreibung aus dem Paradies beginnt, auf dem trockenen Boden irdischer Tatsachen stattfindet und schließlich mit dem Einsehen dessen endet, was 217 mit 7 x 31 beschreibt.

2976 fasst mit 32 x 93 zusammen, dass die 30+2, die auf das Erkennen der 3 ausgerichtet ist, dieses mentale Sterben wiederholt erlebt.

2976 + 4 = 2980 zeigen den Beitrag der Materie zum Erleben von 10 x 8 und damit des 8. Tages, der nun „auf dem Trockenen" 808 in Summe zur Realität wird.

Mit 3587 − 2976 = 611 zeichnen Satz 21 und 22 den Entwicklungsprozess nach, an dessen Ende ein Weltbild stirbt, das auf der 2 beruht:
„Gürtel" 611 in Genesis 3, Satz 7 markiert das Ende des Paradieses;
„und sie empfing" 611 in Genesis 4, Satz 1 bezieht sich auf Kain;
„und sie empfing" 611 in Genesis 4, Satz 17 meint Henoch als Aspekt von Kain;
„den Kenan" 611 erwähnt Genesis 5 in Satz 9 und 10, also 2x und meint damit einen Aspekt der 3 von Set.

611 = 300 + 311 steht für die 3 x 10x10, die 2 und 1 als gleichwertige Teile ihres 3-Seins betrachtet:
„die Frau" 311 in Genesis 3 = „Mann" 311 in späteren Kapiteln.

Satz 23:
„So vertilgte er" 6-10-40-8   64
„all das Bestehende"
          1-400 20-30 5-10-100-6-40   612   676
„das" 1-300-200   501
„auf der Oberfläche" 70-30 80-50-10   240

„der Erde" 5-1-4-40-5	55	796	
„vom Menschen" 40-1-4-40	85		
„zum Vieh" 70-4 2-5-40-5	126		
„bis zum Kriechtier" 70-4 200-40-300	614	825	
„bis zum Gefiederten" 6-70-4 70-6-80	236		
„der Himmel" 5-300-40-10-40	395	631	
„und sie wurden vertilgt" 6-10-40-8-6	70		
„von der Erde" 40-50 5-1-200-90	386	456	
„und es blieb übrig" 6-10-300-1-200	517		
„nur Noah" 1-20 50-8	79	596	
„und was" 6-1-300-200	507		
„mit ihm(war)" 1-400-6	407		
„in der Arche" 2-400-2-5	409	1323	5303

676, 796, 456 und 596 machen einzeln und in Kombination deutlich, welche Bedeutung die Qualität der 6 für die Vertilgung alles Bestehenden hat.

$796 - 676 = 120 = 3 \times 40$, $796 - 456 = 340 = 300 + 40$, $796 - 596 = 200$, $676 - 456 = 220$, $676 - 596 = 80$, $596 - 456 = 140 = 100 + 40$ und deren mögliche Kombinationen demonstrieren die Funktion der 6 und das, was sie in der 10 bewirkt.

825 bezieht sich unter anderem auf den Alltag von Lamech, der Noah in Genesis 5 zeugt, und erklärt mit „und sieben" 378 + „hundert" 447 = 825 = 800 + 5x5, was die Worte meinen.

„Vom Menschen" 85, der sich als 10x8 + 5 wahrnimmt, fällt das Denken zurück „zum Vieh" 126, um von dort über 6 x 2-1 wieder zu 3 x 7 zu wechseln. Das Zurückfallen „bis zum Kriechtier" 614 macht mit 2 x 300+7 eine ähnliche Aussage.

126 + 614 = 740 = 400 + 300 + 40 zeigen die Funktion der verbindenden 6 und mit 700 + 40 den Bezug zu Lamech.

„Bis zum Gefiederten der Himmel" 631 erzählt mit 6 x 10x10 + 31 und mit 300 + 300 + 31, welche Dimensionen das Denken über die 6 berührt.

„Und was mit ihm(war) in der Arche" 13 23 bildet eindeutig ab, was im Bewusstsein des Noah Raum einnimmt und am Leben bleibt.

5 303 betont 5 und 0 sowie das Sehen von Projektionen als wesentlich für das Leben als 3 und beschreibt es auch mit 5303 − 1323 = 39 80.

Satz 22 ergänzt diese Definition mit 5303 − 2976 = 23 27.

Satz 24:
„Und es waren mächtig"

6-10-3-2-200-6	227			
„die Wasser" 5-40-10-40	95			
„auf der Erde" 70-30 5-1-200-90	396	718		
„fünfzig" 8-40-300-10-40	398			
„und hundert" 6-40-1-400	447			
„Tag(e)" 10-6-40	56	901	1619	

Wenn „50" + „100" die Macht übernehmen in einer 10, entspricht sie dem Vollen Wert 72 von JHWH:
„Und es waren mächtig" 227 + „fünfzig" 398 + „und hundert" 447 = 1072.

„Und es waren mächtig die Wasser auf der Erde" 718 zeigt sich gleichwertig mit „und er feierte/ruhte" 718 in Genesis 2, Satz 2. Der Kreis schließt sich am Punkt der Machtübernahme von 50 + 100, Anfang und Ende des 7. Tages treffen aufeinander, was in Genesis 2 „und es hatte vollendet Gott am Tag dem siebten sein Werk das er gemacht" 1980 bestätigt. Mit der Machtübernahme von 3 x 10 x 5 ist der 7. Tag zu Ende.

1980 – 1619 = 361 erklären unter Bezug auf Satz 3 in Genesis 4 „und es geschah am Ende von Tagen" 361 das Ende des 7. Tages; 19 80 bildet das Erkennen des 8. Tages ab.

Dass „fünfzig und hundert" den 7. „Tag" 901 vollenden, unterstreicht Satz 24 in Genesis 4 mit „und Lamech siebzig und sieben(fach)" 901.

In eindrücklichen Bildern beschreiben die 24 Sätze von Genesis 7 eine Art Weltuntergang. Die Dramatik der Bilder entspricht in ihrer Stärke und Vehemenz durchaus dem elementaren Umbruch im Bewusstsein. Er wird tatsächlich in dieser Intensität und Eindringlichkeit erlebt, wenn auch im positiven Sinn.

Insgesamt lässt Genesis 7 keinen Zweifel daran, dass wirklich alle Überzeugungen zugrunde gehen, die auf Materie basieren und die Leben mit physischer Existenz gleichsetzen. Es geht die gewohnte Sicht alles Lebendigen unter, nicht aber das Lebendige selbst.

Der Mensch Noah überlebt, weil und obwohl er auf gewohnte Sicherheiten verzichtet. Er trennt sich mental davon, lässt sich tragen von seiner inneren Gewissheit und verzichtet bildlich gesprochen auf festen Boden unter den Füßen. Er kann die Dimension, der diese Gewissheit entstammt, in Ausdehnung und Tiefe nicht erfassen, hat aber gelernt, ihr absolut zu vertrauen. Wiederholte Male hat sie ihm Informationen und Hinweise zugespielt, ihn Erfahrungen machen lassen und ihm Bestätigung gegeben.

All das hat in seinem Denken eine tragfähige Basis geschaffen, auf der sein ‚Lebensschiff' wie auf Wasser dahingleitet. Innerlich hat er sich unabhängig gemacht von Gewohntem und äußerlich lebt er sein gewohntes Leben. Die Sorge um physisches Überleben ist der Gewissheit gewichen, dass es keinen Grund gibt und keinen Sinn hat, sich Sorgen zu machen. Alles Physische ist Ausdruck eines Absoluten und folgt dessen Willen; diese Überzeugung hat alle gegenteiligen ‚über Bord' geworfen.

Die Einsicht, dass Gegenwehr gegen Schicksalsschläge sinnlos ist, führt zur Bereitschaft, anzunehmen, was kommen soll. Der innere Kampf hört auf, wenn die Gegenwehr aufhört.

Sich einem absoluten Wollen anzuvertrauen und ihm bedingungslos die Macht zu überlassen, wirkt befreiend. Es löst von der Schwerkraft des Irdischen und hebt aus den Zwängen des Zeitlichen heraus. Irdisches und Zeitliches verliert seinen dominieren Einfluss auf die Existenz dieses Menschen. Sein Alltag wird unabhängig davon und er bewegt sich darin auf neue Weise, getragen von seiner Intuition.

Gedanken, Stimmungen, Eindrücke, Erfahrungen und Gefühle, auf die der Mensch intuitiv achtet und von denen er sich leiten lässt, bilden die Grundlage für jeden nächsten Schritt. Er macht diesen Schritt mutig, ohne sich um scheinbare äußere Sicherheiten zu kümmern. Sein Mut ist gepaart mit der inneren Gewissheit, das Richtige zu tun. Das bringt den Menschen in eine gewisse Distanz zur Schwerkraft des Irdischen und in eine Perspektive, die sich über das Zeitliche erhebt. Gehen auf Wasser ist ein Bild dafür.

Die intuitive Führung bildet eine unsichtbare, tragfähige Schicht, die das Bewusstsein davor bewahrt, wieder in Zeit und Raum zu versinken. Dieser Führung bedingungslos zu vertrauen, lässt mit dem Gefühl innerer Freiheit ‚auf Wasser gehen‘.

Das Matthäus-Evangelium greift dieses Bild auf. Jesus geht auf Wasser. Petrus will ihm folgen, aber seine Angst ist größer als sein Vertrauen und deshalb droht er unterzugehen. Jesus zieht ihn aus dem Wasser mit den Worten: „Du Kleingläubiger, warum hast zu gezweifelt?"

Dieselbe vertrauensvolle Gewissheit trägt auch die Arche von Noah. Sie ist ein Bild für die innere Wahrheit einer menschlichen 3, die sich auf einer Flut an gewonnenen Einsichten bewegt und sich kompromisslos darauf einlässt, was noch kommen soll.

Damit definiert sich der Beginn des 8. Tages.

Wasser, Flut und Arche sind Kernbegriffe der Erzählung über Noah; alle 3 Begriffe geben tiefere Einblicke in den fraktalen Aufbau eines tragfähigen, gut geschützten Gedankengebäudes und dessen Prinzipien.

„Arche = tebat" 400-2-400 zeigt bei ihrer ersten Erwähnung in Satz 14, Genesis 6 eine Spiegelung der 400 über 2; die „Arche" 802 baut sich, um diese Spiegelung sichtbar werden zu lassen und die 2 über 0 in den 8. Tag zu bringen.

Der Atbasch 1-300-1 von „tebat" bildet ab, dass über die Zahl 300, die JHWH und Elohim gemeinsam haben, sich das Absolute 1 zu 1 in der Arche begegnet. 802 – 302 erklären mit 500, warum und wie sie gebaut wird.

Nachdem diese Zahlen ihren Zweck 1x definiert haben, wird „Arche" 412 aus 5-400-2-5 teils mit Ergänzungen wiederholt erwähnt.

412 informiert mit 400 + 12 darüber, in welchen ‚Gewässern' sie unterwegs ist, und zeigt mit 802 – 412 = 390, welches Ziel sie ansteuert. Die 5 auf beiden Seiten lässt wissen, wie sie ihren Zweck erfüllt, die Summe 1260 aus 412 + Vollem Wert 848 steht für 2x30, die innerhalb der Zyklen der 12 und ihrer Vielfachen als 10 und 1000 das Prinzip „JHWH" 26 bewusst lebt.

In Satz 16, Genesis 6 gibt „Arche" 437 aus 30-400-2-5 mit 400 + „Abel" 37 die Richtung vor. Diese Version nimmt mit dem Verborgenen Wert 470 Bezug auf „lasset uns Menschen machen" 470 in Genesis 1;
470 + 30 = 500 bestätigen die 500 aus 802 – 302.

Arche kommt 7x in Genesis 6 vor, 8x in Genesis 7 und 9x in Genesis 8; 7 x 6 = 42, 8 x 7 = 56 und 9 x 8 = 72 summieren sich zu 170 und lassen wissen, dass die 10 ihre einzigartige Sichtweise als „gut" 17 erkennt und zunehmend annimmt.

„Arche" 802 + „Arche" 437 + 22x „Arche" 412 bilden die Summe 10303.

Zahlen bestätigen sich auf kreative Weise immer wieder gegenseitig in ihren Aussagen und zeigen auf fraktale Art, worauf menschliches Leben letztlich hinausläuft. Die 3 Kapitel 6 + 7 + 8 = 21 der Schöpfungsgeschichte bilden mit derartigen Mustern und ihren Aussagen abstrakt ab, was in der Arche jedes Noah bis zur Selbstakzeptanz als 3 x 7 abläuft. Eine große Anzahl sehr persönlicher Erfahrungen fügt sich zu einem Gesamtbild zusammen, dessen Einzelteile sich gegenseitig bestätigen. Das Gedankengebäude gewinnt dadurch an Stabilität und fügt sich zu einer großen gemeinsamen Einsicht zusammen, die 10303 abstrahiert.

10 303 bildet ab, dass sich in der 10 ein Miteinander von 30 + 3 und ein Sehen von 3 zu 3 aufbaut und an Stabilität gewinnt.

„Hammabbul = Flut" wird 1x in Genesis 6 und 4x in Genesis 7 erwähnt; entsprechend dem 1-4-Prinzip wird die 4 mit Einsichten überflutet. Die Zahlen des Atbasch 90-10-300-80-20 von „hammabbul" 83 ergeben 500.

„Hammayim = die Wasser" 95 erklären sich mit 90 + 5, 5-40-10-40 und durch die Pluralform. Ursprünglich ist es Wasser ‚von oben', das auf die Erde fällt, sich sammelt und von dort ‚nach oben' hin ansteigt.

Der Wasserkreislauf der Natur entspricht einem immateriellen Prozess im Bewusstsein. Wasser macht eine Bewegung anschaulich, die von oben nach unten und zugleich von unten nach oben gerichtet ist.

„Die Wasser" 5-40-10-40 oben und unten sind über die 10 verbunden. Diese Verbindung besteht immer, bleibt aber unter dem

Einfluss der trennenden 2 unbewusst und wird erst allmählich über 5 bewusst.

Die Wasser eines ‚Himmelsozeans' sind lange Zeit nicht existent für die Wahrnehmung, im Gegensatz zum ‚Wasser des Zeitlichen', das auch als physische Existenzgrundlage immer und überall präsent ist.

Dass beide Wasser zusammen gehören, erfasst eine 10, die über 9 die 5 und sich selbst als 10 erkennt. Für sie kommt der lineare Zeitfluss ebenso ‚von oben' wie auch alles andere und bildet keinen Gegensatz mehr zur Erkenntnisflut, im Gegenteil. Im Laufe der Zeit steigt der Pegel an Einsichten und lässt für beide Arten von Wasser dieselbe Quelle und dieselbe Fließrichtung erkennen.

„Die Wasser" 95 haben den Vollen Wert 195, den Verborgenen Wert 100 und 150 als Atbasch. Das Zueinander von ‚oben' und ‚unten' ist der Weg durch das Nadelöhr der 100. Der erkannten 5 steht 5 x 3 x 10 gegenüber und dorthin führt der Weg.

5x werden „die Wasser" 95 genannt und 4x als „mächtig" 3-2-200-6 bezeichnet, das aus 200-300-3-80 den Atbasch 583 bildet. 583 = „Flut" 83 + Atbasch 500 von „Flut" zeigen auch auf diese Weise den Zusammenhang zwischen der Flut ‚von oben' und dem mächtigem Wasseranstieg ‚unten'.

Die 4-fache Erwähnung von „mächtig" 211 ist Hinweis auf ein Geschehen in der Welt der 4, in der die Vorherrschaft der 400 untergeht und ersetzt wird durch jene der 500. Arche, Flut und Wasser rücken durch ihre Zahlenwerte übereinstimmend die 500 in den Vordergrund.

Genesis 8 nennt 8x „die Wasser = hammayim". Dieses Kapitel beschreibt, wie ein individueller Noah, den eine Flut von Einsichten über seine bisherige Wahrnehmung der materiellen Existenz hinausgehoben hat, dem Irdischen begegnet. Diese Begegnung geschieht parallel zum Ende des 7. Tages und nicht in einer zeitlichen Folge nachher.

8 ist die Kombination von 7+1 und steht wie 5 aus 4+1 oder 3 aus 2+1 für eine Ausrichtung des Bewusstseins. 7 und 8 wechseln sich im praktischen Alltag ab, der als 2 und als 3 gelebt wird; sie ergänzen sich gegenseitig. Der 7. Tag ist das menschliche Leben in Zeit und Raum. Sein Ende bedeutet nicht, dass im linearen zeitlichen Sinn der Tag oder das Leben endet und ‚am nächsten Morgen‘ ein 8. Tag beginnt.

Der Bewusstseinszustand 7. Tag erfährt an seinem Ende lediglich einen Perspektivenwechsel; über 777 wechselt die duale Sichtweise in eine ganzheitliche. Das Erleben von Zeit und Raum verändert sich dadurch; es findet zwar nach wie vor in derselben erfahrbaren Welt statt, die auch dem 7. Tag entspricht, aber der Bezug dazu ist gänzlich anders. Der 8. Tag symbolisiert die veränderte Art der Wahrnehmung durch die menschliche 3.

Genesis 8 informiert darüber, wie es sich für jeden Noah anfühlt, zu 3 zu wechseln und in sich die Sichtweise des 8. Tages zu festigen.

BUCH GENESIS
Kapitel 8 – Genesis 8
(Ende der Flut)

„1 Und Gott gedachte des Noah und alles Getieres und alles Viehes, das mit ihm in der Arche war; und Gott ließ einen Wind über die Erde fahren, und die Wasser sanken. 2 Und es wurden verschlossen die Quellen der Tiefe und die Fenster des Himmels, und dem Regen vom Himmel ward gewehrt. 3 Und die Wasser wichen von der Erde, fort und fort weichend; und die Wasser nahmen ab nach Verlauf von hundert und fünfzig Tagen.

4 Und im siebenten Monat, am siebzehnten Tage des Monats, ruhte die Arche auf dem Gebirge Ararat. 5 Und die Wasser nahmen fort und fort ab bis zum zehnten Monat; im zehnten (Monat), am ersten des Monats, wurden die Spitzen der Berge sichtbar.

6 Und es geschah nach Verlauf von vierzig Tagen, da öffnete Noah das Fenster der Arche, das er gemacht hatte, 7 und ließ den Raben aus; und der flog hin und wieder, bis die Wasser von der Erde vertrocknet waren.

8 Und er ließ die Taube von sich aus, um zu sehen, ob die Wasser sich verlaufen hätten von der Fläche des Erdbodens; 9 aber die Taube fand keinen Ruheplatz für ihren Fuß und kehrte zu ihm in die Arche zurück; denn die Wasser waren noch auf der Fläche der ganzen Erde; und er streckte seine Hand aus und nahm sie und brachte sie zu sich in die Arche. 10 Und er wartete noch sieben andere Tage und ließ die Taube abermals aus der Arche; 11 und die Taube kam zu ihm um die Abendzeit, und siehe, ein abgerissenes Olivenblatt war in ihrem Schnabel. Und Noah erkannte, dass die Wasser sich verlaufen hatten von der Erde.

12 Und er wartete noch sieben andere Tage und ließ die Taube aus; und sie kehrte hinfort nicht wieder zu ihm zurück.

13 Und es geschah im sechshundertundersten Jahr, im ersten (Monat), am Ersten des Monats, da waren die Wasser von der Erde vertrocknet. Und Noah tat die Decke von der Arche und sah: und siehe, die Fläche des Erdbodens war getrocknet. 14 Im zweiten Monat, am siebenundzwanzigsten Tage des Monats, war die Erde trocken.

15 Und Gott redete zu Noah und sprach: 16 Gehe aus der Arche, du und dein Weib und deine Söhne und die Weiber deiner Söhne mit dir! 17 Alles Getier, das bei dir ist, von allem Fleische, an Gevögel und an Vieh und an allem Gewürm, das sich auf der Erde regt, lass mit dir hinausgehen, dass sie wimmeln auf Erden und fruchtbar seien und sich mehren auf Erden! 18 Und Noah ging hinaus und seine Söhne und sein Weib und die Weiber seiner Söhne mit ihm. 19 Alles Getier, alles Gewürm und alles Gevögel, alles was sich auf der Erde regt nach ihren Arten, gingen aus der Arche.

20 Und Noah baute Jehova einen Altar; und er nahm von allem reinen Vieh und von allem reinen Gevögel und opferte Brandopfer auf dem Altar. 21 Und Jehova roch den Geruch der Beruhigung, und Jehova sprach in seinem Herzen: Nicht mehr will ich hinfort den Erdboden verfluchen um des Menschen willen; denn das Gebilde des menschlichen Herzens ist böse von seiner Jugend an; und nicht mehr will ich alles Lebendige schlagen, wie ich getan habe. 22 Forthin, alle Tage der Erde, sollen nicht aufhören Saat und Ernte, Frost und Hitze, Sommer und Winter, und Tag und Nacht."

Satz 1:

„Da erinnerte sich" 6-10-7-20-200	243	
„Gott" 1-30-5-10-40	86	
„an Noah" 1-400 50-8	459	788
„und an" 6-1-400	407	
„all das Getier" 20-30 5-8-10-5	78	
„und an all das Vieh"		
6-1-400 20-30 5-2-5-40-5	514	999
„das" 1-300-200	501	

„mit ihm(war)" 1-400-6	407		
„in der Arche" 2-400-2-5	409	1317	
„Und es ließ dahingehen"			
6-10-70-2-200	288		
„Gott" 1-30-5-10-40	86		
„Wind" 200-6-8	214		
„über die Erde" 70-30 5-1-200-90	396	984	
„Da senkten sich" 6-10-300-20-6	342		
„die Wasser" 5-40-10-40	95	437	4525

„Da erinnerte sich Gott" 243 + 86 = 329 „an Noah" 459 zeigt mit der Differenz 130, dass 10 x 13 dieses „Erinnern" 243 bewirkt, das selbst eine Kombination von 230 + 13 ist. Es führt die 10+2 in den 8. Tag: 788 + 12 = 800

1317 = 1300 + 17 und 999 machen deutlich, dass es ein maximales Erkennen ist, das Unbewusstes in Erinnerung ruft.

Die Nennung von 2 x „Gott" 86 = 172 = 100 + Voller Wert von JHWH sowie die Summe 4525 mit 9x5 5x5 betonen die Funktion von Prinzip JHWH.

„Wind" 214 definiert sich als Verborgener Wert 214 von Elohim und zeigt mit 2 x 107, was er bewirkt. 984 – 214 = 770 beschreiben den 7. Tag, der noch nicht zu Ende ist und die Basis bildet für 770 + 7 = 777 und ebenso für 770 + 30 = 800.

„Wind" 214 symbolisiert den geistigen Anstoß, der von der absoluten 3 ausgehend den Menschen erfasst und ihn die Perspektive wechseln lässt.

„Wind" 214 + „Gott" 86 = 300 bilden diesen Umstand ebenso ab wie „Wind" 214 + „über die Erde" 396 = 610 = 400 + 210.

„Und es ließ dahingehen Gott Wind über die Erde" 984 erzählt gemeinsam mit Satz 3, Genesis 4, dass die menschliche 2 auf den geistigen Impuls reagiert und ihrerseits aktiv wird: „Und es geschah am Ende von Tagen da brachte Kain von der Frucht des Ackerbodens (eine) Gabe für JHWH" 984

788 − 288 = 500, 396 − 86 = 310, 999 + 1317 + 984 = 3300 und weitere mögliche Kombinationen beschreiben näher, worauf die beiderseitige Aktivität hinausläuft.

„Da senkten sich die Wasser" 437 stellt den Bezug her zur „Arche" 437 in Satz 16, Genesis 6, die mit 400 + „Abel" 37 die Richtung vorgibt und nun ihr Ziel erreicht.

In Summe weist Satz 1 mit 15 Teilen darauf hin, dass der 7. Tag über Prinzip JHWH in den 8. Tag wechselt und zu 5 x 3 führt. Die „Erinnerung" der 1 an sich selbst erfolgt am 8. Tag durch die 3, die 24 + 1 zum festen Bestandteil ihres Denkens macht: 4525 = 25 x 181 zeigt 25 als Basis für das Gegenüber von 1 zu 1 am 8. Tag.

Satz 2:
„Und es wurden verschlossen"

6-10-60-20-200-6	302		
„die Quellen" 40-70-10-50-400	570		
„der Urflut" 400-5-6-40	451	1323	
„und die Luken" 6-1-200-2-400	609		
„der Himmel" 5-300-40-10-40	395	1004	
„und es wurde zurückgehalten"			
6-10-20-30-1	67		
„der Regen" 5-3-300-40	348		
„von den Himmeln"			
40-50 5-300-40-10-40	485	900	3227

1323 bildet mit 13 x 10x10 + 23 genau den Moment ab, in dem sich der Kontakt zum Formlosen herstellt; 1004 beschreibt ihn mit 4 + 1000.

Die Erkenntnisflut stoppt, weil mit 9 x 10x10 ihr Ziel erreicht ist.

Satz 19, Genesis 7 beschreibt mit „und die Wasser waren mächtig sehr sehr auf der Erde" 798 + „und es wurden bedeckt" 102 = 900 genau die Situation, in der das Erkennen von 10x10 einsetzt.

Satz 25, Genesis 4 weist mit „und es erkannte Adam wieder seine Frau" 1323 darauf hin, dass in diesem Augenblick die Geburt der 3 unmittelbar bevorsteht. Satz 23, Genesis 7 unterstreicht mit „und was mit ihm in der Arche" 1323, dass die 2 dabei am Leben bleibt.

Satz 22, Genesis 7 nennt die Qualität dieses Moments „Seelen-Hauch" 1004 und beschreibt sein Zustandekommen unter Verweis auf Mahalalel in Satz 15, Genesis 5 mit „fünf" 348 + „und sechzig" 656 = 1004.

3227 fasst ihn zusammen zu „und es waren mächtig" 227 + 3 x 10x10x10.

Satz 3:

„Und es gingen zurück" 6-10-300-2-6	324		
„die Wasser" 5-40-10-40	95	419	
„von oberhalb" 40-70-30	140		
„der Erde" 5-1-200-90	296	436	855
„(ein)Gehen" 5-30-6-20	61		
„und(ein)Kehren" 6-300-6-2	314	375	
„und es nahmen ab" 6-10-8-60-200-6	290		
„die Wasser" 5-40-10-40	95	385	760
„am Ende" 40-100-90-5	235		
„von fünfzig" 8-40-300-10-40	398	633	
„und hundert" 6-40-1-400	447		
„Tag(en)" 10-6-40	56	503	1136

Satz 3 kombiniert 6 x 2 und 3 x 4 Satzteile, betont damit die Qualität der 6 und zeigt über die Summen, was diese Qualität erfassen lässt.

855 = 5 x 171, 375 = 5 x 5 x 5 x 3 und 385 = 5 x 7 x 10+1 erklären auch in Kombination die wiederkehrende Erfahrung von 5 für wesentlich, die durch die 6 ermöglicht wird.

„Und es gingen zurück die Wasser" 419 – „und es nahmen ab die Wasser" 385 stimmen in ihrer verbalen Aussage überein; ihre gemeinsame Zahl 34 erklärt mit 2 x 10+7 = 3x10 + 4, dass es einzigartige Eindrücke sind, die der 2 jedes Mal die wiederkehrende Erfahrung von 3 ermöglichen.

375 = 5x5x5 x 3 und 760 = 7x10x10 + 60 erzählen über das Kommen und Gehen solcher Eindrücke, die eine 10 am 7. Tag über 6 erfasst und die ihr insgesamt einen neuen Blick auf die Materie freigeben.

633 – 503 = 130 und 633 + 503 = 1136 erzählen unter Verweis auf „und sie hoben auf die Arche" 1136 in Satz 17, Genesis 7, dass derartige Eindrücke das neue Bewusstsein von 10+1 mit 6x6 so lange anheben, bis die 10 sich am Ende als 50, 100 und 130 akzeptiert.

Satz 3 greift die Zahlen 50 und 100 auf, die am Ende des 7. Tages die Schnittstelle zum 8. Tag bilden, und beschreibt diese Schnittstelle in Summe mit 855 + 760 + 1136 = 2751 = 3 x 7 x 131 = 3 x 7 x 130+1.

Satz 2 berichtet vom Versiegen der „Quellen" 570 „der Urflut" 451. Sie haben „den Menschen" 451 wissen lassen, was es auf dem Weg zum Baum des Lebens „zu bewachen" 570 gab; darauf weist Satz 24, Genesis 3 hin.

Satz 3 erwähnt 2 x „die Wasser" 95 = 190, die zurückgehen am Ende von 150 Tagen. Mit 5 x 10 x 3 ist im Bewusstsein ein Maximum an Einsichten vorhanden. Die Herausforderung besteht nun darin, das irdische Dasein damit in Einklang zu bringen und die Einsichten im Alltag auf ‚festen Boden' zu stellen.

Satz 4:

„Dann ließ sich nieder" 6-400-50-8	464		
„die Arche" 5-400-2-5	412	876	
„im Monat" 2-8-4-300	314		
„dem siebten" 5-300-2-10-70-10	397	711	
„am siebzehnten"			
2-300-2-70-5 70-300-200	949		
„Tag" 10-6-40	56		
„des Monats" 30-8-4-300	342	1347	
„auf" 70-30	100		
„dem Gebirge" 5-200-10	215		
„Ararat" 1-200-200-9	410	725	3659

7 und 17 markieren den Zeitpunkt, zu dem die Arche erstmals die Welt der Materie berührt, und meinen damit die vorsichtige Akzeptanz der 1 im eigenen Inneren am 7. Tag.

7 und 17 zeigen mit 717 die Umkehrung von 171, die 855 in Satz 3 über 5 sichtbar werden lässt. Die Wahrnehmung von 1 zu 1 am 7. Tag ist ein innerer Prozess, der sich im Kontakt mit Materie nach außen verlagert. 717 bildet ab, dass sich das Wissen um die innere 1 im praktischen Alltag, der grundsätzlich als Projektion verstanden wird, etabliert.

„Im Monat dem siebten" 711 meint einen Zeitraum, in dem die 1 in der eigenen 10 beobachtet und die 10 als Ausdruck der 1 in der Wirklichkeit des 7. Tages als real anerkannt wird.

„Am siebzehnten Tag des Monats" 1347 bezieht sich auf die Akzeptanz von 10+3 x 10x10 in der Welt der 40 + 7 und zeigt mit 1 34 7, außen 17 und innen 2 x 17 = 34, eine ähnliche Umkehrung wie 717 und 171.

„Ararat" 410 symbolisiert, dass die anerkannte 10 sich in die Welt der 400 zu integrieren beginnt. Allmählich wird das Unglaubliche für das Denken zur Realität und bekommt langsam festen

Boden unter den Füßen. Das Auftauchen des ersten Berggipfels steht bildhaft für den ersten zaghaften Kontakt der inneren Arche mit der irdischen Wirklichkeit.

In Summe geschieht dieser Kontakt, indem kombiniert wird, was nicht offensichtlich zusammengehört, und darin das Gemeinsame gesehen wird: 876 + 711 = 1587, 1587 – 1347 = 240. Auf diese Weise lassen sich von der 10 im Alltag von 2 x 12 Zusammenhänge erfassen, sie erlebt darin als 3 den 8. Tag: 240 : 3 = 8 x 10

„Auf" 100 „dem Gebirge" 215 „Ararat" 410 definieren Situationen, in denen dies möglich ist, mit 100, „Riesen" 215 und 410 als Atbasch von Abel und Verborgenem Wert der 2, in Summe mit 725 = 700 + 5x5.

Die Primzahl 3659 kombiniert sich mit 2751, der Summe von Satz 3, zu 6410 und sagt damit aus, dass die Aussagen beider Sätze sich ergänzen: Die Qualität der 6 lässt die 10x10x10 am Berg „Ararat" 410 landen.

Satz 5:

„Und die Wasser" 6-5-40-10-40	101		
„waren" 5-10-6	21		
„(ein)Gehen" 5-30-6-20	61		
„und(ein)Weichen" 6-8-60-6-200	280	463	
„bis zu" 70-4	74		
„dem Monat" 5-8-4-300	317		
„dem zehnten" 5-70-300-10-200-10	595	986	
„Im zehnten" 2-70-300-10-200-10	592		
„am ersten" 2-1-8-4	15		
„des Monats" 30-8-4-300	342	949	
„wurden gesehen" 50-200-1-6	257		
„die Köpfe" 200-1-300-10	511		
„der Berge" 5-5-200-10-40	260	1028	3426

Es dauert einige Zeit „bis zu" 70-4 der völligen Akzeptanz, 10 zu sein. Wie „dem zehnten" 595 – „im zehnten" 592 = 3 betonen, geht damit auch die Selbstakzeptanz als 3 einher.

463 bildet ab, dass sich 21 x 3 und 60 + 3 in die 400 integrieren.

In dieser Phase schwankt das Denken ständig zwischen der Ansicht ‚das kann doch nicht sein' und dem Erkennen ‚es ist doch so'.

„Gehen" 61 „und Weichen" 280 bringen dieses Hin und Her zum Ausdruck, „und die Wasser" 101 bilden ab, was letztlich sichtbar wird, und sagen damit dasselbe aus wie „im 10." „am 1."

Satz 3 nennt es „Gehen und Kehren" 375 und hat mit 341 aus „Gehen" 61 „und Weichen" 280 die Zahl 34 gemeinsam. In Satz 4 weist auf diese 34 „am siebzehnten Tag des Monats" 1 34 7 hin.

Es geht darum, 30 + 4 und 2 x 17 miteinander in Einklang zu bringen.

„Im zehnten am ersten des Monats" 949 stimmt überein mit „am siebzehnten" 949 in Satz 4; beide meinen dieselbe Phase intensiven Erkennens: Die einzelne 10 erkennt am 7. Tag in sich die 1 und akzeptiert sich selbst als 10; 949 erklärt mit 13 x 70+3, worauf diese Phase abzielt.

„Die Köpfe" 511 weisen darauf hin, was im Kopf dieser 10 geschieht, die sich über 5 mit 1 in Kontakt weiß. Bei klarem Verstand erfasst die 10 das Prinzip „JHWH" 26; dass es ihr bisher verborgen war, wird symbolisiert vom Sehen „der Berge" 260.

„Die Köpfe" 511 stellen mit 7 x Voller Wert 73 von 3 den Bezug dieser 500 + 10+1 zum Prinzip Elohim her.

Bis „die Köpfe der Berge" 771 sich sehen lassen und 700 + 70 + 1 im Denken miteinander harmonieren, macht die 10 als 2 viele Erfahrungen von 1+4; 1028 weist darauf ebenso hin wie 280.

„Bis zu dem Monat dem zehnten" 986 dauern diese Erfahrungen von 1-4 an und führen letztlich dazu, dass 10 in der 4 Realität wird; 986 + 14 = 1000 bestätigen die Selbstakzeptanz der 10.

986 + 34 = 1020 ergänzen, dass die 10 sich auch als 2 x 10 akzeptiert.

In Summe bildet 3426 ab, dass sich über das Prinzip JHWH 30 und 4 im Denken als gleichwertig und einander ergänzend etablieren.

Dieses Verständnis entsteht aus dem ständigen Bezug zwischen irdischen Erlebnissen und intuitiven Einsichten, die sich wiederholt gegenseitig bestätigen. Auf diese Weise koppeln sich Verstand und Intuition zu einer Wahrnehmung, die beides umfasst. In dieser Wahrnehmung steht die Welt der Materie einer immateriellen Welt 1 zu 1 gegenüber, beide werden als real betrachtet und in einem Miteinander erlebt. Die Qualität der 6 ist ständiges Bindeglied beider Welten.

Sie ist auch ständiges Bindeglied zwischen 2 Arten von Realitätssicht. Denn der Blick hebt sich weg von der Erde, richtet sich dann wieder zur Erde hin und bleibt intuitiv in beide Richtungen aufmerksam.

Beide Blickrichtungen sind gleichwertige Teile „des Monats" 342, das mit 2 x 171 das Verständnis von 2 als 1-1 am 7. Tag symbolisiert.

Die Summe 342 6 bildet ab, dass diese Wahrnehmung auf 6 basiert und dass sie Gegensätzliches verbindet, zeigt 3426 unter Verweis auf Satz 17, Genesis 7:

„Und es war die Flut vierzig Tag(e) auf der Erde und es mehrten (sich) die Wasser und sie hoben auf die Arche und sie erhob sich weg von der Erde" 3426

„Und die Wasser waren (ein)Gehen und (ein)Weichen bis zu dem Monat dem zehnten Im zehnten am ersten des Monats wurden gesehen die Köpfe der Berge" 3426

Die 2 Sätze machen durch konträre verbale Aussagen die unterschiedliche Blickrichtung bildhaft; 3426 stellt sie einander gleich.

Satz 6:

„Und es geschah" 6-10-5-10	31		
„am Ende" 40-100-90	230		
„von vierzig" 1-200-2-70-10-40	323		
„Tag(en)" 10-6-40	56	640	
„da öffnete" 6-10-80-400-8	504		
„Noah" 50-8	58		
„das Fenster" 1-400 8-30-6-50	495		
„der Arche" 5-400-2-5	412	1469	
„die" 1-300-200	501		
„er gemacht" 70-300-5	375	876	2985

Ein geöffnetes Fenster macht in Satz 6 die Funktion der 6 bildhaft und die intuitive Offenheit in beide Richtungen, hin zu 4 und hin zu 1.

„Das Fenster" 495 symbolisiert die Durchlässigkeit für 1 + 4 und die Bereitschaft, sich mit 5 zu 500 zu ergänzen. Die Symbolik der Zahl 5 als Fenster zwischen den Welten entspricht diesem Bild.

„Da öffnete" 504 + „das Fenster" 495 = 999 bildet die Offenheit für das Erkennen der 1 ab.

Sie ist ein Merkmal von „Noah" 58 + „der Arche" 412 = 470 und damit des Menschen, der „lasset uns Menschen machen" 470 in Genesis 1 und sich selbst mit 3 x 10 als Manifestation dieses Prinzips versteht.

470 + 30 = 500 erzählen, dass jede 5 dieses Wissen bestätigt.

1469 bildet mit 13 x 113 den Kontakt von 3 zu 3 ab, der mit 1 + 1-1 zustande kommt.

640 = 300 + 300 + 40 macht mit 6x10x10 + 4x10 klare Aussagen über das Ende einer auf Zeit und Materie reduzierten Lebenssicht, zeigt 1-1 + 1 in der Version 10-10 + 10 und 6 und 4 als Merkmale einer 3-fachen 10.

1469 + 640 = 21 09 charakterisieren die Funktion des Fensters mit der Offenheit für das Erkennen von 2 + 1.

1469 + 876 = 23 45 erklären, wohin es gerichtet ist.

Die Summe 2985 verweist auf den Zusammenhang zwischen der Symbolik von Fenster und der Zahl 5 und erklärt unter Bezug auf Satz 5, dass Noah sich „am Ende" 230 über 5 „am ersten" 15 orientiert: 2985 + 15 = 3000.

Satz 7:

„Und er entsandte" 6-10-300-30-8	354		
„den Raben" 1-400 5-70-200-2	678	1032	
„der zog" 6-10-90-1	107		
„ziehend" 10-90-6-1	107		
„und kehrend" 6-300-6-2	314	528	
„bis zum Austrocknen"			
70-4 10-2-300-400	786		
„der Wasser" 5-40-10-40	95		
„von oberhalb" 40-70-30	140		
„der Erde" 5-1-200-90	296	1317	2877

„Den Raben" 678 „der zog ziehend und kehrend" 528 definiert die gemeinsame 150 als 10 x 3 x 5. Er symbolisiert gedankliche Aktivität, die der Bewegung „der Wasser" 95 in Satz 3 und 5 folgt.

Das Denken bewegt sich hin und her zwischen Vertrautem und Unbekanntem und bringt beides zunehmend miteinander in Übereinstimmung. 107 zeigt die 10 am 7. Tag, die über 0 zur 17 wird und 1+7 zum 8. Tag verbindet. 2x bildet 107 mit 1 und 7 die Pole ab, zwischen denen sich ihr Denken bewegt. 107 + 107 = 214 und 314 − 214 = 100 nennen 10x10 als Schnittstelle für die gegenseitige Annäherung der Pole.

1032 erklärt mit 10 30+2, wer diese gedankliche Bewegung ausführt.

1032 + 528 = 1560 erzählen mit 15 4x15 über den Inhalt der Aktivität. Diese Version von 1 + 4 charakterisiert einen Menschen, der von seinem 3x10-Sein weiß und es über 5 wiederholt erfährt. 1560 beschreibt ihn auch mit 3x10 x 4x13.

Die menschliche 3 sieht im Bild des Raben etwas zum Ausdruck gebracht, das ihrer eigenen Erfahrung entspricht. Den Raben auf diese Weise zu erfassen, ist nur möglich für eine Wahrnehmung, die alles in der Welt der 400 mit 1 in Verbindung bringt; 1-400 ist dem Raben vorangestellt.

Diese 3 nimmt sich auch als Aspekt dessen wahr, was der Begriff Samen symbolisiert. „Samen" 7-200-70 und „Raben" 5-70-200-2 haben denselben Äußeren Wert 277, der sich mit 23 zu 300 ergänzt.

277 erklärt mit 9 x 30 + 7, dass beide Begriffe mit ihrer Symbolik der menschlichen 3 dazu dienen, sich darin am 7. Tag zu erkennen.

1317 stellt den Bezug zum 2. Schöpfungswort in Genesis 1 her, das über die Trennung der Wasser berichtet und in Summe mit 1317 bereits darauf hinweist, dass diese Trennung nur über 13 und 17 von der 13 + 17 = 30 aufzulösen ist.

1317 bestätigt unter Verweis auf „um am Leben zu erhalten Samen auf der Oberfläche der ganzen Erde" 1317 in Satz 3, Genesis 7 auch den Zusammenhang zwischen Samen und dem Raben.

Das „Austrocknen" 712 führt dazu, dass die „Arche" 412 ihre 300 auf festen Boden stellen kann. Sie erfüllt damit zugleich den Zweck, den ihre Version 802 – Atbasch 302 mit 500 angibt, und erreicht ihr Ziel 390 = 300 + 90 aus 802 – 412, was 802 – 712 = 90 und 712 – 412 = 300 bestätigen. „Bis zum" 74 „Austrocknen" 712 besteht mit 2 x 37 Bezug zur 3. Version der „Arche" 437 mit dem Verborgenen Wert 470 = „Noah" 58 + „der Arche" 412.

„Bis zum Austrocknen" 786 meint, das Äußere genauer zu betrachten und darin derart ungewöhnliche, aber stimmige Zusammenhänge zu erfassen. Letztlich baut sich „bis zum Austrocknen" 786 über 10x10 im Denken zunehmend ein Miteinander von 7 und „Gott" 86 auf.

„Bis zum Austrocknen" 786 – „der Erde" 296 wird 400 + 90 gelebt.

2877 bildet mit 4x7 77 ab, dass Satz 7 die Situation am Ende des 7. Tages beschreibt.

Den Zusammenhang zwischen der Bewegung des Raben und des Wassers in Satz 5 demonstrieren 2877 + „und die Wasser waren (ein)Gehen und (ein)Weichen" 463 = 3340 und beschreiben damit das Miteinander von 3 zu 3 in der 40.

Satz 8:

„Sodann sandte er" 6-10-300-30-8	354	
„die Taube" 1-400 5-10-6-50-5	477	
„von sich weg" 40-1-400-6	447	1278
„um zu sehen" 30-200-1-6-400	637	
„ob sich verringerten" 5-100-30-6	141	
„die Wasser" 5-40-10-40	95	873
„von über" 40-70-30	140	

„dem Antlitz" 80-50-10   140
„der Erde" 5-1-4-40-5   55   335   2486

Mit 1278 – 873 – 335 = 70, 2486 – „bis zum Austrocknen" 786 =
1700, 1278 – 528 = 750 und 873 + 1317 = 2190 informieren Satz
7 und 8, dass sie über die 10 am 7. Tag und ihren Wechsel in den
8. Tag berichten.

Rabe und Taube symbolisieren das Denken einer 10 in Kontakt
mit dem Formlosen: „Und er entsandte den Raben" 1032 + „so-
dann sandte er die Taube von sich weg" 1278 = 2310.

„Taube" 5-10-6-50-5 hat den Äußeren Wert 76 = 50 + 26 = 4
x 19, der sich mit 10 zu „Elohim" 86 ergänzt. Ihr Atbasch 309
ist auch Atbasch für „Sohn". Ihr Flug begleitet den „Sohn" 2-50
„Noah" 50-8 und steht für ein Denken, das sein 3-faches 2-Sein
auf festen Boden stellt.

„Rabe" 277 und „Taube" 76 bilden mit 277 – 76 = 201 und 277 +
76 = 353 ab, welcher Art zu denken sie Gestalt geben.

Satz 9:
„Aber nicht fand" 6-30-1 40-90-1-5   173
„die Taube" 5-10-6-50-5   76
„Ruheplatz" 40-50-6-8   104
„für die Fläche ihres Fußes"
            30-20-80 200-3-30-5   368   721
„Darum kehrte sie zurück"
            6-400-300-2   708
„zu ihm" 1-30-10-6   47
„zu der Arche" 1-30 5-400-2-5   443   1198
„denn Wasser(waren)" 20-10 40-10-40   120
„auf dem Antlitz" 70-30 80-50-10   240
„der ganzen Erde" 20-30 5-1-200-90   346   706
„Und er streckte aus" 6-10-300-30-8   354
„seine Hand" 10-4-6   20

„und er nahm sie" 6-10-100-8-5	129	503	
„und er brachte" 6-10-2-1	19		
„sie" 1-400-5	406		
„zu sich" 1-30-10-6	47		
„in die Arche" 1-30 5-400-2-5	443	915	4043

4043 komprimiert die verbale Aussage zu 13 x 311 und zeigt damit die Gegenbewegung zu „da öffnete Noah das Fenster der Arche" 1469 = 13 x 113 in Satz 6.

„Aber nicht fand die Taube Ruheplatz für die Fläche ihres Fußes" 721 erklärt sich mit „deiner Frau" 721 in Satz 17, Genesis 3: Wenn die 2 gegenüber der 1 dominiert, kann die 3 am 7. Tag noch nicht Fuß fassen.

1200 − 2 = 1198 erzählen, dass die 2 ein Miteinander von 30 x 40 noch nicht zulässt, „darum kehrte sie zurück zu ihm in die Arche" 1198.

Zu „denn Wasser(waren) auf dem Antlitz der ganzen Erde" 706 erklärt Satz 14, Genesis 6 mit „und verpiche" 706, dass es immer wieder gilt, die innere Wahrheit gegen den Einfluss der 2 und 2x2 abzudichten.

Zu „und er streckte aus seine Hand und er nahm sie" 503 meint Satz 3 mit „und hundert Tag(en)" 503, dass die Erfahrung von 10x10 im Alltag noch ihre Wirkung zeigen muss.

Satz 13, Genesis 6 betont, „das Ende allen Fleisches ist gekommen vor mein Angesicht" 915, aber noch kann die Anerkennung als 5 x 3 im Alltag nicht Fuß fassen „und er brachte sie zu sich in die Arche" 915.

Satz 10:

„Hierauf wartete er" 6-10-8-30	54		
„noch" 70-6-4	80		
„sieben" 300-2-70-400	772		
„Tage" 10-40-10-40	100		
„andere" 1-8-200-10-40	259	1265	
„und er fuhr fort" 6-10-60-80	156		
„zu senden" 300-30-8	338		
„die Taube" 1-400 5-10-6-50-5	477		
„von der Arche" 40-50 5-400-2-5	502	1473	2738

Mit 2738 − 1198 = 1540 erzählen Satz 9 und 10, dass das wiederholte Aussenden und Rückkehren der Taube Bilder sind für eine Denkweise, in der sich das Miteinander 15 und 40 zunehmend stabilisiert.

„Hierauf wartete er" 54 + „und er fuhr fort" 156 = 210 = 10 x 3 x 7,
„zu senden" 338 + „von der Arche" 502 = 840 = 4 x 210 erzählen, was dabei zunehmend an Einfluss gewinnt.

1265 bildet mit 12 und 5x13 ab, was sich alle „Tage" 100 über 10x10 näher kommt.

„Und er fuhr fort zu senden die Taube von der Arche" 1473 erklärt sich mit 3 x 491: Die absolute 3 ist dabei, „den Lamech" 491 zu zeugen.

2738 komprimiert dieses Hin- und Herfliegen der Gedanken zu 3x9 2x19 und weist es mit 2 x 1369 einem Menschen zu, der sich als 13 x 10x10 + 3 x 23 versteht und dabei ist, seine Prägung als 2 zu neutralisieren.

Satz 11:

„Doch sie kam" 6-400-2-1	409		
„zu ihm" 1-30-10-6	47		
„die Taube" 5-10-6-50-5	76	532	
„zur Zeit" 30-70-400	500		
„des Abends" 70-200-2	272	772	
„und siehe" 6-5-50-5	66		
„(ein)Blatt vom Ölbaum"			
70-30-5 7-10-400	522		
„(ein)frisches" 9-200-80	289		
„in ihrem Munde" 2-80-10-5	97	974	
„Da erkannte" 6-10-4-70	90		
„Noah" 50-8	58		
„dass sich verringert hatten"			
20-1 100-30-6	157		
„die Wasser" 5-40-10-40	95	400	
„von oberhalb" 40-70-30	140		
„der Erde" 5-1-200-90	296	436	3114

„Doch sie kam zu ihm die Taube" 532 verweist auf den Mann, der in Satz 24, Genesis 2, mit seiner Frau „zu Fleisch" 532 „einem" 13 wird.

532 + 772 = 1304 erklären 0 und 4 als Begleitumstände dafür.

„Und siehe (1) Blatt vom Ölbaum (1) frisches in ihrem Munde" 974 zeigt mit (1) − (1) und mit 974 + 2x13 = 1000, dass diese Vereinigung unmittelbar bevorsteht.

„Zur Zeit" 500 und „zur Zeit des Abends" 772 = „sieben" 772 in Satz 10 nennen 10x10 x 5 am Abend des 7. Tages als Zeitpunkt dafür.

„Da erkannte Noah, dass sich verringert hatten die Wasser" 400 erzählt vom verringerten Einfluss der 400. Sie ist nun Basis für ein Denken, das darauf ausgerichtet ist, zu erfassen, was „von oberhalb der Erde" 436 kommt und 400 mit 4 x 9, 3 x 12, 2 x 18 oder 6 x 6 ergänzt.

„Und siehe Blatt vom Ölbaum frisches in ihrem Munde" 974 „von oberhalb der Erde" 436 zeigen in Summe mit 1410, dass 400 + 1000 in dieser 10 nun in Kontakt sind.

3114 zeigt den Kontakt mit 30+1 10+4 und betont zusammen mit 974 und der gemeinsamen Zahl 2140, dass 2+1 in der 40 zueinander finden.

532 + 772 – 974 = 330 bilden mit 300 + 30 eine 3-fache 10 ab, in der von 3 zu 3 ein Kontakt besteht, den „die Taube" 76 und das von ihr gebrachte Blatt vom Ölbaum bildhaft machen und mit 76 + 974 = 1050 erklären, dass mit jeder 5x10 die 1000 zunehmend Realität im Alltag wird.

„Blatt vom Ölbaum" 522 nennt diese Phase unter Verweis auf den Garten Eden in Genesis 2 „angenehm zum Beschauen und gut zum Essen" 522.

„Ölbaum" 7-10-400 hat den Äußeren Wert 417 = 400 + 17 = 3 x 139; der Atbasch 111 entspricht dem Vollen Wert 111 von 1.

Olivenöl steht wie Wein und Brot für einen Prozess. Durch Pressen wird die Frucht des Olivenbaumes zu Öl und dient über Tausende von Jahren in vielen Kulturen als Lampenöl und zur Ernährung.

Am 7. Tag nährt das Öl und bringt auch im übertragenen Sinn Licht ins Dunkel. Dem Menschen wird das Licht der Erkenntnis so lange geschenkt, bis der 8. Tag anbricht. Dann wird es zum Salböl für den Messias, den Gesalbten. Das Blatt vom Ölbaum symbolisiert den bevorstehenden Durchbruch der inneren Erkenntnis ins äußere Leben.

Satz 12:

„Und er wartete" 6-10-10-8-30	64		
„noch sieben" 70-6-4-300-2-70-400	852		
„Tage" 10-40-10-40	100		
„andere" 1-8-200-10-40	259	1275	
„dann sandte er aus" 6-10-300-30-8	354		
„die Taube" 1-400 5-10-6-50-5	477	831	
„und nimmer fuhr sie fort"			
6-30-1 10-60-80-5	192		
„zurückzukehren zu ihm"			
300-6-2 1-30-10-6	355		
„weiterhin" 70-6-4	80	627	2733

„Noch sieben" 852 – „Blatt vom Ölbaum" 522 = 330 bestätigen Satz 11.

1275 – 1265 in Satz 10 erklären mit ihrer Differenz die 10 zum Schauplatz dieses Geschehens; in Satz 11 weisen 532 – 522 darauf hin.

831 stellt den Bezug her zum 4. Schöpfungstag in Genesis 1 und zu den Lichtern, die „zu Zeichen" 831 werden sollen. Die absolute 3 setzt im Irdischen Zeichen, damit eine menschliche 3 sie im Licht des Erkennens erfasst. Das Aussenden der Taube symbolisiert die mentale Bereitschaft, solche Zeichen zu erkennen und dabei die eigene 3 zu festigen.

831 beschreibt ein solches Denken mit 800 + 31, ebenso mit 3 x „Samen" 277 und 3 x „Raben" 277 in Satz 7; diese 3 hat die Symbole verstanden und für sich akzeptiert.

„Die Taube" 477 und ihre Bezug zu „Raben" 277 und „Samen" 277 wird für die 2 mit jeder Erfahrung von 10x10 klarer, erzählen 477 – 277 = 200.

In Summe bringt 2733 mit 9x3 33 ein intensives Erkennen der 3 und mit 3x3x3 33 den Durchbruch eines neuen Denkens zum Ausdruck.

2733 + 277 = 3010 zeigt die Integration der Symbolik ins eigene Leben.

„Und nimmer fuhr sie fort zurückzukehren zu ihm weiterhin" 627 lässt mit 627 − 277 = 350 wissen, dass 3 und 50 nun im alltäglichen Denken anerkannte Realität sind und sich solche Gedanken nicht mehr in den geschützten inneren Bereich der Arche zurückziehen müssen.

Die Sätze 8 bis 12 erzählen darüber, dass sich der 8. Tag allmählich innerhalb der Zyklen der 12 etabliert und dass einige Zeit vergeht, bis der 7. Tag mit einer 3-fachen 7 endet:

Die Taube fliegt im Abstand von 7 Tagen 2 x aus, kehrt zurück und kommt erst nach weiteren 7 Tagen von ihrem 3. Flug nicht wieder.

Jedem Aussenden in den Sätzen 8 + 10 + 12 = 30 ist der Taube 1-400 als ‚Auftrag' vorangestellt, was ihren Äußeren Wert auf 477 erhöht.

Mit ihrem 3. Flug etabliert sich die 3 und die Verbindung zwischen 1 und 400 ist im Alltag der 3 x 10 präsent.

Die 3 kann im täglichen Leben Fuß fassen, ihr Standpunkt wird darin zunehmend sicherer und kann sich schließlich festigen. Wenn die Taube nicht mehr zurückkehren muss in den Schutz der inneren Arche, dann hat die Sichtweise der 3 im Alltag ihren festen Platz gefunden.

3 x 477 = 1431 bilden den erfüllten Auftrag mit 1000 + 400+1 + 30 ab, 1431 − 831 = 600 zeigen mit 10x3 x 10x2, dass das Aussenden

der Taube zu einem Gleichgewicht von 3 und 2 in der 10 geführt hat.

Satz 13:

„Und es geschah" 6-10-5-10		31	
„in einem" 2-1-8-400	411		
„und sechs hundert"			
6-300-300 40-1-6-400	1053		
„Jahr(en)" 300-50-5	355	1819	
„im ersten" 2-200-1-300-6-50	559		
„am ersten" 2-1-8-4	15		
„des Monats" 30-8-4-300	342	916	
„waren vertrocknet" 8-200-2-6	216		
„die Wasser" 5-40-10-40	95		
„von oberhalb" 40-70-30	140		
„der Erde" 5-1-200-90	296	747	
„als entfernte" 6-10-60-200	276		
„Noah" 50-8	58		
„die Decke" 1-400 40-20-60-5	526		
„der Arche" 5-400-2-5	412	1272	
„als er schaute" 6-10-200-1	217		
„da siehe" 6-5-50-5	66	283	
„sie waren getrocknet" 8-200-2-6	216		
„die Oberflächen" 80-50-10	140		
„der Erde" 5-1-4-40-5	55	411	5479

Dass sich die 10+3 als neue Realität im Alltag behaupten kann, ist im Leben jedes Noah von gravierender Bedeutung. Satz 13 betont mit Menge und Relevanz seiner Informationen diesen Stellenwert.

Am 1. Tag im 1.(Monat) des 1. Jahres, nachdem mit 600 die Flut beginnt, ist sie zu Ende. 111 macht die Verankerung des Absoluten im Zeitlichen offensichtlich. Eine dreifache 1 in Verbindung mit 2 x 300 bringt sehr deutlich zum Ausdruck, dass der unmittelbare Bezug zur 1 jeden Tag im Denken seinen festen Platz einnimmt. Das Hin und Her zwischen Alltagsgedanken und besonderen Momenten ist zu Ende, äußere und innere Wirklichkeit sind ein harmonisches Gefüge geworden.

Eine 3-fache 7 beendet den 7. Tag, eine 3-fache 1 eröffnet den 8. Tag: 777 + 111 = 888. Eine 3-fache 8 sagt aus, dass die irdische 2 x 4 = 8 von der 3 auf veränderte Weise wahrgenommen wird; die „Arche" 412 steuert über 10x10 auf diese Wahrnehmung zu: 412 + 100 = 512 = 8x8x8.

„Und es geschah" 31 = 30 + 1 macht deutlich, dass für die 3 x 10 jedes Geschehen von der 1 verursacht ist.

Ein Bewusstsein, das von 600 = 2 x 300 = 6 x 100 = 30 x 20 = 12 x 50 definiert wird, gehört einem Menschen, der 400 + 10+1 „in einem" 411 lebt. „In einem von sechshundert Jahren" 1819 weist auch mit 1819 + 1 = 1820 = 2 x 910 darauf hin, dass er am Erkennen der 1 orientiert ist.

31 + 1819 = 1850 bilden sein Erfassen der 1 am 8. Tag mit 5x10 ab.

„Im ersten am ersten des Monats" 916 bestätigt verbal die Aussage von 411 und definiert das Verständnis von 2 als 1-1 unter Verweis auf Satz 2, Genesis 7 „und von dem Vieh welches nicht rein es(ist)" 916, von dem „(je)zwei" 400 „sollst du dir nehmen" 558.

„Im ersten" 559 – 558 = 1 beschreiben diesen Menschen als „Noah" 58, der mit 5 x 10x10 am Erfassen der 1 orientiert ist.

916 : 2 = 458 informiert darüber, dass er das verfälschende Wesen der 2 durchschaut und die 400 als „Noah" 58 lebt.

Der Mensch im Bewusstsein des Noah entfernt die Abdeckung der Arche, er öffnet sich mit seiner inneren Wahrheit zur Welt hin und zugleich auch nach oben hin.

„Als entfernte" 276 „die Decke" 526 zeigt mit 526 − 276 = 250, dass „Noah" 58 in „der Arche" 412 entdeckt hat, „Sohn" 2-50 zu sein; dass er es nun als 10 am 7. Tag in der 400 lebt, erklären 58 + 412 = 470.

Seine 10 hat entdeckt, dass das Prinzip 3 sich in ihrem Leben äußert: 526 + 58 + 276 = 860 = 10 x „Elohim" 86.

Satz 12 bestätigt mit „und er wartete noch sieben Tage andere" 1275 − „als entfernte Noah die Decke der Arche" 1272 = 3; „in einem und sechshundert Jahr(en)" 1819 + „dann sandte er aus die Taube" 831 = 2650 ergänzen, dass sie es über das Prinzip JHWH tut.

„Als er schaute da siehe" 283 stellt den Bezug zu Genesis 6, Satz 3 und 7 „da sprach JHWH" 283 „und es sprach JHWH" 283 her.

Über die Primzahl 283 kommt wiederholt in der Schöpfungsgeschichte zum Ausdruck, dass „gesehen" oder „gehört" wird, was das Absolute „sagt".

„Als er schaute da siehe" 283 „und nimmer fuhr sie fort zurückzukehren zu ihm weiterhin" 627 lassen in Summe mit 910 wissen, dass die 10 sich als solche anerkennt und nun auf eine Weise schaut, die sehen lässt, was die 1 ihr sagt.

„Als er schaute" 217 erklärt mit 6x6x6 + 1 diese Art zu schauen; „da siehe" 66 − „die Erde" 55 = 11 meint den Blick auf die 4 im Wissen um 1-1 und um „sie waren getrocknet die Oberflächen der Erde" 411.
Diese neue Betrachtungsweise beschreiben 2 x 190 + 31 und 400 + 11.

Noah weiß, dass seine bis ins Detail konsequente Kombinationsfähigkeit der Grund war, dass sich Einsichten ‚von oben' mit seinem irdischen Alltag unauflöslich verbinden konnten.

„Die Wasser" 95 + „von oberhalb" 140 = 235 sind auf „die Oberflächen" 140 „der Erde" 55 = 195 gefallen, darin eingedrungen
235 − 195 = 40 und haben sich so lange mit der Erde verbunden,
bis sie „vertrocknet waren" 216 = 6x6x6.

„Vertrocknet waren" 216 die Wasser und „getrocknet waren sie"
216, die Oberflächen der Erde; 6x6x6 verbindet beides.

„Die Oberflächen" 140 der Erde und die Wasser „von oberhalb"
140 werden nun als gleichwertig erfasst und von der 10 mit 1 +
4 verbunden.

Nachdem „vertrocknet waren die Wasser von oberhalb der Erde"
747 sieht die 10 sich als 3x10 und den Alltag als Projektion: 747 +
283 = 1030.

Dieser Noah sieht die Begründung für „seinen Namen" 747, die
Satz 29, Genesis 5 nennt, für das eigene Leben zutreffen:

„Als Noah entfernte die Decke der Arche" 1272 sieht er, dass die
dabei gemachte Erfahrung nur möglich ist „aufgrund der Ackererde, die verflucht hatte sie JHWH" 1078; 1272 + 1078 nennen
diese Erfahrung 2350.

Nachdem die Wasser „vertrocknet waren" 216, erfährt Noah, dass
„die Erde" 296 seiner 10 den 8. Tag und Sicht auf das Formlose
ermöglicht: 296 − 216 = 80, 296 − 66 = 230

Lange Zeit wird „die Erde" 296 mit 2 x 4 = 8 rein materiell gesehen und die 1 im Inneren nicht wahrgenommen. Am 8. Tag
wird die innere 1 bewusst in den 7. Tag integriert; 296 = 8 x
„Abel" 37 sagt beides aus.

Am 8. Tag wird 2 als 2 x 1 und 4 als 4 x 1 verstanden. „Die Erde"
296 bleibt am 8. Tag, wie sie ist, aber das neue Verständnis von

Materie ergänzt sich mit ihr zu einer neuen Sicht auf sie: 296 + 4 = 300.

„Die Erde" 55 = 5 x 11 ist nun der Ort, der 10+1 über 5 ermöglicht.

Die Erde auf neue Art zu erleben, ist sehr individuell und für andere Menschen nicht offensichtlich.

Die Primzahl 5479 betont das, indem sie indirekt darüber informiert:

5479 – 1819 = 3660 erklären, dass „in einem und sechshundert Jahr(en)" 1819 der Mensch 366 x 10 lebt: Er fügt den 365 irdischen Tagen mit dem 8. Tag symbolisch einen weiteren hinzu, der sein 3-Sein und seine Fähigkeit zur Kombination hervorhebt.

Satz 14:

„Als im Monat" 6-2-8-4-300	320		
„dem zweiten" 5-300-50-10	365	685	
„am sieben" 2-300-2-70-5	379		
„und zwanzigsten" 6-70-300-200-10-40	626		
„Tag" 10-6-40	56		
„des Monats" 30-8-4-300	342	1403	
„trocken war" 10-2-300-5	317		
„die Erde" 5-1-200-90	296	613	2701

2. Monat und 27. Tag verkürzen sich zu 227 und stellen die Verbindung zu „und es waren mächtig" 227 „die Wasser auf der Erde" 491 in Satz 24, Genesis 7 her.

„Trocken war die Erde" 613, d.h., die als mächtig bezeichneten Wasser haben sich mit ihr verbunden: 613 + 227 = 840 = 400 + 4x10 + 400 beschreiben diesen Zustand.

In Summe zeigen Satz 24 − 14 = 10, dass diese Verbindung in der 10 vor sich geht und erklären mit 2701 + 1619 = 4320, dass 2x10 die Basis bildet für die Verbindung der 10 über 5, die 10 x 5 x 3 = 150 ebenso meinen wie 10 x 5 x „Elohim" 86 = 4300.

2701 − 491 = 2210 = 2000 + 7 x 30 ergänzen, dass „die Wasser auf der Erde" 491 zur Integration des 3x10-Seins in den irdischen Alltag führten, und stellen den Bezug her zu Satz 19, Genesis 5..

„Dem zweiten" 365 + „am sieben" 379 + „und zwanzigsten" 626 = 1370 lassen ebenfalls wissen, dass 2, 7 und 20 in Summe die 10 am 7. Tag das Miteinander von 1-3 und sich als 10+3 erfahren lassen.

Die Summe 2701 enthält den Hinweis, dass 7 und 20 = 27 = 3x3x3 über 0 mit der 1 in Verbindung stehen, und macht mit 37 x 73 deutlich, dass 30 und 3 sich über den 7. Tag spiegeln; „Abel" 37 wird bewusst gelebt.

Mit 5479 in Satz 13 beschreibt 2701 diese 10 in Summe mit 8180.

„Am sieben und zwanzigsten Tag des Monats" 1403 + 27 = 1430 bilden ab, dass und wie „7 und 20" die 10 das 3-Sein erleben lassen.

„Trocken war" 317 = 300 + 17 summiert sich mit 1403 zu 1720 und macht das alltägliche Miteinander von 300 und 20 dieser 17 deutlich: Diese 10 lebt am 7. Tag ihr 3-Sein ebenso wie ihr gewohntes 2-Sein.

Satz 15:

„Da redete" 6-10-4-2-200	222		
„Gott" 1-30-5-10-40	86	308	
„zu Noah" 1-30 50-8	89		
„sprechend" 30-1-40-200	271	360	668

Verbal verdoppeln „da redete" 222 und „sprechend" 271 ihre Aussage und demonstrieren so den Kontakt von „Gott" 86 „zu Noah" 89 über JHWH, das Prinzip der Verdoppelung und verfälschten Spiegelung.

89 – 86 = 3 und 360 – 308 = 52 = 2 x „JHWH" 26 = 4 x 13 erzählen davon ebenso wie 222 = 2 x 111 und 271 – 222 = 49 = 40 + 9.

668 stellt mit „östlich von Eden" 668 den Bezug her zu Kain in Satz 16, Genesis 4 und macht mit 2 x 334 die 2 von Kain als Basis für das Zwiegespräch von 300 zu 30 in der 4 deutlich.

Satz 16:

„Geh hinaus" 90-1	91		
„aus der Arche" 40-50 5-400-2-5	502	593	
„du" 1-400-5	406		
„und deine Frau" 6-1-300-400-20	727	1133	
„und deine Söhne" 6-2-50-10-20	88		
„und die Frauen deiner Söhne"			
6-50-300-10 2-50-10-20	448		
„mit dir" 1-400-20	421	957	2683

„Geh hinaus aus der Arche" 593 stellt den Bezug her zu „als er zeugte den Mahalalel" 593 in Satz 12, Genesis 5;

593 bildet den Zusammenhang zwischen 5 und 3 ab, dem Mahalalel Gestalt verleiht und der das Leben des Noah nun außerhalb der Arche prägt.

„Du und deine Frau" 1133 zeigt mit 2 in sich gespiegelten 13 die Rolle der 2 für die 13 von Noah. Die 3. Willensäußerung in Genesis 1 stellt fest, dass „jeglicher grüne Pflanzenwuchs" 1133 ihn nährt.

„Und deine Söhne und die Frauen deiner Söhne mit dir" 957 ergänzen die 30+2 von Noah, indem sie 3 zu 960 = 30 x 32, 593 zu
1550, 1133 zu 2090 ergänzen. Sie symbolisieren den Umstand, dass
die Ergänzung zu 3 x 10 ‚über Generationen' in einem Bewusstsein
andauert, das als 500 die 40 lebt, wie 1133 – 593 = 540 wissen lassen und das 960 + 540 = 1500 und 1550 – 540 = 1010 benennen.

Die Primzahl 2683 betont die Einzigartigkeit dieser 10 am 7.
Tag und lässt mit 26 x 10x10 + „Flut" 83 wissen, dass sie nach
einer Flut an Einsichten das Prinzip JHWH als bewusste 10 und
den 8. Tag als 3 lebt.

2683 + 17 = 2700 = 9 x 300 = 20+7 x 10x10 = 3x3x3 x 10x10
beschreiben diesen ganz individuellen Menschen, Satz 17 geht
näher auf ihn ein.

Satz 17:

„All das Getier" 20-30 5-8-10-5	78		
„das mit dir(ist)" 1-300-200 1-400-20	922	1000	
„von allem Fleisch"			
40-20-30 2-300-200	592		
„vom Gefiederten" 2-70-6-80	158		
„und von dem Vieh" 6-2-2-5-40-5	60	810	
„u. von all dem Kriechgetier"			
6-2-20-30 5-200-40-300	603		
„das kriechend" 5-200-40-300	545		
„auf der Erde" 70-30 5-1-200-90	396	1544	
„lass hinausziehn" 5-6-90-1 (5-10-90-1)	102 (106)		
„mit dir" 1-400-20	421	523 (527)	
„Und sie sollen sich tummeln"			
6-300-200-90-6	602		
„auf der Erde" 2-1-200-90	293	895	
„und fruchtbar sein" 6-80-200-6	292		
„und sich mehren" 6-200-2-6	214		
„auf der Erde" 70-30 5-1-200-90	396	902	5674

„All das Getier, das mit dir(ist)" 1000 betont, dass alle Aspekte des körperlichen Lebens erhalten bleiben, während Noah sein 3x10-Sein mit seiner irdischen Existenz in Übereinstimmung bringt.

„Von allem Fleisch vom Gefiederten und von dem Vieh" 810 = 9 x 9 x 10 geht bisher und weiterhin die Möglichkeit zur Selbsterkenntnis aus,
„und von all dem Kriechgetier" 603 die Option, darüber zu herrschen und sich über 10x10 mit der absoluten 3 zu verbinden.

1544 stellt auch den Bezug zu „und du wirst essen den Pflanzenwuchs des Feldes" 1544 in Satz 18, Genesis 3 her und bestätigt damit, was „jeglicher grüne Pflanzenwuchs" 1133 in Satz 16 aussagt.

1544 – 1133 = 411 verweisen gemeinsam auf Satz 13 und erklären, dass die 2 aus 1-1 der 3 zur ‚bewussten Ernährung' dient.

„Lass hinausziehn" 102 (106) macht mit seinem 2-fachen Zahlenaufbau deutlich, dass Widersprüchliches als 2 Teile 1 Aussage zu verstehen ist, und konkretisiert damit, was 411 andeutet.

102 bildet die Kombination von 1 + 2 über 0 ab, 106 betont mit 1 + 6 = 7 die Funktion der 6, die am 7. Tag über 0 die Verbindung zur 1 sichtbar macht; beide Versionen zeigen mit 106 – 102 = 4, dass sie gemeinsam die 4 im Sinne von 411 wahrnehmen lassen.

523 und 527 machen mit 500 + 23 und 500 + 27 deutlich, dass sich die Wahrnehmung des Formlosen und die gewohnte Wahrnehmung von 2x10 + 7 zwar konträr gegenüberstehen, einander aber letztlich zu 23 + 27 = 50 ergänzen und fester Bestandteil einer 10 sind, die sich als 500 weiß.

Diese 10 sagt sich: „All das Getier, das mit dir (ist)" 1000, ermöglicht 2 x 500 und 2 x 1000.

Beide Versionen sind kein Widerspruch, sondern Varianten für eine 3000, eine 3-fache 10, die sich in Kontakt mit der absoluten 3 weiß.

„Und sie sollen sich tummeln auf der Erde" 895 stellt wie Satz 16 den Bezug zu Mahalalel in Genesis 5 her, dessen gesamte Lebenszeit mit 800 + 95 Jahren angegeben wird. Er macht klar, dass sich Erfahrungen von 5 und 3 auf der Erde tummeln sollen: 895 + 5 = 900 = 3 x 300;
„und fruchtbar sein und sich mehren auf der Erde" 902 auf Basis von 2.

902 − 602 = 300 bestätigen, was sich „auf der Erde tummeln, fruchtbar sein und sich mehren" soll.

602 − 292 = 610 erklären die 10 mit der Qualität der 6 dazu fähig.

610 = 2x300 + 10, 396 − 293 = 103 und 902 − 895 = 7 definieren diese 10 als 10+3 am 7. Tag und zeigen mit 902 + 895 + 103 = 1900, wie sie denkt.

895 + 902 = 1797 = 3 x 599 unterstreichen mit 599 + 1 = 600 und 1797 + 3 = 1800 die Ausrichtung dieser 10 am 7. Tag auf 1 und 3.

Die Summe 5674 und ihre Variante 5678 bilden ihre Aussagen direkt ab:
56 74 besteht aus 2 Teilen, die sich mit 56 + 74 zu 130 summieren und damit die ungewöhnliche Art zu denken demonstrieren, die einer 10 das Wahrnehmen von 1 und 3 ermöglicht.

5678 fasst zusammen, was Genesis 5, 6, 7 und 8 im Detail schildern:

Wiederholt wird in Genesis 6, 7 und 8 betont, dass alles Lebendige, alles Fleisch, alle Arten von Tieren erhalten bleiben sollen.

Noah, der all das Leben der 2 mit in seine Arche nimmt und es später auch wieder mit sich an Land bringt, ist das Resultat eines Prozesses, den Genesis 5 als Stammbaum schildert und an dessen Ende Noah steht.

Die körperliche Existenz und die damit verbundenen Lebensumstände bleiben bestehen, während sich im Bewusstsein eine neue Sichtweise entwickelt, die darüber hinaus führt und sich schließlich im Alltag etabliert, der äußerlich derselbe geblieben ist und es auch bleibt.

Vor dem Hintergrund des gewohnten Umfeldes, das dem 7. Tag entspricht, wird parallel dazu der 8. Tag Realität. Der 8. Tag symbolisiert einen veränderten Blick auf das Leben am 7. Tag, auf die irdische Existenz von 2 x 4 = 8. Der 8. Tag ist die Wahrnehmung des Irdischen als 4 + 4 und 7 + 1: Der menschliche Noah erlebt seinen Alltag unter ständigem Bezug zu einem immateriellen, stets präsenten Absoluten. Er hat gelernt, es zu erfassen und als ebenso wirklich zu akzeptieren wie sein bisheriges, gewohntes Leben in Zeit und Raum.

Das Verlassen der Arche ist Bild dafür, dass 3 im Denken nun genauso festen Boden unter den Füßen hat wie 2, dass der Alltag aus 2 + 3, aus 7. + 8. Tag besteht und dem entspricht, was 7 + 8 = 15 = 5 x 3 sagen.

Satz 18:
„Und es zog hinaus Noah"

6-10-90-1 50-8	165	
„und seine Söhne" 6-2-50-10-6	74	
„und seine Frau" 6-1-300-400-6	713	
„und die Frauen seiner Söhne"		
6-50-300-10 2-50-10-6	434	
„mit ihm" 1-400-6	407	1793

1793 und 1797 in Satz 17 bestätigen die 4, auf die „lass aus-
ziehn" mit seinen Varianten 106 – 102 = 4 hinweist; die 4 aus
2x2 bleibt auch für die 10 am 7. Tag, die sich als 3 erkennt, bestehen, wie sie ist.

Nur die Art der Wahrnehmung ändert sich und 1793 = 11 x 163
beschreibt den Menschen mit dieser Wahrnehmung unter Bezug
auf Genesis 5, 6 und 7 mit 10+1 x „und weiblich" 163.

Satz 19:

„Alles Wild" 20-30 5-8-10-5	78		
„all das Kriechgetier"			
20-30 5-200-40-300	595		
„und all das Geflügel"			
6-20-30 5-70-6-80	217	890	
„alles" 20-30	50		
„Kriechende" 200-6-40-300	546		
„auf der Erde" 70-30 5-1-200-90	396	992	
„nach ihren Arten"			
30-40-300-80-8-400-10-5-40	913		
„zogen sie aus" 10-90-1-6	107		
„von der Arche" 40-50 5-400-2-5	502	1522	3404

3404 bildet in Summe eine Wahrnehmung der 4 ab, die eine
Kombination von 300 + 40 oder 3000 + 400 ist.

3404 = 1702 x 2 betont die Individualität dieses Lebens in der
2 x 2, die „nach ihren Arten" 913 + „zogen sie aus" 107 =
1020 zum Ausdruck bringt und die für einen Menschen gilt, den
10x10x10 + 20 definieren.

„Alles Wild, all das Kriechgetier und all das Geflügel" 890 zieht
aus der Arche ins äußere Leben und dient dort dem Erkennen
von 8 = 2x2x2;
„alles Kriechende auf der Erde" 992 ist mit seiner 2 die Basis dafür und bildet mit 992 + 8 = 1000 ab, wozu es dient;

„nach ihren Arten zogen sie aus von der Arche" 1522 − 992 = 530 zeigen es alternativ.

Die körperliche Existenz von Noah, seine Aspekte der 2, die Satz 18 und 19 beschreiben, ist auf die Kombination mit 1 zu 3 ausgerichtet. Diese Aussage verbindet Satz 19 und 18, ihre Summen bilden sie mit 3404 − 1793 = 1 6 11 ab.

1611 verweist mit 3 x 537 wieder auf „den Mahalalel" 537 in Satz 12 und 13, Genesis 5, und erzählt mit 9 x 179, dass auf diese Weise der „Garten in Eden" 179 zu erkennen ist, den Genesis 2 erwähnt.

Satz 20:

„Da baute" 6-10-2-50	68		
„Noah" 50-8	58		
„(einen)Altar" 40-7-2-8	57		
„für JHWH" 30-10-5-6-5	56	239	
„Dann nahm er" 6-10-100-8	124		
„von all" 40-20-30	90		
„dem Vieh" 5-2-5-40-5	57		
„dem reinen" 5-9-5-6-200-5	230	501	
„und von all" 6-40-20-30	96		
„dem Geflügel" 5-70-6-80	161		
„dem reinen" 5-9-5-200	219	476	
„und er opferte auf" 6-10-70-30	116		
„Brandopfer" 70-30-400	500		
„auf dem Altar" 2-40-7-2-8	59	675	1891

68 − 58 = 10, 58 − 57 = 1 und 57 − 56 = 1 erklären die Worte mit 10 + 1 + 1 = 12 und „da baute Noah (einen)Altar für JHWH" 239 + 1 = 240 und erzählen, dass Noah alles innerhalb der Zyklen der 12 mit 1 in Verbindung bringt. 2 ist für ihn 1 + 1, die 4 x 1 der Materie eine Äußerung der absoluten 1 und im Grunde damit gleichzusetzen.

Die 10 des Noah ist als Kontaktpunkt von 1+0 zu 1 selbst dieser Altar

„und er opfert auf" 116, indem seine 10 alles mit der 1 verbindet; das wird von „dem Geflügel" 161 als Variante abgebildet.

„Auf dem Altar" 59 und „Altar" 57 zeigen mit ihrer Differenz 2 ebenso wie mit 59 – „dem Vieh" 57 = 2, was darauf geopfert wird.

„Dem reinen" 230 – „dem reinen" 219 = 11 bestätigen mit 10+1 und 1-1 die Art des Opfers.

„Brandopfer" 500 erklärt sich mit 5 x 10x10, mit 476 + 675 = 11 5 1 und zeigt mit 501 – 500 = 1, wem es gilt.

„Dann nahm er" 124 + „und er opferte auf" 116 = 240 unterstreichen mit 239 + 1 die Funktion des Altares.

239 + 501 = 740 = 500 + 240 erklären die Auffassung dieser 10 von der 2 mit 10 x 2 x „Abel" 37 als Variante von 10 x 2 x 1.

501 + 675 – 476 = 700 und weitere mögliche Kombinationen demonstrieren die Art und Weise, wie „für JHWH" 56 = 30 + 26 geopfert wird.

Ein Altar symbolisiert die Schnittstelle zum Absoluten. Sie liegt in Noah, der über seine innere 1 wahrnimmt, was die absolute 1 ihm sagt. 1891 bildet diesen Umstand mit 1 89 1 unter Verweis auf den Inhalt von Satz 15 ab: Da redete Gott „zu Noah" 89 sprechend.

1891 = 31 x 61 sagt mit „El" 31 x 30+31 dasselbe aus; das Göttliche innerhalb und außerhalb der menschlichen 3 ist identisch.

Ihm zu opfern, bedeutet die Verbindung von 3 zu 3, von 1 zu 1, die 31 – 31 komprimiert abbildet, einzusehen.

Im Hebräischen hat „Opfer = korban" 100-200-2-50 die Bedeutung von „sich nähern" oder „näher bringen". Damit ist gemeint, sich durch die eigene irdische Existenz Gott anzunähern, sich als 2 auf die 3 auszurichten. Der Äußere Wert 352 bildet ab, dass das über 5 geschieht.

„Opfer" 352 hat damit zu tun, die 2 als 1-1 zu sehen, und nimmt Bezug zum 5. Schöpfungswort in Genesis 1: Lichter dienen dazu, die 2 Aspekte des 1 Tages zu erkennen, „um zu scheiden zwischen dem Tag und zwischen der Nacht" 352.

„Opfer" 352 bedeutet, 2 als 2 x 1 zu sehen, die trennende Sicht zugunsten der verbindenden aufzugeben und Gegensätzliches als 2 Aspekte 1 Ganzen und Ausdruck der 1 zu verstehen.

„Und er opferte auf" 116 meint mit 2 x 58 dieses trennende 2-Sein von „Noah" 58, das er zugunsten der Verbindung von 1 + 1 aufgibt. „Opfer" 352 = 176 + 176 als Variante von 1 + 1 zeigt mit 176 − 116 = 6x10, dass es die Veränderung von trennender zu verbindender Haltung symbolisiert.

Tieropfer ist in diesem Sinn nicht ein blutiges Schlachten, sondern das Aufgeben einer Sichtweise. Geopfert wird das Bild des Menschen, das ihn auf einen Tierkörper oder Materie fixiert und reduziert. Die tierische Natur zu opfern, heißt, sich immer wieder daran zu erinnern, dass 2 und 4 Ausdruck der 1 sind.

Blutige Tier- oder sogar Menschenopfer sind magische Handlungen, die nützliche Reaktionen für die irdische Existenz bewirken sollen, und haben nichts mit dieser ursprünglichen und eigentlichen Bedeutung des „korban" zu tun.

„Altar" 57 = 3 x 19 ist jeder Moment, in dem der Mensch sich der 2 als 1-1 bewusst wird und sich dadurch als 3 erkennt. In diesem Moment ist er Schnittstelle zwischen Absolutem und Irdischem.

In Noah hat sich diese Schnittstelle durch wiederholtes Erleben zu einer stabilen Verbindung aufgebaut. 239 bildet ab, dass das Erkennen des Formlosen zu einem festen Bestandteil seines Denkens geworden ist. Der gebaute Altar symbolisiert eine Verbindung, die sich gefestigt hat, und ist als stabiler Faktor die Voraussetzung dafür, dass der Mensch ohne ein Gefühl der Bedrohung leben kann. Eine beruhigende Zuversicht und Gewissheit haben in seinem Inneren den Platz eingenommen, der vorher von Angst, Zweifel und Kampf besetzt war. Der Kontakt von 1+0 zu 1 gibt ihm Gewissheit, dass vom Irdischen keine wirkliche Gefahr ausgeht und seinem Leben weder Vernichtung oder Strafe droht. Er erfährt sich getragen von einer Ordnung, die ihren eigenen Gesetzen folgt und den „Geruch des Wohlgefallens" 700 in sich trägt.

Die 3 abschließenden Teile von Satz 20 geben mit den 4 einleitenden von Satz 21 den Zusammenhang zwischen dem „Brandopfer" 500 und diesem „Geruch des Wohlgefallens" 700 wieder, den die 2 mit jeder Erfahrung von 10x10 spürt und der mit 500 + 700 = 1200 ihr Leben als 3 x 400 begleitet:

Satz 21:

„Und es roch" 6-10-200-8	224		
„JHWH" 10-5-6-5	26	250	
„den Geruch" 1-400 200-10-8	619		
„des Wohlgefallens" 5-50-10-8-8	81	700	950

Durch einen Gedanken von 5 x 10x10, den „Brandopfer" 500 symbolisiert, erfasst sich die 2 als 2 x 1 und nimmt sich als etwas wahr, das zugleich in der Materie und in einem immateriellen Bereich existiert. „JHWH" 26 ist das Prinzip dieser Verdoppelung und Teilung und wird in den Heiligen Schriften als Göttergestalt mit menschlichen Sinneswahrnehmungen oder Gefühlsregungen personifiziert. Es werden ihm Worte in den Mund gelegt und Handlungen zugeschrieben. Er dient der Erläuterung grundlegender Prinzipien, auf denen Mensch und Schöpfung basieren.

„Und es roch JHWH" 250 ist daher nicht wörtlich gemeint, sondern ein Bild für die Wahrnehmung des Absoluten über das Prinzip JHWH.

2 x 250 = 500 ist eine Version von 2 x 1 = 2 gemäß diesem Prinzip.

Gemeinsam geben die Symbole dieser Szene zu verstehen, dass sich die Opferbereitschaft schließlich in Wohlgefallen auflöst. Anstelle des in Kauf genommenen Schlimmen erlebt die 10 ganz unerwartet das Gute.

950 stellt den Bezug zur Flamme des Schwertes „des gezackten" 950 her, das am Ende von Genesis 3 den Weg zum Baum des Lebens bewacht, zeigt mit 2 x 19 x 25 die Art der Bewachung und wie sie zu passieren ist.

Einzeln und in Kombination demonstrieren die Zahlen der 3 und 4 Satzteile, dass 25 = 5x5 Knotenpunkt für eine komplexe Wechselwirkung ist:
675 = 27 x 25, 950 = 38 x 25, 950 − 675 = 275 = 11 x 25;
950 + 675 = 1625 = 13 x 5 x 25; 500 = 20 x 25;
116 + 59 = 175 = 7 x 25; 619 + 81 = 700 = 28 x 25

Diese und weitere Kombinationsmöglichkeiten bringen zum Ausdruck, dass am errichteten Altar wiederholter Kontakt von 5 zu 5 stattfindet. Ein wohltuendes Gefühl festigt diese Schnittstelle von 1+0 zu 1 zunehmend.

Satz 21 beschreibt mit weiteren 20 Satzteilen, welche Zuversicht der „Geruch des Wohlgefallens" 700 mit sich bringt:

„Da sprach" 6-10-1-40-200	257		
„JHWH" 10-5-6-5	26		
„zu seinem Herzen" 1-30 30-2-6	69	352
„Nicht werde ich fortfahren"			
30-1 1-60-80	172		
„zu verfluchen" 30-100-30-30	190		
„ferner" 70-6-4	80		
„die Erde" 1-400 5-1-4-40-5	456		
„wegen" 2-70-2-6-200	280		

„des Menschen" 5-1-4-40	50	1228	
„weil" 20-10	30		
„(das)Sinnen" 10-90-200	300		
„des Menschenherzens" 30-2 5-1-4-40	82		
„böse(ist)" 200-70	270		
„von seiner Jugend an"			
40-50-70-200-10-6	376	1058	
„und nicht werde ich fortfahren"			
6-30-1 1-60-80	178		
„ferner" 70-6-4	80		
„zu schlagen" 30-5-20-6-400	461		
„alles Lebendige" 1-400 20-30 8-10	469	1188	
„so wie" 20-1-300-200	521		
„ich getan" 70-300-10-400-10	790	1311	5137

Die Worte lassen wissen, dass der Mensch sich und die Erde von nun an nicht mehr als etwas ansieht, das „böse" 270 und „zu verfluchen" 190 ist, sondern als etwas, das 190 und 270 = 9 x 30 ermöglicht.

„Alles Lebendige" 469 „zu schlagen" 461 wird nicht mehr als Strafe oder Willkür betrachtet, sondern als Not-Wendigkeit, damit sich der Mensch als 3 erkennen kann, wie 461 + 469 = 930 zum Ausdruck bringen.

„Zu schlagen alles Lebendige" 930 ist der Weg von Adam als 10 am 7. Tag, den er am 8. Tag im Rückblick erkennt: 930 + 70 = 1000 = 400+400 + 130 + 70. Er weiß, alles, was „ich getan" 790 habe als 10, war darauf ausgerichtet, über 10x10 den 8. Tag zu erleben: 790 + 10 = 800.

352 + 1228 = 1580 und 1058 bilden in Summe mit 1 58 0 und 10 58 ab, dass zu dieser Einsicht jede 10 kommt, die sich als „Noah" 58 weiß.

1228 − 1058 = 170, 1228 − 1188 = 40, 1188 − 1058 = 130, 352 + 1058 = 1410, 352 + 1188 = 1540 beschreiben einzeln und in Kombination diese 10 und 1311 fasst sie zu 1 3 11 und 13 11 zusammen.

13 = 1-3 ist die Verbindung „des Menschenherzen" 82 „zu seinem Herzen" 69, verbindet auch „die Erde" 456 und „alles Lebendige" 469 und wird von der 10+3 im irdischen Leben als Empfindung im Herzen wahrgenommen.

„Zu verfluchen" 30-100-30-30 zeigt mit seinem Zahlenaufbau, wozu der Mensch ‚verflucht' ist.

„Weil" 30 „(das) Sinnen" 300 „des Menschen" 50 (30 + 300 + 50 = 380) „von seiner Jugend an" 376 nur „die Erde" 456 (458 − 376 = 80) wahrnimmt, ist er dazu „verflucht" 190, in ihr 2 x 190 und 300 + 80 nicht zu erkennen.

Erst wenn seine Ausrichtung ‚nach oben' und gleichzeitig in die Tiefe geht, wird dem Menschen klar, was sich unter der Oberfläche verbirgt. „Die Erde" 456, die offen sichtbar als 4 erscheint, hat unter/über der Oberfläche ihre konträre Entsprechung und bildet damit ein Ganzes:

4 + 456 = 460 bildet dieses Ganze in Zahlen ab als 2 x 10 x 23.

Erst wenn der Mensch das Verborgene berücksichtigt, auf das die Zahlen hinweisen, wird ihm klar, dass die Worte den eigentlichen Sinn ins Gegenteil verfälschen.

„Alles Lebendige zu schlagen", weil es „böse (ist)", entspricht der Sichtweise der 10+2, die sich über 10x10 erweitert zu 1200 aus 930 + 270 = 1000 + 200 = 3 x 400.

Für die 3 verändert sich die Auffassung von gut und böse, sie versteht das Böse als not-wendige Begleiterscheinung und Motivation zum Guten. Sie weiß, „weil" 30 „das Sinnen" 300 „böse(ist)" 270, können 30 + 300 + 270 zu 600 = 2 x 300 werden.

Der ‚gute Mensch' definiert sich als 10 x „gut" 17; er strebt als 170 ganz für sich dieses Gute so lange an, bis es ihn zur Erfahrung von 10x10 und damit zu diesem neuen Verständnis von „böse" 270 führt;

170 + 100 = 270 verdeutlichen den Perspektivenwechsel.

Für die 30 ist gut und böse relativ, sie versteht beides als Ausdruck des Absoluten: „Da sprach JHWH zu seinem Herzen" 352 + 30 = „Sinnen des Menschenherzen" 382 machen ihre Sichtweise deutlich. Die 10 x 3 setzt um, was ihr in den Sinn kommt, sie weiß sich ‚von Herz zu Herz' mit der 1 in Kontakt.

„Böse" 270 ist diese Haltung aus Sicht der 10, die von 10x10 nichts weiß oder es gerade ignoriert. Für sie sind gut und böse polare Begriffe, von denen sie nur „gut" 17 dem Absoluten zuordnet. 10 x 17 zeigen, dass sie ihr Denken und Handeln danach ausrichtet; sie lehnt als „böse" 270 ab, was ihrer eigenen Auffassung nicht entspricht.

Sie unterscheidet zwischen eigenem = göttlichem „Sinnen" 300 und dem, was sie als „böse" 270 dazu in Kontrast setzt, und unterscheidet sich dadurch von der 3 x 10.

Das „Böse" 270 „des Menschenherzens" 82 bildet aus dieser Perspektive in Summe mit 352 den Gegenpol zu „da sprach JHWH zu seinem Herzen" 352 und beide stellen den Bezug zum „Opfer" 352 her, das die Aussage von Satz 20 verständlich macht.

Die 2 von Noah ist immer wieder gefordert, die konträre Sichtweise zu opfern, den eigenen Standpunkt als nur einen von 2 möglichen zu sehen und beide gelten zu lassen. Im Modus von 3 weiß Noah, dass das „Böse" 270 ihm immer wieder die

Möglichkeit zu 9 x 30 bietet. Im Modus von 2 ist Noah in der Polarität gefangen, bis er sich daran erinnert, dass 2 eigentlich 1-1 ist.

„Da sprach JHWH zu seinem Herzen: und nicht werde ich fortfahren" 530 „böse" 270 beschreibt den Moment dieser Erinnerung in Summe mit 800.

5137 charakterisiert diesen Menschen in Kurzform mit 3x17 30+7 und über Satz 1 in Genesis 2 mit 11 x „so waren vollendet die Himmel" 467.

Satz 22:

„Während" 70-4	74		
„aller Tage" 20-30 10-40-10	110		
„der Erde" 5-1-200-90	296	480	
„Aussaat" 7-200-70	277		
„und Ernte" 6-100-90-10-200	406	683	
„und Frost" 6-100-200	306		
„und Hitze" 6-8-40	54	360	
„und Sommer" 6-100-10-90	206		
„und Winter" 6-8-200-80	294	500	
„und Tag" 6-10-6-40	62		
„und Nacht" 6-30-10-30-5	81	143	
„nicht" 30-1	31		
„sollen sie aufhören" 10-300-2-400-6	718	749	2915

Satz 22 beendet Genesis 8 und bringt mit 4 x 2 Gegensatzpaaren zum Ausdruck, wovon das Leben der 3 am 8. Tag bestimmt wird.

Dualität, Materie, zeitliche Zyklen „nicht sollen sie aufhören" 749. Allerdings werden alle Gegebenheiten als Ausdruck der 1 erfasst. 749 + 1 = 750 = 3 x 10 x 5x5 weisen auf diese Haltung hin.

Gegensätze werden auf diese Weise als ein komplexes Gefüge erfahren, das eine klare Ordnung in sich trägt:

„Aussaat und Ernte" 683 „und Tag und Nacht" 143 haben gemeinsam, dass sie ein Miteinander von 500 + 40 gestalten, „und Frost und Hitze" 360 ergänzen 540 immer wieder zur Erfahrung von 9 x 10x10.

„Während aller Tage der Erde" 480 besteht diese Erfahrung in der Verbindung von scheinbar Unzusammenhängendem, wie „Aussaat" 277 „und Tag und Nacht" 143 demonstrieren: 480 + 277 + 143 = 900.

Was sich „während" 74 dieser Zeit an Ungewöhnlichem und Unerwartetem auftut, erläutert Satz 22 mit vielen möglichen Kombinationen.

„Sollen sie aufhören" 718 besteht auch im Aufbau aus denselben Zahlen wie „und er feierte/ruhte" 6-10-300-2-400 in Genesis 2. Dort berichten die Sätze 1, 2 und 3 darüber, dass Schöpfergott Elohim sein Werk am 7. Tag vollendet, indem er ihn segnet, heiligt, feiert und ruht.

6-10-300-2-400 mit dem Äußeren Wert 718 machen einen direkten Bezug zwischen Genesis 2, Satz 2 und Satz 22 in Genesis 8 deutlich, zwischen dem Beginn des 7. Tages und dem Beginn des 8. Tages.

In beiden Fällen bildet 718 die Option ab zur Ergänzung mit 2 zu 720 = 10 x Voller Wert 72 von JHWH oder mit 22 zu 740 = 2 x 10 x „Abel" 37. Der 7. Tag bietet die Möglichkeit dazu, am 8. Tag wird sie genutzt.

BUCH GENESIS
Kapitel 9 – Genesis 9
(Gottes Bund mit Noah)

„1 Und Gott segnete Noah und seine Söhne und sprach zu ihnen: Seid fruchtbar und mehret euch und füllet die Erde! 2 Und die Furcht und der Schrecken vor euch sei auf allem Getier der Erde und auf allem Gevögel des Himmels! Alles, was sich auf dem Erdboden regt und alle Fische des Meeres, in eure Hände sind sie gegeben. 3 Alles, was sich regt, was da lebt, soll euch zur Speise sein; wie das grüne Kraut gebe ich es euch alles.

4 Nur Fleisch mit seiner Seele, seinem Blute, sollt ihr nicht essen! 5 Und wahrlich, euer Blut, nach euren Seelen werde ich fordern; von jedem Tiere werde ich es einfordern, und von der Hand des Menschen, von der Hand eines jeden, seines Bruders, werde ich die Seele des Menschen fordern. 6 Wer Menschenblut vergießt, durch den Menschen soll sein Blut vergossen werden; denn im Bilde Gottes hat er den Menschen gemacht.

7 Ihr nun, seid fruchtbar, und mehret euch, wimmelt auf der Erde, und mehret euch auf ihr!

8 Und Gott sprach zu Noah und zu seinen Söhnen mit ihm und sagte: 9 Und ich, siehe, ich errichte meinen Bund mit euch auf und mit eurem Samen nach euch 10 und mit jedem lebendigen Wesen, das bei euch ist, an Gevögel, an Vieh und an allem Getier der Erde bei euch, was irgend von allem Getier der Erde aus der Arche gegangen ist. 11 Und ich errichte meinen Bund mit euch, dass nie mehr soll alles Fleisch ausgerottet werden durch die Wasser der Flut, und keine Flut soll mehr sein, die Erde zu verderben.

12 Und Gott sprach: Dies ist das Zeichen des Bundes, den ich stifte zwischen mir und euch und jeder lebenden Seele, die bei euch ist, auf ewige Geschlechter hin: 13 Meinen Bogen setze ich

in die Wolken, und er soll das Zeichen des Bundes sein zwischen mir und der Erde. 14 Und es wird geschehen, wenn ich Wolken über die Erde führe, so soll der Bogen in den Wolken erscheinen, 15 und ich werde meines Bundes gedenken, der zwischen mir und euch ist und jedem lebendigen Wesen, von allem Fleische; und nicht mehr sollen die Wasser zu einer Flut werden, alles Fleisch zu verderben. 16 Und der Bogen wird in den Wolken sein, und ich werde ihn ansehen, um zu gedenken des ewigen Bundes zwischen Gott und jedem lebendigen Wesen von allem Fleische, das auf Erden ist. 17 Und Gott sprach zu Noah: Das ist das Zeichen des Bundes, den ich errichtet habe zwischen mir und allem Fleische, das auf Erden ist.

18 Und die Söhne Noahs, die aus der Arche gingen, waren Sem und Ham und Jafet; und Ham ist der Vater Kanaans. 19 Diese drei sind die Söhne Noahs, und von ihnen ist die ganze Erde bevölkert worden.

20 Und Noah fing an ein Ackersmann zu werden und pflanzte einen Weinberg. 21 Und er trank von dem Weine und ward trunken und er entblößte sich in seinem Zelte. 22 Und Ham, der Vater Kanaans, sah die Blöße seines Vaters und berichtete es seinen beiden Brüdern draußen. 23 Da nahmen Sem und Jafet das Obergewand und legten es beide auf ihre Schultern und gingen rücklings und bedeckten so die Blöße ihres Vaters; und ihre Angesichter waren abgewandt, und sie sahen die Blöße ihres Vaters nicht.

24 Und Noah erwachte von seinem Weine und erfuhr, was sein jüngster Sohn ihm getan hatte. 25 Und er sprach: Verflucht sei Kanaan! Ein Knecht der Knechte sei er seinen Brüdern!

26 Und er sprach: Gepriesen sei Jehova, der Gott Sems; und Kanaan sei sein Knecht! 27 Weit mache es Gott dem Jafet, und er wohne in den Zelten Sems; und Kanaan sei sein Knecht!

28 Und Noah lebte nach der Flut dreihundert Jahre und fünfzig Jahre; 29 und alle Tage Noahs waren neunhundert Jahre und fünfzig Jahre, und er starb."

Satz 1:

„Und es segnete" 6-10-2-200-20	238		
„Gott" 1-30-5-10-40	86		
„den Noah" 1-400 50-8	459		
„und seine Söhne" 6-1-400 2-50-10-6	475		
„und er sprach" 6-10-1-40-200	257		
„zu ihnen" 30-5-40	75	1590	
„Seid fruchtbar" 80-200-6	286		
„und mehret euch" 6-200-2-6	214		
„und füllet" 6-40-30-1-6	83		
„die Erde" 1-400 5-1-200-90	697	1280	2870

Satz 1 wiederholt einen Teil von Satz 28 in Genesis 1 als Variante:

„Und Gott segnete sie, und Gott sprach zu ihnen: Seid fruchtbar und mehret euch und füllet die Erde" 2463.

Während Genesis 1 unpersönlich und allgemein gültig formuliert, nimmt Genesis 9 konkret Bezug zu Noah, zum Menschen, der sich als 3 erkennt.

„Sie" 441 wird ersetzt durch „den Noah" 459, der in Summe mit 900 für das Erkennen und die Integration allgemein gültiger Prinzipien steht;
„und seine Söhne" 475 ergänzen seine Beschreibung zu 1375.

In Genesis 9 summiert sich der Satz zu 2870: die 10 erkennt, dass am 7. Tag der 28. Satz von Genesis 1 gelebt und umgesetzt wird.

In Genesis 1 bildet dieser Satzteil die Summe 2463 und ergänzt sich mit 407 zu 2870; die Differenz 407 stellt den Bezug zu Satz 15, Genesis 4 her und verweist auf „ein Zeichen" 407, das jeder

Kain trägt: „Ein Zeichen" 1-6-400 kombiniert 400 über 6 mit 1;
jeden Kain zeichnet die Fähigkeit aus, in der 400 ein Zeichen der
1 zu erfassen und als Bindeglied zwischen 1 und 400 zu stehen.
407 – „und er sprach" 257 = 150 erzählen, dass und wie eine 30
x 5 solche Zeichen ‚hört' und sie erfasst.

„Und seine Söhne" 475 sehen ein, dass schon bisher während des
Lebens in der 400 „zu ihnen" 75 gesprochen wurde, dass „und
es segnete" 238 „und er sprach" 257 immer galt und weiterhin
gilt: 238 + 257 = 495, 495 + 475 = 970, 495 + 75 = 570, 970 –
570 = 400, 495 – 475 = 20.

1590 und 1280 machen klare Aussagen über diesen Noah, auch
mit ihrer Differenz 310.

Satz 2:
„Furcht vor euch"

6-40-6-200-1-20-40	313		
„und Schrecken vor euch"			
6-8-400-20-40	474		
„soll sein" 10-5-10-5	30	817	
„auf" 70-30	100		
„allem Wild" 20-30 8-10-400	468		
„der Erde" 5-1-200-90	296	864	
„und auf" 6-70-30	106		
„allem Gefiederten" 20-30 70-6-80	206		
„der Himmel" 5-300-40-10-40	395	707	
„in allem" 2-20-30	52		
„was" 1-300-200	501		
„bekriecht" 400-200-40-300	940		
„die Erde" 5-1-4-40-5	55	1548	
„und in allen Fischen"			
6-2-20-30 4-3-10	75		
„des Meeres" 5-10-40	55	130	
„In eure Hand" 2-10-4-20-40	76		
„sind sie gegeben" 50-400-50-6	506	582	4648

Verbal stellt sich der Bezug zum 2. Teil von Satz 28 in Genesis 1 her:

„Und unterwerfet sie" 333 „und herrschet" 216 „über die Fischbrut des Meeres" 464 „und über das Gefiederte" 164 „der Himmel" 395 „und über alles Getier" 81 „das kriechend" 945 „auf der Erde" 396;

dieser Satzteil summiert sich zu 2994.

Der menschliche Noah hat die 2. Willensäußerung umgesetzt und sein Verständnis von Materie und physischem Leben einer Sichtweise unterworfen, die der 3 entspricht. Davon wird sein Leben nun beherrscht.

Die Einsicht, eine menschliche 3 zu sein, bestimmt vermehrt den Alltag und festigt sich mit jeder Erfahrung, durch die sich die 3 bestätigt. Der Mensch nimmt das körperliche Leben auf eine veränderte Weise wahr. Die 2 verliert ihre Vormachtstellung im Leben und wird lediglich als Existenzbasis für das menschliche Bewusstsein angesehen.

Die 10+3 weiß sich in Kontakt mit der absoluten 3; „Furcht vor euch" 313 bringt verbal zum Ausdruck, wie eine weitgehend auf Körper und Materie bezogene Weltsicht darauf reagiert.

313 + 474 lassen auch mit Summe 787 und Differenz 161 wissen, dass eine erkannte Projektion das Weltbild der 2 in ernste Gefahr bringt. „Soll sein" 30 zeigt auch im Zahlenaufbau, woher die Gefahr kommt.

„Furcht vor euch und Schrecken vor euch soll sein" 817 ergänzt sich mit 13 zu 830 und unterstreicht damit, welches neue Verständnis die gewohnte materiefixierte Sichtweise bedroht.

In Summe machen 4648 – 2994 = 1654 = 2 x 827 und 827 – 10 = 817 die Veränderung im Bewusstsein deutlich: Sie besteht darin, das Wesen der 2 zu durchschauen und zu erfassen, dass mit der Symbolik der Genesis die eigene 10 gemeint ist.

Abschließend erklären „in eure Hand" 76 „sind sie gegeben" 506, dass 400 in der Hand der 3 x 10 ist: 506 − 76 = 430.

582 + 1548 = 2130 bilden ab, dass diese 30 „in allem was be-kriecht die Erde" 1548 die Basis für die Verbindung physischen Lebens mit 1 sieht.

In Summe motivieren 3 einleitende + 2 abschließende Satztei-le dazu, das körperliche Dasein zu nutzen, um wiederholt 1-3 und sich selbst als 10+3 zu erkennen: 313 + 474 + 30 + 76 + 506 = 1399.

Satz 3:

„Alles Kriechgetier" 20-30 200-40-300	590		
„das" 1-300-200	501		
„da lebend(ist)" 5-6-1 8-10	30	1121	
„für euch" 30-20-40	90		
„soll es werden" 10-5-10-5	30		
„zur Speise" 30-1-20-30-5	86	206	
„Wie grünes" 20-10 200-100	330		
„Gras" 70-300-2	372		
„gebe ich" 50-400-400-10	860		
„euch" 30-20-40	90		
„das alles" 1-400 20-30	451	2103	3430

Das physische Umfeld, die eigene an die Erde gebundene kör-perliche Existenz ist die 2 jeder menschlichen 3 und bildet die Grundlage, um das Wirken der 1 zu erleben. Jede Erfahrung des absoluten Prinzips 3 dient dazu, die Sichtweise der 13 zu nähren, sie am Leben zu erhalten und zu stärken.

„Zur Speise" 86 gibt sich „Elohim" 86 „für euch" 90 = 3 x 30 indem er der 3x10 die Erfahrung der absoluten 3 ermöglicht.

„Gebe ich" 860 = 86 x 10: Was auch immer Elohim an Erlebnissen, Eindrücken, Gedanken und Gefühlen gibt, ist für diese 10 etwas, das in ihr die 3 speist. „Das" und „das alles" wird genährt durch jede 5 x 10: 501 − 451 = 50.

11 2 1 bildet die Art der Speisung ab, ebenso 206 = 2 x 103 und 2103; die Summe 3 4 30 erklärt die 4 zum Ort, an dem sie stattfindet.

In Summe beschreiben 1121 + 206 = 1327 den ‚hungrigen' Menschen mit 10+3 9x3, den ‚gespeisten' mit 1327 + 3 = 1330 und 1327 + 13 = 1340.

„Gras" 70-300-2 ist dasselbe wie „Pflanzenwuchs" 70-300-2 in Genesis 1 und „Kriechgetier" 200-40-300 ist in Genesis 1 ein Aspekt, über den der Mensch im Bild und Gleichnis Gottes herrschen soll;

„alles Kriechgetier" wiederholt den Zahlenaufbau, stellt ihm 20-30 = 50 voran und erzählt, dass jede Erfahrung von 5 der 10 die Herrschaft über alles Erdgebundene gibt und sie von 2x10 zu 3x10 wechseln lässt.

„Alles Kriechgetier" 590 symbolisiert die 2, die Lebensmittel im wörtlichen Sinn für die 10 ist: 10 + 590 = 600 bilden die Aufnahme der 2 in ein Denken ab, das sie als Mittel versteht, um 2 x 300 zu leben.

Die geänderte Kombination von Satzteilen macht auch hier die Art und Weise deutlich, wie sich die 3 ernährt: Sie orientiert sich nicht an linearen Vorgaben, sondern an spontanen intuitiven Gedanken. Nur so kann die 10 innerhalb der 400 über 90 ihre Verbindung zur 3 erkennen:
501 + 30 + 451 = 982, 330 + 372 − 30 = 672, 982 − 672 = 310,
310 + 90 = 400

Satz 4:

„Nur Fleisch" 1-20 2-300-200   523
„mit seinem Leben" 2-50-80-300-6   438
„seinem Blut" 4-40-6   50   1011
„nicht" 30-1   31
„dürft ihr essen" 400-1-20-30-6   457   488   1499

Ein Denken, das menschliches Leben nur auf Fleisch und Blut reduziert, nährt die 2 und „nicht" 30-1 den Kontakt von 30 zu 1.

Die 10 im Bewusstsein der 2 nimmt die verbale Aussage dieses Satzes im wahrsten Sinn ‚wörtlich' und versteht sie als Ernährungsvorschrift für den physischen Körper.

Die 10 im Bewusstsein der 3 kombiniert Wort und Zahl und findet darin eine komplexe Aussage:

In Summe zeigen 5 Satzteile mit 1499, dass die 1 auf 1500 fehlt, und sie bilden mit 1-4 und 99 auch ab, wie das zu ändern wäre.

„Blut" 4-40 symbolisiert die fehlende 1 und ist in diesem Sinn keine geeignete Nahrung für ein Bewusstsein, das alles mit der 1 verbindet;
„seinem Blut" 4-40-6 entspricht die Ergänzung mit 6, die zu 5 x 10 befähigt. Dieses Bewusstsein ernährt seinen physischen Körper, wird aber darüber hinaus noch gespeist von „das" und „das alles" in Satz 3: 1499 + 501 = 2000, 1499 + 451 = 1950, 1950 + 50 = 2000.

Denn „Seele = Leben" 50-80-300 wird von ihm als etwas angesehen, das unabhängig vom Körper existiert und ungesehen „mit seinem Leben" als 2 verbunden ist, wie 2-50-80-300-6 abbilden.

2 Satzteile „nur Fleisch" 523 + „dürft ihr essen" 457 = 980 stehen für eine Ernährung, die eine auf 2 fokussierte 10 als physisch

stärkend ansieht. 10+10 als ‚Nahrungsergänzung' komplettiert sie zu 1000.

1 + 2 Satzteile „nur Fleisch" 523 „nicht dürft ihr essen" 488 bilden in Summe mit 1011 ab, dass die Kombination von 1 und 1-1 über 0 die 3 nährt, und bestätigen damit die Aussage der ersten 3 Satzteile, die sich ebenfalls zu 1011 summieren.

Die 3 versteht 2 als 1-1; für sie sind beide ‚Ernährungsvorschriften' gleich gültig im wahrsten Wortsinn von ‚gleichgültig'. Sie weiß, dass Verbote und Vorschriften eine polare Denkweise zum Ausdruck bringen und fördern. In Bezug auf körperliche, mentale oder auch seelische Nahrung weiß sich dieser Mensch über seine Intuition direkt von der 1 versorgt. „Dürft ihr essen" 488 und „nicht" 31 „dürft ihr essen" 488 sind für die 30, die sich nach ihrer inneren 1 richtet, gleichwertige Ausdrucksformen eines „Göttlichen = El" 31.

Die 30 folgt nicht äußeren Vorgaben, sondern ihrer Intuition, über die sie mit der absoluten 1 gerade auch durch ungewöhnliche Anregungen in Kontakt ist. Denn die Kombination mit 1 zu 3 erfolgt auf eine Weise, die außerhalb der Routine der 2x2 = 4 liegt.

Satz 4 weist durch die Kombination von 2 Teilen mit 1 Teil aus Satz 3, die sich passend ergänzen, darauf hin. Sie bringen im umgekehrten Sinn zum Ausdruck, wovon die 2 nicht essen darf, wenn sie 2 bleiben will: „nicht" + „dürft ihr essen" 488 + „Gras" 372 = 860 = 10 x „Elohim" 86.

Die konkrete menschliche 3 wird tatsächlich pflanzlicher Nahrung den Vorzug geben gegenüber Fleisch; sie folgt aber auch damit nicht einer äußeren Vorschrift, sondern einem inneren Bedürfnis.

Sie ist sich dessen bewusst, dass sich in ihrem Leben umsetzt, was Satz 3 und 4 auch mit 1121 + 1499 = 2620 beschreiben: Gegensätzliches fügt sich in der 2x10 über Prinzip „JHWH" 26 zu einem Ganzen.

Satz 5:

„Jedoch auch" 6-1-20	27		
„euer Blut" 1-400 4-40-20-40	505		
„nämlich eure Leben"			
30-50-80-300-400-10-20-40	930		
„will ich einfordern" 1-4-200-300	505	1967	
„Von der Hand" 40-10-4	54		
„jeglichen Wesens" 20-30 8-10-5	73		
„will ich es einfordern"			
1-4-200-300-50-6	561	688	
„ja von der Hand" 6-40-10-4	60		
„des Menschen" 5-1-4-40	50		
„von der Hand" 40-10-4	54		
„(eines)jeden" 1-10-300	311		
„seines Bruders" 1-8-10-6	25	500	
„will ich einfordern" 1-4-200-300	505		
„das Leben" 1-400 50-80-300	831		
„des Menschen" 5-1-4-40	50	1386	4541

Die zentrale Aussage „euer Blut" 505 „will ich einfordern" 505 erklärt mit der 2-fachen Spiegelung von 5 über 0 und mit 505 + 505 = 1010, was die Worte meinen:

Durch das Sehen einer Projektion wird die 4 von „Blut" 4-40 mit 1 zu 5 ergänzt von einem Menschen, der sich seiner 10 aus 5 + 5, seiner 10+10 und „seines Bruders" 25 = 5 x 5 bewusst ist.

10x10 zeigen die 2 Teile „des Menschen" 50 + „des Menschen" 50 ebenso.

15 Satzteile kombinieren 1x „euer Blut" 505 + 2x „will ich einfordern 505 zu 3 x 505 = 1515 und beschreiben so, wer diese Forderung erfüllt.

Die menschliche 3 weiß mit 5 auch die eigentliche Forderung erfüllt, „nämlich eure Leben" 930 als 30 zu erkennen.

„Das Leben" 831 – „ich will es einfordern" 651 = 270 = 9 x 30 bilden diese Forderung als Variante ab.

Dass die 3-fache 10 mit der Qualität der 6 dieser Forderung nachkommt, bilden 2x „von der Hand" 40-10-4 + 1x „ja von der Hand" 6-40-10-4 und mit 40-4 die umgekehrte Sichtweise dieser 10 auf „Blut" 4-40 ab.

Die 10 im Bewusstsein von 3 x 5 ist vor die Forderung gestellt, immer wieder das „Blut" 4-40 mit 1 zu „Adam" 1-4-40 zu ergänzen und sowohl in der eigenen 10 wie auch in anderen Menschen das zu sehen, was sie sind, nämlich Bild und Gleichnis der 1.

Die zentrale, 3-fache Aussage „will ich einfordern" 505 bringt die Forderung nach Blut in unmittelbaren Zusammenhang mit der Forderung nach der Seele = Leben und weist mit 930 – 831 = 99 auf den Vorgang des Erkennens hin, der diese Forderung erfüllt.

„Seele = Leben" 430 bildet mit 400+30 ab, dass die Seele im Leben dazu aufgefordert ist, im „tohu" 411 + „wabohu" 19 des irdischen Daseins die 2 als 1-1 zu erkennen und 400 + 30 zu leben. Auch der Verborgene Wert 121 = 11 x 11 weist darauf hin, die 2 als Spiegelung der 1 zu sehen.

„Will ich einfordern" 1-4-200-300 bestätigt selbst die Projektion:

505 ist Äußerer Wert und gleichzeitig auch Atbasch aus 400-100-3-2.

Diese Übereinstimmung zeigt auch „gut handeln" 431 in Genesis 4.

„Will ich einfordern" hat mit „gut handeln" zu tun: Die grundsätzliche Bereitschaft, mit persönlichen irdischen Ansprüchen gegen 0 zu gehen, ist die Voraussetzung, um 4 mit 1 zu 5 kombinieren zu können.

„Gut handeln" 431 verbindet die „Seele" 430 mit 1.

431 + 400 ist „das Leben" 831, das eingefordert wird.

Die Art zu handeln, die von der 3 eingefordert wird, definiert das 3x erwähnte „von der Hand" 54 mit 2 x 9 x 3 und 3 x 6 x 3. Es ist auf das Erkennen der 3 fokussiert und meint mit 54 = 6 x 9 mentale Aktivität, die darin besteht, zu beobachten, zu kombinieren und zu erkennen.

Die Zahlen „des Menschen" 50 in der Phase dieses mentalen Handelns sind 50 + 60 = 110, 54 + 311 + 25 = 390 = 13 x 30 und 500 aus 110 + 390.

561 – 505 = 56 betonen 6 als Qualität „des Menschen" 50, der so denkt.

„Von der Hand" 54 bildet mit 3 x 6 x 3 ab, was das eigene Handeln und das Handeln „jeglichen Wesens" 73, „des Menschen" 50 und „jeden seines Bruders" 336 einfordert: darin eine Verbindung von 3 zu 3 zu sehen.

Im Handeln „jeglichen Wesens" 73 den Willen des Absoluten zu erkennen, fordert 73 als Voller Wert der 3 gemeinsam mit 73 – 54 = 19 ein.

54 + 6 + 54 + 54 summieren als Version von 1 + 2 die Forderung zu 168, richten sie mit 168 x 2 = 336 an die 2 und erzählen mit 300 + 6 + 30, wozu sie anregt: im Handeln „jeden seines Bruders" 336 die Verbindung von 300 + 30 zu sehen. Jedes Handeln der 30 ist Ausdruck der absoluten 300 und Umsetzung göttlichen Willens.

Das 3 x „will ich einfordern" 505 ist die Aufforderung, menschliches Handeln als Ausdruck absoluten Willens zu sehen, das eigene der 30 und genauso jedes andere. Dass Wille und Handeln einander 1 zu 1 oder 3 zu 3 entsprechen, zeigt auch 1515 aus 3 x 505.

30+3 = 33 bilden eine Sichtweise ab, die dieser Aufforderung nachkommt, und ergänzen 1967 zu einer 2000, die nicht nur für die eigene Person, sondern für jeden Menschen Gültigkeit hat.

2 x 688 = 1376 und 1386 – 1376 = 10 unterstreichen die Forderung, das Leben jeder 10 als etwas zu sehen, das dem Willen der 1 entspricht.

4541 weist mit 19 x 239 und 9x5 40+1 auf das Erkennen des Formlosen in allem Handeln hin und macht den Moment dieses Erkennens mit Satz 20, Genesis 8 bildhaft: „da baute Noah (1) Altar für JHWH" 239.

Satz 5 symbolisiert mit bedrohlichen Worten die Wirkung der 5 auf die Sichtweise der 4; letztlich wird die 4 aber nicht vernichtet, sondern in ein neues Weltbild integriert, das ein Miteinander von 4 und 5 ist: 4541 + 4 = 4545.

In diesem Weltbild ist „Blut" 44 mit 1 zu „Adam = Mensch" 45 ergänzt und eine Spiegelung offensichtlich.

Satz 6:

„(Ein)Vergießender" 300-80-20	400		
„Blut" 4-40	44		
„des Menschen" 5-1-4-40	50		
„durch den Menschen" 2-1-4-40	47	541	
„sein Blut" 4-40-6	50		
„werde vergossen" 10-300-80-20	410	460	
„denn" 20-10	30		
„im Ebenbild" 2-90-30-40	162		
„Gottes" 1-30-5-10-40	86	278	
„hat er gemacht" 70-300-5	375		
„den Menschen" 1-400 5-1-4-40	451	826	2105

„(Ein)Vergießender Blut" 444 definiert sich grundsätzlich mit 111 x 4; sein Wissen um 300+80+20 ist als „Vergießender" 400 in Phasen der 400 überlagert und er vergießt „Blut" 44, weil er die 1 und 4545 gerade nicht wahrhaben kann. Mit dieser Sichtweise „des Menschen" 50 „durch den Menschen" 47 wird beiderseits Blut vergossen, das eigene und das des anderen. 410 – 400 = 10 definieren den Ort dieses Blutvergießens.

50 + 47 = 97 und 50 – 47 = 3 lassen in Summe mit 97 + 3 = 100 wissen, was dieser Phase des ‚Blutvergießens' vorausgeht und ihr wieder folgt, nämlich die Wahrnehmung von 10 zu 10 durch „den Menschen" 451, der die 10 erkennt und den Sinn des Blutvergießens versteht: 541 – 451 = 90.

„Denn" 30 „den Menschen" 451 als 10 zu sehen, setzt „Blutvergießen" 444 „durch den Menschen" 47 voraus: 444 + 47 = 491 = 451 + 10 + 30.

Beide Phasen sind Teil des „Menschen" 1-4-40, der 3 x genannt wird und der sich grundsätzlich als 3 versteht. „Den Menschen" 451, der die 40 als 3 lebt, nennt die Primzahl 491 in Genesis 5 „den Lamech" 491.

„Sein Blut werde vergossen" 460 erklärt mit 10 x 2 x 23, dass die Wahrnehmung des Formlosen durch die 10 gerade von der 2 gestört wird.

In Summe entspricht dieses Blutvergießen dem Willen Gottes:

„Blut" 44 „des Menschen" 50 „durch den Menschen" 47 „werde vergossen" 410 „denn im Ebenbild Gottes" 278 „hat er gemacht den Menschen" 826.

Diese Aussage summiert sich zu 1655 und erklärt mit 2105 – 1655 = 450 das Schicksal „des Menschen" 50, der auch als „Vergießender" 400, ob bewusst oder unbewusst, einem absoluten Willen folgt.

Satz 7:

„Ihr aber" 6-1-400-40	447		
„bringt Frucht" 80-200-6	286		
„und mehret euch" 6-200-2-6	214	947	
„wimmelt" 300-200-90-6	596		
„auf der Erde" 2-1-200-90	293		
„so mehret euch auf ihr" 6-200-2-6 2-5	221	1110	2057

Mit 2 x 3 Teilen und „so mehret euch auf ihr" 221 – „und mehret euch" 214 = 7 betont Satz 7, dass die 3 am 7. Tag vermehrt im Denken ihren Platz neben der 2 einnehmen soll.

„Ihr aber" 447 + 3 = 450, „bringt Frucht und mehret euch" 500 sowie 1110 und 2057 + 3 = 2060 erklären, dass das Prinzip JHWH dazu verhilft.

„Ihr aber" 447 besteht aus denselben Zahlen wie „hundert" 40-1-6-400 in Genesis 7 und weist darauf hin, dass mit „ihr aber" jeder gemeint ist, der 10x10 aus persönlicher Erfahrung nachvollziehen kann.

2057 beschreibt diese 10 mit 11 x 11 x 17,

596 – 286 = 310 nennen sie 300 + 10, 214 + 596 = 800 + 10 und zeigen in Summe mit 810 – 310 = 500 den Zusammenhang der Worte als Variante.

Satz 8:

„Dann sprach" 6-10-1-40-200	257		
„Gott" 1-30-5-10-40	86		
„zu Noah" 1-30 50-8	89	432	
„und zu seinen Söhnen"			
6-1-30 2-50-10-6	105		
„bei ihm" 1-400-6	407		
„sagend" 30-1-40-200	271	783	1215

„Da hörten sie" 432 in Satz 8, Genesis 3 bestätigt, dass gehört wird, was Gott spricht und „vierzig Tag(e) und vierzig Nacht" 783 in Satz 12, Genesis 7 erklärt, dass derartige Informationen Tag und Nacht fließen.

„Ist's nicht so, wenn gut du trage hoch" 1215 in Satz 7, Genesis 4 gibt einen Hinweis auf die Art der Empfindung, die das Hören auslöst.

Satz 9:

„Und ich(selbst)" 6-1-50-10	67		
„ich(bin)hier" 5-50-50-10	115		
„errichtend" 40-100-10-40	190		
„meinen Bund"			
1-400 2-200-10-400-10	1023		
„mit euch" 1-400-20-40	461	1856	
„und mit eurem Samen"			
6-1-400 7-200-70-20-40	744		
„nach euch" 1-8-200-10-20-40	279	1023	2879

Satz 9 enthält die zentrale Feststellung von 3 zu 3 in Genesis 9.

„Meinen Bund" 1023 zu errichten, erklären 10 23 mit der bewussten Wahrnehmung des Formlosen durch die 10.

Satz 4, Genesis 7 geht näher darauf ein: „Sieben" 377 + „vierzig" 323 + „vierzig" 323 = 1023 und 1023 + 87 aus 7 + 40 + 40 demonstrieren das Miteinander einer sichtbaren und einer unsichtbaren Realitätsebene im Zeitlichen des 7. Tages; die Summe 1110 beschreibt mit 10 x 111 die 3, die es erlebt. Es ist dieselbe 3, von der Satz 7 sagt „wimmelt auf der Erde so mehret euch auf ihr" 1110.

Satz 7 zeigt mit „ihr aber" 447 – „und ich" 67 = 380 = 2 x 190, dass ein Erkennen dieses Miteinander den Bund „errichtend" 190 ist.

Das Miteinander all dieser Zahlen ist charakteristisch für das Miteinander von Mensch und Gott, von „ihr aber" – „und ich". Der Kontakt des Absoluten zum Menschen ist ein freies Spiel intuitiver Gedanken außerhalb jeder irdischen Gesetzmäßigkeit.

„Ich(bin)hier" 115 erklärt diesen Kontakt mit 100 + 3 x 5 und 5 x 23.

Die Primzahl 2879 demonstriert das freie Spiel intuitiver Gedanken durch Kombination mit „so mehret euch auf ihr" 221 in Satz 7 zu 3100.

1023 + 67 = 1090 sowie 190 und auch 1090 − 190 = 900 erklären, dass der Bund im Prinzip errichtet ist, um ihn als 10 über 9 zu erkennen.

„Und mit eurem Samen nach euch" 1023 meint jede einzelne 10, die das Formlose erlebt und den Bund als für sich gültig akzeptiert.

Satz 8 mit 1215 + „und ich" 67 + „ich hier" 115 + „errichtend" 190 + „meinen Bund" 1023 summieren sich zu 2610 und erklären gemeinsam mit 1856 + 744 = 2600, dass das Prinzip JHWH den Bund jeder 10 vermittelt.

„Mit euch" 461 + „nach euch" 279 = 740 erzählen, dass er für jede 10 im Zeitlichen des 7. Tages gilt, die sich als 2 x „Abel" 37 erkennt.

Der Begriff „Bund" 2-200-10-400 kommt in Genesis 9 wiederholt vor und enthält in sich eine zentrale Aussage des Kapitels und der Zahl 9:

Bund im Sinne einer Verbindung zwischen Dies- und Jenseits, Zeit und Ewigkeit oder oben und unten ist die Funktion der 6; sie ist auch das allgegenwärtige „und" in der Bibel, mit dem fast jeder Satz beginnt.

Die 9 summiert sich aus 3 + 6; das Verbindende der 6 ist wesentlicher Bestandteil der Erkenntnisfähigkeit. Die Funktion der 6 kombiniert die motivierende 3 mit der 3 als Ziel und ermöglicht die Selbstbegegnung von 3 x 3 in der 9.

„Bund" 612 zeigt mit 6 und 2 x 6 = 12 eine Version von 1 + 2 und hat die Ziffernsumme 9. Dass 6 ein wesentlicher Faktor innerhalb der 9 ist, um die 3 zu erkennen, kommt auch auf diese Weise zum Ausdruck.

6 und 9 definieren Fähigkeiten des Bewusstseins in Bezug auf seine Wahrnehmung. Es ist damit gemeint, mental und intuitiv in persönlich Erlebtem das Wirken eines hintergründigen Abstrakten zu erkennen.

In Gedanken, Gefühlen und Begebenheiten des ganz privaten Alltags Zusammenhänge zu sehen, die nicht kausal erklärbar und doch mit klarem Verstand erfassbar sind, ist Aufgabe und Fähigkeit von 6 und 9.

Die Qualität dieser Zahlen kommt zur Umsetzung durch die Bereitschaft, solche Erfahrungen nicht als zufällig oder unwichtig abzutun, sondern ihnen Aufmerksamkeit zu schenken. Intuitives Spüren und klares Denken sind bei dieser Art von Wachsamkeit gleichberechtigte Partner.

Das Erforschen von Zusammenhängen und das Eindringen in den Kern einer Sache bringen Zahlen generell durch Division zur Darstellung.

„Bund" 612 verweist darauf, dass über die Qualitäten von 6 und 9 jede 10 auf ihre ganz persönliche Weise Zugang findet zu ihrer Verbindung mit Gott: 612 : 6 = 102, 612 : 9 = 68 = 4 x 17; 102 + 68 = 170.

Sich der Verbindung bewusst zu werden, d. h. den „Bund" zu errichten, ist ein Zusammenspiel absoluter Impulse und menschlicher

Aktivität von „will ich einfordern" und „gut handeln", das die menschliche 2 über 10x10 erlebt:
Die Verborgenen Werte 736 von „Bund" und 836 von „gut handeln" haben die Zahl 100 gemeinsam. „Gut handeln" 431 und „will ich einfordern" 505, deren Äußerer Wert jeweils mit dem Atbasch übereinstimmt, entsprechen in Summe mit 936 − 200 = 736 dem Verborgenen Wert von „Bund".

Satz 10:

„Und mit" 6-1-400	407		
„allen Lebewesen"			
20-30 50-80-300 5-8-10-5	508		
„die" 1-300-200	501		
„bei euch" 1-400-20-40	461	1877	
„mit dem Gefiederten" 2-70-6-80	158		
„mit dem Vieh" 2-2-5-40-5	54		
„und mit allem Wild"			
6-2-20-30 8-10-400	476		
„der Erde" 5-1-200-90	296		
„bei euch" 1-400-20-40	461	1445	
„(angefangen)von allem" 40-20-30	90		
„Herausgehenden" 10-90-1-10	111		
„(aus)der Arche" 5-400-2-5	412	613	
„bis zu jedem" 30-20-30	80		
„Wesen" 8-10-400	418		
„der Erde" 5-1-200-90	296	794	4729

Das ständige Miteinander von 9 und 10 und gleichzeitig von 3 und 2 zeigt sich über die Fortsetzung der Aussage von Satz 9 in Satz 10.

1023 in Satz 9 ergänzt 1877 zu 2900 und beschreibt mit 2000 + 900 eine 10, die in allen Ausdrucksformen der 2 die Basis sieht, um sich als 10 wahrnehmen zu können: 2 x 1445 = 2890, 2890 + 10 = 2900.

„Bei euch" 461 erklärt die Primzahl 461 mit 10 x 2 x 23 + 1: In einem Bewusstsein, das die 2 mit dem Formlosen direkt in Zusammenhang sieht, ist die 1 anwesend.

Satz 9 und 10 kombinieren 3x „bei euch" 461 zu 1383 und bilden damit die 13 am 8. Tag ab, die diese Sichtweise hat und sich der absoluten 3 bewusst ist.

„Von allem Herausgehenden der Arche" 613 stellt sich der Bezug her zu „trocken war die Erde" 613 in Satz 14, Genesis 8; „das Licht" 613, von dem am 1. Schöpfungstag in Genesis 1 die Rede ist, unterstreicht, dass der „Bund" 612 mit der 1 nun einleuchtet und festen Boden unter den Füßen hat.

„Bis zu jedem Wesen der Erde" 794 meint eine körperliche Existenz, die vom 2- und 3-Sein in der 400 und „dem siebten" 397 Tag weiß: 794 : 2 = 397 + 3 = 400

Diese Kombination von 613 + 794 = 1407 bildet mit 2x7 0 1x7 die Basis für die wiederholte Erinnerung an eine bestehende Verbindung ab und zeigt mit 1407 + 1023 = 2430 ihr Zustandekommen durch die 3 x 10.

In Summe erzählen Satz 9 und 10 mit 4729 − 2879 = 1850 = 2 x 900 + 50, wie sich der Bund immer wieder errichtet.

Satz 11:
„Werde ich errichten"

6-5-100-40-400-10	561	
„meinen Bund"		
1-400 2-200-10-400-10	1023	
„mit euch" 1-400-20-40	461	2045
„u. nicht soll ausgerottet w."		
6-30-1 10-20-200-400	667	
„alles Fleisch" 20-30 2-300-200	552	
„wieder" 70-6-4	80	

„von den Wassern" 40-40-10	90		
„der Flut" 5-40-2-6-30	83	1472	
„und nicht soll sein" 6-30-1 10-5-10-5	67		
„wieder" 70-6-4	80		
„Flut" 40-2-6-30	78		
„zu vernichten" 30-300-8-400	738		
„die Erde" 5-1-200-90	296	1559	5076

Das 2x genannte „wieder" 80 = 2x2x2 x 10 weist darauf hin, dass eine Weltsicht, die 2 und 3 gleichermaßen berücksichtigt und miteinander kombiniert, nicht mehr vernichtet und durch eine andere ersetzt wird. Die 3 hat sich etabliert, der bewusste Kontakt zwischen den Phasen 2 und 3 ist hergestellt und steht im Alltag ständig zur Verfügung.

2045 bildet eine Verbindung von 2 x 1000 auf Basis von 9 x 5 ab.

1472 zeigt mit 2x2x2x2x2x2 x 23 eine 2, die über die Qualität der 6 in Kontakt mit dem Formlosen ist.

1559 kombiniert als Primzahl 1000 + „im ersten" 559, das in Satz 13, Genesis 8, Teil einer 3-fachen 1 ist; 1000 + 1 als Version von 1 + 1 ist ein Verständnis von 2, das bestehen bleibt.

5076 steht in Summe mit 4 x 1269 für einen Menschen, der im Irdischen „wieder" 80 = 2 x 10 x 4 und „wieder" 80 = 4x10 + 4x10 Antwort erhält auf die Frage, die Satz 6, Genesis 4 stellt: „Da sagte JHWH zu Kain: Warum entbrannte es in dir und warum senkte sich dein Gesicht" 1269.

5076 + 4 = 5080 bilden die gefundene Antwort ab und weisen sie einem „Noah" 58 zu, der sich über 5x10 „wieder" 80 als 10 am 8. Tag erlebt.

Auch Satz 11 definiert mit diesen Zahlen und ihrem Zustandekommen die Verbindung zwischen Materie und Absolutem als etwas, das sich nicht am Offensichtlichen und an einer vorgegebenen Ordnung orientiert.

Die bestehende Verbindung wird im Denken aktiv durch die Fähigkeit, Details eines großen Ganzen intuitiv wahrzunehmen und auf kreative Weise zu kombinieren. Eigene Erfahrung und absolute Prinzipien decken sich 1 zu 1 oder 40 zu 40. Die Sprache der Zahlen spiegelt bewusste Erfahrung, bewusste Erfahrung deckt sich mit der Sprache der Zahlen.

In Summe beschreiben die 4 Sätze 8, 9, 10 + 11= 38 = 2x19 eine Verbindung zur 1, die von der 10+3 zu erkennen ist: 1215 + 2879 + 4729 + 5076 = 13899, 13899 + 1 = 13900
Die Sätze 12 bis 17 gehen darauf ein, was diesen Kontakt kennzeichnet.

Satz 12:

„Da sprach" 6-10-1-40-200	257		
„Gott" 1-30-5-10-40	86	343	
„Dies(ist)" 7-1-400	408		
„das Zeichen des Bundes"			
1-6-400 5-2-200-10-400	1024	1432	
„das ich" 1-300-200 1-50-10	562		
„(bin)setzend" 50-400-50	500		
„zwischen mich" 2-10-50-10	72		
„und zwischen euch"			
6-2-10-50-10-20-40	138	1272	
„und zwischen" 6-2-10-50	68		
„alle Art" 20-30 50-80-300	480		
„Lebewesen" 8-10-5	23		
„das" 1-300-200	501		
„bei euch(ist)" 1-400-20-40	461	1533	
„für Geschlechter" 30-4-4-400	438		
„auf Weltzeit" 70-6-30-40	146	584	5164

343 eröffnet auch als Produkt aus 7x7x7 den Kontakt von 3 zu 3 über 4 oder von 1 zu 1 über 7, wie 257 − 86 = 171 erklären.

Der Bund von 3 zu 3 erweist sich zugleich als Verbindung von 2 mit 1.

„Das Zeichen des Bundes" 1024 setzt sich zusammen aus 407 + 617; die Differenz 210 aus 617 − 407 zeigt auch mit 30 x 7 die 10, die dieses Zeichen erfasst und zugleich selbst ist.

„Meinen Bund" 1023 + 1 = „das Zeichen des Bundes" 1024 erklären sich mit der 10, die 23 und 24 miteinander verbindet, indem sie 10, 23 und 24 als Ausdrucksformen der 1 versteht.

„Bei/mit euch" 461 wird in den 4 Sätzen 9, 10, 11 und 12 insgesamt 5x erwähnt und zeigt mit 5 x 461 = 2305, dass 5 die Verbindung aktiviert.

Eine Verbindung definiert sich dadurch, dass sie Zusammengehörendes kombiniert und in Getrenntem das Gemeinsame sieht: „Dies(ist)" 408 „das Zeichen des Bundes" 1024. Die absolute 3 stellt diese Option über 2 x 10x10 zur Verfügung, wie 1024 + 200 = 1224 = 408 x 3 informieren.

Addition steht für die Kombination von Zusammengehörendem, Subtraktion für das Erfassen von Gemeinsamkeiten. Beide Methoden sind einander als verbindende Elemente gleichgestellt und Zeichen des Bundes.

In der Welt der 2 sind sie Gegensätze, aber für die 3 erfüllen sie ein und dieselbe Funktion, die 408 und 1024 demonstrieren:

408 + 1024 = 1432, 1024 − 408 = 616, 1432 + 616 = 2048 = „das Zeichen des Bundes" 1024 x 2, 1432 − 616 = 816 = „dies(ist)" 408 x 2.

Diese Gesetzmäßigkeit gilt für jedes beliebige Zahlenpaar; Addition + Subtraktion ergeben immer das Doppelte der größeren Ausgangszahl und Addition – Subtraktion das Doppelte der kleineren Ausgangszahl. Damit kommt zum Ausdruck, dass sich in der Welt der 2 etwas Ursprüngliches immer auf 2-fache Weise äußert und dass das Trennende gleichzeitig ein Aspekt des Verbindenden ist. Die konträre 2 auf diese Weise zu sehen, bedeutet, die 1 darin zu erfassen.

Weitere Begriffspaare belegen dieses Prinzip der Verbindung: „das ich" 562 + „(bin)setzend" 500 = 1062, 562 – 500 = 62, 1062 + 62 = 1124 = 2 x 562, 1062 – 62 = 1000 = 2 x 500; „zwischen mich" 72 + „zwischen euch" 138 = 210, 138 – 72 = 66, 210 + 66 = 276 = 2 x 138, 210 – 66 = 144 = 2 x 72.

Das Prinzip JHWH fungiert in diesem Bund als ‚Verbindungsmechanismus': Nach einer Teilung/Verdoppelung der 1 bringt es die gegensätzlichen Aspekte der 2 miteinander in Beziehung und stellt dabei unerwartete Querverbindungen her, die scheinbar Unzusammenhängendes koppeln.

Auch Satz 12 zeigt diese alltägliche, in bunter Vielfalt ablaufende Praxis über mögliche Kombinationen von Satzteilen und Teilsummen.

Insgesamt stellt 5164 mit 4 x „Und es war Noah Sohn von fünf hundert Jahr(en)" 1291 den Bezug her zur Geburt der 3 Söhne Noahs in Satz 32, Genesis 5 und erklärt 4 x 500 zum Zeichen einer Verbindung von 3 zu 3.

5164 – 584 = 4580 betonen mit 9 x 500 + 80, dass das Erkennen von 500 die 2x2x2 x 10 kennzeichnet und den Bund immer „wieder" 80 aktiviert.

Satz 13:

„Meinen Bogen"

1-400 100-300-400-10	1211		
„setze ich" 50-400-400-10	860		
„ins Gewölk" 2-70-50-50	172	2243	
„und er werde" 6-5-10-400-5	426		
„zu(einem)Zeichen" 30-1-5-400	436		
„des Bundes" 2-200-10-400	612	1474	
„zwischen mir" 2-10-50-10	72		
„und zwischen" 6-2-10-50	68		
„der Erde" 5-1-200-90	296	436	4153

Satz 13 erklärt mit 3 x 3 Satzteilen eine optische Erscheinung „zu(1) Zeichen" 436 der Verbindung „zwischen mir und zwischen der Erde" 436; Satz 11, Genesis 8 bestätigt, dass beides „von oberhalb der Erde" 436 kommt, sowohl das Zeichen als auch die Verbindung.

„Meinen Bogen" 1211 definieren die Zahlen optisch als Kombination von 10+2 mit 10+1; der Mensch selbst verbindet 2 Punkte, die voneinander maximal entfernt sind, indem er beide als Ausdruck der 1 versteht. Seine Fähigkeit zum Wahrnehmen einer Verbindung wird zur Verbindung selbst. Die menschliche 10 spannt in sich selbst den Bogen von 1 zu 2 und gleichzeitig von 1 zu 4.

Die Primzahl 2243 zeigt mit 10 x 222 + 23 das Erfassen des Formlosen durch die 3-fache 2 und weist mit Satz 12 auf einen erkannten Kontakt von 3 zu 3 hin: 2243 – 343 = 1900.

Der Regenbogen am Himmel ist Zeichen einer Verbindung von 4 + 1, 2 + 1 und 9 + 1; er ist Symbol und Abbild eines Bogens, der sich im Denken mit jeder 5 aus 4+1, 3 aus 2+1 und 10 aus 9+1 spannt.

1474 + 436 = 1910 bestätigen und verweisen auch mit 1910 – 1900 = 10 und mit 436 = 4 x 109 auf die 10, die selbst diesen Bogen spannt, indem sie eine Verbindung mit der 1 erkennt.

2243 − 1910 = 333 = 3 x 111 zeigen ergänzend den Kontakt von 3 zu 3.

„Meinen Bund" 10 23, „das Zeichen des Bundes" 10 24 und „zu Zeichen des Bundes" 10 48 beschreiben insgesamt die 3-fache 10, die in einer von 4 x 12 geprägten Welt das Zusammenwirken von 23 + 24 erfasst. Jede Erfahrung von 1 innerhalb von 2x12 wird für diese 10 zum Zeichen einer bestehenden Verbindung zum Formlosen.

Die Primzahl 4153 fasst in sich mit 4153 − 343 = 4800 zusammen, dass der prinzipiell bestehende Kontakt von 3 zu 3 über 4 erst ‚sichtbar' wird, wenn die 3 x 10x10 die 4 als Projektion und alles Irdische als Ausdruck absoluten Willens erfasst: 4800 = 4 x 300 x 4.

Der Regenbogen am Himmel wird für das menschliche Bewusstsein erst zur Realität, wenn er gesehen wird.

Satz 14:

„Und es wird sein" 6-5-10-5	26		
„bei meinem Bewölken" 2-70-50-50-10	182		
„Gewölk" 70-50-50	170		
„über die Erde" 70-30 5-1-200-90	396	774	
„da wird sichtbar werden"			
6-50-200-1-400-5	662		
„der Bogen" 5-100-300-400	805		
„im Gewölk" 2-70-50-50	172	1639	2413

Die Summe 2413 bildet die 10+3 ab, für die der Bogen sichtbar wird:

24 10 +3 spiegelt 10 24 „das Zeichen des Bundes": 2 x 24 machen die beiden ‚Enden' des Bogens deutlich und zeigen die 3 in ihrer Mitte, die ihn kreiert, und zugleich die 3, die ihn mit 10 x 10 wahrnimmt.

2 ‚Enden' deuten auch 2 unterschiedliche Arten von Aktivität an, durch die der Bogen Realität wird: Kreation und Wahrnehmung. Ihn zu sehen ist die Reaktion auf sein Erscheinen. Die menschliche 3 reagiert auf Impulse der absoluten 3, indem sie sie erfasst. Das Sehen bedeutet, darauf zu ‚antworten', das Gesehene zu reflektieren. Die Spiegelung der Zahlen 10 24 und 24 10 bildet diesen Zusammenhang ab.

„Wolken = Gewölk" 170 sind Hintergrund und Voraussetzung für das Erscheinen des Regenbogens; 17 x 10 ist Voraussetzung und Hintergrund für 19 x 10.

3x wird „Gewölk" 170 genannt; die Varianten 170+12 und 170+2 stellen mit 2x12 den Bezug zu 2410 und 1024 her.

„Und es wird sein bei meinem Bewölken Gewölk über die Erde" 774 bildet mit 600 + 170 + 4 sowie mit 770 + 4 die irdischen Lebensbedingungen ab und erklärt den Bezug zur 4 mit „neun" 770 in Genesis 5.

774 verweist mit 2 x 387 auf Satz 16, Genesis 7 „und es schloss JHWH hinter ihm zu" 387. Damit erklärt sich, was im Bewusstsein einer 3 stets hintergründig präsent ist und eine bestehende Verbindung wahrnehmen lässt: 10 + „sieben" 377 = 387 erzählen, dass die Selbsterkenntnis als 10 den 7. Tag abschließt. Die 2 in Noah ist von dieser Erfahrung geprägt und lebt den 7. Tag in diesem Wissen.

„Da wird sichtbar werden der Bogen im Gewölk" 1639 bildet mit 11 x 149 den Vorgang ab: 2 wird als 1-1 erfasst und über 4 die 1 erkannt.

1600 + 39 definieren 10x10 als den Bogen, der 4x4 und 3x13 verbindet.

Der Regenbogen am Himmel ist ein optisches Phänomen und sein Zustandekommen definiert ihn als Brücke zwischen den Welten:

Er wird als bogenförmiges farbiges Lichtband vor einer von der Sonne beschienenen Regenwand oder -wolke sichtbar, wenn Sonnenlicht in die Wassertropfen dieser Regenwolke eindringt, im Inneren reflektiert wird und dann wieder aus den Tropfen austritt.

Physikalisch und im symbolischen Sinn ist jeder Regenbogen eine Kombination aus 2 + 1, aus 2 Formen von Materie + Sonnenlicht.

Eine Wolke ist grundsätzlich ein feines Gemisch von Wasser und Luft, eine Ansammlung winziger Wassertröpfchen in der Atmosphäre. Wasser symbolisiert Zeitliches, Luft Geistiges; als ein Gemisch von Wasser und Luft sind Wolken ein Bild für das Miteinander von Zeitlichem mit Zeitlosem in einem homogenen Gesamtgebilde. Auf dieses Gebilde fällt Sonnenlicht als Metapher für das Licht der Erkenntnis.

Wasser, Luft und Licht als Komponenten für das Zustandekommen eines Regenbogens sind auch im übertragenen Sinn jene 3 Aspekte, die der 10 die Wahrnehmung von 4 + 1 ermöglichen: $40 + 1 + 9 = 50 = 5 \times 10$.

Regenbogen und Wolken sind Symbole für einen Vorgang im menschlichen Bewusstsein, den sie zugleich in der Welt der 4 manifestieren und auf diese Weise nachvollziehbar machen.

Wird das eindringende Licht von der Wolke absorbiert, entsteht kein Lichtphänomen. Erst die Reflexion lässt den Regenbogen entstehen und diese Reflexion entspricht einem Bewusstsein, das im eindringenden Licht der Erkenntnis Zusammenhänge wahrnimmt; es ,antwortet' durch seine Wahrnehmung auf den Lichteinfall, reflektiert ihn und nimmt eine Verbindung von Geist und Materie wahr.

Wassertropfen in der Regenwolke werden durch die Schwerkraft angezogen und bewegen sich durch die Luft in Richtung Erde. Regen ist ein Bild für das fein dosierte Herein-wirken des Absoluten ins Irdische. Jeder Tropfen hat symbolisch gespeichert, zu welcher Einsicht der Mensch in seiner zeitlichen Existenz motiviert wird:

Wasser mit der chemischen Formen H_2O besteht aus 2 Molekülen Wasserstoff + 1 Molekül Sauerstoff; Sauerstoff ist Bestandteil von Wasser und existiert nicht nur getrennt davon in der Luft. Die 1 ist Teil des Zeitlichen und existiert nicht nur getrennt davon im Geistigen.

Luft und Wasser im physischen und im übertragenen Sinn bilden auf der Erde die Basis für Leben. Die Erde ist umgeben von einer unsichtbaren Schicht aus Luft, aus der heraus Regen fällt, um Leben und Wachstum zu ermöglichen. Die Natur ist Spiegelbild für einen Prozess im Menschen.

Wassertropfen bieten an, ihre Symbolik in ihrer ganzen Tragweite zu erfassen und im Wasser des Zeitlichen die 1 wahrzunehmen, die damit unauflöslich verbunden ist. Fällt darauf das Licht des Erkennens und wird als Ein(s)sicht reflektiert, zeigt sich dem Verstand etwas ganz Unerwartetes, das der Regenbogen perfekt symbolisiert.

Der Himmel trennt nun nicht mehr Welten, sondern wird zum Schauplatz eines Ereignisses, mit dem der Mensch vorher nie gerechnet hätte.

Die düstere, graue Wolkenwand und das vor ihr erscheinende strahlende Farbband des Regenbogens machen auch ein Stimmungsbild im Menschen anschaulich: Innere dunkle Phasen und ‚Gewitterstimmungen' gehen dem Erkennen vorausgehen, begleiten es und sind unverzichtbare Kulisse dafür. Doch nicht jeder düstere, wolkenverhangene Himmel bietet dieses Schauspiel; es tritt eher selten auf.

Nur wenn viele einzelne Wassertropfen Sonnenlicht reflektieren, wird es als Regenbogen sichtbar. Auch das Licht des Erkennens muss im Laufe der Zeit in vielen kleinen Momenten aufblitzen, bevor es der Verstand insgesamt zu einem ‚Lichtbogen' formt und die Denkbarriere von 10x10 damit überbrückt. Das Wissen um eine bestehende Verbindung ist damit dauerhaft installiert und das Denken kann jederzeit darauf zugreifen.

Satz 15:
„Gedenken werde ich"

6-7-20-200-400-10	643		

„meines Bundes"

1-400 2-200-10-400-10	1023	1666	

„der" 1-300-200   501

„zwischen mir" 2-10-50-10   72

„und zwischen euch"

6-2-10-50-10-20-40	138	711	

„und zwischen" 6-2-10-50   68

„jeder Art 20-30 50-80-300   480

„Lebewesen(ist)" 8-10-5   23

„unter allem Fleisch"

2-20-30 2-300-200	554	1125	

„und nicht soll werden"

6-30-1 10-5-10-5	67		

„wieder" 70-6-4   80

„das Wasser" 5-40-10-40   95

„zur Flut" 30-40-2-6-30   108   350

„zu vernichten" 30-300-8-400   738

„alles Fleisch" 20-30 2-300-200   552   1290   5142

1023 − 643 = 380 = 19 x 20, 1666 = 1000 + 666 und weitere markante Teilsummen erzählen über die Aspekte, die im Denken die Erinnerung an eine bestehende Verbindung am Leben erhalten. 711 und 1125 machen die Sichtweise der 2 als 1-1 deutlich, 350 und 1290 sagen klar aus, dass die 3 x 10 dominiert und immer wieder als solche erkannt wird.

In Summe bilden Satz 14 + 15 mit 2413 + 5142 = 7555 ein Leben als 20+9 am 7. Tag ab, das von 555 geprägt ist, einem Miteinander von 5 und 3.

Im Detail bestätigt „jeder Art Lebewesen" 503 das Miteinander von 5 und 3, nennt diese Lebensweise eine Kombination von 480 + 23 und erzählt davon mit seiner besonderen Schreibweise: 3 verbundene Worte bestehen aus 2 verbundenen + 1 getrennten Gruppe hebräischer Zeichen.

5142 betont mit 6 x 857 die Funktion der 6 für die Erinnerung an eine bestehende Verbindung, für die 1000 + 666 stehen.

Die Primzahl 857 bildet ab, dass 8. und 7. Tag über 5 kombiniert sind; 6 x 857 weist darauf hin, dass diese und jede Verbindung nur durch die Qualität der 6 ermöglicht wird.

Satz 16:

„Und es wird sein" 6-5-10-400-5	426		
„der Bogen" 5-100-300-400	805		
„im Gewölk" 2-70-50-50	172	1403	
„und ich werde ihn ansehen"			
6-200-1-10-400-10-5	632		
„zu gedenken" 30-7-20-200	257		
„(eines)Weltzeitbundes"			
2-200-10-400 70-6-30-40	758	1647	3050
„zwischen" 2-10-50	62		
„Gott" 1-30-5-10-40	86		
„und zwischen" 6-2-10-50	68		
„aller Art Lebewesen"			
20-30 50-80-300 8-10-5	503	719	
„mit allem Fleisch"			
2-20-30 2-300-200	554		
„das" 1-300-200	501		
„auf der Erde" 70-30 5-1-200-90	396	1451	2170

3050 + 2170 = 5220, 3050 − 2170 = 880, 5220 + 880 = 6100: Satz 16 bringt in Summe das Sehen von ungewöhnlichen Verbindungen durch die Umkehr von 16 zu 61 + 10x10 zum Ausdruck.

„Aller Art Lebewesen" 503 wiederholt die Darstellungsform in Satz 15, und vereint sie zu 1 Zahlenkomplex aus 3 Teilen.

Das 1 Wort „(1)Weltzeitbundes" 758 besteht aus 2 Gruppen von je 4 Schriftzeichen und kombiniert „Bund" 612 + „Weltzeit" 146.

Diese Besonderheiten machen deutlich, aus welche Weise in der Welt der 4 x 4 die absolute 3 wahrgenommen wird: Das Achten auf minimale Hinweise zeigt 1-1 in der 2 und lässt kreative Zusammenhänge sehen.

Weltzeitbund ist der 6. Satzteil, bildet die Schnittstelle von 3050 zu 2170 und zeigt so die Funktion, für die er steht.

3050 − 2170 = 880 definieren diese Schnittstelle und den Weltzeitbund als jenen Punkt, an dem sich 400+40 und 400+40 spiegeln. An dem Punkt, an dem 400 und 40 als absolute Projektionen eingesehen werden, ist das menschliche Denken selbst diese Schnittstelle. Es versteht, dass eine Verbindung zwischen 400+40 und 400+40, zwischen den beiden ‚Enden' des Bogens, zwischen Absolutem und allem Leben auf der Erde besteht. Begriffe wie Bund, Bogen, Spiegelung oder Projektion sind Symbole für eine Verbindung, die besteht und erkannt wird.

758 macht optisch dieselbe Aussage wie 857 in Satz 14; die verkehrte Spiegelung betont das Sehen als wesentlichen Teil der Verbindung.

„Weltzeitbund" 758 + „und ich werde ihn ansehen" 632 = 1390 bilden mit 13 30x3 die 10+3 ab, die in 3x10 die Verbindung zur absoluten 3 sieht.

3050 macht deutlich, dass diese 3x10 mit 5x10 einhergeht.

2170 zeigt mit 70 x 31 = 7 x 10+300, dass diese 10 am 7. Tag mit dem Absoluten, „El" 31 in Kontakt ist und auf dessen Impulse reagiert.

In Summe beschreibt 5220 diese 10 mit 2 x 2610 und 3 x 1740.

Satz 17:

„Dann sprach" 6-10-1-40-200	257		
„Gott" 1-30-5-10-40	86		
„zu Noah" 1-30 50-8	89	432	
„Dies(ist)" 7-1-400	408		
„das Zeichen des Bundes"			
1-6-400 5-2-200-10-400	1024	1432	
„das" 1-300-200	501		
„ich errichtet" 5-100-40-400-10	555		
„zwischen mir" 2-10-50-10	72	1128	
„und zwischen" 6-2-10-50	68		
„allem Fleisch" 20-30 2-300-200	552		
„das" 1-300-200	501		
„auf der Erde" 70-30 5-1-200-90	396	1517	4509

Für den einzelnen Noah gelten die 4 einleitenden Teile von Satz 12:

„Da sprach" 6-10-1-40-200	257	
„Gott" 1-30-5-10-40	86	343
„Dies(ist)" 7-1-400	408	
„das Zeichen des Bundes"		
1-6-400 5-2-200-10-400	1024	1432

Noah als menschliche 3 fühlt sich von Elohim, der absoluten 3, direkt angesprochen; darauf weisen auch 89 − 86 = 3 hin. Die Kommunikation von 3 zu 3 verläuft über JHWH: 257 + 3 = 260, 432 − 432 = 1000.

Das in Satz 12 allgemein Formulierte gilt für Noah als Archetyp des Menschen, der einen persönlichen Bezug dazu hat.

In diesem Sinn kombiniert sich „das ich(bin)setzend zwischen mich und zwischen euch" 1272 mit 1128 zu 2400 = 2000 + 400 = 300 x 8,

„und zwischen alle Art Lebewesen das bei euch" 1533 mit 1517 zu 3050.

In Summe unterscheidet sich 4509 von 5164 in Satz 12 um 655; 2 x 655 = 13 10 ist der tatsächlich lebende Mensch, den beide Sätze meinen.

1432 + 1128 = 2560 = 2000 + Atbasch 560 von Elohim gemeinsam mit
432 + 1128 = 1560 = 1000 + Atbasch 560 von Elohim definieren ihn mit
2560 − 1560 = 10x10x10.

1517 betont mit 1500 + 17 die Individualität jedes Bewusstseins, das sich als 30 x 50 versteht, und erklärt sich mit 37 x 41: Die Primzahl 41 = 40+1 ergibt x 10 den Atbasch 410 von „Abel" 37.

Satz 17 spricht die 10 an, die beide Aspekte von Abel in sich vereint.

410 + 37 = 447 lassen wissen, dass sich diese 10 über „hundert" 447 mit „ihr aber" 447 in Satz 7 angesprochen fühlt.

1517 − 447 = 1070 beschreiben sie als bewusste 10, am 7. Tag.

4509 komprimiert in sich auch mit 9 x 500+1 „das" 501 Erkennen von Zeichen einer Verbindung zur 1 als „Adam = Mensch" 45.

Satz 18:
„Es waren" 6-10-5-10-6	37	
„die Söhne Noahs" 2-50-10 50-8	120	
„die Hinausgehenden" 5-10-90-1-10-40	156	
„von der Arche" 40-50 5-400-2-5	502	815

„Sem" 300-40	340		
„und Ham" 6-8-40	54		
„und Jafet" 6-10-80-400	496	890	
„und Ham" 6-8-40	54		
„er(ist)" 5-6-1	12		
„Vater" 1-2-10	13		
„Kanaans" 20-50-70-50	190	269	1974

Satz 18 geht über das Bild der 3 Söhne von Noah auf die menschliche 3 ein, die nun festen Boden unter den Füßen bekommt.

„Die Söhne Noahs" 120 definieren sie generell mit 30 x 4, „Sem" 340 mit 300 + 40. Dieser Mensch ist eine 10, die nun in sich vereint, was „Sohn" 2-50 und „Noah" 50-8 an Prinzipien symbolisieren: 52 + 58 = 110

„Sem und Ham und Jafet" 890 personifizieren Prinzipien, die diese 10 mit sich in Verbindung bringt: 890 + 10 = 900, 890 + 110 = 1000 und 890 + 120 = 1010 beschreiben die 10, die diese Prinzipien lebt.

Innerhalb der 3 verkörpert der an 2. Stelle und insgesamt 2x genannte Ham die 2; „und Ham" 54 = 6 x 9 betont das Wissen dieser 2 um 6 und 9, das auch 269 komprimiert abbildet. „Er" 12 „Vater" 13 „Kanaans" 190 beschreiben Ham einzeln und ebenso in Summe 215 = 2 x 10x10 + 5x3.

815 − 215 = 600 erzählen mit 2 x 300, dass eine von 3 x 10x10 geprägte 2 die Arche verlässt.

890 − 190 = 700 zeigen die Rolle von „Kanaan" 190 als Verbindung von 7. und 8. Tag, die sich mit jedem Erkennen von 1 in der 10 festigt.

815 und 890 bilden 3 x 5 und 3 x 30 in Kombination mit einer irdischen 8 ab, die nun anders wahrgenommen wird. 890 – 815 = 75 zeigen mit 3 x 5x5, wodurch sich das neue Weltbild der 3 festigt.

„Sem" 340 „und Jafet" 496 bilden innerhalb der 3 die 1-3 ab und mit 496 – 340 definieren sich beide als „die Hinausgehenden" 156; „und Ham" 54 steht für die verbindende 2, die sie zu 3 x 10 ergänzt: 156 + 54 = 210 = 30 x 7

1974 stellt mit 6 x 329 den Bezug zu „da erinnerte sich Gott" 329 in Satz 1, Genesis 8 sowie „und vierzig" 329 in Satz 4, Genesis 7 her. Insgesamt sagt 6 x 329 aus, dass jede Erinnerung an eine bestehende Verbindung aus der inneren Arche kommt und 40 als 3 x 2 leben lässt.

Satz 19:

„Drei" 300-30-300-5	635		
„diese" 1-30-5	36		
„Söhne Noahs" 2-50-10 50-8	120	791	
„und von diesen" 6-40-1-30-5	82		
„breitete sich aus" 50-80-90-5	225		
„alles Erden(volk)" 20-30 5-1-200-90	346	653	1444

1974 – 1444 = 530 erzählen, was sich im irdischen Denken breit macht,
269 + 791 = 1060 = 2 x 530 berichten über die Mitwirkung der 2 dabei.

1444 zeigt die Ausbreitung der 3 mit 1000 + 4 x 111,
„drei" 635 + „breitete sich aus" 225 = 860 mit 10 x „Elohim" 86 und 635 – 225 = 410 definieren mit 400 + 10 den Ort des Geschehens.

„Diese Söhne Noahs" 156 sind „die Hinausgehenden" 156 und „Kanaan" 190 lässt sie „alles(auf)Erden" 346 als Miteinander von 300 und 40 erfassen: 156 + 190 = 346.

486

346 stellt das Miteinander von 3x10 und 4 auf Basis von 6 optisch dar, 1000 + 444 zeigen es mit einer 3-fachen 4 und erklären die 3-fache 10 dazu fähig.

„Diese" 36 Sichtweise, die 36 mit 3 x 4 x 3 definiert und „alles Erden (volk)" 346, das sich mit 2 x 170+3 erklärt, ergänzen sich gegenseitig zu einem Bewusstsein, das 346 − 36 mit 310 und 346 + 36 = 382, 382 − „und von diesen" 82 mit 300 beschreiben.

Satz 20:
„Und es begann" 6-10-8-30	54		
„Noah" 50-8	58		
„(als)Mann" 1-10-300	311		
„des Ackerbodens" 5-1-4-40-5	55	478	
„und er pflanzte" 6-10-9-70	95		
„(einen)Weinberg" 20-200-40	260	355	833

„Und es begann" 54 wiederholt die 2 x 54 von „und Ham" ein 3. Mal und zeigt damit die 2 als irdische Basis für die 3, was 58 − 54 mit 4 und 95 − 55 mit 40 bestätigen.

Auf festem Boden irdischer Tatsachen steht die menschliche 3 bei ihrem Kontakt nach 'oben', den „des Ackerbodens" 55 mit 5x 10 +5 definiert.

Der „Noah" 58 + „des Ackerbodens" 55 = 113 reflektiert „(als) Mann" 311 eine Verbindung von 3 zu 3 und erfährt seine 10 mit der 1 in Kontakt.

Die Selbsterkenntnis, „Mann" 311 = 300 + 10+1 zu sein, ist die Basis für jede irdische Aktivität eines Noah. Diesen „Mann" 1-10-300 unterscheidet Genesis 2 ausdrücklich von der „Männin" 1-300-5, die von ihm genommen ist. Ihrer 5 fehlt die andere 5 zur Ergänzung auf 10.

„Des Ackerbodens" 55 stellt klar, dass das irdische Aktivsein des Noah auf dem Wissen um beide 5 basiert „und er pflanzte(1) Weinberg" 355 auf dieser Basis: 355 − 55 = 300.

„Weinberg" 260 symbolisiert den bewussten Kontakt zum Absoluten über das Prinzip JHWH und meint die 10, die 2x 10 +3 in sich vereint.
Der Volle Wert 690 = 3 x 10 x 23 von „Weinberg" ist 10 x Atbasch 69 von Noah. Der Verborgene Wert 430 von „Weinberg" ist zugleich 10 x sein Atbasch 43 und 5 x „Elohim" 86.

Weinberg definiert die 10 als Schnittstelle, die beide Prinzipien des Absoluten bewusst erlebt. 3 Zahlenwerte 260 + 430 = 690 sind 3-facher Hinweis darauf und der 4. Zahlenwert demonstriert mit 10 x 43 = 430, dass diese 3 x 10 in der 4 Zusammenhänge wahrnimmt.

In Summe stellt 833 mit „zu geben ihren Ertrag" 833 den Bezug zu Satz 12, Genesis 4 her, der die Bearbeitung der Ackererde durch Kain zum Inhalt hat. Noah setzt sich mit denselben irdischen Gegebenheiten auseinander wie Kain, allerdings mit unterschiedlichem Ergebnis.

Satz 21:

„Und er trank" 6–10–300–400	716		
„von dem Wein" 40–50 5–10–10–50	165		
„und er berauschte sich"			
6–10–300–20–200	536	1417	
„und er entblößte sich"			
6–10–400–3–30	449		
„inmitten" 2–400–6–20	428		
„seines Zeltes" 1–5–30–5	41	918	2335

Diese Szene ist Allegorie für die veränderte Wahrnehmung als Folge mentaler Arbeit im „Weinberg" 260. Mit 3 + 3 Satzteilen und 3 „und" 6 skizziert Satz 21 = 3x7, was er beschreibt.

„Und er trank von dem Wein" 881 markiert das Ende einer Entwicklung die in Satz 11, Genesis 6 mit „und es füllte sich die Erde (mit) Unrecht" 881 beginnt.

„Von dem Wein" 165, bestehend aus 90 + 75, wird erklärt, dass das Erkennen von 5x5 x 3 in der 10 Noahs Wirkung zeigt;

„er trank" 710 definiert 165 = 13 x 5 + 10x10 als Vorgang im Alltag;

„er berauschte sich" 530 zeigt mit 500 + 30 die Wirkung.

1417 nennt diese Erfahrung 13 x 109 und erklärt sie mit 1317 + 100: 10x10 löst die Denkbarriere auf, die das 2. Schöpfungswort in Genesis 1 festlegt mit „es werde(eine)Feste zwischen den Wassern und werde scheidend zwischen Wassern zu Wassern" 1317.

Grenzen, die klar und eindeutig schienen, verschwimmen. Wie von Wein berauscht ist das Denken, das über diese Grenzen hinausgeht.

Dass Noah sich entblößt, stellt den Bezug zum Begriff „nackt" 320 in Genesis 3 her. Unter dem Einfluss des Weines mit der Erfahrung der Ganzheit als 3 empfindet Noah ähnlich wie Adam und Eva im Paradies keine Nacktheit; er erlebt wie sie einen Zustand des Eins-Seins.

„Nackt" 320 + 10 = 330 = 2 x „von dem Wein" 165 machen deutlich, dass die 10 sich dieses Eins-Seins als 3 nun bewusst ist: 330 = 110 x 3.

Adam und Eva verbergen sich vor Gott, ihre Nacktheit ist passiv vorgegeben und das Wissen um 300+20 bleibt für sie verborgen.

Noah zeigt eine andere Reaktion, indem er sich aktiv inmitten seines Zeltes entblößt. Er tritt nicht entblößt nach außen, aber in seinem Inneren ist für ihn sein 1-3-Sein eine unverhüllte Tatsache.

918 komprimiert in sich ein vielfältiges Miteinander von 3, 6 und 9 und beschreibt damit seinen inneren Zustand.

„Und" 6 + „er entblößte sich" 443 stellt den Bezug „zu der Arche" 443 oder „in die Arche" 443 her, die wiederholt in den Kapiteln über die Flut genannt werden.

Entsprechende Gedanken an 1-3 haben sich während der Flut immer wieder „in die Arche" zurückgezogen, haben „zu der Arche" Zuflucht genommen. Nun sind sie auf festem Boden in einem Zelt untergebracht, das stabil in der Erde verankert, aber durchlässig nach außen und oben hin ist.

Satz 20 betrachtet den ‚bodenständigen' Aspekt der 3, Satz 21 die ‚abgehobene' 3, die im Moment des Kontaktes von 3 zu 3 wie berauscht ist. Die Arbeit am Weinberg, der Genuss seiner Früchte und die Folgen des Genusses ergänzen sich und sind gleichberechtigte Erfahrungen.

Den „Mann des Ackerbodens" 366, der „trank" 716 „und sich berauschte" 536 definieren 536 − 366 = 170, 716 − 366 = 350 und 350 − 170 = 180.

„Von dem Wein" 165 + „des Ackerbodens" 55 = 220 wird 180 zu 400 ergänzt und damit das Geschehen auf den Boden irdischer Realität gestellt, zu dem die 3 auch im „berauschten" Zustand nicht den Kontakt verliert..

2335 fasst den Moment des Genusses zu 23 x 10x10 + 30+5 zusammen und beschreibt ihn über Satz 1, Genesis 2 mit 5 x „so waren vollendet die Himmel" 467.

Satz 22:
„Da betrachtete" 6-10-200-1	217	
„Ham" 8-40	48	265
„der Vater" 1-2-10	13	

„Kanaans" 20-50-70-50	190	203	
„die" 1-400	401		
„Blöße" 70-200-6-400	676		
„seines Vaters" 1-2-10-6	19	1096	
„und meldete es" 6-10-3-4	23		
„den zwei seinen Brüdern"			
30-300-50-10 1-8-10-6	415		
„draußen" 2-8-6-90	106	544	2108

Satz 22 gibt die Situation aus Perspektive der 2 von „Ham" 48 wieder, der „die Blöße seines Vaters" 1096 „betrachtet" 217 und „den zwei seinen Brüdern" 415 nach „draußen" 106 meldet.

1096 − 106 = 990, 1096 + 106 + 48 = 1250, 415 − 217 − 48 = 150 und 1250 − 150 = 1100 fassen zusammen, was als innere Realität nach außen dringt in die Realität von 2 x 2. Beide Ebenen der Wirklichkeit bringt die 3 miteinander in Bezug. Ham ist der körperliche Teil der 3, er personifiziert das Denken, Fühlen und Handeln dieses Menschen, das inneres Wissen nach außen transportiert in die physische Existenz.

„Da betrachtete" 217 „der Vater Kanaans" 203 summiert sich zu 420 und definiert die Betrachtungsweise dieser 2 mit 30 x 7.

„Nackt" 70-200-6-40 in Genesis 3 und „Blöße" 70-200-6-400 haben einen ähnlichen Zahlenaufbau. Genesis 3 formuliert allgemein gültig, Genesis 9 bezieht sich auf eine konkrete 10; die Veränderung von 40 zu 10 x 40 macht den Unterschied deutlich und zeigt Ham als 2 in der 3, die sich innerhalb von 400 bewegt.

Er verkörpert auch Phasen, in denen die 10 auf ihr Leben in der 40 fokussiert ist und die Verbindung zum Absoluten gerade nicht sieht. „Ham" 48 ist 4 x 3 x 4 und genauso auch 2x2 x 12.

Er verkörpert den Umstand, dass sich die 2 in der 3 x 10 der 1-3 nicht in jedem Moment bewusst ist. Die 2 lebt nach den

Gesetzmäßigkeiten der 2 beide Extreme, das Wissen um 1-3 und das Vergessen von 1-3.

Die Blöße Noahs bringt diese 2 gegensätzlichen Aspekte zum Ausdruck. Im Wissen um 1-3 symbolisiert sie ein Denken, dem sein 1-3-Sein als unverhüllte Tatsache gilt. Im Vergessen von 1-3 symbolisiert sie ein Denken, das nur den bloßen Körper betrachtet, das am Geformten und Augenscheinlichen haften bleibt, sich an der Oberfläche bewegt und nicht darüber hinaus oder in die Tiefe geht. Hintergründiges wird nicht mit einbezogen und die 1 ausgeblendet.

„Blöße" 676 erklärt Satz 23, Genesis 7 mit „so vertilgte er all das Bestehende" 676 als einen Gedanken, der einen bestehenden ersetzt. Die plötzliche Erinnerung an 1-3 löst das Vergessen ab und umgekehrt.

Das körperliche Dasein bleibt für die menschliche 3 zwiespältig und bewegt sich nach wie vor in der Polarität. Das Vergessen der 1-3 ist nun aber vorübergehend und wird abgelöst durch die Erinnerung daran.

544 bildet mit 2 x 272 die 2 unterschiedlichen Arten von Wahrnehmung ab, die davon abhängen, welche Denkweise gerade aktuell ist.
2x2 in Kombination mit 72, dem Vollen Wert von JHWH, lassen wissen, dass beide Arten dem absoluten Willen entsprechen, der sich im Alltag durch die 2 zum Ausdruck bringt.

676 + 544 = 1220, 1096 − 676 = 420 und 1220 − 420 = 800 erzählen, dass sie in Kombination das Erleben des 8. Tages bewirken.

2108 verweist mit 4 x 527 auf „lass hinausziehen mit dir" 523(527), das in Satz 17, Genesis 8 mit seinen 2 Versionen das Miteinander von gegensätzlichen Wahrnehmungen deutlich macht. In Noah ergänzen sie sich gegenseitig und bestimmen abwechselnd seine Sicht auf die 4.

Satz 23:

„Dann nahm" 6-10-100-8	124		
„Sem" 300-40	340		
„und Jafet" 6-10-80-400	496		
„das Obergewand"			
1-400 5-300-40-30-5	781	1741	
„das legten sie" 6-10-300-10-40-6	372		
„auf die Schulter" 70-30 300-20-40	460		
„von ihnen beiden" 300-50-10-5-40	405	1237	
„und sie gingen" 6-10-30-20-6	72		
„rückwärts" 1-8-200-50-10-400	669	741	
„während sie bedeckten" 6-10-20-60-6	102		
„die" 1-400	401		
„Blöße" 70-200-6-400	676		
„ihres Vaters" 1-2-10-5-40	58	1237	
„und ihr Antlitz" 6-80-50-10-5-40	191		
„rückwärts(gewandt)"			
1-8-200-50-10-400	669	860	
„dass die Blöße" 6-70-200-6-400	682		
„ihres Vaters" 1-2-10-5-40	58		
„nicht" 30-1	31		
„sie sahen" 200-1-6	207	978	6794

Satz 23 geht auf den Vorgang der Sichtumkehr ein, den Satz 22 andeutet und der in der menschlichen 3 durch ihr 2-Sein bedingt ist.

Auf die Schwerpunktverlagerung von 2 zu 3 weisen in Satz 22 „der Vater Kanaans" 203 „und meldete es" 23 hin; das 2x genannte „rückwärts" 699 unterstreicht sie mit 3 x „Baum des Lebens" 233.

„Rückwärts" 699 ist zentraler Begriffe für den Prozess, in dem sich die 10 auf die 1 zurück besinnt.

Das „rückwärts gewandte Antlitz" 860 lässt die 10 „Elohim" 86 sehen.

„Sem und Jafet" 836 verkörpern die Tendenz zu 1-3, nachdem die 2 sie vergessen ließ; 836 + „dann nahm" 124 = 960 bilden die zunehmenden Qualitäten von 9 und 6 in der 10 ab, die mit 10x10 auf 860 zusteuert.

„Das Obergewand" 781 „auf die Schultern" 460 + „rückwärts" 699 = 1940 symbolisieren eine mentale Bewegung des Erkennens. Sie führt dazu, was „und ihr Antlitz" 191 und „ihr Antlitz rückwärts" 860 deutlich machen.

1940 + 860 bestimmen gemeinsam die gedankliche Aktivität des Menschen, der um sein 10x10-Sein weiß und es als 2000 + 800 oder 4 x 700 lebt.

1741 − 741 = 1000 kleiden seine Bewegung hin zu 1000 in Worte, 1237 − 1237 = 0 unterstreichen, dass sich deckungsgleiche Perspektiven an einem Null-Punkt abwechseln.

6794 − 1237 = 5557 bilden den Perspektivenwechsel mit einer 3-fachen 5 am 7. Tag ab; 5557 − 1237 = 4320 fassen ihn zu 5 x 860+4 zusammen.

6794 beschreibt mit 2 x 3397 eine 2, die von 30+3 weiß und auf Basis von 90+7 auf diese Erfahrung ausgerichtet ist.

Die 10 im Bewusstsein der 3 weiß, „dass die Blöße ihres Vaters" 740 von ihr auf 2 unterschiedliche Arten wahrgenommen wird, und akzeptiert beide Sichtweisen als Äußerungen der 1: 740 = 2 x 10 x „Abel" 37.

„Während sie bedeckten" 102 + „dass die Blöße ihres Vaters nicht sie sahen" 978 = 1080 bilden mit der Kombination von 1 mit 2 über 0 die Art der Bedeckung und mit 1000 + 80 die 10 ab, die sie vornimmt.

Sem und Jafet, die das Obergewand nehmen, entsprechen dieser 10, die über 6 und 9 zurückgeht zur 1 und die Sichtweise der 2 damit zudeckt: „und sie gingen rückwärts" 741 = 740 + 1.

„Das Obergewand" 781 = 741 + 40 symbolisiert die Bewegung zurück zu 1, die sich im Laufe der Zeit ständig wiederholt.

„Das Obergewand" 781 + „rückwärts" 669 = 1450 lassen wissen, „dass die Blöße ihres Vaters" 740, die eine 3 x 10 als 2 wahrnimmt, von ihr auch wieder bedeckt wird: 740 x 2 = 1480 = 1450 + 30.

„Das legten sie auf die Schultern von ihnen beiden" 1237 + „und sie gingen rückwärts während sie bedeckten" 843 = 2080 bestätigen 1080 als Variante und bilden auch ab, dass die Sichtweisen von 2 x 10 und jene von 2x2x2 x 10 sich gegenseitig bedecken und nebeneinander existieren.

Satz 24:

„Da erwachte" 6-10-10-100-90	216		
„Noah" 50-8	58		
„von seinem Wein" 40-10-10-50-6	116	390	
„und er erfuhr" 6-10-4-70	90		
„★★★" 1-400	401		
„was getan ihm"			
1-300-200 70-300-5 30-6	912		
„sein Sohn" 2-50-6	58		
„der Kleine" 5-100-9-50	164	1625	2015

Satz 24 informiert, dass der 3 das Verhalten als 2 bewusst wird, und bildet den Moment ab, in dem dies geschieht:

„Da erwachte" 216 = 6x6x6 ergänzt 6794, den Inhalt von Satz 23, zu 7010 und meint damit eine 10, die sich am 7. Tag als 10x10x10 erfasst.

Dieses Erwachen beschreiben 390 mit 30 x 13, 116 mit 2 x 58, 216 − 116 mit 10x10 und 90 mit 3 x 30.

Die offenbar nicht in Worte zu kleidende Kombination 1-400 wird in der Genesis häufig einem Begriff vorangestellt und mit „★★★" versehen.

Sie drückt eine Kombination von 4, 40 und 400 mit der 1 aus und unterstreicht in Zusammenhang mit Noahs Erwachen diese inhaltliche Relevanz als eigener Satzteil. Alles Erlebte mit der 1 in Zusammenhang zu sehen, ist wesentlicher Bestandteil dessen, was diesen Moment prägt.

„Was getan ihm" 912 + „sein Sohn" 58 = 970 meint den Moment, in dem die 10 erkennt: Alles, was am 7. Tag von ihr gedacht, gefühlt, getan und erlebt wird, bietet ihr die Gelegenheit, sich als 3 zu erkennen.

Alles ist Teil der 10x10x10 von Noah, die aus 970 und 30 besteht.

Dass und wie in allem etwas gesehen wird, das von der absoluten 1-3 ausgeht, zeigt 1625 mit 13 x 5x5x5.

„Noah" 58 schaut im Rückblick wie von außen auf sich selbst und sieht sich in Rollen, die sein Noah-Sein beinhalten:

„Ihres Vaters" 58, das 2x in Satz 23 erwähnt wird, weist gemeinsam mit „sein Sohn" 58 auf eine Personalunion hin, die im Grunde gegeben, aber der 2 nicht immer bewusst ist. „Ham" 48 verkörpert mit 58 − 48 = 10 die Erinnerung an das 10-Sein nach einer Phase des Vergessens. Er ist „der Kleine" 164, der mit 10 ergänzt der 174 von 3 x 58 entspricht.

2015 = 5 x 403 vergleicht unter Verweis auf Satz 23 und 24, Genesis 3 die Rolle der 2 von Ham mit jener von „Männin" 306 und „seiner Frau" 709, die mit 709 − 306 = 403 = 13 x 31 die

Funktion der 2 definieren. Jedes Erleben von 5 bietet Noah Gelegenheit dazu.

Satz 25:

„Und er sprach" 6-10-1-40-200		257	
„Verflucht" 1-200-6-200	407		
„Kanaan" 20-50-70-50	190	597	
„Knecht" 70-2-4	76		
„der Knechte" 70-2-4-10-40	126		
„soll er sein" 10-5-10-5	30		
„seinen Brüdern" 30-1-8-10-6	55	287	1141

„Kanaan" 190 ist ein Synonym für die 10, die auf das Erkennen der 1 ausgerichtet ist; sie ist „verflucht" 407 zu 11 x 37. Als 10 in sich die 1 von „Abel" 37 als Projektion der absoluten 1 zu erfassen und 2 als 1-1 zu verstehen, darin besteht der ‚Fluch', der aus Sicht der 2 bedrohlich wirkt, weil er 2 + 1 = 3 ermöglicht.

Die Summe 11 4 1 bildet diese Verbindung ab und beschreibt sie unter Verweis auf Genesis 5, 6 und 7 zugleich mit 7 x „und weiblich" 163.

Die Teilsummen erklären, dass für die 3 der ‚Fluch' zum ‚Segen' wird, sobald die 2 mit der 1 in sich die Verbindung zur absoluten 3 erfasst: 597 − 257 = 340, 287 − 257 = 30, 597 − 287 = 310; 257 + 3 = 260, 597 + 3 = 600, 287 + 3 = 290.
„Knecht" 76 zu sein, erklärt sich mit 19 x 4;
der „Knecht" 76 „der Knechte" 126 definiert seine Arbeit in Summe mit 202 und mit der Differenz 50.

Die Knechtschaft Kanaans ist Symbol für die Bewusstseinsarbeit der 2. Einerseits erlebt sich die 2 in ein Denken, Fühlen und Handeln eingebunden, dem sie aus einem inneren Antrieb heraus folgt. Andererseits reflektiert sie dieses Denken, Fühlen und Handeln aus einer beobachtenden Position heraus, nimmt sich selbst zeitverzögert oder gleichzeitig dabei wahr.

„Knecht der Knechte" 202 meint dieses wertungsfreie und absichtslose Beobachten der 2 durch die 2.

Der Äußere Wert 190 von Kanaan ist die Summe der 19 mit allen ihr vorausgehenden Zahlen und definiert sich auf diese Weise als Ziel der 19. Erkenntnisfähigkeit auf der Ebene des menschlichen Bewusstseins ist darauf ausgerichtet, mit 19 x 10 = 190 ein dauerhafter Bestandteil der Wahrnehmung zu werden und zu bleiben. Sie motiviert das Denken dazu, Ereignisse in der 4 als das Wirken des Absoluten zu sehen.

„Knecht" 76 entspricht mit 19 x 4 dieser Ausrichtung.

„Soll er sein" 30 zeigt, was dadurch wieder Realität sein soll;

„seinen Brüdern" 55 entspricht dem gegenseitige Sehen von 5 zu 5, das auch Atbasch 55 von Kanaan ist.

Satz 18 nennt Ham den „Vater" 13 Kanaans, Satz 25 „verflucht" 407 es; 407 + 13 = 420 stellen mit 2 x 7 x 30 den Bezug zur gegensätzlichen Betrachtungsweise in Satz 22 her, die für das Leben der 30 am 7. Tag unausweichlich ist.

„Verflucht Kanaan" 597 hat den Verborgenen Wert 998:
die 3 x 10 ist dazu ‚verflucht', immer wieder von 2 den Bogen zu 10x10x10 zu spannen und 597 + 3 abwechselnd mit 2 x 300 zu leben.

„Kanaan" 190 bildet die Schnittstelle zwischen 2 Wahrnehmungsarten, zwischen 30 x 7 = 210 einerseits und 400 andererseits.

Satz 26:

„Und er sprach" 6-10-1-40-200		257
„Gepriesen sei" 2-200-6-20	228	
„JHWH" 10-5-6-5	26	
„der Gott" 1-30-5-10	46	

„Sems" 300-40	340	640	
„und es sei" 6-10-5-10	31		
„Kanaan" 20-50-70-50	190		
„Knecht" 70-2-4	76		
„für ihn" 30-40-6	76	373	1270

„Gepriesen sei JHWH der Gott" 300 und „Sem" 340 verbindet die 40, die „Elohim" 86 und „der Gott" 46 ebenfalls gemeinsam haben und auf die auch die Summe 640 hinweist.

Der Gott" 1-30-5-10 = 46 = 2 x 23, für die 2 Ausdruck des Formlosen, wird mit 40 zu „Gott" 1-30-5-10-40 = „Elohim" 86.

Satz 26 bringt die Einsicht der 3 x 10x10 zum Ausdruck, dass das Prinzip JHWH im Zeitlichen die Verbindung zum Prinzip Elohim herstellt.

„Sem" 300-40 ist ein Aspekt von Noah und verkörpert dieses Wissen.

Er lebt als 3 x 10x10 in Einklang mit 40; 340 − 190 = 150 informieren, dass „Kanaan" 190 dieses Wissen mit allen anderen Aspekten ein und desselben Bewusstseins verbindet, das sich mit 300 : 2 definiert.

Damit ist jeder Mensch gemeint, der sich als 3 x 10x10 versteht und dessen Leben sich durch die Gesetzmäßigkeit der 2 in konträre Phasen teilt. Indem er sich über 5 immer wieder als 30 erfährt, ist dieses Wissen wieder präsent und wird bestätigt: 150 + 190 = 340.

„Kanaan" 190 ist eine Erfahrung, die 5 x 19 x 2 mit dem Erkennen der 5 auf Basis von 2 gleichsetzt. Jedes Erleben von 4 + 1 bestätigt der 30, selbst im Zeitlichen die Verbindung zu sein, für die Kanaan steht.

„Für ihn" 76, „JHWH" 26, „Knecht" 76 zu sein, bedeutet im Konträren die Übereinstimmung zu sehen: 76 = 76; gemäß dem Prinzip JHWH ist die 10 über 5 dazu fähig: 76 − 26 = 50.

46 − 26 = 20 erklären, dass das Prinzip „JHWH" 26 „der Gott" 46 der 2 ist, der ihr immer wieder die Selbsterkenntnis als 10 ermöglicht.

Das Prinzip Elohim ist für die 3 x 10 „der Gott" 46; „für ihn" 76 ist sie „Knecht" 76, indem sie sich selbst damit in Kontakt und als dessen Abbild erfährt: 76 − 46 = 30, 76 + 10 = 86.

2 x „Knecht" 76 in Satz 25 + 1x in Satz 26 geben mit 3 x 76 = 228 die 3-fache Knechtschaft als Grund an, warum JHWH „gepriesen sei" 228.

Dass jede menschliche 3 in sich selbst derartige Einsichten entwickelt und nach außen bringt in ihr bewusstes Denken, drückt die einleitende Formulierung aus, die in der Genesis wiederholt wesentlichen Aussagen vorangestellt wird: „und er sprach" 257.

Der Mensch sagt sich, was er einsieht, nachdem er wieder einmal von der Phase der 2 in jene der 3 gewechselt ist und Zusammenhänge überschaut.

Die Primzahl 257 erklärt diesen Moment der Einsicht mit 7 + 10x5x5 und zeigt mit 257 + 3 = 260, wodurch er zustande kommt und was er bewirkt.

257 + 373 = 630 betonen die Funktion der 6 für das wieder gewonnene Selbstverständnis als 10x10 + 3x10, für das Kanaan Knecht ist.

257 − 228 = 29 „und es sei" 31 = 60 zeigen, dass es außergewöhnliche Verbindungen sind, die eine 10 den Bogen spannen lassen zum Absoluten, das 3 und 1 in einem ist.

In Summe informieren 640 und 630 mit 1270, dass für die 10 weiterhin gilt, was Satz 1, Genesis 6 formuliert mit „Und es geschah als anfing der Mensch(sich)zu vermehren auf der Oberfläche der Erde und Töchter wurden geboren ihnen" 1270: Von Anfang an ist im Menschen prinzipiell alles vorbereitet, was er während einer Existenz erlebt, die von 12 70 geprägt ist. Bewusst erfassbar wird dieser Umstand mit 1000 + 3x30x3.

Satz 27:

„Weit mache es" 10-80-400	490		
„Gott" 1-30-5-10-40	86		
„für Jafet" 30-10-80-400	520		
„und er wohne" 6-10-300-20-50	386		
„in den Zelten Sems"			
2-1-5-30-10 300-40	388	1870	
„und es sei" 6-10-5-10	31		
„Kanaan" 20-50-70-50	190		
„Knecht" 70-2-4	76		
„für ihn" 30-40-6	76	373	2243

Satz 27 geht auf den Prozess von 3x3x3 ein, den die 3-fache 10 immer wieder durchläuft. Insgesamt ist die Verbindung von 3 zu 3 Inhalt von Genesis 9; Satz 27 meint speziell das Zusammenspiel von 3 x 3 x 3, das in seiner Komplexität nur skizziert werden kann.

3 x 3 x 3 bildet das Erfassen hintergründig bestehender Zusammenhänge ab, und Genesis 9 zeigt am Beispiel von „Wolken" 170 und „Kanaan" 190, dass solche Zusammenhänge für die 2x10 nicht offensichtlich sind.

Der vor den Wolken erscheinende Regenbogen symbolisiert ähnlich wie Kanaan eine Verbindung. Den Bogen setzt Elohim zum Zeichen des Bundes und Kanaan beschreibt, wie dem Menschen diese Verbindung bewusst wird.

Aus Sicht der 2 haben die beiden Begriffe „Wolken" und „Kanaan" nichts miteinander gemeinsam; die 3 geht aber über das Offensichtliche hinaus und bezieht eine weitere Ebene mit ein.

Die menschliche 3, personifiziert von Noah, baut sich in ihrem Denken einen Bereich aus, in dem sie Zusammenhänge beobachtet, die über die Dualität hinausgehen. Derartige Beobachtungen sind der 17 entsprechend ganz individuell. In Genesis 8 berührt die Arche am 17. Tag Land, der innere Beobachtungsraum kommt in Kontakt mit dem irdischen Alltag.

17 x 10 = 170 und 1 + 7 = 8 erzählen über das individuelle Ankommen im 8. Tag, der aus dem 7. Tag + 1 besteht. Dieses Ankommen geht einher mit dem Erkennen der Verbindung zur 1, was „Kanaan" 190 symbolisiert. Die 2x10, die der Qualität von 17 und 19 entsprechend agiert, kann den Bogen vor den Wolken sehen; Kanaan symbolisiert den Blick darauf.

Diese Symbolik macht bildhaft, dass durch aufmerksame Beobachtung und intuitives Erfassen Eindrücke gewonnen werden, die Querverbindungen vom Irdischen zum Absoluten erahnen lassen. Sie sammeln sich im Laufe der Zeit an und allmählich entwickelt sich aus scheinbar Unzusammenhängendem ein Gesamtbild und gibt ganz unerwartete Einblicke in eine bestehende Komplexität. Zahlen verleihen solchen Erfahrungen des Alltags auf objektive, nachvollziehbare Art Ausdruck.

Symbolische Begriffe wie Wolken, Regenbogen, Arche oder Kanaan sind Bilder. In der gewohnten Betrachtung und Auffassung haben sie wenig Gemeinsamkeiten und bilden damit das Alltagsgeschehen ab, dem die 2 keine Hintergrundinformationen entnehmen kann.

Ihre Zahlen zeigen allerdings gegenseitige Zusammenhänge und damit die ‚Arbeitsweise' der 19x10, die im Alltag hintergründig abläuft und aus Sicht der 2 nicht nachvollziehbar ist.

Die Art der Beobachtung bestimmt die Realität. Je mehr sich die Aufmerksamkeit auf Zeichen aus einer nicht materiellen Ebene richtet, umso mehr gelangt diese Ebene in die Wahrnehmung. Die menschliche 3 entwickelt einen Sinn für das Erfassen der absoluten 3.

Das Zueinander von 3 zu 3 beruht auf ausgewogener Gegenseitigkeit: Je mehr sich der Mensch auf das Erfassen des Absoluten fokussiert, umso tiefer ist der Einblick in eine Ganzheit aus Prinzipien und deren Umsetzung in der Materie. Theorie und Praxis, Wissen und gelebte Erfahrung passen wie Schlüssel und Schloss ineinander. Wie Zahnräder, die ineinander greifen, halten sie sich gegenseitig in Bewegung.

Den Anstoß dazu gibt die absolute 3; von ihr geht die Motivation aus für jede menschliche Aktivität. Ist der Prozess des Erkennens einmal angestoßen, wird er mit Antworten und neuen Denkanstößen in Bewegung gehalten. 3 x 3 x 3 bildet diesen Zyklus von Denkanstoß x menschlicher Bewusstseinsarbeit x Antwort ab.

Zahlen geben durch gleiche oder einander ergänzende Endziffern zu erkennen, dass sie wie Schlüssel und Schloss ineinander passen und den Zugang zu etwas bisher Verschlossenem öffnen. Sie machen damit das Ineinandergreifen von 3 x 3 x 3 deutlich, von dem der Alltag eines Noah geprägt ist.

Derartige Kombinationen sind weder im Alltag noch in der Sprache der Zahlen willkürlich. Sie sind kreativ und dabei Ausdruck einer präzisen Systematik. Sie zu beachten und dabei weitere gedankliche Anregungen intuitiv wahr- und anzunehmen, gewährt überraschende Einblicke.

Gegebene Zusammenhänge erschließen und erklären sich, einmal erkannte Prinzipien bestätigen sich auf diese Weise immer wieder neu.

Zahlen in ihrem Zu- und Miteinander repräsentieren eine gewaltige, alles umfassende Komplexität, die sich durch sie verständlich macht. Zugleich definieren und erklären sie den Sinn menschlicher Existenz.

Satz 27 hat das Erkennen der 3 durch die 3 zum Inhalt. Er beschreibt, wie eine menschliche 3 die Antwort auf den Denkanstoß der absoluten 3 erfasst, wie Senden und Empfangen eines Impulses aufeinander treffen. Die Bewusstseinsarbeit, die dafür zu leisten ist, die verbindende 3 in 3 x 3 x 3, erfolgt nach dem Prinzip JHWH.

Dass das Prinzip JHWH integrierender Bestandteil dieses Zusammenspiels von 3 x 3 x 3 ist, wird dargestellt, indem Satz 26 integrierender Bestandteil von Satz 27 ist.

Sem wird in Satz 26 dem Prinzip JHWH zugeordnet, Jafet in Satz 27 dem Prinzip Elohim, und zwar mit 5 einleitenden Satzteilen inkl. „JHWH" 26 und 5 einleitenden Satzteilen inkl. „Gott" 86.

Beide Sätze haben im 2. Abschnitt denselben Wortlaut, der aus 4 Teilen besteht. Mit diesem übereinstimmenden Satzteil und den 5 + 5 Teilen umfassen sie insgesamt 3 zusammenhängende Abschnitte.

Damit kommt zum Ausdruck, dass Sem und Jafet Aspekte derselben 3 sind und beide Prinzipien des Absoluten Aspekte derselben 1, dass 5 + 5 zu 10 werden und die 4 sich als exakte Spiegelung zeigt.

Mit 1870 − 1270 = 600 unterstreichen beide Sätze als gemeinsame Zielsetzung die Verbindung von 3 zu 3 über 10x10.

„Und es sprach" 257 gilt auch für Satz 27, kombiniert 2243 zu 2500 und bildet damit ab, wie sich die Verbindung von 10x10 aufbaut.

Den Inhalt der 2. Hälfte beider Sätze komprimiert die Primzahl 373 zum selben Auftrag, im Alltag den Kontakt von 3 zu 3 herzustellen.

Exakt dieselbe Knechtschaft Kanaans bezieht sich zuerst auf JHWH, dann auf Elohim = „Gott" 86 und dient „für" 30 die 3x10 von Jafet:

„für 30 + Jafet" 490 und „weit mache es" 490 zeigen ähnlich wie „Knecht" 76 und „für ihn" 76 die Übereinstimmung von Konträrem.

„Knecht" 76 und „für ihn" 76 demonstrieren mit ihrem unterschiedlichen Aufbau die Verbindung von Andersartigem nach dem Prinzip JHWH.

Mit dem exakt übereinstimmenden Zahlenaufbau 10-80-400 macht 490 deutlich, dass sich die 10 am 8. Tag in der 400 als identische Projektion von 3 zu 3 nach dem Prinzip Elohim wahrnimmt.

Für beides ist Kanaan Knecht, für die Verbindung von Andersartigem und für das Sehen einer exakten Projektion. Beides ereignet sich im selben Moment, den 373 abbildet.

Die Primzahl 373 ist 370 + 3 oder 300 + 73, der Volle Wert der 3.

73 ist die 21. Primzahl, ihre Spiegelzahl 37 ist die 12. Primzahl und 21 = 3 x 7 ist Spiegelzahl von 12 = 3 x 4; 21 – 12 = 3x3, 7 – 4 = 3.

„In den Zelten" 48 „Sems" 340 zu wohnen, bedeutet „für" 30 „Jafet" 490 eine Existenz mit „Sem" 340 und „Ham" 48.

Sem, Ham und Jafet sind Aspekte ein und derselben 3 x 10.

„Jafet" 490 – „Sem" 340 verkörpern gemeinsam die 150, die unter dem verborgenen Einfluss der 2 von „Ham" 48 konträre Phasen erlebt.

„In den Zelten Sems" 388 – „und er wohne" 386 bestätigen diese 2.

Das Bild des Zeltes symbolisiert die Offenheit des Bewusstseins nach allen Seiten hin. Die 1-3 von Sem und Jafet, die dieses Zelt bewohnt, schottet sich nicht durch Mauern gegen die 2 ab, sondern akzeptiert sie und ihre Einflüsterungen als Lebensbedingungen.

„Ham" 48 wird in diesem Zusammenhang nicht direkt erwähnt, sondern nur indirekt über Kanaan, dessen Vater er ist und über „in den Zelten" 48. Damit kommt zum Ausdruck, dass die menschliche 1-3 den Einfluss der 2 nicht unmittelbar bewusst wahrnimmt, sondern ihm intuitiv folgt und erst in der beobachtenden Rückschau seinen Sinn nachvollziehen kann.

Der Verborgene Wert 440 von Ham ist der Volle Wert 440 von Sem. Der Weg, den Ham vorgibt, entspricht voll und ganz dem, was die 1 in der 3 beabsichtigt. 40 und 4 sind die Rahmenbedingungen, unter denen die 10 umsetzt, was 1 und 2 in ihr übereinstimmend vorgeben.

440 + 50 = 490 erzählen, dass diese Vorgaben die 10 über 5 zur 3 von „Jafet" 490 führen, 440 − 100 = 340 erklären, dass sich mit 10x10 die volle Absicht von „Sem" 340 äußert.

Damit ist ein Zyklus von 3 x 3 x 3 abgeschlossen.

Ein neuer Impuls setzt ihn wieder in Gang.

Satz 20 erklärt diesen Beginn mit „Und es begann Noah(als) Mann des Ackerbodens und er pflanzte(einen)Weinberg" 833 und stellt gemeinsam mit Satz 27 fest, was damit gemeint ist: 2243 − 833 = 1410.

Satz 27 − 20 beschreiben den 7. Tag, an dem die 4 erneut Projektionsfläche für ein Gegenüber von 1 zu 1 in der 10 ist.

Satz 14 ergänzt „Und es wird sein bei meinem Bewölken Gewölk über die Erde da wird sichtbar werden der Bogen im Gewölk" 2413.

Satz 27 – 14 beschreiben gemeinsam die 13 und bilden sie mit 2413 – 2243 = 170 als 10 ab, die am 7. Tag dem entspricht, was „Wolken" 170 auch als Gemisch aus Wasser und Luft symbolisieren.

Satz 28:

„Und es lebte Noah" 6-10-8-10 50-8	92	
„nach" 1-8-200	209	
„der Flut" 5-40-2-6-30	83	
„drei" 300-30-300	630	
„hundert" 40-1-6-400	447	
„Jahr(e)" 300-50-5	355	
„und fünfzig" 6-8-40-300-10-40	404	
„Jahr(e)" 300-50-5	355	2575

3, 100 und 50 definieren das Leben des Noah nach der Flut; die Summe 2575 fasst es zu 103 x 25 = 100+3 x 5x5 zusammen.

Satz 29:

„Und es waren" 6-10-5-10-6	37		
„insgesamt die Tage Noahs"			
20-30 10-40-10 50-8	168		
„neun" 400-300-70	770		
„hundert" 40-1-6-400	447		
„Jahr(e)" 300-50-5	355		
„und fünfzig" 6-8-40-300-10-40	404		
„Jahr(e)" 300-50-5	355	2536	
„da starb er" 6-10-40-400		456	2992

9 = 3 x 3, 100 und 50 definieren das gesamte Leben eines Noah.

Bereits vor der Flut war er eine 20+9, d. h. am Erkennen von Zusammenhängen interessiert. Mit der Flut nahm sein Interesse eine unerwartete Richtung und brachte ihm Antworten auf alle seine Fragen: 29 92 bildet in Summe diesen Umstand ab.

Mit „950" – „350" = 600 beschreiben Satz 28 und 29 den Noah als eine 10 mit der Fähigkeit, Verbindungen zu sehen. Sein Leben ist davon geprägt. Satz 6, Genesis 7 definiert ihn zu Beginn der Flut mit „600".

„Hundert Jahr(e) und fünfzig Jahr(e)" 1561 in beiden Sätzen charakterisieren Noah mit „100", „50", „150" und 2 x 150 = 300.

1561 stellt den Bezug zu Satz 3, Genesis 5 „Und es hatte gelebt Adam dreißig und hundert Jahr(e)" 1561 her und beschreibt ihn auch damit.

„Drei" 630 und „neun" 770 summieren sich zu 1400 = 10x10x10 + 400 und zeigen mit 770 – 630 = 140 als Variante 10x10 + 40; die 10 von Noah lebt in gewohnten irdischen Verhältnissen mit verändertem Bewusstsein. 3 + 9 = 12 und 9 – 3 = 6 erklären, dass er als 3 in der 4 lebt mit der Fähigkeit, Zusammenhänge zu erkennen.

„Und es lebte Noah nach der Flut" 384 + „da starb er" 456 = 840 lassen wissen, dass Noah nach der Flut sein restliches Leben als 30 x 4 x 7 verbringt.

2536 – 456 = 2080 definieren sein Leben insgesamt mit 2x10 2x2x2 x 10; Satz 23 ergänzt mit „das legten sie auf die Schultern von ihnen beiden und sie gingen rückwärts während sie bedeckten" 2080, dass beide Arten der 2 sich gegenseitig bedecken und nebeneinander existieren.

2575 – 2536 = 39 nennen 3 x 13 die Essenz seines irdischen Daseins.

Die Schlussformel „da starb er" 456 begleitet die Generationenfolge in Genesis 5 und zeigt mit 8 x 57 das ‚Hineinsterben' der

50 vom 7. in den 8. Tag und mit 19 x 8 x 3 das Erkennen der 3 am 8. Tag, das Noah bis zu seinem Tod begleitet. Erst dann gilt auch für seine physische Existenz, was Satz 23, Genesis 7 für alle Formen der 2 sagt: „Und sie wurden vertilgt von der Erde" 456.

BUCH GENESIS
Kapitel 10 – Genesis 10
(Stammbaum der Söhne Noahs)

„1 Und dies sind die Geschlechter der Söhne Noahs, Sem, Ham und Jafet – es wurden ihnen Söhne geboren nach der Flut.

2 Die Söhne Jafets: Gomer und Magog und Madai und Jawan und Tubal und Meschech und Tiras. 3 Und die Söhne Gomers: Aschkenas und Rifat und Togarma. 4 Und die Söhne Jawans: Elischa und Tarsis, die Kittim und die Dodanim. 5 Von diesen aus verteilten sich die Inseln der Nationen in ihren Ländern, eine jede nach ihrer Sprache, nach ihren Familien, in ihren Nationen.

6 Und die Söhne Hams: Kusch und Mizraim und Put und Kanaan. 7 Und die Söhne Kuschs: Seba und Hawila und Sabta und Ragma und Sabtecha. Und die Söhne Ragmas: Saba und Dedan. 8 Und Kusch zeugte Nimrod; der fing an ein Gewaltiger zu sein auf der Erde. 9 Er war ein gewaltiger Jäger vor Jehova; darum sagt man: Wie Nimrod, ein gewaltiger Jäger vor Jehova! 10 Und der Anfang seines Reiches war Babel und Erech und Akkad und Kalne im Land Sinear. 11 Von diesem Lande zog er aus nach Assur und baute Ninive und Rechobot-Ir und Kelach 12 und Resen zwischen Ninive und Kelach: das ist die große Stadt.

13 Und Mizraim zeugte die Ludim und die Anamim und die Lehabim und die Naftuchim 14 und die Pathrusim und die Kasluchim, von welchen die Philister ausgegangen sind, und die Kaftorim.

15 Und Kanaan zeugte Zidon, seinen Erstgeborenen, und Het und den Jebusiter und den Amoriter und den Girgaschiter 17 und den Hewiter und den Arkiter und den Siniter 18 und den Arwaditer und den Zemariter und den Hamatiter. Und nachher haben sich die Familien der Kanaaniter zerstreut. 19 Und das Gebiet der Kanaaniter erstreckte sich von Zidon nach Gerar hin, bis

Gasa, nach Sodom und Gomorra und Adama und Zebojim hin, bis nach Lescha. 20 Das sind die Söhne Hams nach ihren Familien, nach ihren Sprachen, in ihren Ländern, in ihren Nationen.

21 Und dem Sem, dem Vater aller Söhne Ebers, dem Bruder Jafets, dem ältesten, auch ihm wurden Söhne geboren. 22 Die Söhne Sems: Elam und Assur und Arpachschad und Lud und Aram. 23 Und die Söhne Arams: Uz und Hul und Geter und Masch. 24 Und Arpachschad zeugte Schelach, und Schelach zeugte Eber. 25 Und dem Eber wurden zwei Söhne geboren: Der Name des einen war Peleg, denn in seinen Tagen wurde das Land geteilt; und der Name seines Bruders war Joktan. 26 Und Joktan zeugte Almodad und Schelef und Hazarmawet und Jerach 27 und Hadoram und Usal und Dikla 28 und Obal und Abimael und Scheba 29 und Ofir und Hawila und Jobab; diese alle waren Söhne Joktans. 30 Und ihr Wohnsitz war von Mescha bis nach Sefar hin, dem Gebirge des Ostens. 31 Das sind die Söhne Sems nach ihren Familien, nach ihren Sprachen, in ihren Ländern, nach ihren Nationen.

32 Das sind die Familien der Söhne Noahs nach ihrer Geschlechtern, in ihren Nationen; und von diesen aus haben sich nach der Flut die Nationen auf der Erde verteilt."

Die Schöpfungsgeschichte berichtet nicht über historische Ereignisse, sondern über grundlegende Prinzipien. Daher ist die Schilderung von Generationenfolgen auch nicht als Stammbaum im üblichen Sinn gemeint. Derartige Aufzählungen von Namen stellen Aspekte des Bewusstseins dar.

Unter all diesen Aspekten besteht eine Verwandtschaft. Sie stehen in Bezug zum selben Ur-Archetyp Adam = Mensch. Genesis 5 macht mit einer Generationenfolge das Prinzip Adam = Mensch anschaulich.

Aus dieser Linie geht Noah hervor, der archetypisch die Zielsetzung des Menschseins personifiziert. Die Generationenfolge nach ihm vertieft das Prinzip Noah.

Die 3 Söhne Sem, Ham und Jafet sowie weitere Nachkommen verkörpern Aspekte des Mensch- und Sohn-Seins als 3; Genesis 9 skizziert das Grundkonzept für 10 x 3, Genesis 10 geht im Detail darauf ein.

Sem, Ham und Jafet werden namentlich immer in derselben Reihenfolge genannt und definieren auch damit Aspekte innerhalb der 30: Sem kann der 1, Ham der 2 und Jafet der 3 zugeordnet werden. Sie verdeutlichen das bewusst erlebte Miteinander von 1 + 2 = 3, das eine menschliche 3 charakterisiert. Grundsätzlich ist jeder der 3 Söhne Noahs Teil seiner 3, und auf fraktale Weise zeigen sie noch einmal den Zusammenhang von 1, 2 und 3.

Satz 1:

„Dies sind" 6-1-30-5	42		
„die Geschlechter" 400-6-30-4-400	840		
„der Noahsöhne" 2-50-10 50-8	120	1002	
„Sem" 300-40	340		
„Ham" 8-40	48		
„und Jafet" 6-10-80-400	496	884	
„Und es wurden geboren"			
6-10-6-30-4-6	62		
„ihnen" 30-5-40	75		
„Söhne" 2-50-10-40	102		
„nach" 1-8-200	209		
„der Flut" 5-40-2-6-30	83	531	2417

3 einleitende Satzteile „dies sind" 42 = 2 x 21, „die Geschlechter" 840 = 4 x 210, „der Noahsöhne" 120 beschreiben einzeln und in Summe mit 1002 die Lebensumstände eines Menschen, der sich als einer der „Söhne" 102 des Archetyps Noah sieht. Diese menschliche 3 lebt ein Miteinander von 2 und 1 unter Beteiligung der 0.

„Sem, Ham und Jafet" 884 verkörpern dieses Miteinander von 1, 2 und 3 und erzählen mit 4 x 221 wie es sich in der 4 gestaltet:

mit 2x2 + 1 oder mit 220 + 1, d. h. 2 x dem Verborgenen Wert 110 der 1 + 1.

531 betont als Produkt aus 3 x 170+7 ebenso wie die Primzahl 2417 die individuelle Wahrnehmung der 1 durch die menschliche 3 im Alltag.

Satz 2:

„Die Söhne" 2-50-10	62		
„Jafets" 10-80-400	490	552	
„Gomer" 3-40-200	243		
„und Magog" 6-40-3-6-3	58		
„und Madai" 6-40-4-10	60		
„und Jawan" 6-10-6-50	72		
„und Tubal" 6-400-2-30	438		
„und Meschech" 6-40-300-20	366		
„und Tiras" 6-400-10-200-60	676	1913	2465

Jafet als 3. Sohn steht für die 3, die sich immer wieder neu aus 2 + 1 bildet. Das Leben am 7. Tag bietet die Basis dafür, und seine 7 Söhne zeigen in Summe mit der Primzahl 1913, was den Alltag des Jafet prägt.

„Die Söhne Jafets" 552 und „alles Fleisch" 552, das wiederholt in der Erzählung über die Flut genannt wird, zeigen sich als deckungsgleich. Nach der Flut ist jeder physische Mensch ein Sohn Jafets.

Die 7 Namen lassen wissen, was für seinen 7. Tag weiterhin gilt:

„Gomer" 243 verweist auf Satz 21, Genesis 6 „und es soll sein für dich und für sie zur Speise" 243;
„und Magog" 58 erklärt sich mit „Noah" 58, „und Madai" 60 mit 2 x 30, „und Jawan" 72 mit dem Vollen Wert von JHWH sowie mit 4 x 2 x 9;

„und Tubal" 438 bezieht sich „mit seinem Leben" 438 „für Geschlechter" 438 auf „den Abel" 438; Satz 4 und 12, Genesis 9 und Satz 2, Genesis 4 weisen darauf hin;

„und Meschech" 366 definiert sich wie Noah in Satz 20, Genesis 9 als „Mann des Ackerbodens" 366;

„und Tiras" 676 nimmt Bezug auf die „Blöße" 676 in Satz 23, Genesis 9, die von einem Jafet immer wieder bedeckt wird.

2465 bildet in Summe mit 5 x 493 ein Leben in der 400 ab, in dem über 5 wiederholt die 3 erkannt wird. 493 unterstreicht mit 17 x 29, dass es einzigartige Impulse sind, die jede 2x10 für sich wahrnimmt.

Satz 3:

„Und die Söhne" 6-2-50-10	68		
„Gomers" 3-40-200	243	311	
„Aschkenas" 1-300-20-50-7	378		
„und Rifat" 6-200-10-80-400	696		
„und Togarma" 6-400-3-200-40-5	654	1728	2039

3 Nachkommen des 1. Sohnes weisen darauf hin, dass Jafet sich nach dem Erfassen der 1 als 3 erlebt. Die Summe 311 erklärt das Sehen der 2 als 1-1 zur Basis dafür. „Und die Söhne Gomers" 311 sind alle, die sich wie Noah in Satz 20, Genesis 9 als „Mann" 311 = 300 + 10+1 erfassen.

1728 macht mit 6x6x6 x 2x2x2 deutlich, wie es dazu kommt.

„Aschkenas" 378 stellt mit „und sieben" 378 in Satz 31, Genesis 5 den Bezug her zum Alltag des Lamech;

„und Rifat" 696 bildet auch mit 3 x 232 ab, wie die 3 zustande kommt;

„und Togarma" 654 erklärt es mit 6 x die Primzahl 109 und in Summe mit 696 + 654 = 1350.

Die Primzahl 2039 stellt 2x10 neben 3x13 und charakterisiert damit die Söhne Gomers als Aspekte von Jafet.

Satz 4:

„Und die Söhne" 6-2-50-10	68		
„Jawans" 10-6-50	66	134	
„Elischa" 1-30-10-300-5	346		
„und Tarschisch"			
6-400-200-300-10-300	1216		
„die Kittäer" 20-400-10-40	470		
„und die Dodaniter" 6-4-4-50-10-40	114	2146	2280

4 Nachkommen des 4. Sohnes betonen den stabilen Stand der 3 am Boden des Irdischen. Stabil in der 4 verankert zu sein, darin seinen Platz zu haben und sich doch eine gewisse Durchlässigkeit zu bewahren für darüber Hinausgehendes, charakterisiert das Leben von Jafet.

Satz 27, Genesis 9 sagt: „Weit mache es Gott für Jafet und er wohne in den Zelten Sems" 1870 und lässt mit 2280 – 1870 = 410 wissen, dass das Bild des Zeltes für jede 10 in der 400 gilt, die als Sohn Jafets lebt.

Dieses Bild macht ein flexibles Bewusstsein im Irdischen anschaulich, das hellhörig und durchlässig für einleuchtende Gedanken ist. Ein Zelt ist fest im Boden verankert, aber nicht unbeweglich daran fixiert. Es besteht aus blickdichtem, wasserundurchlässigem Gewebe und sein Dach wirkt nach oben hin nicht trennend. Ein Zelt bietet schützenden Wohnraum und gewährt gleichzeitig eine gewisse Offenheit.

Es symbolisiert den Menschen, der im Irdischen ganz bei sich zu Hause ist, der den Inhalt seiner inneren Arche auf festem Boden weiß und sich mit wacher Aufmerksamkeit nach außen richtet. Bei ihm sind Innen- und Außenleben durch eine beiderseits durchlässige Membran getrennt, die Hinweise der 1 durchlässt.

Das Gewebe des Zeltes macht die Art des 2-Seins einer 3 bildhaft, das sich von starren, trennenden Mauern unterscheidet, die eine 2 auf sich selbst zurückwerfen.

Jafet und sein Söhne zeichnet eine Durchlässigkeit für Hinweise von ‚oben' und von ‚außen' aus. Die Wahrnehmung einer 3 orientiert sich nicht ausschließlich daran, was sie direkt sieht oder hört. Es kommt noch eine indirekte Wahrnehmung hinzu, ein ‚Hören' wie durch dünne Wände eines Zeltes. Dieses ‚Gehörte' ist ebenso deutlich, hat aber eine andere Qualität.

Das Bild des Zeltes beschreibt ein Hinein-Spüren in Gegebenheiten. Was der Mensch mit seinen Augen sieht und seinen Ohren hört, setzt auf der Ebene der Empfindung eine innere Beobachtung in Gang. Resonanz äußerer Signale und aufkommende Gedanken wirken zusammen, der Mensch ‚hört' in sich, ob etwas ‚stimmig' oder ‚unstimmig' ist und kombiniert es mit klarem, logischem Denken.

Eine solche Art von Wahrnehmung verhindert die 2 durch feste Mauern, die den Fokus ausschließlich auf den direkten Sinneseindruck lenken und dafür sorgen, dass er ‚oberflächlich' bleibt.

Tiefer gehendes Verstehen ist begleitet vom Wissen um eine Realität, die nur durch ‚dünne Wände' getrennt ist und durch aufmerksames Hören erfasst wird. Aufmerksamkeit bezieht eine Ebene mit ein, die zwar nicht direkt sichtbar, aber existent ist, und erweitert das Spektrum der Wahrnehmung.

„Weit mache es" 490 ist ein Merkmal von „Jafet" 490. Die Weltsicht der 400 mit 90 zu erweitern, erfordert aktive Wachheit von der 3 und lässt sie Impulse erfassen, die 2 + 1 ermöglichen.

Eine 10 in der 400, die 490 in diesem Sinn lebt, entspricht in Summe mit 900 einer 3x3 x 10x10.

Jafet verkörpert mit seinen Söhnen den Umstand, dass die menschliche 3 durch aktive, wache Aufmerksamkeit eine Koppelung von Ereignissen, Gedanken, Gefühle erlebt, die äußerlich betrachtet nichts miteinander zu tun haben. Die Zahlen seiner Söhne und Enkel bilden mit zahlreichen möglichen Querverbindungen und aussagekräftigen Kombinationen ab, was an praktischen persönlichen Erfahrungen den Alltag durchzieht.

„Die Söhne Jafets" 552 sind wiederholt Zeugen eines hintergründigen Wirkens, das Genesis 3 mit dem Begriff „Cherubim" 678 benennt:
552 + 678 bilden mit 1230 die 10 ab, die 1 + 2 = 3 lebt.

2280 stellt mit 4 x 570 den Bezug zu den Cherubim her, die den Weg zum Baum des Lebens „zu bewachen" 570 haben.

2280 − 1230 = 1050 und 570 + 1230 = 1800 zeigen, dass ein Zusammenhang zwischen der Bewachung und der wachen Aufmerksamkeit der Söhne Jafets besteht, für die der Weg zum Baum des Lebens frei ist.

„Und die Söhne Jawans" 134 erklären sich mit 130 + 4, im Einzelnen mit
„Elischa" 346, den Satz 19, Genesis 9 „alles Erden(volk)" 346 nennt;
„und Tarschisch" 1216, der 3 x 400 + 4x4 und ebenso 1000 + 6x6x6 ist;
„die Kittäer" 470, die „Noah" 58 + „der Arche" 412 = 470 und „lasset uns Menschen machen" 470 in Genesis 1 entsprechen;
„und die Dodaniter" 114, die 346 zu 460 = 2 x 230, 1216 zu 1340 sowie „Jawan" 66 zu 180 ergänzen.

Satz 5:
„Von ihnen" 40-1-30-5		76
„zweigten sich ab" 50-80-200-4-6		340
„die Völker(inseln)"		
1-10-10 5-3-6-10-40		85

„nach ihren Territorien"

2-1-200-90-400-40	733	1234	
„jeder" 1-10-300	311		
„nach seiner Zunge" 30-30-300-50-6	416	727	
„nach deren Sippenverbänden"			
30-40-300-80-8-400-40	898		
„in ihren Völkerschaften"			
2-3-6-10-5-40	66	964	2925

1234 zeigt mit 1230 + 4, was der Text meint.

„Jeder" 311 dieser 10, die 1 + 2 = 3 in der 4 leben, „und die
Söhne Gomers" 311 sind identisch. 727 bildet ihren 7. Tag als
Projektion ab.

„Nach seiner Zunge" 416 und „er zermalmt dir" 416 in Satz 15,
Genesis 3 informieren darüber, dass diese 3 der Schlange das
Haupt zermalmt. Was jemand sagt, den 300 + 10+1 charakte-
risieren, vernichtet die von der Schlange geprägte Denkweise.

„Die Söhne Jafets" 552 „nach deren Sippenverbänden" 898 achten auf Projektionen und zeigen in Summe mit 1450, dass ihnen
jede 10 angehört, die 1+4 zu 5 kombiniert.

„In ihren Völkerschaften" 66, die sich mit 2 x 33 definieren,
sorgt „Jawan" 66 für die nötige Bodenhaftung.

964 stellt den Bezug her zu Satz 5, Genesis 3 „und ihr werdet
sein wie Gott" 577 + „erkennend Gutes und Böses" 387 = 964;
964 − „am Tag des Essens von ihm" 474 = 490 erklären, dass die
Sippenverbände und Völkerschaften nach „Jafet" 490 von beiden Bäumen in der Mitte des Gartens essen.

Ihnen gehört jeder an, der lebt, was 2925 mit 3x3 x 13 x 5x5
aussagt.

Satz 6:

„Und die Söhne" 6-2-50-10	68	
„Hams" 8-40	48	116
„(sind)Kusch" 20-6-300	326	
„und Ägypten" 6-40-90-200-10-40	386	
„und Put" 6-80-6-9	101	
„und Kanaan" 6-20-50-70-50	196	1009 1125

Was Jafet und Ham grundsätzlich verbindet, erklären 2925 – 1125 = 1800 mit 3 x 6 x 10x10 und 2 x 9 x 10x10.

Ham hat als 2 in der 3 eher verbindende als trennende Funktion, seine 2 nimmt eine Mittelstellung in 1-3 ein.

Satz 6 verweist auf die dominierende Qualität der 6 und beschreibt die Funktion von Ham mit 68 – 48 = 20, 386 – 326 = 60 und 196 – 101 = 95, die sich in Summe 20 + 60 + 95 mit 1125 zu 1300 ergänzen.

116, 326, 386, 196 und deren Kombinationen betonen und demonstrieren die Qualität der 6 für die 2 in der 3.

116 erklärt sich mit 2 x „Noah" 58 und die Primzahl 1009 mit 1000 + 9.

1125 verweist mit Satz 15, Genesis 9 auf die bestehende Verbindung zwischen Gott „und zwischen jeder Art Lebewesen unter allem Fleisch" 1125; Ham und seine 4 Söhne verkörpern das Erleben dieser Verbindung.

Satz 7:

„Und die Söhne" 6-2-50-10	68	
„von Kusch" 20-6-300	326	394
„Seba" 60-2-1	63	
„und Hawila" 6-8-6-10-30-5	65	
„und Sabta" 6-60-2-400-5	473	

„und Ragma" 6-200-70-40-5	321	
„und Sabtecha" 6-60-2-400-20-1	489	1411
„Und die Söhne" 6-2-50-10	68	
„Ragmas" 200-70-40-5	315	
„Saba" 300-2-1	303	
„und Dedan" 6-4-4-50	64	750 2555

5 Söhne weisen auf die 5 hin, die eine bestehende Verbindung erleben lässt. Ihre Summe 14 11 zeigt die 1 + 4, die auf 1-1 basiert.

Zugleich bildet 1 4 11 die 1 + 2 ab, die daraus resultiert und die 1 Sohn + 2 Sohnessöhne verkörpern und zu 750 = 10 x 5x5 x 3 summieren.

2555 beschreibt die 2 in der 3-fachen 10 mit 2000 und ihre verbindende Funktion mit einer 3-fachen 5, die beide Arten der Kombinationen in sich komprimiert und mit 5 x 111 als Variante zum Ausdruck bringt.

Satz 6 + 7 = 13 demonstrieren die kombinierende Arbeit der 2 innerhalb der 10+3 mit 116 + 394 = 510, 1009 + 1411 = 2420, 2555 − 1125 = 1430, 2555 + 1125 = 3680 und weiteren möglichen Verknüpfungen.

Die vermittelnde Aufgabe zwischen 1 und 3 bringen die Summen der Sätze 5 und 7 mit 2925 − 2555 = 10 x „Abel" 37 als Version von 3 − 2 = 1 zum Ausdruck.

Satz 8:

„Und Kusch" 6-20-6-300	332	
„zeugte" 10-30-4	44	
„den Nimrod" 1-400 50-40-200-4	695	1071
„er" 5-6-1	12	
„der begann" 5-8-30	43	
„zu werden" 30-5-10-6-400	451	
„(ein)Gewaltiger" 3-2-200	205	

„Kusch" 326 ist identisch mit dem Land „Kusch" 326 in Satz 13, Genesis 2, das umflossen wird vom 2. Arm des ursprünglich 1 Stromes.

Als 1. Sohn der 2 von Ham deutet Kusch eine veränderte Wahrnehmung und Qualität der 2 an: Jeder „Sohn" 2-50 und Sohnessohn von Noah ist sich neben der 2 auch der 50 bewusst. Das ‚Land seines Bewusstseins' wird nicht mehr von der 2 allein umflossen, und die ‚Fließrichtung' seines Denkens hat sich umgekehrt in Richtung 1.

5 Söhne von Kusch verkörpern die Präsenz der 50 neben der 2, wodurch die trennende 2 eine verbindende Funktion einnimmt.

Als 6. Aspekt von Kusch verkörpert Nimrod diese verbindende Funktion der 2 und die damit einhergehende Tendenz zur 3; er wird gezeugt und nicht als Sohn bezeichnet, was in Genesis 5 ein Indiz für die 3 ist.

„Den Nimrod" 695 bringt Genesis 1 mit der Sonne in Verbindung, die mit ihrer starken Leuchtkraft die 1 symbolisiert: „die Leuchte" 653 + „die große" 42 = 695 ist Orientierung und Motivation für „den Nimrod" 695.

1071 stellt mit 3 x 357 seine Zeugung in Zusammenhang mit „Enosch" 357 in Genesis 5.

1004 bildet das Spannungsverhältnis zwischen 1 und 4 ab, das Nimrod mit 5 und 6 x 10 überbrückt, wie Mahalalel in Satz 15, Genesis 5 mit „fünf" 348 + „und sechzig" 656 = 1004 wissen lässt.

2075 erzählt mit 5x5 x 83, dass die Erfahrung der „Flut" 83 nachwirkt in einem Bewusstsein, das sich mit 2000 + 5x5x3 definiert.

Mit 2075 − 1125 = 950 und 2555 − 2075 = 480 fassen 3 Sätze zusammen, dass die 10 von „Ham" 48 daher auf das Erkennen der 5 ausgerichtet ist.

Satz 9:

„Er war" 5-6-1	12		
„(ein)Held der Jagd" 3-2-200 90-10-4	309		
„vor" 30-80-50-10	170		
„JHWH" 10-5-6-5	26	517	
„Deshalb" 70-30 20-50	170		
„wird gesagt" 10-1-40-200	251		
„gleich Nimrod" 20-50-40-200-4	314	735	
„(ein)Held" 3-2-6-200	211		
„der Jagd" 90-10-4	104		
„vor" 30-80-50-10	170		
„JHWH" 10-5-6-5	26	511	1763

„(1)Held der Jagd vor JHWH" wiederholt sich verbal exakt und in Zahlen mit einer Differenz von 6 aus 511 − 505.

„Held der Jagd" betont die 6 mit seinen 2 Versionen 315 − 309; „Held" 3-2-200 stimmt überein mit „Gewaltiger" 3-2-200 in Satz 8 und weist mit „Held" 3-2-6-200 auf die 6 hin, die Nimrod verkörpert.

Die Qualität der 6 ist es, der Nimrod seine Beschreibung verdankt.

Als Held „der Jagd" 104 kombiniert er 1 + 4 über 0 und entspricht dem, was Satz 8 mit 1004 über ihn aussagt. Die ‚Jagd' nach 1 + 4, die ihn „vor" 170 „JHWH" 26 zum Helden macht, erklärt 104 mit 4 x „JHWH" 26.

Die 17 x 10, die 4 x 26 mit 1 x 26 zu 130 verbindet, führt in Summe mit 170 + 130 zu 300; 3 x 10x10 kommt durch Kombinationen zustande, die Nimrod personifiziert. Er verkörpert das

Entstehen der 3 über Verbindungen nach dem Prinzip JHWH: „Nimrod" 294 + 6 = 300.

Die 300 aus 104 + 170 + 26 im 3. Satzteil stimmt mit jener im 1. Teil überein, ist dort aber nicht offensichtlich. Sie auch dort zu sehen, ist die Leistung von Nimrod. 6 x 10x10 aus 2 x 300 beschreiben die 10, die eine solche Leistung erbringt.

„Gleich Nimrod" 314 zu handeln, bedeutet für die 2 x 10, die Qualität der 6 zu nutzen: 20 + 6 = 26, 314 + 26 = 340 = 2 x 170 = 300 + 40.

Das stellt die 10 vor eine Herausforderung. Der Schritt von 2 zur 3 ist ein gewaltiger und braucht tatsächlich heldenhafte Entschlossenheit. Die Beschreibung von Nimrod erklärt, was es für die 2 bedeutet, „vor" 170 dieser Aufgabe zu stehen und sie im Vertrauen auf „JHWH" 26 zu bewältigen.

2 x „vor" 170 + 1 x „deshalb" 170 beschreiben diese 10 mit 3 x 170 = 510: als 10, die vor JHWH ein gewaltiger Jäger nach der 5 ist.

Satz 8 definiert mit 2075 − 735 = 1340 diese 10 als 130 + 4.

1763 erklärt Nimrod mit 1700 + 3x21 und mit 40+1 x 40+3: Er verkörpert die Funktion von Ham, im Zeitlichen 1-3 zu verbinden.

Satz 10:

„Und es war" 6-400-5-10	421	
„der Anfang" 200-1-300-10-400	911	
„seines Königreiches"		
40-40-30-20-400-6	536	1868
„Babel" 2-2-30	34	
„und Erech" 6-1-200-20	227	
„und Akkad" 6-1-20-4	31	292
„und Kalne" 6-20-30-50-5	111	
„im Land" 2-1-200-90	293	

Durch den Aufbau eines Königreiches wird symbolisiert, wie sich in der 10 die Verbindung aufbaut, die Nimrod verkörpert.

Die 3-Teilung von Satz 10 beschreibt diese 10 grundsätzlich als 3: 1868 + 292 = 2160 definieren die Ausgangsbasis mit 10 x 6x6x6, 1024 zeigt mit 10 neben 6x4, dass diese 10 die Qualität der 6 auf den Boden irdischer Tatsachen stellt. Nimrod baut keine Luftschlösser.

Satz 8 erklärt, dass er „auf der Erde" 293 beginnt, ein Gewaltiger zu werden. Dass sein Königreich „im Land" 293 Schinar seinen Anfang nimmt, bestätigt den Bezug seines Denken zum konkreten Irdischen.

Das ‚Jagdgebiet' nach der 1 ist für „Nimrod" 294 „auf der Erde" 293.

Einzeln, in Kombinationen und über die Summen beschreiben die Zahlen von Satz 10 ein Denken, in dem 3 die Herrschaft über 2 ausbaut.

18 68 fasst die Ausgangslage mit 3x6 und 50 + 3x6 zusammen und betont wie 2160 die 3-fache 6 als Basis für diesen Prozess.

4 Orte Babel, Erech, Akkad und Kalne bilden mit 1 Land Schinar, in dem sie liegen, 4 + 1 ab. Sie sind Teil dieses Landes, was betont, dass 4 nicht Gegensatz zur 1 ist, sondern Teil davon. Die 4 als Teil der 1 zu sehen, bedeutet, sie als 4 x 1 zu sehen und anzuerkennen, dass 4 der 1 untergeordnet ist. 1 x 4 zeigt, dass sich die 1 durch die 4 äußert. Sie tut das punktuell. Es sind 4 einzelne Orte im 1 Land, die den Anfang bilden. Punktuelle Wahrnehmungen in der 4 setzen Denkprozesse in Gang, in denen die Qualität der 6 maximal zum Einsatz kommt.

„Schinar" 620 zeigt mit 4x1 x 5x1 x 31 ein Denken, das im Göttlichen die Ursache für wirklich alles sieht, und stellt in diesem

Sinn den Bezug sowohl zu „alle Quellen" 620 der Urflut in Genesis 7 als auch zu „da sprach die Schlange" 620 in Genesis 3 her.

Im Göttlichen die Quelle für wirklich alles zu sehen, heißt, 2 als 1-1 zu erkennen; darin liegt „der Anfang" 911.

„Babel und Erech und Akkad" 292 zeigen das Erkennen der 2 als Projektion, stehen mit Kalne für punktuelle Wahrnehmungen der 1 in der 4 und informieren über Bedingungen, die diese ermöglichen:
„Babel" 34 betont mit 2 x 17, wie grundlegend die Qualität der 17 für die 2 ist, um sich am 7. Tag dem Erfassen der 1 anzunähern.

Der Atbasch 620 von Babel entspricht „Schinar" 620 und bestätigt, dass sich in der 4 das Absolute äußert und beide Hälften ein Ganzes bilden.

Erech hat den Verborgenen Wert 500, Kalne den Verborgenen Wert 190 und Akkad zeigt mit seinem Verborgenen Wert 620 diese Zahl zum 3. Mal.

Satz 10 beschreibt insgesamt eine 10, die 4 als 4 x 1 und 2 als 1-1 versteht. Die Summe 3184 macht mit Satz 14, Genesis 7 deutlich, dass sich dieses Verständnis auf alles bezieht, was das physische Leben mit sich bringt:
„Sie und all das Getier je nach seiner Art und all das Vieh je nach seiner Art und all das Kriechgetier, das kriechend auf der Erde je nach seiner Art und all das Gefiederte je nach seiner Art, jeder Vogel, alles Befittichte" 3184.

Satz 11:

„Von dem Land" 40-50 5-1-200-90	386		
„diesem da" 5-5-6-1	17		
„zog er" 10-90-1	101		
„(nach)Assur" 1-300-6-200	507	1011	
„und er erbaute" 6-10-2-50	68		

„Ninive" 1-400 50-10-50-6-5   522
„und Rehobot" 6-1-400 200-8-2-400   1017
„-Ir" 70-10-200   280
„und Kelach" 6-1-400 20-30-8   465   2352   3363

„Von dem Land diesem da" 403 meint wie „Babel und Erech und Akkad und Kalne" 403 die Sichtweise der 3 auf die 400, die Satz 10 beschreibt. Darauf basiert ein Denken, das sich in Richtung 101 und 1011 bewegt.

910 beschreibt den Zug „von dem Land diesem da" 403 „(nach) Assur" 507.

1011 = 3 x 337 macht die Anziehungskraft der 3 am 7. Tag sichtbar, die von „Assur" mit 500 + 7 verursacht wird.

„Diesem da" 17 + „und er erbaute" 68 = 4 x 17 bilden mit 85 = 5 x 17 ab, wie sich die Anziehungskraft der 3 aufbaut. Denn die 3 prägt zwar prinzipiell das Bewusstsein, ist aber im Denken nicht immer präsent.

„Und er erbaute Ninive" 590 bestätigt, dass sie mit dem Erkennen der 5 zunimmt.

„Ninive" 522 stellt den Bezug zur ausgesandten Taube in Genesis 8 her, die mit einem „Blatt vom Ölbaum" 522 zu Noah zurückkehrt, und nennt diese Phase unter Verweis auf den Garten Eden in Genesis 2 „angenehm zum Beschauen und gut zum Essen" 522.

„Und Rehobot" 1017 betont mit 17 die Individualität dieser 10 und die Tatsache, wie einzigartig jedes Erfassen der 1 am 7. Tag für sie ist;
„-Ir" 280 bildet mit 20 x 14 ab, worauf sich 1017 bezieht;
„und Kelach" 465 erzählt mit 5 x 3 x 31, was die Anziehungskraft der 3 letztlich bewirkt.

2352 fasst mit 23 x 10x10 + 2 x 26 zusammen, dass der 2x10 ihr 3-Sein über das Prinzip JHWH bewusst wird.

Nach diesem Prinzip wird 2x2 zu 5, was „Ninive" 522 verkürzt abbildet.

Die 1 macht sich in der 4 durch Impulse wahrnehmbar, die intuitiv eine Übereinstimmung von innen und außen oder ‚oben' und ‚unten' zeigen. Auf solche kompatiblen Wahrnehmungen im Alltag weisen 2352 – 522 hin; ihre Differenz 1830 erzählt, dass eine „Flut" 83 an Ein(s)sichten auf diese Weise zustande kommt; mit 3x6 3x10 macht 1830 den Zusammenhang zwischen Kombinationsfähigkeit und Selbstwahrnehmung als 3 deutlich.

In Summe macht 3363 eine ähnliche Aussage und nimmt mit 3 x 1121 Bezug auf jene von 1011.

Satz 12:

„sowie Resen" 6-1-400 200-60-50	717		
„zwischen" 2-10-50	62		
„Ninive" 50-10-50-6-5	121		
„und zwischen" 6-2-10-50	68		
„Kelach" 20-30-8	58	1026	
„sie(ist)" 5-6-1	12		
„die Stadt" 5-70-10-200	285		
„die große" 5-3-4-30-5	47	344	1370

1300 + 70 bilden ab, dass die 2 von Ham über Prozesse, die Kusch und Nimrod verdeutlichen, letztlich 1-3 für die 10 im Alltag erfahrbar macht und 1026 unterstreicht, dass dieser 10 das Prinzip JHWH ermöglicht, was 2 x 1-3 zusammenfassen.

717 + 62 + 121 = 3 x 300 und 68 – 58 = 10 erzählen, dass die Worte die Wahrnehmung der 10 als 3 nach dem Prinzip „Noah" 58 meinen.

344 erklärt mit 4 x „Gott" 86, was im Denken so viel Raum einnimmt, dass es der Größe einer Stadt entspricht;
717 − 47 = 670 erklären es mit 600 + 70 und 2 x 300 + 70.

717 ergänzt 3363 zu 4080, zeigt mit 40 − 80 eine Version von 1 − 2 und steht insgesamt für das Denken der 3, das im Zeitlichen die Basis für den 8. Tag und in der 2 die Möglichkeit zur Wahrnehmung der 1 sieht.

Einzeln und in Summe mit 838 bilden „Ninive" 121 „sowie Resen" 717 diese Denkweise ab.

Die 3 Sätze 10, 11 + 12 = 33 benennen mit ihren Ortsbezeichnungen Etappen, die eine 10 ausgehend von 2 bis zur Wahrnehmung von 3 zu 3 zurücklegt.

Die 4 Orte „Babel" 34, „Erech" 221, „Akkad" 25 und „Kalne" 105 stehen für die irdische 4, summieren sich zu 385 und bilden mit Schinar als 1 die ‚5 unten'.

Assur bildet mit Ninive, Rechobot-Ir, Kelach und Resen die ‚5 oben'.

Das „Nadelöhr" der 100 verbindet ‚oben' und ‚unten': 385 + 100 = 485, der Atbasch von Assur.

Die Orte in Assur demonstrieren, dass diese Verbindung zustande kommt, wenn feine Hinweise beachtet werden:

Die Reihenfolge der Namen in Satz 11 setzt Rechobot-Ir zwischen Ninive und Kelach; Satz 12 sagt, dass Resen zwischen Ninive und Kelach liegt. Beide Orte liegen zwischen Ninive und Kelach. Resen ist dort als große Stadt weithin sichtbar, während Rechobot-Ir seine Lage nur indirekt zu erkennen gibt und in 2 ungleiche Hälften getrennt ist.

Dieses Bild macht nachvollziehbar, welche Auswirkung unterschiedliche Perspektiven auf die persönliche Wirklichkeit haben. Zwischen Ninive und Kelach befindet sich etwas. Ob überhaupt und auf welche Weise es zur Kenntnis genommen wird, hängt von dessen Wahrnehmung ab. Die Art der Wahrnehmung erzeugt eine subjektive Realität.

Die 10 im Bewusstsein der 3 weiß eigentlich, dass die 2 eine geteilte/verdoppelte 1 ist, aber sie so zu sehen, ist ihr nicht durchgehend möglich. Die vorübergehende Wahrnehmung im trennenden Modus der 2 wird von Rechobot-Ir mit seinem Doppelnamen zum Ausdruck gebracht.

„Resen" 310 steht für eine Wahrnehmung, die der 3 entspricht, und seine Bezeichnung als große Stadt betont den Vorrang dieser Sichtweise.

„Die Stadt" 285 steht mit der 4, die Babel, Erech, Akkad und Kalne zu 385 summieren, über 100 in Verbindung.

„Die große" 47 setzt zugleich den Schlusspunkt hinter die Beschreibung der Aspekte von Ham in der Linie von Kusch bis Nimrod. Die Primzahl 47 zeigt mit 3x10 + 17 den Sprung zur 3 im individuellen Denken.

„Und Rechobot" 1017 − „sowie Resen" 717 = 300 definieren verschiedene Blickwinkel in ein und demselben individuellen Bewusstsein, das sich grundsätzlich als 3 x 10x10 versteht; 300 − „Ir" 280 = 2 x 10 und der Atbasch 20 von „Resen" unterstreichen die vorübergehende Wahrnehmung.

Rechobot-Ir und Resen symbolisieren einander ablösende Phasen, die sich wechselseitig bedingen und ergänzen.

Beide Städte befinden sich im selben Wahrnehmungsbereich, den „Ninive" 121 = 11 x 11 und „Kelach" 58 = „Noah" 58 grundsätzlich klar markieren und ihn einer 10 x 3 zuweisen, die verschiedene Perspektiven einnimmt.

„Rechobot-Ir" 200-8-2-400 70-10-200 summiert 610 + 280 zu 890 und hat den Atbasch 414; dieselbe 414 zeigt „Resen" 310 als Verborgenen Wert:
Die 3 x 10 basiert auf dem Sehen der 1 in der gespiegelten 4.

Dieses Bewusstsein erfasst Erscheinendes und Absolutes als Interaktion von scheinbar Gegensätzlichem: „Rechobot" 610 + Atbasch 50 von „Ir" = Voller Wert 660 von „Ir" abstrahieren diese Art der Interaktion.

660 betont mit 6 x 110 die Qualität der 6 und das Sehen der 2 als 1-1.

Rechobot-Ir steht für die Ent-2-ung der 1; 1 als das Gemeinsame dieser 2 zu sehen, ist der 3x10 möglich, wenn sie wieder die Perspektive der 3 einnimmt: „Rechobot" 610 − „Ir" 280 = 330.

Der Verborgene Wert 380 von „Ir" 280 entspricht dem Vollen Wert 380 von „Riesen". Der Sprung von 2 zu 3, von 380 über 50 zu 330 wird unterstützt von einer ‚riesigen' Kraft aus dem Absoluten. Ihr Ziel ist die bewusste 10, mit der sich 380 zu 390 = 3 x 130 ergänzt. 380 − 280 = 100 erzählen über die Schwelle, die dabei zu überwinden ist.

Auf unterschiedliche und zugleich selbstähnliche Art und Weise stellen Zahlen dar, dass eine selbst-bewusste 10 das Irdische als Ausdruck des Absoluten erlebt und deshalb beide Bereiche einander gleich setzt.

414 „sowie Resen" 717 bilden das Sehen der 1 in der Spiegelung ab und zeigen mit ihrer Differenz 303, was in beiden Fällen darauf folgt.

„Rechobot" 610 und „Schinar" 620 erzählen von derselben 10, die sich selbst als solche erfasst, wenn sie ‚oben' und ‚unten' verbindet.

„Resen" 310 steht für die bewusste 10, die sich als 3 wahrnimmt; „Schinar" 620 ist die ‚1 unten' nach dem Prinzip JHWH und steht für ein Denken, das 4 als 4x 1 und 2 als 2x 1 wahrnimmt, was 620 = 2x 310 demonstrieren.

Nach dem Prinzip Elohim sind Resen + Schinar mit 310 + 2x310 eine Version von 1 + 2 und kombinieren sich zu 930. Diese Zahl entspricht den 930 Jahren, die Genesis 5 als die gesamte Lebenszeit von Adam erwähnt und zu der sich alle Äußeren Werte der Söhne Noahs summieren.

Genesis 10 zeigt die Zahl 930 nun wieder und erklärt, dass das Leben nach wie vor darauf ausgerichtet bleibt, sich als 3 x 10 zu erkennen.

Das Prinzip Adam = Mensch, das Inhalt von Genesis 5 ist, zielt auf dieses Erkennen ab und ebenso das Prinzip Noah = menschliche 3, das Inhalt von Genesis 10 ist.

Insgesamt demonstrieren die erwähnten Namen und Ortsbezeichnungen, die Art ihrer Nennung und vor allem das kleine, unscheinbare Wörtchen „Ir", wie wesentlich das Achten auf Kleinigkeiten ist, um Hinweise der 1 zu erfassen.

Was vordergründig dominiert, ist für das Bewusstsein der menschlichen 2 von Bedeutung; das Bewusstsein einer menschlichen 3 achtet intuitiv auf feine Hinweise und schenkt ihnen Aufmerksamkeit.

Satz 13:

„Und Ägypten" 6-40-90-200-10-40	386	
„zeugte" 10-30-4	44	430
„die Luditer" 1-400 30-6-4-10-40	491	

„und die Anamiter"
        6-1-400 70-50-40-10-40   617
„und die Lehabiter"
        6-1-400 30-5-2-10-40   494
„und die Naftuhiter"
        6-1-400 50-80-400-8-10-40   995   2597   3027

Satz 13 wechselt zu „Ägypten" 380, einem anderen Aspekt von Ham, und geht damit näher auf die Zahl 380 ein, auf die schon Ir hinweist. Das einleitende „und" 6 betont den Zusammenhang mit den Aspekten aus der Linie von Kusch.

Ägypten ist jenes Land, das im Alten Testament die Welt des 7. Tages symbolisiert, in dem sich der Aspekt der 1 fremd und gefangen fühlt und aus dem er schließlich auszieht.

6 + 44 = 50 erklären den Auszug und 380 + 50 = 430 das Ziel.

Was aus „Ägypten" 380 hervorgeht, ist 400 + 30 und beschreibt sich mit „Seele = Leben" 430, 5 x „Elohim" 86, dem Verborgenen Wert 430 und 10 x dem Atbasch 43 von „Weinberg".

Die 4 Namen Luditer, Anamiter, Lehabiter und Naftuhiter konkretisieren Ägypten als die Welt von 4 und 400. Ihnen ist 401 vorangestellt, davon 3x in Kombination mit 6; sie machen damit deutlich: Alles in der Welt der 400 mit 1 zu verbinden, führt zu 4 x 401 = 1604. 1604 bildet mit 4x 4x1 x 10x10 + 4x1 die Synthese von 4 + 1 über 100 ab.

„Und Ägypten" 386 wird mit 1604 zu 1990, zur Basis für Selbsterkenntnis: 1990 + 10 = 2000
2597 + 3 = 2600 bringen diesen Umstand als Variante zum Ausdruck.

3027 + 3 = 3030 fassen zusammen, dass Ägypten von der 3 x 10 als Basis verstanden wird, um sich darin als 3 x 10 zu erfahren.

Satz 14:

„Und die Patrositer"

6-1-400 80-400-200-60-10-40	1197		

„und die Kasluhiter"

6-1-400 20-60-30-8-10-40   575   1772

„wo(dann)" 1-300-200   501

„hervorgingen" 10-90-1-6   107

„von dort" 40-300-40   380   988

„die Philister" 80-30-300-400-10-40   860

„und die Kaftoriter"

6-1-400 20-80-400-200-10-40   1157   2017   4777

Die Sätze 13 + 14 = 27 bestehen aus 6 + 7 = 13 Wortgruppen und zeigen mit 27 + 13 = 40 das 3-fache „+", das die 10 über die 4 hinausführt.

Wo sie sich dann aufhält, erzählen 2597 − 2017 = 580 = 10 x „Noah" 58, 4777 − 3027 = 1750 = 1000 + 5x5 x 30 und 3027 − 2017 = 1010.

4777 − 2597 = 2180 = 2 x 1090 zeigen kompakt die Funktion von Ägypten.

Weitere Kombinationsmöglichkeiten zwischen beiden Sätzen auf Basis von 7 erklären den 7. Tag zur Basis für die Umsetzung der Qualität der 6.

1772 + 988 = 2760 betonen die Qualität der 6 auch mit 9 x 300 + 60 und 2 x 23 x 60 und zeigen zugleich, was daraus hervorgeht.

„Von dort" 380 entspricht „Ägypten" 380 in der Version 40-300-40 und bildet damit ab, von wo das Verlassen der 4 seinen Ausgang nimmt.

2760 − 380 = 2000 + 380 versichern, dass „Ägypten" 380 weiter besteht, wenn seine Grenzen durch eine veränderte Wahrnehmung überwunden sind.

„Die Philister" 860 definieren mit 10 x „Elohim" 86 als Variante von 10 x 3 das Bewusstsein nach dieser Grenze. Sie werden erwähnt ohne den Zusatz 401 und damit ohne die Aufforderung, 4+1 zu kombinieren, die den übrigen 7 Begriffen vorausgeht.

„Und die Patrositer" 1197 „und die Kaftoriter" 1157 weisen gemeinsam darauf hin, dass 40 und 4 x 10 unverändert bleiben.

4777 bildet ab, dass sich die 4 x 1000 am Ende des 7. Tages befindet, und setzt mit 17 x „und deine Schwangerschaft" 281 diesen Moment mit dem Ende der Phase gleich, die Satz 16, Genesis 3 mit dem Bild einer Schwangerschaft vor der Geburt der 3 beschreibt.

4 + 4 Begriffe in Satz 13 und 14 beschreiben diese Übergangsphase zum 8. Tag; ihnen ist 7 x 401 vorangestellt, 6 x mit 6 ergänzt, und 6 von ihnen folgen unmittelbar aufeinander:

Die maximale Nutzung der 6 lässt im Alltag der 400 die 1 wahrnehmen.

Wachsame Offenheit für Hinweise und mögliche Zusammenhänge befähigen die 10 zur Wahrnehmung der 1, darauf machen „Luditer" 90, „Anamiter" 210, „Lehabiter" 87, „Naftuhiter" 588, „Patrositer" 790, „Kasluhiter" 168, „Kaftoriter" 750 und „Philister" 860 einzeln und mit vielen möglichen Kombinationen aufmerksam.

„Kaftoriter" 750 als letztes Wort beider Sätze erzählt mit 700 + 50, dass mit 50 und 10x10 der 7. Tag endet und mit 5x5 x 30, dass der 8. Tag beginnt, den „Philister" 860 mit 8 x 10x10 + 60 definiert.

860 − 750 = 110 betonen das Sehen der 2 als 1-1 als relevant dafür.

Satz 15:

„Und Kanaan" 6-20-50-70-50	196	
„zeugte" 10-30-4	44	240
„den Sidon" 1-400 90-10-4-50	555	
„seinen Erstgeborenen" 2-20-200-6	228	783
„und den Het" 6-1-400 8-400	815	1838

Der Wechsel zu „Kanaan" 190 als weiterem Aspekt von Ham ist wieder vom verbindenden „und" 6 begleitet. Was „Ägypten" 380 und „Kanaan" 190 verbindet, machen 190 + 190 = 380 deutlich: Sie erläutern 2 als 1-1.

240 besteht aus „Kanaan" 190 + 50, 430 in Satz 13 aus 380 + 50.

430 – 240 = 190 bilden ab, worauf beide gemeinsam hinweisen und was mit 5 x 10 bewusst wird: „Ägypten" = 2 x „Kanaan", denn 2 = 2 x 1.

Die 10 erfasst das im Moment von 19, wenn sie die 1 in der 2 erkennt. Im Moment der erkannten Verbindung zur 1 wird aus der 2 die 3-fache 2 und „Kanaan" 190 zeugt „seinen Erstgeborenen" 228 = 6 + 222.

„Den Sidon" 555 definiert die 3-fache 5, die mit 5 x 111 entsteht.

In Summe betonen 6 + 222 + 555 = 6 + 777, dass die Qualität der 6 das Ende des 7. Tages bewirkt und die bestehende Verbindung zum Absoluten erleben lässt. 240 + 6 + 777 = „mein Bund" 1023 in Genesis 9.

„Und den Het" 815 definiert ein Dasein als 2, das 6-1-400 und 8-400 umfasst; 6 wird für 400+1 genutzt und 400+7 mit 1 zu 400+8 gemacht.

„Den Sidon" 555 „und den Het" 815 verbindet 260. Sie sind Aspekte ein und derselben 10, die ihr 2-Sein mit 2 x 13 definiert.

1838 fasst mit 2 x 919 zusammen, dass die von Kanaan symbolisierte 2 dem Erkennen der 1 durch das Sehen einer Projektion dient.

„Ägypten" 380 ist Symbol für den Alltag; „Kanaan" 190 + „Kanaan" 190 stehen für die Wahrnehmung einer exakten Projektion im Alltag.

Kanaan wird in Satz 25, Genesis 9 zur Knechtschaft „verflucht" 407.

Die 3 folgenden Sätze gehen mit 9 Begriffen, denen wie Het die 407 aus 6-1-400 vorangestellt ist, darauf ein:

Satz 16:
„sowie den Jebusiter"
$\quad$ 6-1-400 5-10-2-6-60-10 $\qquad$ 407 + 93 = 500
„und den Amoriter"
$\quad$ 6-1-400 5-1-40-200-10 $\qquad$ 407 + 256 = 663
„und den Girgaschiter"
$\quad$ 6-1-400 5-3-200-3-300-10 $\qquad$ 407 + 521 = 928
$\qquad\qquad\qquad\qquad\qquad$ 1221 + 870 = 2091

Satz 17:
„und den Hiwiter"
$\quad$ 6-1-400 5-8-6-10 $\qquad$ 407 + 29 = 436
„und den Arkiter"
$\quad$ 6-1-400 8-70-200-100-10 $\qquad$ 407 + 388 = 795
„und den Siniter"
$\quad$ 6-1-400 5-60-10-50-10 $\qquad$ 407 + 135 = 542
$\qquad\qquad\qquad\qquad\qquad$ 1221 + 552 = 1773

Satz 18:
„und den Arwaditer"
$\quad$ 6-1-400 5-1-200-6-4-10 $\qquad$ 407 + 226 = 633
„und den Zemariter"
$\quad$ 6-1-400 5-90-40-200-10 $\qquad$ 407 + 345 = 752

„und den Hamatiter"
    6-1-400 5-8-40-400-10   407 + 463 =   870
                                     1221 + 1034 = 2255

„Jedoch später" 6-1-8-200   215
„zerstreuten sich" 50-80-90-6   226
„die Sippenverbände"
    40-300-80-8-6-400   834
„des Kanaaniters" 5-20-50-70-50-10   205   1480   3735

Der 1 Het und 9 weitere Namen beschreiben die 10, die 190 meint.

Mit Sidon erläutern insgesamt 11 Aspekte, wie der Prozess abläuft, der immer wieder zum Sehen von 1-1 führt. Dieser Ablauf ist von vornherein genau konzipiert, gestaltet sich aber in der Praxis durchaus komplex.

Seine Komplexität kommt zum Ausdruck, indem sich 1 zusammenhängende Aussage über 4 Sätze 15, 16, 17 + 18 = 66 hinzieht. 6 x 11 erklärt die Rolle der 6; sie lässt erfassen, was sich 1 zu 1 in der 2x2 äußert.

3 Sätze, die 3 x 407 jeweils zu 1221 summieren, erzählen davon.

„Seinen Erstgeborenen" 222 + 6 kennzeichnet die Fähigkeit zur Kombination und dass er sie nutzt, demonstrieren 1221 und 222 mit 1+221 = 222.

Die 3-fache 2 weiß, dass sie aus der 1 geboren ist und dass sich das Absolute im Irdischen 1 zu 1 äußert.

„Sidon" 154 als Erstgeborener demonstriert dieses Wissen durch seinen Atbasch 154, der mit dem Äußeren Wert 1 zu 1 übereinstimmt.

Sidon als Erstgeborener hat 1 + 9 Brüder, die seine 10 und insgesamt jene von „Kanaan" 190 beschreiben.

Sidon und Het sind in dieser 10 Aspekte der 1 und machen bildhaft, dass die 3-fache 2 sich 1 zu 1 als Partikel des Absoluten versteht.

Die übrigen 9 Brüder symbolisieren, wie sich die Erinnerung an das Wissen um 3 x 3 gestaltet.

Jedem Namen ist die Kombination von 1 + 400 als Aufforderung vorangestellt, und 10 x fordert 407 mit 11 x „Abel" 37 zum Sehen der 1 auf.

3 x motiviert die Zahl 1221 zum Erkennen einer Spiegelung.

Mit zahlreichen möglichen Verbindungen einzelner Zahlen verweisen die Sätze auf die Vielfalt der Hinweise, die im Alltag die 10 zum Erfassen der 1 motivieren.

In Summe komprimiert Satz 16 seine Aussage zu 2091 und betont mit 17 x 123, 3 x 17 x 40+1 oder 20 7x13 die Einzigartigkeit jeder 3 und ihrer Erfahrungen, die sie als physische 2 macht.

Dem schließt sich Satz 17 an und kombiniert 17 mit der Primzahl 73, dem Vollen Wert der 3, zu 1773, das mit 3 x 591 die Verbindung zu 2091 herstellt und so den Weg zur 3 demonstriert: 2091 − 591 = 1500.

Satz 18 betont in Summe mit 2255 das Sehen einer Spiegelung, das 5x5 ermöglicht, und erinnert an die Zahlen 222 und 555 in Satz 15.

Diese Summen sind Kombinationen von 1221 mit 870, 552 oder 1034, die Folgendes aussagen:
870 bietet neben 58 x 5 x 3 einige weitere Kombinations- und Interpretationsmöglichkeiten und informiert, wie vielfältig die

Möglichkeiten sind, durch die sich jeder „Noah" 58 über 5 wieder als 3 erfasst.

552 erzählt mit 500 + 2 x 26 und 24 x 23 vom Kontakt von 2 x 12 zum Formlosen über das Prinzip JHWH.

1034 sagt mit 1000 + 2x17, dass jede solche Erfahrung ein Unikat ist.

Wird die 2 als 1-1 verstanden, hat sie keinen Bestand und wird zur 3; sie „zerstreuten sich" 226 = 2 x 113, die „Sippenverbände" 834.

Dass sie es durch die Qualität der 6 tun, betonen 226 + 834 = 1060.

Letztlich weist 1480 diese Fähigkeit der 10 von „Ham" 48 zu, die sich grundsätzlich als 10x10x10 versteht.

Dass diese 10 die 2 als 1-1 versteht und „den Sidon" 555 „und den Het" 815 in diesem Sinn interpretiert, erklären 1480 – 555 – 815 = 110.

Satz 18 fasst die Funktion „des Kanaaniters" 205 zu 3735 = 747 x 5 zusammen und erklärt mit 3735 – 205 = 3530, was sie nach sich zieht.

Satz 19:

„Und es war" 6-10-5-10	31		
„das Gebiet" 3-2-6-30	41		
„des Kanaaniters" 5-20-50-70-50-10	205	277	
„von Sidon" 40-90-10-4-50	194		
„deines Kommens" 2-1-20-5	28		
„nach Gerar" 3-200-200-5	408		
„bis Gaza" 70-4 70-7-5	156	786	
„deines Kommens" 2-1-20-5	28		
„nach Sodom" 60-4-40-5	109		
„und Gomorra" 6-70-40-200-5	321	458	
„und Adma" 6-1-4-40-5	56		
„und Zebojim" 6-90-2-10-40	148		
„bis Lescha" 70-4 30-300-70	474	678	2199

40+1 – 30+1 = 10 und 41 + 31 = Voller Wert 72 von JHWH skizzieren den Bereich dieses Bewusstseins. Innerhalb welcher Grenzen es sich als Kanaaniter bewegt, definiert „bis Gaza" 156 mit 3x13 x 4, „bis Lescha" 474 mit dem Erfassen der 4 als Projektion am 7. Tag; in Summe geben 156 + 474 = 630 mit 300 + 30 + 300 an, was jenseits der Grenze liegt.

277 komprimiert das Gebiet des Kanaaniters zu 9 x 30 + 7 und erklärt es mit „Samen" 277 in Genesis 1 sowie „Raben" 277 oder „Aussaat" 277 in Genesis 8.

Samen und Aussaat symbolisieren Potenzial, das zur Entfaltung bereit ist, während das Bild des hin und her fliegenden Raben für gedankliche Bewegung steht, durch die das Potenzial zur Entfaltung kommt.

„Von Sidon" 194 = 190 + 4 geht die Bewegung aus, die auf das Erkennen von 1-4 ausgerichtet ist, denn die 2 „des Kanaaniters" 205 ist geprägt durch die Wahrnehmung der 5.

Die Gedanken kommen in unterschiedliche Bereiche, wie die Ortsangaben, die 2 x von „deines Kommens" 28 = 2 x 14 begleitet sind, erzählen. „Und Adma" 56 = 4 x 14 lässt sehen, dass sie nicht nur am Offensichtlichen hängen bleiben.

„Deines Kommens" 28 demonstriert mit seinem Zahlenaufbau 2-1-20-5, wozu es dabei kommt: Die 20 kombiniert auf der einen Seite 4+1 zu 5 und auf der anderen 2 mit 1.

„Bis Gaza" 156 – 2 x „deines Kommens" 28 = 100 und „bis Lescha" 474 + 2 x „deines Kommens" 28 = 530 definieren das Ziel.

Eine solche Zielsetzung kommt „von Sidon" 194, dem Erstgeborenen, das bestätigen 194 + 28 = 222.

„Deines Kommens" 28 „nach Gerar" 408 hat Facetten, die 408 + 28 = 436 und 408 − 28 = 380 erklären:
Die 10 bewegt sich in einer von Ägypten symbolisierten Welt und fühlt sich begleitet von einer großen inneren Kraft, die vom Absoluten her wirkt: 408 − 28 = 380.

380 = 2 x 190 = 19 x 20 steht mit „Ägypten" 380, als Voller Wert 380 von „Riesen" und mit „Firmament = Feste = Ausdehnung" 380 in Genesis 1 insgesamt für ein Denken, Fühlen und Handeln, in dem sich Trennendes und Verbindendes abwechseln und gemeinsam eine Ganzheit bilden.

380 = 300 + 80 und 436 = 400 + 30+6 beschreiben eine 10, der die Zusammenhänge bekannt sind und die alternierend auch ihr Vergessen lebt.

„Het" 408 verkörpert dieses Bewusstsein, das „nach Gerar" 408 kommt, und weiß, dass jede gedankliche Bewegung, egal, in welche Richtung, letztlich dazu führt, was 130+6 x 3 abbilden.

„Bis Gaza" 156 − „und Adma" 56 = 100,
„nach Gerar" 408 − „und Zebojim" 148 = 260 bestätigen und erklären, wie konträre Gedanken letztlich zusammenfinden.

„Von Sidon" 194 „bis Gaza" 156 oder „von Sidon" 194 „bis Lescha" 474 kommt diese 10 x 7: 194 + 156 = 350, 474 − 194 = 280, 350 − 280 = 70;
„deines Kommens nach Sodom und Gomorra" 458 nennt sie 400 + „Noah" 58 „und Adma und Zebojim bis Lescha" 678 fügen mit 678 − 458 = 220 hinzu, dass sie als 2 x 110 unterwegs ist.

Innerhalb der Grenzen der 2 bewegt sich die Wahrnehmung „nach Sodom" 109 + „und Gomorra" 321 = 430 „und Adma" 56 + „bis Lescha" 474 = 530 und bestätigt wieder die 10x10, die zu passieren ist.

Weitere mögliche Verbindungen vertiefen den Einblick in die tägliche Expedition der 2 an die Grenzen zur 3.

Insgesamt bereist „das Gebiet deines Kommens nach Sodom und Gomorra und Adma und Zebojim bis Lescha" eine 10, die immer wieder auf völlig einmalige Weise mit der 1 in Kontakt gerät: 41 + 458 + 678 = 1177. Diese Zahl zeigt eine in der eigenen Mitte gespiegelte 17 und ist das Produkt von 11 x 107.

Die Summe 2199 steckt ein Territorium ab, innerhalb dessen 2199 + 1 = 2 x 1100 zur Erfahrung wird, und beschreibt es synonym mit 1800 + 399.

Satz 19 erklärt in 13 Teilen die erkennende Wahrnehmung der 10+3: Grundsätzlich ist der Alltag jedes Menschen ein umfangreicher Komplex eindrücklicher oder weniger eindrücklicher Erfahrungen. Was die Sinne an Beobachtungen und Erlebnissen erfassen, löst Gedanken und Gefühle aus, äußeres Erleben zieht inneres Erleben nach sich. Der Mensch steht über Aktion und Reaktion in kontinuierlichem Austausch mit der Umwelt.

Handeln, Denken, Fühlen und Wollen bewegen sich und bilden einen sich ständig verändernden Fluss, der im Laufe des Lebens ein ganzes Meer an Eindrücken speist.

Die 10+3 bewegt sich darin und geht mit ihrer Aufmerksamkeit zugleich darüber hinaus, indem sie gegenüber Fluss und Meer eine Perspektive der Übersicht und der aufmerksamen Wachheit bewahrt. Während sie sich vom Fluss tragen lässt, sind die Sinne geschärft. Subtile Eindrücke und winzige Zeichen, die intuitive Impulse auslösen, werden erfasst und beachtet. Die menschliche 3 widmet ihnen Aufmerksamkeit und lässt auch kreative Gedankengänge zu, die Zusammenhänge aufzeigen. Was nach Prüfung durch Verstand und Intuition kompatibel ist, wird akzeptiert.

Derartige Kompatibilität bringen Zahlen durch Endziffern zum Ausdruck, die sich durch Addition zu 10 ergänzen. Sie stehen für Einsichten, die für die 10 intuitiv und logisch richtig sind und damit insgesamt als stimmig empfunden werden.

Zahlen mit übereinstimmenden Endziffern bilden ab, dass Intuition und Verstand nebeneinander Gültigkeit haben. Ihre gemeinsame Information für die 10 zeigen sie durch Subtraktion.

Zahlen sind Informationsträger im weitesten Sinn und geben neben dem Inhalt auch die Art der Übermittlung bekannt.

Die erkennende 13 ist in ihrem Erfassen der 1 grundsätzlich innerhalb der Polarität unterwegs und wird abwechselnd vom einen oder anderen Extrem angezogen. Das Konträre der 2 hat viele Facetten und Ausdrucksweisen, und „Kanaan" 190 verkörpert das Wissen, dass sie im Grunde als 2-facher Ausdruck der 1 alle ihre Berechtigung haben.

Der Mensch mit diesem Wissen lässt sich ohne Widerstand darauf ein. Er weiß, dass sich insgesamt alles gegenseitig ergänzt oder ausgleicht. Addition und Subtraktion bilden auch diesen Umstand ab, den die 13 für sich und andere gelten lässt.

Satz 20:

„Diese (waren)" 1-30-5	36	
„die Söhne Hams" 2-50-10 8-40	110	146
„nach deren Sippenverbänden"		
30-40-300-80-8-400-40	898	
„nach deren Zungen"		
30-30-300-50-400-40	850	
„in deren Territorien"		
2-1-200-90-400-40	733	
„mit deren Völkerschaften"		
2-3-6-10-5-40	66	2693

146 bringt die Söhne Hams in Zusammenhang mit dem Bund, den Gott mit Noah in Genesis 9 „auf Weltzeit" 146 schließt.

Ham hat 4 Söhne und nur 3 davon haben wieder Söhne; die 2 in der 3 hat Bezug zur Welt der 4, ist aber nicht auf dieses Irdische, sondern auf die 3 ausgerichtet. Als einer der 3 Söhne Noahs erklärt Ham über 3 Söhne Kusch, Ägypten und Kanaan auf selbstähnliche Weise Aspekte von Prinzip 3; ein in sich verschachteltes Grundmuster verfeinert sich.

„Und Put" 101, den Satz 6 als 4. Sohn zwischen 2 und 1 Sohn erwähnt, steht für die 4, die 2+1 und 10+1 sowie 4+3+2+1 = 10 ermöglicht.

„Ham" 8-40 mit dem Verborgenen Wert 440 = 4 x 110 ist der Zusammenhang von 4 und 10 bewusst. Wie bei „Jubal" 48 in Genesis 4, der als Sohn Lamechs ebenfalls die 2 in der 3 personifiziert, betont 4 x 12 das Irdische. Beide verkörpern die 3, die in Kreisläufe und Naturgesetze der Materie eingebunden ist und mit 2 den irdischen Part lebt.

440 = 400 + 40 steht als Verborgener Wert von Ham, Voller Wert von Sem und Atbasch von Jubal für die bewusste 10, die 4 so versteht, wie es 48 mit 4x3x4 abbildet.

„Nach deren Sippenverbänden" 898 bildet eine Version davon ab und stellt ebenso wie „in deren Territorien" 733 und „mit deren Völkerschaften" 66 den Bezug zu den Söhnen Jafets her, für die in Satz 5 dasselbe gilt.

„Nach deren Zungen" 850 verweist mit Satz 7, Genesis 7 auf die Aspekte von Noah, die „mit ihm in die Arche" 850 gegangen sind.

Die Primzahl 2693 beschreibt mit 26 x 10x10 + 3x31 die individuelle 10, durch deren Leben sich all diese Aspekte von Noah bestätigen.

2693 − 733 = 1960 stecken mit 19 x 10x10 + 2x30 die Territorien ab, in denen sich dieses Bewusstsein bewegt.

Satz 21:

„Und dem Sem" 6-30-300-40	376	
„wurde geboren" 10-30-4	44	420
„auch ihm" 3-40 5-6-1	55	
„dem Vater" 1-2-10	13	
„aller Söhne Ebers"		
20-30 2-50-10 70-2-200	384	452
„Bruder" 1-8-10	19	
„Jafets" 10-80-400	490	
„des größeren" 5-3-4-6-30	48	557 1429

Sem verkörpert innerhalb der menschlichen 3 die 1; 420 = 3 x 100+40 bilden ab, dass die 1 der 3 im Laufe der Zeit mit 10x10 bewusst wird. „Und dem Sem wurde geboren" 420 + 7x10 = „Jafet" 490 und die Primzahl 1429 − 19 = 1410 beschreiben die Verbindung von „Bruder" 19 zu Bruder, von 1 zu 3, über die 10 am 7. Tag, die 1 − 1 über 4 wahrnimmt.

452 + 557 = 1009 bilden das Erkennen durch die 10x10x10 ab.

Was daraus resultiert, zeigen 1429 + 1 = 1430 = 1000 + 400 + 30 und 1009 + 1 = 1010.

Satz 22:

„Die Söhne" 2-50-10	62		
„Sems" 300-40	340	402	
„Elam" 70-10-30-40	150		
„und Assur" 6-1-300-6-200	513		
„und Arpachschad"			
6-1-200-80-20-300-4	611		
„und Lud" 6-30-6-4	46		
„und Aram" 6-1-200-40	247	1567	1969

„Die Söhne Sems" 402 bilden mit 2 x 201 in der Version 2x2 01 ab, dass sie die Wahrnehmung von 4 + 1 aus Warte der inneren 1 personifizieren.

In der Welt der 4 dominiert der Gegensatz; die 1 liegt hinter der 0, die sowohl die Präsenz der 1 beschreibt als auch den Zugang dazu.

Satz 22 − 21 = 1 machen mit 1969 − 1429 = 540 eine gemeinsame Aussage:
540 definiert mit 540 x 1 einerseits die Identifikation der 1 mit 540 und all den Versionen, die 500 + 40, 2 x 270, 3 x 180, 10 x 6 x 9 und andere wiederholt in der Genesis zum Ausdruck bringen. Der Volle Wert 540 von „Himmel" entspricht dieser Identifikation.

Andererseits wird mit 540 x 1 ebenso wie mit 4 x 1 ein bestehender Gegensatz deutlich, den „Kriechgetier" 540 x 1 bildhaft machen.

„Sem" 300-40 bildet die Präsenz der 3 im Bewusstsein der 10x10 ab und verdeutlicht mit 340 auch, dass 40 die 10x10 überlagert.

540 − 340 = 200 zeigen mit 2 x 10x10 den Einfluss, den die 2 ausübt.

5 Söhne Sems unterstreichen mit der Primzahl 1567 = 1000+500+50 + 17 die Einmaligkeit jeder Erfahrung der 1 in der 4; Einzigartigkeit charakterisiert die 1, während die 2 x 2 sich durch Wiederholung und Gleichartigkeit definiert. Wenn die 2 als 2 x 1 oder 1-1 gesehen wird, wird diese Einzigartigkeit innerhalb der 2 bewusst.

„Die Söhne" 62 der 1, die sich als solche wahrnehmen, sehen 2 als 2x1, 62 als 2 x 31, ergänzen 1969 + 31 zu 2000 und definieren sich damit.

Stets neue Verknüpfungen bringen immer wieder dieselben Prinzipien zum Ausdruck. In Satz 22 = 2 x 11 sind das unter anderem 513 + 247 = 760 = 2 x 380 = 4 x 190, 513 + 611 + 46 = 1170 oder 760 + 150 = 910.

„Elam" 150 mit dem Verborgenen Wert 154 = 150 + 4 zeigt 4 als Basis für den Weg der 1, der in der 10 über 5 zu 3 führt; 10 x 5 x 3 ist für „Sem" 340 über „Kanaan" 190 zu erreichen: 340 – 190 = 150.

„Sidon" 154, Kanaans Erstgeborener mit dem Atbasch 154 verkörpert den Weg; Äußeres und Absolutes als übereinstimmend wahrzunehmen, bedeutet, 2 als 1-1 zu erfassen.

„Und Assur" 513 zeigt 1 zwischen 5 und 3 und mit 500 + 13 oder 510 + 3 Varianten der Aussage von 10 x 5 x 3; das Land „Assur" 1-300-6-200 in Satz 11 in Zusammenhang mit Nimrod steht für die 4 x 1, die 4 + 1 ermöglicht. Nimrod ist wie Kanaan ein Aspekt von Ham, dessen 2 und die 1 von Assur sich zu 3 kombinieren.

„Und Arpachschad" 611 betont die 6 für das Sehen von 1-1.

„Und" 6 „Lud" 40 kombiniert 40 mit dieser 6, hat den Verborgenen Wert 490, den Atbasch 200 und erzählt damit über das Leben der 1 als 2 x 1, das im Zeitlichen darauf abzielt, was 46 = 2 x 23 mit 2x2 3 abbildet.

„Und Aram" 247 – „und Lud" 46 = 201 bestätigen 2 x 201.

1567 – 247 = 1320 verweisen auf Satz 1, Genesis 5 „im Ebenbild Gottes machte er ihn" 1320 und beschreiben damit die 1 in der 3, die als 2x1 x 10 lebt. „Und Aram" 247 sieht in den 4 übrigen Aspekten sein Gegenüber und ihre 4 zugleich als Ausdruck der absoluten 1.

Satz 23:

„Und die Söhne" 6-2-50-10	68	
„Arams" 1-200-40	241	309
„Uz" 70-6-90	166	
„und „Hul" 6-8-6-30	50	
„und Geter" 6-3-400-200	609	
„und Masch" 6-40-300	346	1171	1480

„Und die Söhne Arams" 309 bilden mit 3 x 103 das Erkennen der 1 durch die 3 ab, „Uz und Hul und Geter und Masch" 1171 das Gesehen-werden von 1-1 und 1 über die 4 am 7. Tag.

Die Sätze 21, 22 und 23 = 66 = 6 x 11 demonstrieren die Funktion der 6 für das Erfassen der 1 über die 400, das sie alle 3 zum Inhalt haben:
1969 − 1529 = 540, 2 x 540 = 1080, 1080 + 400 = 1480

4 Söhne Arams sind 4 x 1 und 1 x 4, sie verkörpern den Moment, in dem der Mensch in sich den Impuls der 1 erkennt, den eine Wahrnehmung in der 4 in ihm auslöst.

1480 + „und dem Sem wurde geboren" 420 = 1900 erzählen davon.

„Uz" 166 weist mit 2 x „Flut" 83 und dem Verborgenen Wert 90 auf das Erkennen der 1 hin; „und Masch" 346 − 166 = 180 = 2 x 90 bestätigen.

„Und Hul" 50 zeigt mit 6 + „wurde geboren" 44, dass 6 der 1 über 5x10 zur Geburt im Denken verhilft.

„Uz" 166 + „Hul" 44 = 210 stehen für die 2 aus 1+1, die zu 3 x 70 führt und mit 2 x 210 = „und dem Sem wurde geboren" 420 erläutert.

„Geter" 603 ist mit 3 x 201 eine Kombination von „die Söhne Sems" 402 = 2 x 201 und der Differenz 201 aus „und Aram" 247 − „und Lud" 46 und bildet auf diese Weise 2x1 + 1 = 3 ab.

„Masch" 40-300 hat ebenso wie „Sem" 300-40 den Äußeren
Wert 340, den Vollen Wert 440, den Verborgenen Wert 100 und
12 als Atbasch.

Auf 2-fache Weise erzählen Sem und Masch über Lebensbedingungen und Zielsetzung der 1 in der 2; sie demonstrieren eine
gegensätzliche Spiegelung und über gleiche Zahlenwerte die Verdoppelung der 1 zu 2.

340 betont mit 2 x 170 die Qualität der 17 für das Sehen von 2 x 1.

Die 12 mit ihren Zyklen steht dem nur scheinbar konträr gegenüber, spiegelt eigentlich 21 und bildet mit 2 x 6 die Basis für die 6.

440 sagt mit 440 x 1 aus, dass es voll und ganz dem Willen der
1 entspricht, 40 und 400 zu leben und mit 4 x 110 = 2 x 220
den Ausdruck dieses Willens in der 4 als 3-fache 2 zu verstehen.

Auf diese Weise geht die 1 in der Welt der 2 ihren Weg, um sich
über 10x10 = 2x1 x 5 x 10 selbst als 10 zu begegnen.

Aram als 1 gegenüber seinen 4 Söhnen und als 5. Sohn Sems verdeutlicht den Stellenwert dieser 5.

Satz 24:
„Und Arpachschad"
      6-1-200-80-20-300-4   611
„zeugte" 10-30-4   44
„den Schelach" 1-400 300-30-8   739   1394
„und Schelach" 6-300-30-8   344
„zeugte" 10-30-4   44
„den Eber" 1-400 70-2-200   673   1061   2455

„Arpachschad" 605 als 3. Sohn Sems vertieft den Zusammenhang zwischen 1 und 3, zeigt 6, 0 und 5 als Komponenten dafür
und bildet mit 5 x 121 ab, wie 2 als 1-1 erfahrbar wird.

2455 weist optisch klar darauf hin, dass in der Welt der 2 x 12 = 24 die 1 über 5x5 bewusst wird und zeigt mit 5 x 491, wie es dazu kommt.

1061 – „und Arpachschad" 611 = 450 bestätigen mit 5 x 90.

3 + 3 Satzteile verkürzen ihre Aussage zu 1394 – 1061 = 333 = 3 x 111.

„Den Eber" 673 „und Arpachschad" 611 trennen 2 x 2 Satzteile und die Differenz 62 = 2 x 31.

„Den Schelach" 739 „und Schelach" 344 bilden den Kontakt von 1 zu 1, von 3 zu 3, von 31 zu 31 mit ihrer Differenz 395 ab, dem Erkennen von 5 und 3. In Summe erklären sie mit 1083 = 10x10x10 + „Flut" 83, wie der Kontakt innerhalb der 2 x 2 zustande kommt.

2455 – 1480 = 975 = 900 + 5x5x3 umreißen die Verflechtung von 5x1 und 3x1, die auch Atbasch 541 von Arpachschad – „Aram" 241 = 300 zeigen.

Die 5 aus 1 Nachkommen Arpachschads + 4x1 Söhnen Arams bestätigen und erläutern deren Namen:
Die 4 Söhne Arams, „Uz" 166 + „Hul" 44 + „Geter" 603 + „Masch" 340 = 1153 und „den Eber" 673 verbindet 480 = 10 x „Ham" 48.

„Schelach" 300-30-8 ergänzt 1153 mit 338 zu 1491;
1491 – „Uz und Hul und Geter und Masch" 1171 = 320, 320 + 480 = 600.

Insgesamt machen diese Kombinationen deutlich: 4 Söhne symbolisieren mit unterschiedlichen Summen, dass sich eigentlich Gleiches unterschiedlich zum Ausdruck bringt. Mit der Qualität der 6, die eine 2 x 3 x 10x10 charakterisiert, werden die

Zusammenhänge erfasst; diese 2 in der menschlichen 3 wird verkörpert von Ham.

Eine Variante kombiniert „den Schelach" 739 mit 1171 zu 1910.

Die 1 von Arpachschad setzt sich linear fort; er macht deutlich, dass die 1 als solche ungesehen bleibt. 3 Generationen dieser 1 nennt Satz 24 und weist darauf hin, wie die 1 in der Welt der 24 sichtbar wird:
Der Satzbau demonstriert eine ungleiche Spiegelung nach dem Prinzip JHWH. „Zeugte" 44 bildet ab, dass die 3 darin Übereinstimmendes sieht und durch Kombinationen bestehende Zusammenhänge erfasst.

Solche Kombinationen ergeben sich im Alltag stets neu, sind einmalig und drücken doch immer wieder dieselben Prinzipien aus.

1394 − 344 = 1050, 1061 − 611 = 450, 1050 + 450 = 1500 = 3 x 100 x 5 sind beispielhaft für derartige Prozesse und abstrahieren, was im Alltag einer 3 x 10 mit jedem Erleben von 5 x 10 vor sich geht.

Satz 25:

„Und dem Eber" 6-30-70-2-200	308		
„wurde(n) geboren" 10-30-4	44	352	
„zwei" 300-50-10	360		
„Söhne" 2-50-10-40	102	462	
„der Name" 300-40	340		
„des einen" 5-1-8-4	18		
„Peleg" 80-30-3	113	471	
„denn" 20-10	30		
„in seinen Tagen" 2-10-40-10-6	68		
„wurde geteilt" 50-80-30-3-5	168		
„das Land" 5-1-200-90	296	562	
„und der Name" 6-300-40	346		
„seines Bruders" 1-8-10-6	25		
„Joktan" 10-100-9-50	169	540	2387

In der 4. Generation teilt sich 1 in 2; in der 4 wird die 1 zur 2x1.

Die 2 x 1 von „Sem" 340 zeigt „Masch" 340 in Satz 23 und hebt Eber mit seinen 2 Söhnen und mit 462 – 352 = 110 hervor.

Die 1 von „Sem" 340 wird dadurch unkenntlich. Die 2 benennt die 1 mit Worten, die ihr eigentliches Wesen verfälschen.

„Der Name" 340 „und der Name" 346 machen den Umstand deutlich, dass „Sem" 340 derselbe bleibt und nur einen anderen Namen bekommt.

„Denn in seinen Tagen wurde geteilt das Land" 562 bestätigt verbal die Teilung und begründet sie mit 562 – 462 = 100 und 562 – 352 = 210.

562 lässt mit 2 x „und deine Schwangerschaft" 281 in Genesis 3 wissen, dass diese Teilung in 2x1 für die 1 eine Phase ist, die auf die Geburt der 3 vorbereitet.

„Der Name des einen Peleg" 471 stellt den Bezug zu Henoch her: Satz 22 und 24, Genesis 5 erwähnen 2 x „und es wandelte" 471 Henoch mit Gott. Die 3 von Henoch verkörpert eine Sichtweise, die 2 als 2 x 1 versteht, nachdem das Sohn-Sein als 2 zu einem Sohn-Sein als 2x2x2 wurde.

„Und der Name seines Bruders Joktan" 540 nimmt Bezug auf die Aussage von Satz 22 und 21, die mit 540 die 1 von Sem charakterisieren.

Dass 6 und 9 das Geteilte zusammenfügen, erzählen 540 – 471 = 69.

„Peleg" 113 steht für die 3, die von 1-1 weiß, hat 226 = 2 x 113 als Atbasch und demonstriert mit 3 x 113 = 339 und Verborgenem Wert 119, dass das Erkennen von 1-1 mit dem Erkennen von 3-3 gleichzusetzen ist.

In Summe zeigen 2387 + 113 = 2500, dass die 1 auf die Selbst-Begegnung über 5x5 und 10x10 abzielt.

„Joktan" 169 hat mit dem Verborgenen Wert 119 Pelegs, „seines Bruders" 25 die 50 aus 2 x 25 gemeinsam und betont 5x5 als Kontakt von 1 zu 1.

Sein Atbasch 103 verweist mit „Peleg" 113 auf die gemeinsame 10, die diesen Kontakt ermöglicht.

2387 komprimiert den Prozess der Teilung zu 31 x 11 x 7, jenen der Bewusstwerdung zu 7 x 11 x 31 und den Weg dorthin zu 23 + 87 = 110.

Satz 26:
„Und Joktan" 6-10-100-9-50		175	
„zeugte" 10-30-4		44	219
„den Almodad"			
1-400 1-30-40-6-4-4	(401 + 85)	486	
„und den Schelef"			
6-1-400 300-30-80	(407 + 410)	817	1303
„u. den Hazarmawet"			
6-1-400 8-90-200-40-6-400			
	(407 + 744)	1151	
„und den Jerach"			
6-1-400 10-200-8	(407 + 218)	625	1776
			3298

Satz 26 erzählt über 4 x 1 = 2 x 2x1 und zeigt einen ähnlichen Aufbau wie Satz 13, der die 4 aus Perspektive der 2 von Ägypten schildert und sich zu 3027 summiert.

Über das Verbindende beider Perspektiven erzählen Satz 26 + 13 = 39 mit folgender Kombination: 1776 − 1303 = 473, 3027 + 473 = 3500.

473 informiert mit 400 + Voller Wert 73 der 3 über den Sinn von 4 x 1.

219 = 3 x Voller Wert 73 der 3, die Primzahl 1303 sowie 1776 : 2 = 888 geben ebenfalls klare Hinweise, warum aus der 1 die 4 x 1 hervorgeht.

2x1 + 2x1 = 4x1 in der Version 1303 + 1776 = 3079 bilden mit 3079 − „und Joktan zeugte" 219 = 2860 das Wissen ab, dass die 1 in allem enthalten ist, was 4 x 1 äußert. 2860 schreibt es einer 10 zu, für die gilt, was „seid fruchtbar" 286 und „bringt Frucht" 286 in Satz 1 und 7, Genesis 9 zum Ausdruck bringen.

Mit 13 x 2 x 11 nennt 2860 diese 10, die 2 als 1-1 versteht, 10+3.

Mit 3298 − 2387 = 911 begründen Satz 26 − 25 die Teilung der 1 in 2 und 2x2 mit dem nachfolgenden Erkennen von 1-1.

Die folgenden 3 Sätze gehen in 3 x 3 Teilen auf dieses Erkennen ein und beenden es mit 1 x 3 Teilen:

Satz 27:
„und den Hadoram"
      6-1-400 5-4-6-200-40   407 + 255 = 662
„und den Usal" 6-1-400 1-6-7-30   407 + 44 = 451
„und den Dikla" 6-1-400 4-100-30-5   407 + 139 = 546
                             1221 + 438 = 1659

Satz 28:
„und den Obal" 6-1-400 70-6-2-30   407 + 108 = 515
„und den Abimael"
      6-1-400 1-2-10-40-1-30   407 + 84 = 491
„und den Scheba" 6-1-400 300-2-1   407 + 303 = 710
                             1221 + 495 = 1716

Satz 29:

„und den Ofir" 6-1-400 1-6-80-200	407 + 287 =	694
„und den Hawila" 6-1-400 8-6-10-30-5	407 + 59 =	466
„und den Jobab" 6-1-400 10-6-2-2	407 + 20 =	427
	1221 + 366 =	1587

„Alle diese" 20-30 1-30-5	86		
„(waren) die Söhne" 2-50-10	62		
„Joktans" 10-100-9-50	169	317	1904

1659 : 3 = 553, 1716 : 3 = 572 und 1587 : 3 = 529 bestätigen in Summe, dass die 3 in das Wesen der geteilten 1 Einblick hat und dass sich dieses Wissen auf kreative und immer wieder neue Weise bestätigt.

553 + 572 = 1125 bilden den Zusammenhang zwischen 1-1 = 2 und 5 ab,
1659 − 529 = 1130 verweisen gemeinsam mit 1125 ebenfalls auf die 5 und zeigen die 3 x 10, die daraus folgt.

438 : 3 = 146, 495 : 3 = 165 und 366 : 3 = 122 beschreiben diese 10 in Summe mit 433; sie lebt, was Satz 18, Genesis 4 zu 4330 zusammenfasst.

Wie bei Kanaan, über den die Sätze 16, 17 + 18 = 51 berichten, weisen die Sätze 27, 28 + 29 = 84 mit der Zahl 1221 3x auf das Beachten einer Spiegelung hin. 84 − 51 = 33 erklären mit 3-3, was sie sehen lässt.

„Und Joktan zeugte" 219 in Satz 26 bezieht sich auf alle 4 + 9 = 13 nachfolgenden Aspekte. Sie machen gemeinsam deutlich, dass die 1 der menschlichen 3 über 2x1 bewusst wird.

1659 − 219 = 1440 beschreiben diesen Menschen mit 3 x 10 x „Ham" 48.

1716 – 1587 = 129 verweisen mit 219 auf das Erkennen dessen, was 1221 abbildet, und betonen es mit 219 – 129 = 90.

Mit 3079 – 1659 = 1420 und 3079 – 129 = 2950 machen 4 Aspekte in Satz 26 mit den übrigen 9 eine gemeinsame Aussage über diesen Menschen.

1776 – 1716 = 60 = 3 x 10 x 2 und 1587 + 1303 = 2890 = 2 x 1400 + 90 ergänzen seine Beschreibung.

„Alle diese die Söhne Joktans" 317 unterstreichen die Einzigartigkeit, mit der sich die 1 der 3 im Alltag erfahrbar macht, und benennen die Erfahrung mit 317 + 13 = 330.

Die Zahl 1587 macht ihre Aussage als Produkt aus 23 x 3 x 23 und zeigt als Variante von 1 x 3 x 1 die Selbstbegegnung der formlosen 1 über 3.

1587 – 317 = 1270 erklären, dass für die Wahrnehmung der 1 gilt, was Satz 26, Genesis 9 zusammenfasst zu „Und er sprach: Gepriesen sei JHWH der Gott Sems und es sei Kanaan Knecht für ihn" 1270.

1587 + 317 = 1904 erzählen vom Erkennen der 1 in der 4 über 0.

13 Söhne Joktans betonen das Wahrnehmen der 1 durch die menschliche 3. Kurz und prägnant stellt sich dieses Prinzip in Zahlen dar, aber für das menschliche Bewusstsein ist seine Umsetzung ein komplexer Prozess in Zeit und Raum. Mögliche Kombinationen einzelner Zahlen dieser 13 Aspekte abstrahieren diesen komplexen Prozess, der sich in der 4 vollzieht; 4 Sätze geben Einblick, wie die Selbstbegegnung von 1 und 4 x 1 über 10x10 konzipiert ist.

9 Aspekte beschreiben mit 438 + 495 + 366 = 1299, dass dieses Konzept auf die 1300 ausgerichtet ist, die in sich die 1 erkennt.

4 Aspekte „Almodad" 85 + „Schelef" 410 + „Hazarmawet"
744 + „Jerach" 218 in Satz 26 summieren sich zu 1457 und erzählen mit 40+7 x 30+1 über die Wahrnehmung der 1 durch
die 3x10 im Alltag.

1457 − 1299 = 158 definieren diese menschliche 3 mit 10x10 +
„Noah" 58 und alle 9 + 4 = 13 Aspekte zeigen mit 1457 + 1299 =
2756 = 13 x 212, dass diese menschliche 3 die 1 innerhalb von
2 x 2 wahrnimmt.

400+7 als Version von 40+7 kommt in 3 Sätzen 9x vor, in 4 Sätzen 12x und zeigt mit 9 x 407 = 3663 und 12 x 407 = 4884, was
die Basis bildet, um 1 in 40 oder 400 zu erfassen. Almodad ist 1.
Aspekt und mit den übrigen 12 zugleich 13. Aspekt Joktans und
weist mit 401 diese Fähigkeit der 13 zu.

Satz 30:

„Und es war" 6-10-5-10	31		
„ihr Siedlungsgebiet" 40-6-300-2-40	388	419	
„von Mescha aus" 40-40-300-1	381		
„deines Kommens" 2-1-20-5	28		
„nach Sefar" 60-80-200-5	345	754	
„Berg" 5-200	205		
„des Ostens" 5-100-4-40	149	354	1527

400 + 19 umreißen mit 754 − 354 = 400 das Gebiet, in dem
die 1 lebt.

„Ihr Siedlungsgebiet" 388 „in den Zelten Sems" 388 beschreibt
Satz 27, Genesis 9 näher.

„Von Mescha aus" 381 zeigt das Miteinander von 3 und 1 am 8.
Tag und stellt mit 3 x 127 fest, dass für diese 3 x 10 gilt, was Satz
29 mit 1587 − 317 = 1270 = 127 x 10 aussagt.

1527 − 127 = 1400 erzählen, wie das Miteinander zustande kommt.

„Deines Kommens" 28 stellt den Bezug zum Gebiet „des Kanaaniters" 205 her, über das Satz 19 berichtet; „Berg" 205 weist darauf hin, dass in seiner 2 die 1 verborgen ist.

„Nach Sefar" 345 meint mit 15 x 23 das Ankommen in einem Denken, das die 1 im Menschen genauso wie im Formlosen weiß und unter Verweis auf Satz 3, Genesis 6 sogar in allem, was der 2 „als fehlerhaft" 345 gilt.

Die Teilung der 1 beschreibt Satz 25 in 14 Teilen, in Summe mit 2387. Satz 30 erklärt den Lebensraum der 1 mit 7 Teilen, in Summe mit 1527. 2387 − 1527 = 10 x „Elohim" 86, 14 + 7 = 21, 25 + 1 = 26, 30 − 25 = 5 und 25 + 30 = 55 berichten darüber, wie die 1 ihre Wahrnehmung erlebt.

Satz 31:

„Diese (waren)" 1-30-5	36	
„die Söhne Sems" 2-50-10 300-40	402	438
„nach ihren Sippenverbänden"		
30-40-300-80-8-400-40	898	
„nach ihren Zungen"		
30-30-300-50-400-40	850	
„in deren Territorien"		
2-1-200-90-400-40	733	
„nach deren Völkerschaften"		
30-3-6-10-5-40	94	3013

Satz 20 setzt mit fast identischem Wortlaut den Schlusspunkt hinter die Aspekte von Ham, bildet die Summe 2693 und hat mit 3013 die Zahl 320 gemeinsam.

Satz 31 − 20 = 11 beschreiben mit 3 x 100 + 2 x 10 die 3-fache 10, die sowohl 3 als auch 2 lebt und sich der 2 als 1-1 bewusst ist.

438 = 2 x „und Joktan zeugte" 219 definiert die Söhne Sems als 2, die um ihr 1-Sein weiß; Genesis 7 nennt sie 2 x „rein" 219.

898 + 850 = 1748 und 898 − 850 = 48 informieren darüber, wie einmalig jeder Aspekt und jede Wahrnehmung der 1 ist: 1748 − 48 = 1700.

Diese Aussage ist identisch mit jener in Satz 20.

Satz 31 betont 3-1 mit seiner Summe 3013, die 1303 in Satz 26 spiegelt und das Produkt der Primzahlen 23 x 131 ist, mit 1748 − 438 = 1310 und 898 + 850 + 733 + 94 = 2575 = 25 x 103.

Satz 32:

„Diese(waren)" 1-30-5	36		
„die Sippenverbände"			
40-300-80-8-400	828		
„der Söhne Noahs" 2-50-10 50-8	120		
„nach deren Geschlechterfolge"			
30-400-6-30-4-400-40	910		
„in ihren Völkerschaften"			
2-3-6-10-5-40	66	1960	
„Von diesen aus" 6-40-1-30-5	82		
„verbreiteten sich" 50-80-200-4-6	340		
„die Volksstämme" 5-3-6-10-40	64		
„auf der Erde" 2-1-200-90	293		
„nach" 1-8-200	209		
„der Flut" 5-40-2-6-30	83	1071	3031

1960 = 1000+900 + 2x30 beschreiben einen Menschen der Sippe von Noah.

Diese Prinzipien sind die Basis für das Leben des Menschen in der 40, gelten für jede 10 und werden von ihr in der Welt der 4 umgesetzt.

Das Resultat dieser Umsetzung zeigen 1960 + 40 = 2000.

1071 zeigt mit 1000 + 70 + 1, mit 119 x 9, mit 3 x 17 x 7 x 3 und mit 17 x 21 x 3, was sich im Denken dieses Menschen ausbreitet;

Satz 8 erläutert es mit „und Kusch zeugte den Nimrod" 1071.

3031 fasst zusammen und sagt damit Ähnliches aus wie 3013 in Satz 31.

Jeder der 11 Satzteile vertieft mit seinen Zahlen, dass im irdischen Alltag der 10 eine Sichtweise „sich verbreitet" 340, die in der 2 die 1 von „Sem" 340 erfasst.

Insgesamt beschreibt Genesis 10, was nach einer Flut an Einsichten eine bewusste 10 in ihrem Denken, Empfinden, Wollen und Tun erfasst.

Solange sie nicht erkannt werden, wirken die beschriebenen Zusammenhänge unbewusst hintergründig und bilden die Basis für jede einzelne 10, sich als solche wahrzunehmen. Erst die 3, die 2+1 in sich selbst verbindet, kann diese Prinzipien sowohl gedanklich als auch empirisch nachvollziehen und erlebt sich selbst als 10 in Austausch mit der 1.

Die Grundlagen ihrer Erfahrung schildert Genesis 11.

Die Autorin

Monika Maria Martin, geboren 1956, hatte von
Kind an einen besonderen Bezug zu Zahlen und
das tiefe Bedürfnis, Dinge zu hinterfragen. Seit
ihrer Jugend interessierte sie sich für wesentliche
Themen des Menschseins. Nach der Matura
arbeitete sie in kaufmännischen Berufen, war
Angestellte und selbstständige Unternehmerin.
Daneben bewahrte sie sich ihr Interesse an
philosophischen Fragen und setzte sich im
Eigenstudium damit auseinander. Sie entwickelte
die Fähigkeit, große Zusammenhänge zu erfassen
und dennoch wesentliche Details nicht aus den
Augen zu verlieren.
Heute führt sie ein naturverbundenes Leben auf
einem alten Bergbauernhof und sieht sich in der
glücklichen Lage, Antworten auf ihre Fragen zu
finden. Nach „Zahlensprache" ist „Bibel in der
Zahlensprache" ihre zweite Veröffentlichung im
Novum Verlag.

Der Verlag

*„ Wer aufhört
besser zu werden,
hat aufgehört
gut zu sein!*

Basierend auf diesem Motto ist es dem novum Verlag
ein Anliegen, neue Manuskripte aufzuspüren, zu ver-
öffentlichen und deren Autoren langfristig zu fördern.
Mittlerweile gilt der 1997 gegründete und mehrfach
prämierte Verlag als Spezialist für Neuautoren in
Deutschland, Österreich und der Schweiz.

**Für jedes neue Manuskript wird innerhalb
weniger Wochen eine kostenfreie, unverbind-
liche Lektorats-Prüfung erstellt.**

Weitere Informationen zum Verlag und
seinen Büchern finden Sie im Internet unter:

www.novumverlag.com

Monika Maria Martin

Zahlensprache

Versöhnliche Betrachtungen
über Gott und die Welt

ISBN 978-3-99131-304-5
326 Seiten

Welchen Sinn haben die Existenz der Erde und das Leben des Menschen?
Keiner geringeren Frage geht Monika Maria Martin in ihrem Buch nach. Antworten findet sie, indem sie logisches und intuitives Denken kombiniert und Zahlen auf völlig neue Weise versteht.